中国人民生活发展指数
检测报告
(2018)

主编／王亚南

联合主编／祁述裕　张继焦

副主编／朱岚　刘婷　赵娟

ANNUAL EVALUATION REPORT ON THE DEVELOPMENT INDEX

OF PEOPLE'S LIVING CONDITIONS OF CHINA (2018)

社会科学文献出版社
SOCIAL SCIENCES ACADEMIC PRESS (CHINA)

本项研究获得以下机构及其项目支持

中共云南省委宣传部云南省哲学社会科学创新工程

云南省社会科学院中国人文发展研究与评价重点实验室

发 布 机 制　中国人文发展研究与评价实验室

合 作 单 位　云南省社会科学院文化发展研究中心

　　　　　　　国家行政学院社会和文化教研部

　　　　　　　中国社会科学院文化研究中心

　　　　　　　北京大学文化产业研究院

　　　　　　　社会科学文献出版社

　　　　　　　光明日报文化产业研究中心

联 盟 单 位　上海交通大学国家文化产业创新与发展研究基地

　　　　　　　武汉大学国家文化创新研究中心

　　　　　　　中国传媒大学文化产业研究院

顾　　　　问　王伟光　周文彰　赵　金

首席科学家　王亚南　张晓明　祁述裕　向　勇

学术委员会　（以姓氏笔画为序）

　　　　　　　王亚南　王国华　毛少莹　尹　鸿　邓泳红

　　　　　　　包霄林　边明社　朱　岚　向　勇　刘　巍

　　　　　　　刘玉珠　齐勇锋　祁述裕　花　建　李　涛

　　　　　　　李向民　李康化　杨　林　杨正权　何祖坤

　　　　　　　宋建武　张晓明　张瑞才　陈少峰　范　周

　　　　　　　金元浦　周庆山　孟　建　胡惠林　殷国俊

　　　　　　　高书生　崔成泉　章建刚　傅才武　童　怀

　　　　　　　谢寿光　蒯大申　熊澄宇

主要编撰者简介

王亚南　云南省社会科学院研究员，文化发展研究中心主任，中国人文发展研究与评价实验室首席科学家，云南省中青年社会科学工作者协会会长。主要学术方向为民俗学、民族学及文化理论、文化战略和文化产业研究，主要学术贡献有：①1985年首次界定"口承文化"概念，随后完成系统研究，提出口承文化传统为人类社会的文明渊薮，成文史并非文明史起点；②1988年解析人生仪礼中"亲长身份晋升仪式"，指出中国传统"政亲合一"社会结构体制和"天赋亲权"社会权力观念；③1996年开始从事文化战略和文化产业研究，提出"高文化含量"的"人文经济"论述，概括出中心城市以外文化产业发展的"云南模式"；④1999年提出"现代中华民族是56个国内民族平等组成的国民共同体"和"中国是国内多民族的统一国家"论点，完成国家社会科学基金项目"中华统一国民共同体论"；⑤2006年来致力于人文发展量化分析检测评价体系研创，相继主持撰著《中国文化消费需求景气评价报告》（2011年）、《中国文化产业供需协调检测报告》（2013年）、《中国公共文化投入增长测评报告》（2015年）、《中国人民生活发展指数检测报告》（2016年）。

刘　婷　云南省社会科学院研究员，博士，文化发展研究中心秘书长，云南省中青年学术带头人后备人才，《云南文化发展蓝皮书》副主编，云南省中青年社会科学工作者协会秘书长。主要学术方向为文化人类学，代表作《民俗休闲文化论》，独立承担国家社会科学基金一般项目"韧性理论视角下的哈尼族异地搬迁与社区重构研究"、西部项目"云南少数民族民俗文化保护的新思路"。全程参与研创"中国人文发展量化分析检测评价系列"，合作发表《面向协调增长的中国文化消费需求——"十五"以来分析与"十二五"测算》《中国文化产业未来十年发展空间——以扩大文化消费需求与共享为目标》《各省域文化产业未来十年增长空间——基于需求与共享的测算排行》等论文和研究报告,参与组织撰著"中国人文发展量化分析检测评价系列"年度报告,负责人员组织和撰稿统筹。

赵 娟 云南省社会科学院文化发展研究中心副研究员,《云南文化发展蓝皮书》副主编,云南省中青年社会科学工作者协会秘书处主任。主要学术方向为古典文学、民族文化和文化产业研究,合著出版《经典阅读与现代生活》。全程参与研创"中国人文发展量化分析检测评价系列",合作发表《以国家统计标准分析各地文化产业发展成效》《中国文化产业未来十年发展空间——以扩大文化消费需求与共享为目标》《各省域文化产业未来十年增长空间——基于需求与共享的测算排行》等论文和研究报告,参与组织撰著"中国人文发展量化分析检测评价系列"年度报告,负责文稿统改。

方 彧 中国老龄科学研究中心副研究员,中国社会科学院博士。主要学术方向为口头传统、老龄文化和文化产业研究。全程参与研创"中国人文发展量化分析检测评价系列",合作发表《中国文化产业新十年路向——基于文化需求和共享的考量》《中国文化产业发展空间:4万亿消费需求透析》《深化文化体制改革机制创新的若干现实问题透析》等论文和研究报告,参与组织撰著"中国人文发展量化分析检测评价系列"年度报告,负责文稿统改及英译审校。

摘　要

揭示中国"全面建成小康社会"进程出现的巨大进步，无疑应当以民生标准加以衡量。GDP 总量占据全球第二在于宏观方面，微观方面，人民生活的变化或许更加深刻，其间蕴含"人民美好生活需要"的诸方面发展。

2000～2016 年，全国城乡综合演算的各类民生数据人均值持续稳步增长，2016 年居民收入为 2000 年的 6.63 倍，总消费为 6.13 倍，积蓄为 8.35 倍。物质消费比重明显下降 5.46 个百分点，非物消费比重明显增高 5.46 个百分点，消费结构出现较大升级变化。居民收入、总消费、积蓄地区差全都逐渐缩小；居民收入、总消费城乡比逐渐缩小，而居民积蓄城乡比持续扩大。"不平衡的发展"在民生领域多有改善。

但居民收入比从 46.37% 较明显下降至 45.24%，居民消费率从 35.91% 明显下降至 32.37%，"十二五"期间略有回升。尤其应注意居民收入年均增长明显低于财政收入年增 3.58 个百分点，居民消费支出年均增长明显低于财政支出年增 4.08 个百分点。居民积蓄率从 22.57% 持续明显升高至 28.44%，反过来对消费需求的抑制作用加重。

从 2000 年以来基数值纵向检测可以看出，西部民生指数提升最高，中部次之，东北再次，东部稍低，表明区域均衡发展国家方略已见成效；陕西、云南、西藏、贵州、宁夏占据前 5 位。2016 年无差距理想值横向检测发现，东北民生指数最高，东部次之，中部再次，西部稍低，表明差距在于各方面协调性、均衡性还不够理想；上海、北京、浙江、辽宁、天津占据前 5 位。另有基数值纵向检测显示，2005 年以来陕西、广西、云南、西藏、贵州占据前 5 位；2010 年以来青海、贵州、陕西、云南、新疆占据前 5 位；2015 年以来重庆、陕西、云南、浙江、广东占据前 5 位。

依据历年动态预测检验，至 2020 年全国居民收入城乡比将略微缩减，地区差也将略微缩减；居民总消费城乡比将明显缩减，地区差也将略微缩减。至 2035 年全国居民收入城乡比将继续较明显缩减，地区差亦将继续略微缩减；居民总消费城乡比将继续极显著缩减，地区差亦将继续略微缩减。假定全国保持居民收入比、居民消费率不再降低，实现各类民生数据历年最小城乡比直至弥合城乡比，人民生活发展指数将更加明显提升。

目 录

Ⅰ 总报告

Ⅱ 技术报告与综合分析

Ⅲ　省域报告

总 报 告

General Report

R.1

"全面小康"进程人民生活
发展总体评价

——2000~2016年民生指数检测

王亚南 刘婷 赵娟[*]

摘 要： 揭示中国"全面建成小康社会"进程出现的巨大进步，无疑
应当以民生标准加以衡量。GDP总量占据全球第二在于宏观
方面，微观方面，人民生活的变化或许更加深刻，其间蕴含
"人民美好生活需要"的诸方面发展。2000~2016年，全国
城乡综合演算的各类民生数据人均值持续稳步增长，2016年
居民收入为2000年的6.63倍，总消费为6.13倍，积蓄为

---

* 王亚南，云南省社会科学院研究员，文化发展研究中心主任，主要从事民俗学、民族学及文
化理论、文化战略和文化产业研究；刘婷，云南省社会科学院研究员，文化发展研究中心秘
书长，主要从事文化人类学研究；赵娟，云南省社会科学院文化发展研究中心副研究员，主
要从事古典文学、民族文化和文化产业研究。

8.35 倍。物质消费比重明显下降 5.46 个百分点，非物消费比重明显增高 5.46 个百分点，消费结构出现较大升级变化。居民收入、总消费、积蓄地区差全都逐渐缩小；居民收入、总消费城乡比逐渐缩小，而居民积蓄城乡比持续扩大。"不平衡的发展"在民生领域多有改善。但居民收入比从 46.37% 较明显下降至 45.24%，居民消费率从 35.91% 明显下降至 32.37%，"十二五"期间略有回升。尤其应注意居民收入年均增长明显低于财政收入年增 3.58 个百分点，居民消费支出年均增长明显低于财政支出年增 4.08 个百分点。居民积蓄率从 22.57% 持续明显升高至 28.44%，反过来对消费需求的抑制作用加重。依据历年动态预测检验，至 2020 年全国居民收入城乡比将略微缩减，地区差也将略微缩减；居民总消费城乡比将明显缩减，地区差也将略微缩减。至 2035 年全国居民收入城乡比将继续较明显缩减，地区差亦将继续略微缩减；居民总消费城乡比将继续极显著缩减，地区差亦将继续略微缩减。

关键词： 全国 人民生活 发展指数 检测评价

揭示中国"全面建成小康社会"进程出现的巨大进步，无疑应当以民生标准加以衡量。GDP 总量占据全球第二在于宏观方面，微观方面，人民生活的变化或许更加深刻，其间蕴含"人民美好生活需要"的诸方面发展。

"中国人民生活发展指数检测体系"于 2006 年开始研制，其演算数据库作为"中国文化消费需求景气评价体系"的背景数据支持一直在使用。多年以来先后推出"文化消费需求景气评价""文化产业供需协调检测""公共文化投入增长测评"，2014 年综合屡次研创的方法论思路和技术性设计，并将"民生"范围集中于国家现行统计制度下"人民生活"部分，"人民生活发展指数检测"历时八年终于独立成型。面向日益临近的"全面小康"目标年，经一年有余长时间反复调试、改进、完善全文数据库，《中国人民生活发展指数检测报告》于 2016 年首次出版，现为第 3 个年度卷。

本系列研究在"文化消费需求景气评价"中首创城乡比倒数权衡测算，独创地区差指标及其演算方法，并基于城乡、区域无差距理想值设为逆指标；在"文化产业供需协调检测"中，用来测算文化消费需求缩小以至消除城乡、地区差距后文化生产供给的增长空间；在"公共文化投入增长测评"中，恰好用以检测公共文化投入均等化差距；在"人民生活发展指数检测"中，经济、社会、民生发展城乡比、地区差检验全面展开，这正是我国"不平衡不充分的发展"最具代表性的方面。相关检测不仅对准我国"全面建成小康社会"目标年 2020 年，而且对准我国"基本建成现代化国家"目标年 2035 年，现代化国家的民生发展理应消除社会结构体制上的城乡鸿沟和地区鸿沟。

自古以来，"国野之分"（乡村在体制外，曾经的乡村"民办教育"即为典型例证）和"地方分治"（至今的户籍"属地待遇"可谓典型特征）构成中国传统社会的深层结构体制。目前我国户籍的"农业人口"与"非农人口"划分已在名义上取消，但既有城乡差距并未随之自动消除，在某些方面（诸如财富积蓄）甚至还在扩大；地区差距更可见于基本公共服务和社会保障尚无全国统一"国民待遇"，而这正属于宪法保障的公民社会权利，在我国"单一制"国家体制下必然应是举国"单一制"标准。国家发展战略已明确提出"城乡一体化"（经济、社会、民生发展全域）、"全民均等化"（本义指基本公共服务和社会保障，可延伸至经济、社会、民生全域之"区域均衡发展"）等确定目标，逐步消除历史遗存的城乡差距和地区差距已经进入当今"社会议程"。全国及各地诸方面发展的城乡比、地区差量化分析检测为本项研究的独特优势，专门用来检验中国社会结构"非均衡性"发展差距。

一 全国经济财政增长与民生发展基本态势

人民生活发展离不开经济增长、社会进步的基本背景，各项民生数据需要放到历年经济增长、财政收入和支出增加的背景之下加以考察。

全国经济财政增长与城乡人民生活发展关系态势见图1，限于制图容量，图中仅列出产值数据，财政收入、支出数据置于后台进行相关演算。

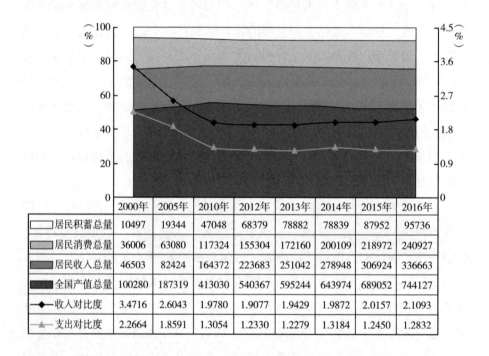

	2000年	2005年	2010年	2012年	2013年	2014年	2015年	2016年
居民积蓄总量	10497	19344	47048	68379	78882	78839	87952	95736
居民消费总量	36006	63080	117324	155304	172160	200109	218972	240927
居民收入总量	46503	82424	164372	223683	251042	278948	306924	336663
全国产值总量	100280	187319	413030	540367	595244	643974	689052	744127
收入对比度	3.4716	2.6043	1.9780	1.9077	1.9429	1.9872	2.0157	2.1093
支出对比度	2.2664	1.8591	1.3054	1.2330	1.2279	1.3184	1.2450	1.2832

图1 全国经济财政增长与城乡人民生活发展关系态势

左轴面积：全国产值与城乡居民收入、消费、积蓄总量（亿元转换为%），各项数值间呈直观比例。右轴曲线：收入对比度（居民收入比与财政收入比之比）、支出对比度（居民消费率与财政用度比之比）（%）。囿于制图空间省略若干年度，文中描述历年变化包括省略年度，后同。

1. 全国产值、财政收支总量增长状况

2000～2016年，全国产值总量年均增长13.34%，同期财政收入总量年均增长 16.75%，财政支出总量年均增长 16.69%。[①] 财政收入和支出增长大大超过产值增长，这意味着，在以历年产值来体现的全社会总财富当中，各级财政收取并支用的部分占有越来越大的比例份额。

2. 居民收入、消费和积蓄总量增长状况

2000~2016 年，全国城乡居民收入总量年均增长 13.17%，消费总量年均增长 12.61%，积蓄总量年均增长 14.82%。在这 16 年间，全国城乡居民收入年均增长率低于产值增长 0.17 个百分点，低于财政收入增长 3.58 个百分点；居民消费年均增长率低于产值增长 0.73 个百分点，低于财政支出增长 4.08 个百分点。

检测全国各类数据历年增长相关系数：产值与居民收入增长之间为 0.8285，呈稍强正相关性；与居民消费增长之间为 0.5995，呈很弱正相关性。可简化理解为居民收入、消费与产值历年增长分别在 82.85% 和 59.95% 程度上同步，居民收入增长明显滞后，居民消费增长更极显著滞后。财政收入与居民收入增长之间为 0.6721，即二者历年增长在 67.21% 程度上同步，呈较弱正相关性，居民收入增长显著滞后；财政支出与居民消费增长之间为 0.2583，即二者历年增长在 25.83% 程度上同步，呈极弱正相关性，居民消费增长更极显著滞后。

3. 收入对比度、支出对比度历年变化状况

收入对比度、支出对比度出自本项检测的特有精心设计，即居民收入比与财政收入比、居民消费率与财政用度比之间相互对应的相关性比值（商值）。可基于居民收入或财政收入、居民消费或财政用度进行双向对应演算，其结果数据互为倒数，用以检测居民收入与财政收入之间、居民消费与财政用度之间的相对关系及其历年变化情况。

基于全国居民收入演算，16 年间从财政收入的 347.16%（图中 3.4716 转换为百分制，全文同）降低为 210.93%，相对关系值减小了 39.24%。这

---

① 本项检测数据库运算无限保留小数，难免与按稿面整数或常规两位小数演算产生小数出入，此属机器比人工精细之处，并非误差。全书同。

表明，在全国社会总财富历年分配当中，财政收入所占份额扩增，而居民收入所占份额缩减，其间相互关系用收入对比度变动来表示。全国居民收入比与财政收入比历年变化相关系数为 - 0.6269，呈很强负相关性，即两项比值之间在 62.69% 程度上逆向变动。

基于全国居民消费演算，16 年间从财政用度的 226.64% 降低为128.32%，相对关系值减小了 43.38%。这表明，在全国社会总财富历年支配当中，财政用度所占份额扩增，而居民消费所占份额缩减，其间相互关系用支出对比度变动来表示。全国居民消费率与财政用度比历年变化相关系数为 - 0.6400，呈很强负相关性，即两项比值之间在 64.00% 程度上逆向变动。

以上各类总量数据的分析已经反映出，进入"全面建成小康社会"进程以来，"国富"的程度和速度明显高于"民富"的程度和速度。当然，这仅仅是宏观层面的基本把握，深入透视全国民生发展的具体情况，特别是微观层面的深刻变化，有必要转入各类民生数据人均值测算，并尽可能展开各个方面的相关性分析，尤其需要对极富"中国特色"的城乡差距和地区差距进行检测。

二　全国居民收入增长及其相关性分析

居民收入是国家现行统计制度中"人民生活"统计数据的整个基底，从根基上制约着其余所有数据的变化动态。

居民收入及其相关性分析为民生指数检测系统的二级子系统之一。全国居民收入及其相关性变动态势见图 2。

1. 城乡综合人均值及地区差变动状况

2000～2016 年，全国城乡居民人均收入年均增长 12.55%（由于人口增长，人均值增长率略低于总量增长率）。居民收入地区差最小（最佳，后同）值为 2016 年的 1.2760，最大值为 2001 年的 1.3679。

在这 16 年间，全国居民收入地区差缩小了 6.22%。这意味着，全国各

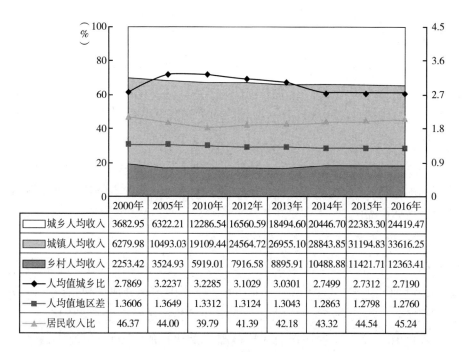

	2000年	2005年	2010年	2012年	2013年	2014年	2015年	2016年
□ 城乡人均收入	3682.95	6322.21	12286.54	16560.59	18494.60	20446.70	22383.30	24419.47
▨ 城镇人均收入	6279.98	10493.03	19109.44	24564.72	26955.10	28843.85	31194.83	33616.25
▩ 乡村人均收入	2253.42	3524.93	5919.01	7916.58	8895.91	10488.88	11421.71	12363.41
◆ 人均值城乡比	2.7869	3.2237	3.2285	3.1029	3.0301	2.7499	2.7312	2.7190
■ 人均值地区差	1.3606	1.3649	1.3312	1.3124	1.3043	1.2863	1.2798	1.2760
▲ 居民收入比	46.37	44.00	39.79	41.39	42.18	43.32	44.54	45.24

图2 全国居民收入及其相关性变动态势

    左轴面积：全国城乡综合、城镇、乡村居民收入人均值（元转换为％），各项数值间呈直观比例。右轴曲线：居民收入城乡比（乡村＝1）、地区差（无差距＝1）。左轴曲线：居民收入比（与产值即国民总收入近似值比）（％）。另需说明，近年年鉴始发布2014年以来城乡人均值数据，但与总量数据之间存在演算误差，对应同时发布的产值人均值和总量分别演算相关性比值有出入，本文恢复自行演算城乡人均值。

地居民收入增长的同步均衡性较明显增强，体现出"全面小康"建设进程在缩小全国居民收入地区差距方面的有效进展。

　　按照本项检测的推演测算，2020年全国居民收入地区差应为1.2612，相比当前将略微缩减；2035年全国居民收入地区差应为1.2415，相比当前将继续略微缩减。

　　2. 城镇与乡村人均值及城乡比变动状况

　　2000～2016年，全国城镇居民人均收入年均增长11.05％，乡村居民人均收入年均增长11.23％，乡村年均增长率高于城镇0.18个百分点。城乡之间增长相关系数为0.4703，即历年增长同步程度47.03％，呈很弱正相关性。倘若用城乡各自年度增长指数绘制出两条曲线，就可以看出，二者历年增长明显不均，其间均衡度较差。

在这16年间，全国居民收入城乡比最小（最佳，后同）值为2016年的2.7190，最大值为2009年的3.3328，前后对比城乡比缩小了2.43%。这意味着，全国城乡之间居民收入增长的同步均衡性略微增强，体现出"全面小康"建设进程在缩小全国居民收入城乡差距方面的有效进展。

按照本项检测的推演测算，2020年全国居民收入城乡比应为2.7023，相比当前将略微缩减；2035年全国居民收入城乡比应为2.6406，相比当前将继续较明显缩减。

3. 城乡综合居民收入比历年变化状况

2000~2016年，全国居民收入比下降了1.13个百分点，其中"十二五"以来回升5.45个百分点。"十二五"以来国家及各地规划确定"努力实现居民收入增长与经济发展同步"的约束性指标已经产生显著作用。

在这16年间，全国居民收入比最高（最佳）值为2002年的47.15%，最低值为2011年的39.79%。具体展开逐年测算，居民收入比在2002年、2009年、2012~2016年升高，在2000~2001年、2003~2008年、2010~2011年降低，近年来仍未回复2000年初始值，更未达到2002年最佳值。这意味着，"全面小康"建设进程中实现全国居民收入增长与经济发展的同步协调性尚待增强，甚而居民收入增长或应反超产值增长以补积年"拖欠"。

三 全国居民消费增长及其相关性分析

居民消费数据是国家现行统计制度中"人民生活"统计的主体部分，市场经济条件下民生需求主要就体现为居民消费需求。

居民消费及其相关性分析为民生指数检测系统的二级子系统之二。全国居民总消费及其相关性变动态势见图3。

1. 城乡综合人均值及地区差变动状况

2000~2016年，全国城乡居民人均总消费年均增长12.00%。居民总消

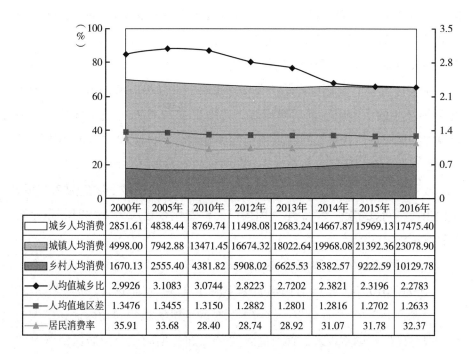

图3　全国居民总消费及其相关性变动态势

左轴面积：全国城乡综合、城镇、乡村居民总消费人均值（元转换为%），各项数值间呈直观比例。右轴曲线：居民总消费城乡比（乡村＝1）、地区差（无差距＝1）。左轴曲线：居民消费率（与产值比）（%）。

费地区差最小值为2016年的1.2633，最大值为2003年的1.3521。

在这16年间，全国居民总消费地区差缩小了6.26%。这意味着，全国各地居民总消费增长的同步均衡性较明显增强，体现出"全面小康"建设进程在缩小全国居民总消费地区差距方面的有效进展。

按照本项检测的推演测算，2020年全国居民总消费地区差应为1.2513，相比当前将略微缩减；2035年全国居民总消费地区差应为1.2371，相比当前将继续略微缩减。

2.城镇与乡村人均值及城乡比变动状况

2000～2016年，全国城镇居民人均总消费年均增长10.03%，乡村居民人均总消费年均增长11.93%，乡村年均增长率高于城镇1.90个百分点。

城乡之间增长相关系数为 0.4174，即历年增长同步程度 41.74%，呈很弱正相关性。倘若用城乡各自年度增长指数绘制出两条曲线，就可以看出，二者历年增长明显不均，其间均衡度较差。

在这 16 年间，全国居民总消费城乡比最小值为 2016 年的 2.2783，最大值为 2003 年的 3.3505，前后对比城乡比缩小了 23.87%。这意味着，全国城乡之间居民总消费增长的同步均衡性明显增强，体现出"全面小康"建设进程在缩小全国居民总消费城乡差距方面的有效进展。

按照本项检测的推演测算，2020 年全国居民总消费城乡比应为 2.1282，相比当前将明显缩减；2035 年全国居民总消费城乡比应为 1.6481，相比当前将继续极显著缩减。

3. 城乡综合居民消费率历年变化状况

2000～2016 年，全国居民消费率下降了 3.54 个百分点，其中"十二五"以来回升 3.97 个百分点。应对国际金融危机实施"拉动内需，扩大消费，改善民生"国策以来，直到进入"十二五"期间，全国居民消费率才开始明显回升。

在这 16 年间，全国居民消费率最高（最佳）值为 2002 年的 36.23%，最低值为 2011 年的 28.16%。具体展开逐年测算，居民消费率在 2002 年、2009 年、2012～2016 年升高，在 2000～2001 年、2003～2008 年、2010～2011 年降低，近年来仍未回复 2000 年初始值，更未达到 2002 年最佳值。这意味着，"全面小康"建设进程中实现全国居民消费拉动经济增长的同步协调性尚待增强。还应注意到，居民消费率下降程度大于居民收入比下降程度，反过来即意味着居民积蓄率上升，同时亦即积蓄对消费的抑制作用加重。

居民消费子系统相对自成一体，其下又包含八个三级子系统，即国家现行统计制度下"人民生活"消费支出的各分类单项——食品烟酒、衣着、居住、生活用品及服务、交通通信、教育文化娱乐、医疗保健、其他用品及服务，其间消费结构变化尤其值得关注。本项检测把前四类消费划分为"物质生活消费"（简称"物质消费"），维系着人们衣、食、住、用的"基本需求"。物质生活分类消费及其相关性分析为民生指数检测系统的三级子系统之一至四;把后四类消费划分为"非物生活消费"(简称"非物消费"),维系着人们社会交往、身心状态、精神生活等"扩展需求"。非物生活分类消费及其相关性分析为民生指数检测系统的三级子系统之五至八。

在此简要归纳对比全国城乡居民物质生活、非物生活分类单项消费的增长变化差异。2000 年以来 16 年间,各类消费人均值年均增长率(由于人口增长,人均值演算增长率略低于总量演算增长率)、比重值升降变化(百分比演算更为精确)排序:交通消费年增 16.76%,比重上升 94.61% 为最高;居住消费年增 16.25%,比重上升 81.51% 为次高;医疗消费年增 13.73%,比重上升 27.84% 为第三高;文教消费年增 11.50%,比重下降 6.87% 为第四高;用品消费年增 10.87%,比重下降 14.90% 为第五高;衣着消费年增 10.80%,比重下降 15.84% 为第六高;食品消费年增 9.52%,比重下降 30.04% 为次低;其他消费年增 7.80%,比重下降 45.73% 为最低。

四 全国居民物质消费综合增长态势

本项检测把居民全部物质消费设定为"必需消费",并设居民物质消费比重值为"全面小康"民生"必需消费系数",类比于放大的"恩格尔系数",检测"全面小康"建设进程中居民物质生活水平的提高,及其维持物质生活升级版"必需消费"支出的变动态势。

(一)物质消费合计数据分析

居民物质消费合计及其相关性分析为民生指数检测系统的二级子系统之三。全国居民物质消费合计及其相关性变动态势见图 4。

1. 城乡综合人均值及地区差变动状况

2000~2016 年,全国城乡居民人均物质消费年均增长 11.44%。居民物质消费地区差最小值为 2013 年的 1.2445,最大值为 2000 年的 1.3204。

在这 16 年间,全国居民物质消费地区差缩小了 3.57%。这意味着,全

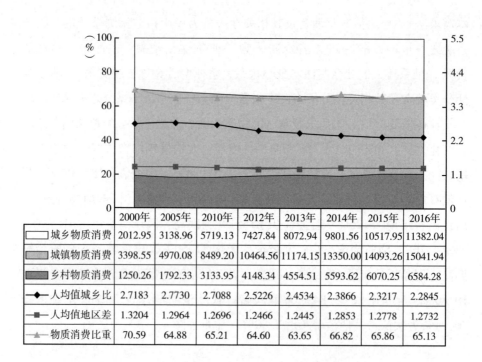

	2000年	2005年	2010年	2012年	2013年	2014年	2015年	2016年
城乡物质消费	2012.95	3138.96	5719.13	7427.84	8072.94	9801.56	10517.95	11382.04
城镇物质消费	3398.55	4970.08	8489.20	10464.56	11174.15	13350.00	14093.26	15041.94
乡村物质消费	1250.26	1792.33	3133.95	4148.34	4554.51	5593.62	6070.25	6584.28
人均值城乡比	2.7183	2.7730	2.7088	2.5226	2.4534	2.3866	2.3217	2.2845
人均值地区差	1.3204	1.2964	1.2696	1.2466	1.2445	1.2853	1.2778	1.2732
物质消费比重	70.59	64.88	65.21	64.60	63.65	66.82	65.86	65.13

图4　全国居民物质消费合计及其相关性变动态势

左轴面积：全国城乡综合、城镇、乡村居民物质消费合计人均值（元转换为%），各项数值间呈直观比例。右轴曲线：物质消费城乡比（乡村＝1）、地区差（无差距＝1）。左轴曲线：物质消费比重（占总消费比）（%）。

国各地居民物质消费增长的同步均衡性略微增强，体现出"全面小康"建设进程在缩小全国居民物质消费地区差距方面的有效进展。

按照本项检测的推演测算，2020年全国居民物质消费地区差应为1.2773，相比当前将略微扩增；2035年全国居民物质消费地区差应为1.3225，相比当前将继续略微扩增。

2.城镇与乡村人均值及城乡比变动状况

2000～2016年，全国城镇居民人均物质消费年均增长9.74%，乡村居民人均物质消费年均增长10.94%，乡村年均增长率高于城镇1.20个百分点。城乡之间增长相关系数为0.8599，即历年增长同步程度85.99%，呈较强正相关性。倘若用城乡各自年度增长指数绘制出两条曲线，就可以看出，二者历年增长相对并行,其间均衡度较好。

在这 16 年间,全国居民物质消费城乡比最小值为 2016 年的 2.2845,最大值为 2003 年的 3.0039,前后对比城乡比缩小了 15.96%。这意味着,全国城乡之间居民物质消费增长的同步均衡性明显增强,体现出"全面小康"建设进程在缩小全国居民物质消费城乡差距方面的有效进展。

按照本项检测的推演测算,2020 年全国居民物质消费城乡比应为 2.2299,相比当前将较明显缩减;2035 年全国居民物质消费城乡比应为 1.8584,相比当前将继续极显著缩减。

3. 城乡综合物质消费比重历年变化状况

2000~2016 年,全国居民物质消费比重下降了 5.46 个百分点。全国居民物质消费比重持续降低,意味着人民生活在保证物质生活"必需消费"之外,还有越来越多的余钱用以满足非物消费需求。

在这 16 年间,全国居民物质消费比重最低(最佳)值为 2013 年的 63.65%,最高值为 2000 年的 70.59%。具体展开逐年测算,居民物质消费比重在 2007~2008 年、2011 年、2014 年升高,在 2000~2006 年、2009~2010 年、2012~2013 年、2015~2016 年降低。近年来达到历年最佳值,这无疑表明人民生活已经彻底超越满足温饱栖息"基本需求"的物质消费阶段。

(二)物质消费分类数据简况

由于本系列研究已经分解独立出《中国民生消费需求景气评价报告》,物质消费分类单项详尽分析另见该书,此处仅提及各分类项(分别简称"食品、衣着、居住、用品")消费比重历年变化动态。鉴于分项演算各自四舍五入,其升降之和可能与整个物质消费比重变化有细微出入。

居民食品消费占总消费比重值即为所谓"恩格尔系数",用以检测维持生命"最基本消费"比重,可间接衡量民生超越"物质需求依赖"的富足程度。同期,全国居民食品消费比重降低 12.90 个百分点。最低(最佳,物质消费占比以低为佳,后同)比重值为 2016 年的 30.04%,最高比重值为 2000 年的 42.94%。可以看出,进入"全面小康"建设进程以来,全国居民食品消费"最基本需求"所占比重越来越低，这间接反映出人民生活从温饱"基本小康"向富余"全面小康"的发展进步。

在中国社会传统中，"衣食温饱"总是联系在一起，移植恩格尔系数成为"中国版"，恐怕应包括衣食温饱"基本需求"，因此本项检测同样重视衣着消费。同期，全国居民衣着消费比重降低1.33个百分点。最低比重值为2016年的7.07%，最高比重值为2011年的9.91%。可以看到，在食品消费比重持续明显下降的同时，全国居民衣着消费"基本需求"所占比重并未明显降低，不过原有保暖御寒功能已经发生变化，更多地转而体现时尚、品位、个性等。难怪有不少相关研究者提出主张，建议把服装消费列为一种"别类"精神生活消费。

同期，全国居民居住消费比重增高9.84个百分点。最低比重值为2012年的11.24%，最高比重值为2014年的22.10%。近十年来各地城镇商品住宅市场火爆，人们的需求旺盛，居住消费比重变化甚大，正是千家万户拥有私家住房的"刚需"开支成就了当今中国房地产的繁荣。

同期，全国居民用品消费比重降低1.07个百分点。最低比重值为2004年的5.19%，最高比重值为2000年的7.18%。近十年来各地城乡私家轿车市场升温，人们的需求高涨，用品消费比重却变化不大，或许"间歇性"购车支出放到长年日常消费当中也不明显。

本项检测将全部物质消费视为"全面小康"人民生活必需消费，只看食品消费或者扩大为衣食温饱显然已不具有足够的解释力。不难看出，全国居民食品消费比重下降"让出"的余地却被居住消费比重上升"抢占"，这两项冲抵仅仅留给处在上位的物质消费比重下降3.06个百分点（另综合衣着、用品消费比重变化，整个物质消费比重下降5.46个百分点），否则2000年以来16年间全国居民整个物质消费比重理当显著下降。

五　全国居民非物消费综合增长态势

本项检测把居民全部非物消费设定为"扩展应有消费"，并设居民非物消费比重值为"全面小康"民生"扩展消费系数",检测"全面小康"建设进程中居民社会生活、精神生活质量的提升,及其在物质生活"必需消费"之外进一步增加"应有消费"支出的变动态势。

(一)非物消费合计数据分析

居民非物消费合计及其相关性分析为民生指数检测系统的二级子系统之四。全国居民非物消费合计及其相关性变动态势见图5。

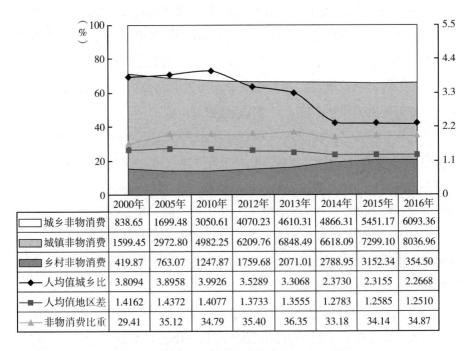

	2000年	2005年	2010年	2012年	2013年	2014年	2015年	2016年
□ 城乡非物消费	838.65	1699.48	3050.61	4070.23	4610.31	4866.31	5451.17	6093.36
▨ 城镇非物消费	1599.45	2972.80	4982.25	6209.76	6848.49	6618.09	7299.10	8036.96
▩ 乡村非物消费	419.87	763.07	1247.87	1759.68	2071.01	2788.95	3152.34	354.50
◆ 人均值城乡比	3.8094	3.8958	3.9926	3.5289	3.3068	2.3730	2.3155	2.2668
■ 人均值地区差	1.4162	1.4372	1.4077	1.3733	1.3555	1.2783	1.2585	1.2510
▲ 非物消费比重	29.41	35.12	34.79	35.40	36.35	33.18	34.14	34.87

图5 全国居民非物消费合计及其相关性变动态势

左轴面积:全国城乡综合、城镇、乡村居民非物消费合计人均值(元转换为%),各项数值间呈直观比例。右轴曲线:非物消费城乡比(乡村=1)、地区差(无差距=1)。左轴曲线:非物消费比重(占总消费比)(%)。

1. 城乡综合人均值及地区差变动状况

2000～2016年,全国城乡居民人均非物消费年均增长13.20%。居民非物消费地区差最小值为2016年的1.2510,最大值为2005年的1.4372。

在这 16 年间，全国居民非物消费地区差缩小了 11.66%。这意味着，全国各地居民非物消费增长的同步均衡性较明显增强，体现出"全面小康"建设进程在缩小全国居民非物消费地区差距方面的有效进展。

按照本项检测的推演测算，2020 年全国居民非物消费地区差应为 1.2200，相比当前将略微缩减；2035 年全国居民非物消费地区差应为 1.2035，相比当前将继续略微缩减。

2. 城镇与乡村人均值及城乡比变动状况

2000～2016 年，全国城镇居民人均非物消费年均增长 10.62%，乡村居民人均非物消费年均增长 14.26%，乡村年均增长率高于城镇 3.64 个百分点。城乡之间增长相关系数为 –0.4430，即历年增长逆向程度 44.30%，呈稍强负相关性。倘若用城乡各自年度增长指数绘制出两条曲线，就可以看出，二者历年增长相互逆反，其间均衡度极差。

在这 16 年间，全国居民非物消费城乡比最小值为 2016 年的 2.2668，最大值为 2002 年的 4.3046，前后对比城乡比缩小了 40.49%。这意味着，全国城乡之间居民非物消费增长的同步均衡性显著增强，体现出"全面小康"建设进程在缩小全国居民非物消费城乡差距方面的有效进展。

按照本项检测的推演测算，2020 年全国居民非物消费城乡比应为 1.9482，相比当前将显著缩减；2035 年全国居民非物消费城乡比应为 1.2238，相比当前将继续极显著缩减。

3. 城乡综合非物消费比重历年变化状况

2000～2016 年，全国居民非物消费比重上升了 5.46 个百分点。全国居民非物消费比重持续提高，意味着人民生活在保证物质生活"必需消费"之外，确实越来越注重追求非物质生活"应有消费"需求。

在这 16 年间，全国居民非物消费比重最高（最佳）值为 2013 年的 36.35%，最低值为 2000 年的 29.41%。具体展开逐年测算，居民非物消费比重在 2007～2008 年、2011 年、2014 年降低，在 2000～2006 年、2009～2010 年、2012～2013 年、2015～2016 年升高。近年来达到历年最佳值，这无疑表明人民生活已经完全进入注重非物质生活需求的消费结构优化阶段。

（二）非物消费分类数据简况

由于本系列研究已经分解独立出《中国民生消费需求景气评价报告》，非物消费分类单项详尽分析另见该书，此处仅提及各分类项（分别简称"交通、文教、医疗、其他"）消费比重历年变化动态。鉴于分项演算各自四舍五入，其升降之和可能与整个物质消费比重变化有细微出入。

同期，全国居民交通消费比重增高 6.65 个百分点。最高（最佳，非物消费占比以高为佳，后同）比重值为 2013 年的 14.41%，最低比重值为 2000 年的 7.02%。由此不难发现，人民生活消费需求已经从维持温饱的"基本小康"阶段超越出来，在物质生活需求达较高水平之际，非物质生活需求迅速提升。交通消费比重持续显著增高，可以视为人们社会生活交往需求高涨的一种具体表现。

本项检测将居民文教消费比重值界定为"精神需求系数"，可直接衡量民生需求向精神层面提升的程度。同期，全国居民文教消费比重降低 0.83 个百分点。最高比重值为 2002 年的 13.82%，最低比重值为 2014 年的 10.60%。这里发现一个问题，多年以来许多研究者预期中的"精神文化消费需求高涨"局面仍未出现。或许人民生活从满足温饱需求，到物质消费全面提升，再到注重社会生活交往需求，最后到追求精神文化生活丰富多彩，尚有待于"更上一层楼"。

同期，全国居民医疗消费比重增高 1.65 个百分点。最高比重值为 2016 年的 7.59%，最低比重值为 2000 年的 5.94%。医疗消费比重增高明显并不难理解，健康是人们的"共同价值观"，而若干年来医院费用暴涨、保健产业产生暴利的问题也不容忽视。

同期，全国居民其他消费比重降低 2.01 个百分点。最高比重值为 2001 年的 4.59%，最低比重值为 2016 年的 2.39%。其他消费是一个"非明确"项，包括除了非物消费以上三类之外的其余消费开支，依据早年统计年鉴所列细目分类可知，家政服务相关支出包含其间。

本项检测将全部非物消费视为"全面小康"人民生活应有消费，只看食品消费乃至扩展为物质消费显然也不具有足够的解释力。综合全国居民交通、文教、医疗、其他消费比重变化，16 年间整个非物消费比重上升 5.46 个百分点。

实际说来，"交通消费"作为"交通通信消费"简称，包含通信消费，而通信消费里的信息内容消费部分显然应当归属于精神消费。假设全国居民信息内容消费占通信消费一半，通信消费又占整个交通通信消费一半，那么信息内容消费比重则上升 1.66 个百分点，再与文教消费比重变化合并演算，2000 年以来 16 年间全国居民整个精神消费比重理当上升 0.83 个百分点。

六 全国居民积蓄增长及其相关性分析

本项检测取历年居民收入与消费之差作为最通常意义的"积蓄"，按理积蓄应大于并包含居民当年存入银行的储蓄，且不必再费心分辨、去除储蓄中政府和企业部分。

居民积蓄及其相关性分析为民生指数检测系统的二级子系统之五。全国居民积蓄及其相关性变动态势见图 6。

1. 城乡综合人均值及地区差变动状况

2000～2016 年，全国城乡居民人均积蓄年均增长 14.19%。居民积蓄地区差最小值为 2015 年的 1.3252，最大值为 2001 年的 1.4609。

在这 16 年间，全国居民积蓄地区差缩小了 7.74%。这意味着，全国各地居民积蓄增长的同步均衡性较明显增强，体现出"全面小康"建设进程在缩小全国居民积蓄地区差距方面的有效进展。

按照本项检测的推演测算，2020 年全国居民积蓄地区差应为 1.3214，相比当前将略微缩减；2035 年全国居民积蓄地区差应为 1.3228，相比当前将略微缩减。

2. 城镇与乡村人均值及城乡比变动状况

2000～2016 年，全国城镇居民人均积蓄年均增长 14.07%，乡村居民人均积蓄年均增长 8.75%，乡村年均增长率低于城镇 5.32 个百分点。城乡之

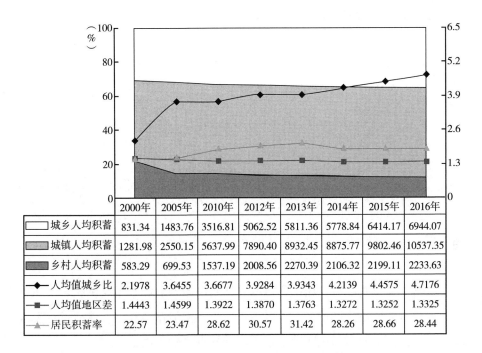

	2000年	2005年	2010年	2012年	2013年	2014年	2015年	2016年
城乡人均积蓄	831.34	1483.76	3516.81	5062.52	5811.36	5778.84	6414.17	6944.07
城镇人均积蓄	1281.98	2550.15	5637.99	7890.40	8932.45	8875.77	9802.46	10537.35
乡村人均积蓄	583.29	699.53	1537.19	2008.56	2270.39	2106.32	2199.11	2233.63
人均值城乡比	2.1978	3.6455	3.6677	3.9284	3.9343	4.2139	4.4575	4.7176
人均值地区差	1.4443	1.4599	1.3922	1.3870	1.3763	1.3272	1.3252	1.3325
居民积蓄率	22.57	23.47	28.62	30.57	31.42	28.26	28.66	28.44

图6 全国居民积蓄及其相关性变动态势

左轴面积：全国城乡综合、城镇、乡村居民积蓄人均值（元转换为%），各项数值间呈直观比例。右轴曲线：居民积蓄城乡比（乡村＝1）、地区差（无差距＝1）。左轴曲线：居民积蓄率（占居民收入比）（%）。

间增长相关系数为 0.6588，即历年增长同步程度 65.88%，呈较弱正相关性。倘若用城乡各自年度增长指数绘制出两条曲线，就可以看出，二者历年增长难显并行，其间均衡度稍差。

在这 16 年间，全国居民积蓄城乡比最小值为 2000 年的 2.1978，最大值为 2016 年的 4.7176，前后对比城乡比扩大了 114.65%。这意味着，全国城乡之间居民积蓄增长的同步均衡性极显著减弱，体现出"全面小康"建设进程在缩小全国居民积蓄城乡差距方面的成效欠佳。

按照本项检测的推演测算，2020 年全国居民积蓄城乡比应为 5.7196，相比当前将极显著扩增；2035 年全国居民积蓄城乡比应为 11.6853，相比当前将继续极显著扩增。

3. 城乡综合居民积蓄率历年变化状况

2000～2016年，全国居民积蓄率上升了5.87个百分点。全国居民积蓄率持续提高，意味着人民劳动所得在保证物质生活"必需消费"、社会生活和精神生活"应有消费"之外，拥有越来越多的宽余"闲钱"可供自由支配。

在这16年间，全国居民积蓄率最高（最佳）值为2013年的31.42%，最低值为2000年的22.57%。具体展开逐年测算，居民积蓄率在2000年、2002年、2005年、2009年、2014年、2016年降低，在2001年、2003～2004年、2006～2008年、2010～2013年、2015年升高。从"全面小康"建设进程起点2000年到2013年，全国居民积蓄率由历年最低值持续上升至历年最高值，这无疑表明人民生活已经进入相对充裕富足的"全面小康"阶段。

诚然，有必要澄清，居民积蓄率并非越高越好。相对于居民收入，积蓄率增高意味着富足余钱增多，可以体现出人民生活富裕程度；然而相对于居民消费，积蓄率增高却意味着消费需求受到抑制的程度加重。

到这里，有必要归纳对比全国经济、财政与人民生活各类数据的增长变化差异。2000年以来16年间，全国产值、财政收入和支出、城乡居民收入、总消费、物质和非物消费、积蓄人均值年均增长率排序：财政收入年增16.11%为最高；财政支出年增16.05%为次高；居民积蓄年增14.19%为第三高；非物消费年增13.20%为第四高；产值年增12.72%为第五高；居民收入年增12.55%为第六高；居民总消费年增12.00%为次低；物质消费年增11.44%为最低。其间，全国经济增长，财政收支额度增高，居民收入、消费（包括物质、非物消费）和积蓄增多之间的相对关系一目了然。

七　全国人民生活发展状况综合检测

（一）民生发展指数多向度验算

全面汇总以上各类数据分析检测，以及置于后台数据库的全部相关测量演算，共包含一级指标（子系统）5 项，二级指标（类别项）41 项，三级指标（演算项）156 项测算数值，最终综合加权得出全国民生发展指数检测结果。

2000 年以来全国城乡居民生活发展指数变动态势见图 7。

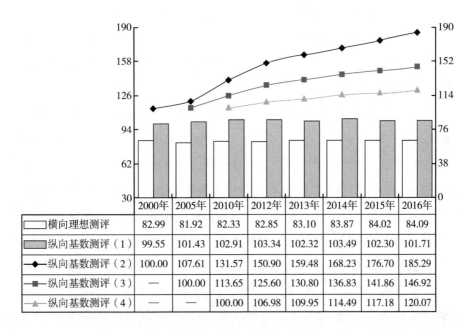

	2000年	2005年	2010年	2012年	2013年	2014年	2015年	2016年
横向理想测评	82.99	81.92	82.33	82.85	83.10	83.87	84.02	84.09
纵向基数测评（1）	99.55	101.43	102.91	103.34	102.32	103.49	102.30	101.71
纵向基数测评（2）	100.00	107.61	131.57	150.90	159.48	168.23	176.70	185.29
纵向基数测评（3）	—	100.00	113.65	125.60	130.80	136.83	141.86	146.92
纵向基数测评（4）	—	—	100.00	106.98	109.95	114.49	117.18	120.07

图 7　2000 年以来全国城乡居民生活发展指数变动态势

左轴柱形：左历年横向测评（城乡、地区无差距理想值＝100）；右逐年纵向测评（1），上年基数值＝100。右轴曲线：时段纵向测评（起点年基数值＝100），（2）以 2000 年为起点（"十五"以来，以"九五"末年为基点，后同），（3）以 2005 年为起点（"十一五"以来），（4）以 2010 年为起点（"十二五"以来）。

1. 各年度理想值横向检测指数

各年度理想值横向检测方法的基本设置：①总量份额以上年为基准衡量升降变化（全国份额 100% 自为基准），②人均绝对值以全国平均值为基准衡量增减变动（全国自为基准），③人均值城乡比、地区差以假定实现无差距理想值衡量现实差距（全国亦然），④相关性比值以全国总体比值为基准衡量大小差异（全国自为基准），⑤相关人均值之间增长率比差以上年为基准衡量高低程度（全国亦然）。

假定全国各类民生数据城乡、地区无差距理想值为100，2016年全国城乡总体民生发展检测指数为84.09，低于无差距理想值15.91%，但高于上年（2015年）检测指数0.07个点。

各年度（包括图中省略年度）此项检测指数对比，全部各个年度均低于无差距理想值100；2004年、2007~2008年、2010~2016年10个年度高于上年检测指数值。其中，历年民生指数最高值为2016年的84.09，最低值为2006年的81.88。

在此项指数检测中，综合演算之所以"失分"，就在于"协调增长""均衡发展"两个方面尚有不小差距。①主要原因在于所有各类民生数据人均值的城乡比、地区差继续存在，有些数据的城乡比、地区差还比较大，以其倒数（数值越大其倒数越小）作为权衡系数势必"失分"较多。只要民生数据人均值城乡比、地区差缩小，检测指数就能够上升；只有彻底消除民生数据人均值城乡比、地区差，检测指数才能够达到理想值100。②次要原因在于所有各类民生数据与其对应的经济、财政、居民收入、总消费等类数据增长率之间存在差异，假定全部相关对应数据之间实现同步增长，检测指数才不会"失分"，若增长率反超则反而"加分"。其余总量份额、人均绝对值、相关性比值各项指标，均以全国总体数值为基准测算各地高低差异，而对于全国总体"得分"无影响。

2.2000年以来基数值纵向检测指数

各时段基数值纵向检测方法的基本设置：①总量份额值升降，②人均绝对值增减，③人均值城乡比、地区差扩减，④相关性比值高低，⑤相关人均值之间增长率比差大小，所有这些指标的检测演算均以起点年度为基数进行测算，优于起点年"加分"而逊于起点年"减分"，全国总体及各地概莫能外。以下各类纵向检测同理，区别仅在于起始年度不同。

以"全面小康"建设进程起点年"九五"末年2000年数据指标演算基数值为100，2016年全国城乡总体民生发展检测指数为185.29，高于起点年基数值85.29%，也高于上年（2015年）检测指数8.59个点。

各年度（包括图中省略年度）此项检测指数对比，全部各个年度均高于起点年基数值100；全部各个年度均高于上年检测指数值。其中，历年民生指数最高值为2016年的185.29，最低值为2001年的100.78。

在此项指数检测中，综合演算"得分"逐年升降变化一目了然，"得分"升高源于多个方面：首先得益于各类民生数据总量占全国份额上升，人均值逐年稳步提高，其次得益于多类民生数据人均值城乡比、地区差逐渐缩小，再次得益于多类相关性比值有所升高（物质消费比值反向检测降低为佳），最后得益于各类民生数据与其对应的经济、财政、居民收入、总消费等类数据增长率之间的差异缩减甚至或有反超。至于全国自身份额指标，由于恒定份额100%自为基准，对于全国总体"得分"无影响。以下各类纵向检测同理。

3. 2005年以来基数值纵向检测指数

以"全面小康"建设进程第一个五年期"十五"末年2005年数据指标演算基数值为100，2016年全国城乡总体民生发展检测指数为146.92，高于起点年基数值46.92%，也高于上年（2015年）检测指数5.06个点。

各年度（包括图中省略年度）此项检测指数对比，全部各个年度均高于起点年基数值100；全部各个年度均高于上年检测指数值。其中，历年民生指数最高值为2016年的146.92，最低值为2006年的101.40。

4. 2010年以来基数值纵向检测指数

以"全面小康"建设进程第二个五年期"十一五"末年2010年数据指标演算基数值为100，2016年全国城乡总体民生发展检测指数为120.07，高于起点年基数值20.07%，也高于上年（2015年）检测指数2.89个点。

各年度（包括图中省略年度）此项检测指数对比，全部各个年度均高于起点年基数值100；全部各个年度均高于上年检测指数值。其中，历年民生指数最高值为2016年的120.07，最低值为2011年的103.26。

5. 逐年度基数值纵向检测指数

以上一年（2015年）起点数据指标演算基数值为100，2016年全国城乡总体民生发展检测指数为101.71，高于起点年基数值1.71%，但低于上年检测指数 0.59 个点。

各年度（包括图中省略年度）此项检测指数对比，2001～2016 年 16 个年度高于起点年基数值 100；2001～2002 年、2004 年、2007～2008 年、2010～2012 年、2014 年 9 个年度高于上年检测指数值。其中，历年民生指数最高值为 2014 年的 103.49，最低值为 2000 年的 99.55。

（二）民生主要数据增长差距测算

1. 协调性增长假定目标应然测算

纵观 2000 年以来"全面小康"建设进程，协调性增长目标测算基于几点基本假设：①居民收入与产值增长同步，居民收入比应保持历年最佳（最高）水平；②居民消费与居民收入增长同步，居民消费比（占收入比）应保持历年最佳（最高）水平，两点叠加亦即居民消费率（与产值比）保持历年最佳水平，居民消费需求成为拉动经济增长的稳定动力；③居民物质消费比重应保持历年最佳（最低）水平，同时非物消费比重则应保持历年最佳（最高）水平；④居民积蓄率应保持历年最佳（最低）水平，不再持续加重对居民消费增长的抑制作用。居民收入比、居民消费比两项历年最佳值叠加，可能出现两种情况：两项最佳值出现于同一年度，演算结果即居民消费率历年最佳值；两项最佳值出现于不同年度，演算结果或超越居民消费率历年最佳值。

假定 2016 年全国居民收入比保持历年最佳值（2002 年的 47.15%），城乡综合演算的居民收入人均值应为 25449.22 元，总量应达 350859.45 亿元，高出现有实际值 4.22%；同样假定 2016 年全国居民消费比保持历年最佳值（2000 年的 77.43%），城乡综合演算的居民总消费人均值应为 19704.63 元，总量应达 271660.87 亿元，高出现有实际值 12.76%。

进而假定 2016 年全国城乡居民物质、非物消费各占总消费比重保持历年最佳值（2013 年物质消费比重为 63.65%，非物消费比重为 36.35%，二者对应）：城乡综合演算的居民物质消费人均值应为 12542.08 元，总量应达 172913.30 亿元，高出现有实际值 10.19%；城乡综合演算的居民非物消费人均值应为 7162.55 元，总量应达 98747.57 亿元，高出现有实际值 17.55%。这两个方面之和即居民总消费数值。

按照本项研究的数据关系演算设置，居民收入与总消费之差距即为积蓄。继续假定 2016 年全国居民积蓄率保持历年最佳值（2000 年的 22.57%，与居民消费比对应）：城乡综合演算的居民积蓄人均值应为 5744.59 元，总量应达 79198.58 亿元，低于现有实际值 17.27%，积蓄增长对消费增长的抑制作用明显缓减。此处测算与居民总消费测算之和即居民收入数值。

这一系列假设演算无疑是一种"应然"增长目标测算，尚未实现就意味着现实中确实存在差距，人民群众的"获得感"势必显得不足。

2. 均衡性增长假定目标理想测算

"全面建成小康社会"最为艰巨的攻坚之路、最有意义的决胜之举在于实现全国城乡、区域均衡发展。城乡差距源于自古以来"国野之分"体制的社会分层鸿沟，地区差距源于各层级之"央"的优势资源"集中度"，由此导致中国社会结构的"非均衡性"。于是，宪法法定的全国"国民待遇"演化为各地"市民待遇"，原有体制下甚至与乡村居民无关，现有体制下逐渐旁及乡村居民。因此，本项研究高度重视城乡差距和地区差距检测，均衡性增长目标测算基于一个基本假设：如果全面弥合民生发展各个层面的城乡差距，那么人民生活统计数据将出现"爆炸性"增长，地区差距也会显著缩小。

假定 2016 年全国居民收入比、居民消费比保持历年最佳值，并同步实现弥合城乡比（城乡比＝1，以城镇人均值作为城乡持平人均值），城乡持平居民收入人均值应为 35033.81 元，总量应达 482998.91 亿元，高出现有实际值 43.47%；城乡持平居民总消费人均值应为 26022.93 元，总量应达 358769.02 亿元，高出现有实际值 48.91%。

进而假定 2016 年全国居民物质、非物消费各占总消费比重保持历年最佳值，并同步实现弥合城乡比进一步演算，城乡持平居民物质消费人均值应为 16575.74 元，总量应达 228523.97 亿元，高出现有实际值 45.63%；城乡持平居民非物消费人均值应为 9447.19 元，总量应达 130245.04 亿元，高出现有实际值 55.04%。

同样假定 2016 年全国居民积蓄率保持历年最佳值，并同步实现弥合城乡比演算，城乡持平居民积蓄人均值应为 9010.88 元，总量应达 124229.74 亿元，高出现有实际值 29.76%。

至此，把全国民生数据弥合城乡比测算值与东部城镇现有实际值（见本书 B.3~B.7 各篇专项分析报告表 3 城镇数据）加以对比：全国城乡居民收入人均值从东部城镇居民收入人均值的 61.92% 提升至 88.83%，总消费人均值从 64.77% 提升至 96.45%，物质消费人均值从 64.00% 提升至 93.21%，非物消费人均值从 66.26% 提升至 102.73%，积蓄人均值从 55.74% 提升至 72.33%。各项数据对比全都由差距显著转变为极为接近或较为接近，弥合城乡差距能够在很大程度上缩小地区差距。

这一系列假设演算当然是一种"理想"增长目标测算，也是"全面建成小康社会"的"共享"目标，而理想与现实的差距有必要加以精确测量。

技术报告与综合分析

Technical Report and Comprehensive Analysis

ℝ.2
中国人民生活发展指数检测体系阐释

—— 技术报告兼 2016 年综合指数排行

王亚南 方 彧 李汶娟*

摘 要： 从 2000 年以来基数值纵向检测可以看出，西部民生指数提升最高，中部次之，东北再次，东部稍低，表明区域均衡发展国家方略已见成效；陕西、云南、西藏、贵州、宁夏占据前 5 位。2016 年无差距理想值横向检测发现，东北民生指数最高，东部次之，中部再次，西部稍低，表明差距在于各方面协调性、均衡性还不够理想；上海、北京、浙江、辽宁、天津占据前 5 位。另有基数值纵向检测显示，2005 年以来陕西、广西、云南、西藏、贵州占据前 5 位；2010 年以来青海、贵州、陕西、云南、新疆占据前 5 位；2015

* 王亚南，云南省社会科学院研究员，文化发展研究中心主任，主要从事民俗学、民族学及文化理论、文化战略和文化产业研究；方彧，中国老龄科学研究中心副研究员，主要从事口头传统、老龄文化和文化产业研究；李汶娟，云南省社会科学院国际学术交流中心主任、研究员，主要从事民族文化研究。

年以来重庆、陕西、云南、浙江、广东占据前5位。假定全国保持居民收入比、居民消费率不再降低，实现各类民生数据历年最小城乡比直至弥合城乡比，人民生活发展指数将更加明显提升。

关键词： 全面小康 衡量标准 民生指数 测评排行

"中国人民生活发展指数检测体系"与早已推出的"中国文化消费需求景气评价体系"于2006年同时开始研制，鉴于"民生"内涵庞杂需寻求适宜界定而审慎推进，其演算数据库作为"文化消费需求景气评价"的背景数据支持一向在使用当中。2014年综合"文化消费需求景气评价""文化产业供需协调检测""公共文化投入增长测评"的方法论思路和技术性设计，并将"民生"范围集中于国家现行统计制度下"人民生活"部分，"人民生活发展指数检测"历时八年终于独立成型。现已进一步校验居民收入比、居民消费率、物质消费和非物消费比重（包括其中八个分类消费项）、居民积蓄率之间纷繁交错关系之下假定增长测算的复杂算法，使各个部分单独演算、综合演算均更加细密精准。

本项分析检测主要面向人文学科研究界、读书界及相关实际工作领域，需要保持人文研究的思维方法及其表述方式，力求使用"自然语言"表达，尽量避免符号和公式。鉴于基础教育已经普及，初等数学演算成为"公共知识"，视同进入"自然语言"。实际上，数理演算不过是一种通用分析工具，并无特定学科属性和方法专利，唯一"法则"就是符合数学公理定律，理学、工学可以使用，经济学、社会学可以使用，人文学科亦可以使用。这当中并无什么神秘可言，关键是在相应统计数据历年变化的动态链之间，建立并展开各种相关性分析，发现和揭示其间相关关系。

一 基础数据来源及其演算方法

"中国人民生活发展指数检测体系"数据来源、具体出处及相关演算见表1。

表1 "中国人民生活发展指数检测体系"数据来源、具体出处及相关演算

序号	数据内容		数据来源	全国数据具体出处	省域数据具体出处
1	城乡、城镇、乡村人口		国家统计局：《中国统计年鉴》历年各卷	二、人口,2-7分地区人口的城乡构成和出生率、死亡率、自然增长率	
2	产值总量及人均值			三、国民经济核算,3-1国内生产总值	三、国民经济核算,3-9地区生产总值和指数,3-10人均地区生产总值和指数
3	财政收入总量			七、财政,7-2中央和地方一般公共预算主要收入项目	七、财政,7-5分地区一般公共预算收入
4	财政支出总量			七、财政,7-3中央和地方一般公共预算主要支出项目	七、财政,7-6分地区一般公共预算支出
5	城乡居民人均收入			六、人民生活,6-17全国居民分地区人均可支配收入(2014年始,回溯2013年无系列对应,不取)	
6	城乡居民人均消费			六、人民生活,6-19全国居民分地区人均消费支出(2014年始,回溯2013年无分类消费对应,不取)	
7	城镇居民人均收入			六、人民生活,6-21城镇居民分地区人均可支配收入	
8	城镇居民人均消费			六、人民生活,6-23城镇居民分地区人均消费支出	
9	乡村居民人均收入			六、人民生活,6-25农村居民分地区人均可支配收入	
10	乡村居民人均消费			六、人民生活,6-27农村居民分地区人均消费支出	
11	城、乡消费分类项	A. 食品烟酒		城乡居民分类消费：六、人民生活,6-20全国居民分地区人均消费支出 城镇居民分类消费：六、人民生活,6-24城镇居民分地区人均消费支出 乡村居民分类消费：六、人民生活,6-28农村居民分地区人均消费支出	引入人口参数(城乡、城镇、乡村历年年末人口数据均换算为年平均人口数)演算衍生数据：(1)第3~4类人均值(2)第5~21类城乡总量(3)第7~21类城镇、乡村总量(4)第7~21类城乡人均值(5)第2~21类人均值地区差(6)第5~21类人均值城乡比(7)东、中、西部和东北整体数据
12		B. 衣着			
13		C. 居住			
14		D. 生活用品及服务			
15		E. 交通通信			
16		F. 教育文化娱乐			
17		G. 医疗保健			
18		H. 其他用品及服务			
19	增补	居民物质生活消费		A、B、C、D四项消费合计,统一归为物质生活方面消费	
20		居民非物生活消费		E、F、G、H四项消费合计,大致归为社会生活、精神生活方面消费	
21		居民积蓄		居民收入与消费之差,大于银行储蓄,且排除政府和企业部分	

注：①数据具体出处章号章名、表号表名、统计项名称各年卷多有变化,以2015年卷(发布2014年数据)为准,该年卷始提供城乡综合人均收入、总消费及分类消费数据,本项检测遂采用,此前诸多年度仍系自行演算。本项研究多年前率先展开民生数据城乡综合演算,引来国家(转下页)

（接上页）统计制度及其数据发布改进。经两年使用验证，此类人均值与总量之间存在演算误差，居民收入、消费人均值和总量对应产值人均值和总量（同为年鉴发布）分别演算居民收入比、居民消费率结果有出入，因而本项检测回归自行演算城乡人均值，以保证数据库测算模型的规范性及其历年通行测评的标准化，必要时附年鉴提供的城乡人均值作为参考。②数据来源保留各分类消费原名称，行文分别简称"食品、衣着、居住、用品、交通、文教、医疗、其他"消费，物质生活消费、非物生活消费简称"物质消费""非物消费"。③本项检测体系借助并整合"文化消费需求景气评价"、"文化产业供需协调检测"和"公共文化投入增长测评"三个体系数据分析及其演算方法。

　　表1对于数据来源、具体出处及相关演算的说明已经十分详细，无须再言。不过，有必要提及使用和理解统计数据的一点"必备"知识：统计年鉴历年卷发布的上一年某些重要数据均为"初步核算值"，需待下一个年卷再校订为"最终核算值"。全国及各地产值总量、人均值数据正是如此，历年全国产值数据依照《中国统计年鉴》2017年卷校订。

　　以下配合文中列表数据解读、指标解释，运用本项检测后台数据库的强大功能，通过相应演算揭示数据及数据关系潜藏的人民生活发展动向。

　　数千年"国野之分"城乡鸿沟和"割据分治"地区鸿沟系中国社会结构长期存在"非均衡性"历史遗痕的主要根源，亦为全国当今经济、社会、民生发展"非均衡性"的主要成因，城乡差距和地区差距正是我国"不平衡不充分的发展"最具代表性的方面。本系列研究首创城乡比指标倒数权衡测算，独创地区差指标演算方法及其倒数权衡测算，自"文化消费需求景气评价"首先用于文化消费需求的城乡之间、地区之间均等化差距检测，在"公共文化投入增长测评"中用于作为公共服务基础条件的公共投入均等化差距检测，至"人民生活发展指数检测"全面展开经济、财政、民生诸多方面"非均衡性"检验。技术报告阐释就从城乡比、地区差开始。

　　所谓"城乡比"是较早出现的城乡间差异衡量演算，取城镇人均值与乡村人均值的倍差值（乡村人均值＝1）。本系列研究以此倍差值的倒数（1/N，N＝城乡比，若城乡无差距N＝1，则1/N亦等于1，逆指标转为中性）作为无差距理想值权衡系数，检测城乡比存否及其历年大小增减变化。

所谓"地区差"是本系列研究类比于"城乡比"精心设计的地区间差异衡量演算，但演算方法复杂得多：以全国人均值为基准值1衡量，各省域（包括省、直辖市、自治区在内的省级行政区划）无论是高于全国人均值，还是低于全国人均值，相通演算即取当地与全国人均值商值的绝对偏差值（不论正负）加基准值1作为省域地区差指数，全国及四大区域取相关范围省域绝对偏差值的平均值加基准值1作为相应地区差指数。同样以其倒数（1/N，N＝地区差，若地区无差距 N＝1，则 1/N 亦等于1，逆指标转为中性）作为无差距理想值权衡系数，检测地区差存否及其历年大小增减变化。

相关系数检测可谓相关性分析最简便的通用方式，同时检验两组数据链历年增减变化趋势是否一致、变化程度是否相近、变化动向是否稳定。相关系数1为绝对相关，完全同步；0为无相关性，完全不同步；－1为绝对负相关，完全逆向同步。设数据项 A 历年增幅变化为 N，若数据项 B 历年增幅（降幅绝对值）愈接近 N（高低不论），即保持趋近性（正负不论），或历年增幅（降幅绝对值）存在固有差距（高低不论）但上下波动变化愈小，即保持平行（逆向）同步性，则二者相关系数（负值）愈高；反之相关系数（负值）愈低。

国家和地区经济发展与社会建设、民生改善密切相关，而居民收入直接决定着民生消费需求，检测产值、居民收入人均值地区差历年变化与各类民生数据人均值地区差历年变化之间的相关系数，可以准确反映出这一点。

2000～2016年，全国产值地区差从1.4929缩小至1.3566。居民收入历年地区差变动与之相关系数为0.9563，即在95.63%程度上同步变化；居民总消费历年地区差变动与之相关系数为0.9721，即在97.21%程度上同步变化；物质消费历年地区差变动与之相关系数为0.7530，即在75.30%程度上同步变化；非物消费历年地区差变动与之相关系数为0.8431，即在84.31%程度上同步变化；居民积蓄历年地区差变动与之相关系数为0.8908，即在89.08%程度上同步变化。

与之相应，全国居民收入地区差从1.3606缩小至1.2760。居民总消费历年地区差变动与之相关系数为0.9819，即在98.19%程度上同步变化；物质消费历年地区差变动与之相关系数为0.6457，即在64.57%程度上同步变化；非物消费历年地区差变动与之相关系数为0.9382，即在93.82%程度上同步变化；积蓄历年地区差变动与之相关系数为0.9638，即在96.38%程度上同步变化。

这一系列的数据分析表明，全国经济发展与民生增进已经在缩小地区差距方面取得了明显进展。然而，在争取缩小城乡差距方面，情况不容乐观。

产值数据不分城乡，城乡比检测集中于民生数据当中。2000~2016年，全国城镇居民与乡村居民同类数据历年增长相关系数检验，在收入之间为0.4703，即城乡同步增长程度47.03%，呈很弱正相关，收入城乡比从2.7869缩小至2.7190；在总消费之间为0.4174，即城乡同步增长程度41.74%，呈很弱正相关，总消费城乡比从2.9926缩小至2.2783；在物质消费之间为0.8599，即城乡同步增长程度85.99%，呈较强正相关，物质消费城乡比从2.7183缩小至2.2845；在非物消费之间为 -0.4430，即城乡逆向增长程度44.30%，呈稍强负相关，非物消费城乡比从3.8093缩小至2.2668；在积蓄之间为0.6588，即城乡同步增长程度65.88%，呈较弱正相关，积蓄城乡比从2.1978扩大至4.7176。

这些数据分析表明，全国城镇与乡村之间人民生活发展诸方面的同步性大都较弱以至极弱。在居民财富收益增长方面，城乡差距缩减不大甚或继续扩大；在居民消费需求增长方面，城乡差距在较大程度甚至很大程度上缩小。

二 检测体系建构与指标系统设计

"中国人民生活发展指数检测体系"指标系统见表2。

表2 "中国人民生活发展指数检测体系"指标系统

一级指标（子系统）	二级指标（类别项）	三级指标（演算项）			
		(1)	(2)	(3)	(4)
一	经济、财政背景	产值:国民总收入极度近似值。后台演算相关性背景值及其诸多相对比值			
		财政收入:与居民收入对应。后台演算"财政收入比"等相关性背景值			
		财政支出:与居民消费对应。后台演算"财政用度比"等相关性背景值			

续表

一级指标（子系统）	二级指标（类别项）		三级指标（演算项）			
			(1)	(2)	(3)	(4)
二 居民收入	（一）收入绝对值		总量份额变化	人均绝对值	人均值地区差	人均值城乡比
	（二）静态相关比值		居民收入比	收入对比度	反检消费比	反检积蓄率
	（三）动态历年增长		历年增率比	历年增率比	历年增率比	历年增率比
三 居民消费（总消费及分类消费八项均对应二、三级指标，构成相对独立的"民生消费需求景气评价"系统）	消费三级子系统	（一）总消费绝对值	总量份额变化	人均绝对值	人均值地区差	人均值城乡比
		（二）静态相关比值	居民消费率	支出对比度	居民消费比	反检抑制度
		（三）动态历年增长	历年增率比	历年增率比	历年增率比	历年增率比
		A. 食品烟酒	分类消费八项同总消费二、三级指标，相关比值有所不同：			
		B. 衣着	总量份额变化	人均绝对值	人均值地区差	人均值城乡比
		C. 居住	单项消费率	单项对比度	单项消费比	单项比重值
		D. 生活用品及服务	单项增率比	单项增率比	单项增率比	单项增率比
		E. 交通通信	（说明：城镇、乡村消费项人均值为抽样调查样本基础数据，分类数据难免存在小数四舍五入情况，汇为大类会放大误差，与总消费数据产生出入，本项检测已改进遂行平衡演算，得出的总量和城乡人均值更具合理性）			
		F. 教育文化娱乐				
		G. 医疗保健				
		H. 其他用品及服务				
四 居民物质生活消费（A、B、C、D合计）	（一）合计绝对值		总量份额变化	人均绝对值	人均值地区差	人均值城乡比
	（二）静态相关比值		物质消费率	物质对比度	物质消费比	物质比重值
	（三）动态历年增长		历年增率比	历年增率比	历年增率比	历年增率比
五 居民非物生活消费（E、F、G、H合计）	（一）合计绝对值		总量份额变化	人均绝对值	人均值地区差	人均值城乡比
	（二）静态相关比值		非物消费率	非物对比度	非物消费比	非物比重值
	（三）动态历年增长		历年增率比	历年增率比	历年增率比	历年增率比
六 居民积蓄（收入与消费之差）	（一）积蓄绝对值		总量份额变化	人均绝对值	人均值地区差	人均值城乡比
	（二）静态相关比值		民生富裕度	富足对比度	居民积蓄率	对消费抑制度
	（三）动态历年增长		历年增率比	历年增率比	历年增率比	历年增率比

注：①基础数据来源及其衍生数据演算依据：国家统计局出版发布全国统计年鉴历年卷，同一口径数据保障检测程序通约性及评价结果可比性。②衡量"全面小康"重在民生，置于相应经济、财政背景下，建立并检测可能存在的一应相关性，尤其是城乡比、地区差两项逆指标，测算各方面、各层次间增长协调性、均衡性的现实差距和预期目标。③原有"文化消费需求景气评价"侧重文化消费，设全部非文消费（总消费与文化消费之差）为极拟放大的必需消费；本项检测不侧重特定消费，放大全部物质消费为"全面小康"必需消费，扩展全部非物消费为"全面小康"应有消费。④已经定型的"人民生活发展指数检测"指标系统保持（a1）总消费及其八项分类演算、（b1）物质消费合计演算、（c1）非物消费合计演算三个子系统，分解独立的"民生消费需求景气评价"指标系统交错采用（a2）总消费合计演算、（b2）物质消费分类演算、（c2）非物消费分类演算三个子系统，二者交叉而不重叠，唯有前者分类排行报告之二消费排行结果与后者技术报告排行结果对应一致，即（a2）（b2）（c2）演算结果加权综合等于（a1）检测结果，妥当处理"姐妹篇"关系。

无论是经济发展与民生增进之间的协调性检测，还是城乡、区域之间民生发展的均衡性检测，关键在于相应数据的年均增长率比较，及其历年增长指数的相关系数测量，正是其间的增长差异带来了各类相关比值（包括城乡比、地区差）的变化。需要注意一点常识：由于人口历年增长，经济、社会、民生发展总量数据演算增长率，略高于人均值演算增长率。本系列检测除专门说明以外，主要取人均值进行演算，以求尽可能精准。

2000～2016 年，在全国经济、财政背景总量数据之间，财政收入增长最快，年均增长 16.75%，高于产值年增 3.41 个百分点；财政支出增长次之，年均增长 16.69%，高于产值年增 3.35 个百分点；产值增长再次，年均增长 13.34%。

同期，在居民收入、总消费、物质消费、非物消费、积蓄总量数据之间，居民积蓄增长最快，年均增长 14.82%，高于产值年增 1.48 个百分点；非物消费增长次之，年均增长 13.82%，高于产值年增 0.48 个百分点；居民收入增长再次，年均增长 13.17%，低于产值年增 0.17 个百分点；居民总消费增长第四，年均增长 12.61%，低于产值年增 0.73 个百分点；物质消费增长最慢，年均增长 12.05%，低于产值年增 1.29 个百分点。

2000 年以来 16 年间，产值历年增长与居民收入之间相关系数为 0.8285，即居民收入在 82.85% 程度上随之增长；与居民总消费之间相关系数为 0.5995，即居民总消费在 59.95% 程度上随之增长。全国城乡居民收入增长滞后于产值增长，居民总消费增长更滞后于产值增长。

继续考察，产值历年增长与居民物质消费之间相关系数为 0.4905，即物质消费在 49.05% 程度上随之增长；与居民非物消费之间相关系数为 0.0474，即非物消费在 4.74% 程度上随之增长；与居民积蓄之间相关系数为 0.7040，即居民积蓄在 70.40% 程度上随之增长。由此可见，居民消费结构升级主要体现于非物生活需求提升，产值增长并不会直接带动这一变化。居民积蓄却超越总消费步伐，更贴近地跟随产值增长，产值增长带来居民收入增多，其中更多的部分变成了积蓄，并未用于扩大消费尤其是增加非物消费。

同时，财政收入历年增长与居民收入之间相关系数为 0.6721，即居民收入在 67.21% 程度上随之增长；与居民积蓄之间相关系数为 0.6157，即居民积蓄在 61.57% 程度上随之增长。财政支出与居民总消费之间相关系数为 0.2583，即居民总消费在 25.83% 程度上随之增长；与居民物质消费之间相关系数为 0.1202，即物质消费在 12.02% 程度上随之增长；与居民非物消费之间相关系数为 0.2841，即非物消费在 28.41% 程度上随之增长。

全国城乡居民收入增长滞后于财政收入增长，居民积蓄增长也滞后于财政收入增长，居民总消费增长则滞后于财政支出增长，其间物质消费增长更滞后于财政支出增长，非物消费增长亦滞后于财政支出增长。居民收入和积蓄同属民众财富收益，当与财政收入对应；居民总消费、物质消费和非物消费同属民生需求开支，自与财政支出对应。这样的对应分析出于本项研究别出心裁的设计。

不难看到，与全国经济、财政背景相比，民生领域各项数据的增长变化并非一片乐观。这样一种分析检测模式运用于各个省域，各地之间不同经济、财政背景下民生发展的高下长短必定能够十分清晰地检验出来。

深入展开民生领域数据分析。居民物质消费方面分类检测：2000 年以来居住消费增长最快，年均增长 16.89%，高于居民收入年增 3.72 个百分点，高于总消费年增 4.28 个百分点；用品消费增长次之，年均增长 11.48%，低于居民收入年增 1.69 个百分点，低于总消费年增 1.13 个百分点；衣着消费增长再次，年均增长 11.41%，低于居民收入年增 1.76 个百分点，低于总消费年增 1.20 个百分点；食品消费增长最慢，年均增长 10.13%，低于居民收入年增 3.04 个百分点，低于总消费年增 2.48 个百分点。

食品消费增长持续低于总消费增长，意味着恩格尔系数（食品消费占总消费比重）不断降低。衣着消费恐怕已经发生了本质性的变化，不再以御寒保暖为主要功能，而转向追求新颖时尚、个性品位等。另外，居住消费、用品消费应当包含自有住房、私家汽车这样的当今"家庭大件"。人民生活早已从解决温饱向物质消费全面丰富、提升质量转变。

居民非物消费方面分类检测：2000 年以来交通消费增长最快，年均增长 17.40%，高于居民收入年增 4.23 个百分点，高于总消费年增 4.79 个百分点；健康消费增长次之，年均增长 14.36%，高于居民收入年增 1.19 个百分点，高于总消费年增 1.75 个百分点；文教消费增长再次，年均增长 12.11%，低于居民收入年增 1.06 个百分点，低于总消费年增 0.50 个百分点；其他消费增长最慢，年均增长 8.39%，低于居民收入年增 4.78 个百分点，低于总消费年增 4.22 个百分点。

交通消费激增可在生活现实里找到依据：每年上亿人次出境旅游，数十亿人次国内旅游；电话通信已成为国民必需消费，手机及移动网络更是海量人群之"必备"。医疗消费增长迅速也不难理解，健康实在是人们的"共同价值观"。唯独文教消费增长不力让人困惑，或许国人从满足温饱需求，到物质消费全面提升，再到注重社会生活交往需求，最后到追求精神文化生活丰富多彩，尚有"更上一层楼"的余地。目前国民消费需求的"热点"转移至"社会生活交往"层面，这一点也许已能够确定。

三　检测指标权重及其演算方式

（一）主系统检测指标权重及其演算方式

"中国人民生活发展指数检测体系"指标权重及其演算方式见表 3。

在这里，需要对表 3 里"中国人民生活发展指数检测体系"参用和自设的若干相关性比值指标做出解释。同时，需调用后台数据库演算功能，实际检测这些特定比值的历年变化动态，证实其设计依据和实际功用。为保证各类数据演算尽可能精确，有利于检测其间相关性比值升降等微小变动，以下取人均值展开测算。

1. 参用相关性比值

（1）居民收入比：指国民总收入中城乡居民劳动所得部分的相对比值，这是"人民生活"统计的基础性数据。国民总收入为国内生产总值与国外

表3 "中国人民生活发展指数检测体系"指标权重及其演算方式

一级指标（子系统）	二级指标（类别项）	三级指标（演算项）		演算权重	年度理想值横向检测	历年基数值纵向检测	综合演算权重（%）
一 居民收入二级子系统	（一）收入绝对值	1	总量份额变化	2	上年份额基准	自身起始年指标基准（第8、12项反向检测，逆指标以低为佳，即积蓄率以高为佳）	30
		2	人均绝对值	2.5	全国人均基准		
		3	人均值地区差	3	假定无差距理想值基准		
		4	人均值城乡比	3.5			
	（二）静态相关比值	5	居民收入比	0.5	全国比值基准（第8项反向检测，逆指标以低为佳）		
		6	收入对比度	0.5			
		7	反检消费比	0.5			
		8	反检积蓄率	0.5			
	（三）动态历年增长	9	与产值增率比	1.25	上年基准（第12项反向检测，逆指标以低为佳）		
		10	与财政收入增率比	1.25			
		11	与总消费增率比	1.25			
		12	与居民积蓄增率比	1.25			
二 居民消费二级子系统	总消费及其分类项构成相对独立"民生消费需求景气评价体系"详见表4						25
三 物质生活消费合计二级子系统（合计值演算直接作为民生综合系统组成部分，不同于民生消费系统中物质消费分类单项演算）	（一）合计绝对值	1	总量份额变化	2	上年份额基准	自身起始年指标基准（第7~8项、11~12项反向检测，逆指标以低为佳）	15
		2	人均绝对值	2.5	全国人均基准		
		3	人均值地区差	3	假定无差距理想值基准		
		4	人均值城乡比	3.5			
	（二）静态相关比值	5	专项合计消费率	0.5	全国比值基准（第7~8项反向检测，逆指标以低为佳）		
		6	专项支出对比度	0.5			
		7	专项合计消费比	0.5			
		8	专项消费比重值	0.5			
	（三）动态历年增长	9	与产值增率比	1.25	上年基准（第11~12项反向检测，逆指标以低为佳）		
		10	与财政支出增率比	1.25			
		11	与居民收入增率比	1.25			
		12	与总消费增率比	1.25			
四 非物生活消费合计二级子系统（同上）	二、三级指标及其演算与物质消费子系统同构，但其中第7~8项、11~12项正向检测，以高为佳，体现需求结构优化、消费质量提升						10

续表

一级指标 （子系统）	二级指标 （类别项）		三级指标 （演算项）		演算 权重	年度理想值 横向检测	历年基数值 纵向检测	综合演算 权重（%）
五 居民积蓄二级子系统（居民收入与总消费之差，对收入体现富足，但对消费形成抑制）	（一）	积蓄 绝对值	1	总量份额变化	2	上年份额基准	自身起始年指标基准（第8、12项反向检测，逆指标以低为佳）	20
			2	人均绝对值	2.5	全国人均基准		
			3	人均值地区差	3	假定无差距理想值基准		
			4	人均值城乡比	3.5			
	（二）	静态 相关比值	5	民生富裕度	0.5	全国比值基准（第8项反向检测，逆指标以低为佳）		
			6	富足对比度	0.5			
			7	居民积蓄率	0.5			
			8	对消费抑制度	0.5			
	（三）	动态 历年增长	9	与产值增率比	1.25	上年基准（第12项反向检测，逆指标以低为佳）		
			10	与财政收入增率比	1.25			
			11	与居民收入增率比	1.25			
			12	与总消费增率比	1.25			

注：①包含可自成一体的"民生消费需求景气评价"子系统，共有一级指标（子系统）5项，二级指标（类别项）41项，三级指标（演算项）156项。②收入子系统反检消费比、积蓄率，总消费子系统反检积蓄对消费抑制度（见表4），积蓄子系统检测对消费抑制度，使之相对自足得出专项指数，其间双向演算形成相互对应。具体说明：收入反检消费比结果数值以高为佳，反过来亦即居民消费比降低（对照表4），收入反检积蓄率结果数值以低为佳，反过来亦即居民积蓄率提高，均指向富余钱增多；消费反检积蓄对消费抑制度结果数值以高为佳（对照表4），反过来亦即积蓄检测对消费抑制度结果数值以低为佳，均指向积蓄对消费抑制作用减轻。③本系列检测中"地区差""城乡比"逆指标权重最大，城乡差距、地区差距正是我国"不平衡不充分的发展"最具代表性的方面，历朝历代城乡鸿沟、地区鸿沟引发动荡带来内乱就是"历史周期律"的社会结构体制根源。

净要素收入之和，鉴于国外净要素收入占比极低，近年来甚至出现负值，故以产值作为国民总收入极度近似值进行演算。单纯从"民生"角度来看，当然是居民收入比越高越好。

2000年，全国居民收入比为46.37%；到2016年，全国居民收入比下降至45.24%。这意味着，"全面小康"建设进程16年来，居民收入增长滞后于产值增长。这就是国家"十二五"规划强调"努力实现居民收入增长与经济发展同步"，并将此列为"约束性指标"的真实背景。

（2）居民积蓄率：由"居民储蓄率"延伸而来，指城乡居民收入中用于满足消费需求之后的剩余部分所占收入的相对比值，不限于银行"储蓄"。本项研究一向取"积蓄"范畴，一是因为"积蓄"必定大于"储蓄"且包含"储蓄"，而且直接取居民收入与总消费之差很方便；二是"积蓄"取值纯属于"居民部门"，不必如同"储蓄"尚需区分其中的政府储蓄和企业储蓄部分；三则积蓄与总消费切分居民收入形成反向对应，与若干分类消费项的负相关性值得关注。

2000年，全国居民积蓄率为22.57%；到2016年，全国居民积蓄率上升至28.44%。有必要澄清，居民积蓄率并非越高越好。相对于居民收入，积蓄率高意味着富足余钱增多，可以体现出富裕程度；然而相对于居民消费，积蓄率高却意味着消费需求受到抑制。当今中国社会的高储蓄率正好能够由反面印证，经济发展长期面临国内居民消费不足的困扰。

（3）物质消费综合比重：指城乡居民物质消费大类合计数值占总消费的相对比值，这一项分析由恩格尔系数放大而来。原始的恩格尔定律、恩格尔系数以食品消费为必需消费，仅仅适用于解决温饱的"基本小康"检测，本项研究放大至全部物质消费检测。

2000年，全国居民物质消费比重为70.59%；到2016年，全国居民物质消费比重下降至65.13%。这意味着，"全面小康"建设进程16年来，城乡居民物质消费在总消费中所占比重持续降低，这就为社会生活交往消费、精神文化消费留出更大的余地。

（4）非物消费综合比重：指城乡居民非物消费大类合计数值占总消费的相对比值，这一项分析由恩格尔系数扩展而来。沿用恩格尔定律检测"全面小康"远远不够，譬如移动电话通信消费已成为国民极普遍必需消费，本项研究扩展至全部非物消费检测。

2000年，全国居民非物消费比重为29.41%；到2016年，全国居民非物消费比重上升至34.87%。这意味着，"全面小康"建设进程16年来，城乡居民非物消费在总消费中所占比重持续提升，这就是中国人民生活切实进入"全面小康"阶段的深刻而具体的体现。

至于居民消费方面更多的相关性比值阐释及分析，留待下节结合相关指标列表再予处理。

2. 自设相关性比值

在一般看来似乎并无关系的数据链之间，本项研究自设诸多相关性分析，演算得到的比值指标定名统一用"度"，以示区别。

（1）收入对比度：指居民收入与财政收入的相关性比值，取居民收入比与财政收入比之间相对比值。在居民收入与财政收入之间建立相关性，分析检测二者的相对比值变化，可以更加透彻地揭示出，居民收入增长不仅与产值增长相比长期滞后，与财政收入增长相比更显滞后。此项比值可以纵向比较历年变化，横向对比各地差异，这就是检测的意义。

这是一种双向对应检测的相对比值，互为对方倒数演算。基于居民收入演算，2000 年，全国（居民）收入对比度为 3.4716，即全国居民收入比为财政收入比的 347.16%，通俗说就是居民收入占社会总财富分配份额为财政收入份额的 3.47 倍；到 2016 年，全国（居民）收入对比度下降至 2.1093，即全国居民收入比为财政收入比的 210.93%。这意味着，"全面小康"建设进程 16 年来，居民收入增长更加明显地滞后于财政收入增长。

反向检测基于财政收入演算，2000 年，全国（财政）收入对比度为 0.2881，即全国财政收入比为居民收入比的 28.81%；到 2016 年，全国（财政）收入对比度上升至 0.4741，即全国财政收入比为居民收入比的 47.41%。

（2）民生富裕度：指城乡居民积蓄与产值的相关性比值，即社会总财富中分配到"居民部门"而又未用于"必需开支"的剩余部分所占比例，用以体现人民生活相对于社会总财富增长的富裕程度。

2000 年，全国民生富裕度为 10.47%；到 2016 年，全国民生富裕度上升至 12.86%。这意味着，"全面小康"建设进程 16 年来，中国人民生活确实正在走向富足，城乡居民不为"生活必需开支所迫"而可以自由支配的余钱增长显著。但是，下一项相关性比值又揭示出事情的另外一个方面。

（3）富足对比度：指城乡居民积蓄与各级财政收入的相关性比值，取民生富裕度与财政收入比之间相对比值，即"民富"之余钱与"国富"之官帑的相对比例关系，用以体现人民生活富足程度与各级财政丰盈程度的对比。

2000 年，全国民生富足对比度为 0.7836，即全国居民积蓄达到财政收入的 78.36%；到 2016 年，全国民生富足对比度下降至 0.5998，即全国居民积蓄降为财政收入的 59.98%。这意味着，"全面小康"建设进程 16 年来，各级财政所体现的"国富"增长速度明显高于"民富"增长速度。

（4）积蓄对消费抑制度：指城乡居民积蓄与居民消费的相关性比值，以此检验居民积蓄增长对于居民消费增长的抑制作用大小。居民积蓄率与居民消费比构成对居民收入的整体分割，二者形成反向对应、相互牵制的关系，居民积蓄高增长必然抑制居民消费正常增长。

2000 年，全国居民积蓄对消费抑制度为 29.15%；到 2016 年，全国居民积蓄对消费抑制度上升至 39.74%。这意味着，"全面小康"建设进程 16 年来，全国居民积蓄增长速度明显快于居民消费增长速度，如果二者相互制衡、同步增长才是"合理"的，那么此处检测出来的变异差距正揭示了积蓄过高增长对于消费增长的直接抑制作用。

本项研究独出心裁的这些构思设计运用于各省域分析检测，各地不同经济、财政背景下人民生活在社会财富的收益分配、积蓄富余方面孰高孰低、孰快孰慢的绝对比较和相对比较全都能够做到通约测算。

（二）总消费子系统检测指标权重及其演算方式

总消费子系统同时亦为自成一体的"中国民生消费需求景气评价体系"，其指标系统及其权重、演算方式见表4。

到这里，还需要对表4里"中国民生消费需求景气评价体系"若干参用和自设的相关性比值指标做出解释。同时，亦调用后台数据库演算功能，实际检测这些特定比值的历年变化动态，证实其设计依据和实际功用。

1.参用相关性比值

（1）居民消费率：指城乡居民消费与产值的相对比值，这无疑是国内居民消费需求拉动经济增长的关键性数据。无论是从拉动经济发展角度来看，还是从提升消费需求来看，居民消费率势必都是越高越好。然而，居民消费率的历年变化态势甚至不如居民收入比的历年变化态势。

表4 "中国民生消费需求景气评价体系"指标系统及其权重、演算方式

一级指标（子系统）	二级指标（类别项）	三级指标（演算项）		演算权重	年度理想值横向检测	历年基数值纵向检测	系统综合演算权重（%）	
一　居民总消费二级子系统（全部消费支出合计值演算）	（一）消费绝对值	1	总量份额变化	2	上年份额基准	自身起始年指标基准（第7、11项反向检测，逆指标以低为佳）	100	50
		2	人均绝对值	2.5	全国人均基准			
		3	人均值地区差	3	假定无差距理想值基准			
		4	人均值城乡比	3.5	理想值基准			
	（二）静态相关比值	5	居民消费率	0.5	全国比值基准（第7项反向检测，逆指标以低为佳）			
		6	支出对比度	0.5				
		7	居民消费比	0.5				
		8	反检积蓄抑制度	0.5				
	（三）动态历年增长	9	与产值增率比	1.25	上年基准（第11项反向检测，逆指标以低为佳）			
		10	与财政支出增率比	1.25				
		11	与居民收入增率比	1.25				
		12	与居民积蓄增率比	1.25				
二　物质生活消费分类二级子系统（分类四项各自演算再加权综合作为专项指数，与物质消费大类合计演算不同）	（一）A. 食品烟酒消费绝对值	1	总量份额变化	2	上年份额基准	自身起始年指标基准（第7~8项、11~12项反向检测，逆指标以低为佳）	32.5	30
		2	人均绝对值	2.5	全国人均基准			
		3	人均值地区差	3	假定无差距理想值基准			
		4	人均值城乡比	3.5	理想值基准			
	（二）A. 食品烟酒静态相关比值	5	单项消费率	0.5	全国比值基准（第7~8项反向检测，逆指标以低为佳）			
		6	单项支出对比度	0.5				
		7	单项消费比	0.5				
		8	单项消费比重值	0.5				
	（三）A. 食品烟酒动态历年增长	9	与产值增率比	1.25	上年基准（第11~12项反向检测，逆指标以低为佳）			
		10	与财政支出增率比	1.25				
		11	与居民收入增率比	1.25				
		12	与总消费增率比	1.25				
	B. 衣着	二、三级指标及其演算与食品消费子系统同构，第7~8项，11~12项亦反向检测，逆指标以低为佳（恩格尔定律关系、恩格尔系数放大演算）					27.5	
	C. 居住						22.5	
	D. 生活用品及服务						17.5	
三　非物质生活消费分类二级子系统（同上）	E. 交通通信	二、三级指标及其演算与食品消费子系统同构，但第7~8项，11~12项正向检测，以高为佳（恩格尔定律关系、恩格尔系数延展演算）					32.5	20
	F. 教育文化娱乐						27.5	
	G. 医疗保健						22.5	
	H. 其他用品及服务						17.5	

注：①"民生消费需求景气评价"指标系统包含一级指标（子系统）3项，二级指标（类别项）27项，三级指标（演算项）108项。②恩格尔定律以食品消费为必需消费，仅适用于（接下页）

（转上页）"基本小康"温饱检测，放大全部物质消费为必需消费，方对应"全面小康"民生发展检测，其占居民收入、总消费比反向检测以低为佳，即恩格尔定律关系、恩格尔系数放大演算；同样扩展全部非物消费为"全面小康"应有消费，其占居民收入、总消费比正向检测以高为佳，体现需求质量提升、消费结构优化。

2000年，全国居民消费率为35.91%；到2016年，全国居民消费率下降至32.37%。这意味着，"全面小康"建设进程16年来，居民消费增长滞后于产值增长，而且滞后程度甚于居民收入增长的滞后程度（对比上节）。这就是国家多年以来十分注重"拉动内需，扩大消费，改善民生"的真实背景，这不仅是应对国际金融危机的短期对策，而且应当成为拉动经济发展的长期国策。

（2）居民消费比：指城乡居民消费占居民收入的相对比值。面向"全面小康"衡量民生发展，全部物质消费放大为"必需消费"，全部非物消费扩展为"应有消费"，居民消费需求升降体现人民生活质量水平，额外剩余部分大小又体现人民生活富余程度。

2000年，全国居民消费比为77.43%；到2016年，全国居民消费比下降至71.56%。继居民消费率降低之后，居民消费比亦呈降低之势，表明居民消费增长滞后于居民收入增长。本来居民收入增长已滞后于产值增长，居民消费增长又滞后于居民收入增长，这意味着居民消费率的降低态势甚于居民收入比的降低态势，居民消费增长不力的问题比居民收入增长不力的问题更加严峻。

（3）分类项消费比重：物质消费、非物消费两个大类一共有八个分类项，各自分别占居民总消费的不同相对比值。实际上，仅从这里就可以看出中国人民生活发生深刻变化的一些端倪。

2000~2016年，全国居民食品消费从42.94%下降至30.04%，比重位次保持第1位不变；居住消费从12.07%上升至21.92%，比重位次保持第2位不变；交通消费从7.02%上升至13.67%，比重位次由第6位升至第3位；文教消费从12.04%下降至11.21%，比重位次由第3位降至第4位；

医疗消费从 5.94% 上升至 7.59%，比重位次由第 7 位升至第 5 位；衣着消费从 8.40% 下降至 7.07%，比重位次由第 4 位降至第 6 位；用品消费从 7.18% 下降至 6.11%，比重位次由第 5 位降至第 7 位；其他消费从 4.41% 下降至 2.39%，比重位次保持第 8 位不变。

2. 自设相关性比值

（1）支出对比度：指居民消费与财政支出的相关性比值，取居民消费率与财政用度比相对比值。同样在居民消费与财政支出之间建立相关性，分析检测二者的相对比值，可以更加透彻地揭示出，居民消费增长不仅与产值增长相比明显滞后，而且与财政用度增长相比更显滞后。

这是一种双向对应检测的相对比值，互为对方倒数演算。基于居民消费演算，2000 年，全国（居民）支出对比度为 2.2664，即全国居民消费率为财政用度比的 2.27 倍，通俗说就是居民消费支出占社会总财富消耗份额为财政用度份额的 2.27 倍；到 2016 年，全国（居民）支出对比度下降至 1.2832，即全国居民消费为财政用度的 1.28 倍。这意味着，"全面小康"建设进程 16 年来，居民消费增长更加明显地滞后于财政支出增长。

反向检测基于财政用度演算，2000 年，全国（财政）支出对比度为 0.4412，即全国财政用度比为居民消费率的 44.12%；到 2016 年，全国（财政）支出对比度上升至 0.7793，即全国财政用度比为居民消费率的 77.93%。

（2）居民收入反检消费比、反检积蓄率，居民消费反检积蓄对消费抑制度：为使"人民生活发展指数"五个子系统相对自足完成相关性分析，各自得出专项测算指数，本项检测体系设置了特定相关性比值的反向检测。这些反检比值皆为相应比值的反方向演算，亦可简化成相应比值倒数演算百分值，不必再予过多解释。

（3）分类项消费相关比值：居民消费各级分类项，包括表 3 里物质消费、非物消费大类合计，表 4 里物质消费、非物消费分类各四个单项消费，相关性比值由总消费相关性比值类推，无须逐一阐释。对照总消费比值唯一不同之点在于，另设一类占总消费比重值，文中解说均已具体涉及。

本项研究同样独出心裁的这些构思设计运用于各省域分析检测，各地不同经济、财政背景下人民生活在消费需求增长、消费结构升级、消费层次提升方面孰上孰下、孰高孰低的绝对比较和相对比较也都能够做到通约测算。

（三）检测指标系统的权重设置

设计相关性比值检测存在"理论值"，譬如居民收入比、居民消费率，保持居民收入增长与经济发展同步，实现居民消费增长拉动经济发展，居民收入比、居民消费率必须至少维持不降；设计城乡比、地区差检测存在"理想值"，最终应实现城乡、区域之间消除体制性、结构性差异，而历年增长波动的随机性差异在所难免。可是，权重设置只能取经验值，成为量化分析评价的一道"难题"，最后综合演算的通约性、合理性在较大程度上取决于此。

本系列研究十余年来历经"文化消费需求景气评价"、"文化产业供需协调检测"和"公共文化投入增长测评"屡次设计与实施，积累了丰富经验，为"人民生活发展指数检测"初步设置权重"测试值"并无困难。2014年年中演算数据库成型即使用2012年数据"测试"将近半年，2014年底开始又使用2013年数据"测试"半年有余，以总消费、物质消费、非物消费合计演算与分类演算交叉检验相互印证，经无数次赋值微调才基本定型。

另外，"人民生活发展指数检测"增添了相关性数据之间逐一对应的历年增长率对比指标（其间差异极其微小），在各省域之间很好地起到"平衡器"作用，使各地综合指数差异尽可能减小。在充分体现各地民生发展成效的同时，以细微差异确定各地排行。这一点在"应然增长测算"（各地综合指数更为接近）和"理想增长测算"（各地综合指数极度接近）中发挥得更加淋漓尽致。

这样一种检测突破了以往人文研究的"非精密科学"方法局限，实现数理抽象量化分析的客观检测，做到演算的通约性和结果的可比性，可供重复运算检验。分析测算基于国家统计局正式出版公布的统计数据及专门设计的演算数据库，基本上具备了类似于理工科实验检测的科学性、客观性、模式化、规范化、标准化条件。

四 "全面小康"进程省域综合指数排行

综合居民收入、总消费、物质消费和非物消费、积蓄五大子系统各个类别演算指标（同时涉及产值和财政收入、支出等背景因素数据），即可得出全国及各地人民生活综合指数。2016 年数据为国家统计局当前公布的最新年度数据，"中国人民生活发展指数检测体系"综合指数排行见表 5，分区域以无差距横向检测结果位次排列。

表5 "中国人民生活发展指数检测体系"综合指数排行

| 地区 | 各五年期起始年纵向检测（基数值＝100） | | | | | | 2016 年度检测 | | | |
| | "十五"以来16 年（2000～2016 年） | | "十一五"以来11 年（2005～2016 年） | | "十二五"以来6 年（2010～2016 年） | | 基数值纵向检测（2015 年＝100） | | 无差距横向检测（理想值＝100） | |
	检测指数	排序	检测指数	排序	检测指数	排序	检测指数	排序	检测指数	排序
全 国	**185.29**	—	**146.92**	—	**120.07**	—	**101.71**	—	**84.09**	—
辽 宁	184.29	18	145.80	20	121.02	20	102.07	11	92.75	4
黑龙江	166.32	29	136.65	29	116.12	27	100.35	29	87.98	10
吉 林	174.77	26	133.70	31	113.54	30	100.20	30	85.04	21
东 北	**175.21**	[3]	**139.17**	[4]	**117.04**	[4]	**100.65**	[4]	**88.58**	[1]
上 海	162.11	30	139.27	26	113.28	31	101.37	24	95.77	1
北 京	180.74	21	137.77	28	113.69	29	101.51	23	94.95	2
浙 江	175.00	25	140.74	25	118.21	23	102.35	4	94.86	3
天 津	171.35	27	144.74	21	124.20	8	101.75	16	90.87	5
江 苏	180.83	20	141.42	24	117.18	26	101.82	14	90.59	6
山 东	176.36	23	141.46	23	117.70	25	101.70	17	90.17	7
福 建	167.19	28	138.16	27	117.87	24	101.68	19	89.44	8
广 东	154.97	31	134.41	30	114.99	28	102.30	5	88.53	9
河 北	181.74	19	144.11	22	119.79	22	101.53	22	87.24	13
海 南	175.72	24	147.88	18	123.87	10	102.19	7	85.25	20

续表

地区	各五年期起始年纵向检测（基数值 = 100）						2016 年度检测			
	"十五"以来16 年（2000～2016 年）		"十一五"以来11 年（2005～2016 年）		"十二五"以来6 年（2010～2016 年）		基数值纵向检测（2015 年 = 100）		无差距横向检测（理想值 = 100）	
	检测指数	排序	检测指数	排序	检测指数	排序	检测指数	排序	检测指数	排序
东 部	**172.52**	**[4]**	**140.19**	**[3]**	**117.11**	**[3]**	**101.88**	**[2]**	**87.64**	**[2]**
湖 南	191.50	9	151.63	10	122.06	16	101.70	18	87.91	11
湖 北	179.37	22	149.72	14	123.84	11	101.59	20	87.75	12
江 西	189.76	13	149.10	17	122.03	17	102.11	9	87.09	14
山 西	190.20	12	146.16	19	123.10	14	100.95	27	86.54	16
安 徽	196.20	7	158.16	6	123.38	13	100.68	28	86.48	17
河 南	196.30	6	153.99	8	120.68	21	101.13	26	85.83	19
中 部	**189.22**	**[2]**	**151.54**	**[2]**	**122.10**	**[2]**	**101.41**	**[3]**	**86.68**	**[3]**
内蒙古	190.54	11	150.22	13	122.89	15	102.10	10	87.07	15
重 庆	195.75	8	150.23	12	123.59	12	102.89	1	86.37	18
广 西	190.72	10	165.06	2	125.43	6	102.06	12	84.92	22
四 川	186.63	14	153.39	9	123.90	9	102.12	8	84.67	23
陕 西	211.67	1	169.01	1	128.64	3	102.79	2	83.93	24
新 疆	184.97	17	154.49	7	127.94	5	101.77	15	82.89	25
云 南	207.84	2	165.02	3	128.38	4	102.75	3	82.49	26
宁 夏	199.17	5	149.16	16	121.26	19	101.90	13	82.46	27
青 海	186.21	15	150.97	11	140.15	1	102.25	6	82.11	28
甘 肃	186.02	16	149.40	15	125.28	7	98.20	31	78.79	29
贵 州	199.95	4	159.36	5	129.49	2	101.58	21	78.31	30
西 藏	207.70	3	164.89	4	121.59	18	101.25	25	74.98	31
西 部	**192.48**	**[1]**	**155.94**	**[1]**	**125.18**	**[1]**	**102.25**	**[1]**	**82.59**	**[4]**

注：①限于制表空间直接列出各五年期起始年基数值纵向检测、2016 年度理想值横向检测结果和排行；起始年 2000 年、检测年 2016 年居民收入、总消费及其中物质消费与非物消费之分、收入与消费之差积蓄五个子系统总量、人均值及其地区差、城乡比、相关性比值等各类数据演算依据，详见各篇专项指数分类排行报告。②省域排列以"1、2、3"为序，四大区域排列以"[1]"、"[2]"、"[3]"为序，全书同。

1. 各年度理想值横向检测指数

2016 年度无差距横向检测人民生活综合指数，全国为 84.09，即设各类人均值城乡、地区无差距为理想值 100 加以比较衡量，全国总体尚存差距

15.91 个点。23 个省域此项指数高于全国指数，即民生发展状况高于全国平均水平；8 个省域此项指数低于全国指数，即民生发展状况低于全国平均水平。

在此项检测中，上海、北京、浙江、辽宁、天津占据前 5 位。上海此项指数 95.77 为最高值，高于全国总体指数 11.68 个点；西藏此项指数 74.98 为最低值，低于全国总体指数 9.11 个点。

2. 2000 年以来基数值纵向检测指数

"十五"以来 16 年纵向检测人民生活综合指数，全国为 185.29，即设 2000 年为基数值 100 加以对比衡量，至 2016 年提升 85.29%。16 个省域此项指数高于全国指数，即民生发展提升速度高于全国平均速度；15 个省域此项指数低于全国指数，即民生发展提升速度低于全国平均速度。

在此项检测中，陕西、云南、西藏、贵州、宁夏占据前 5 位。陕西此项指数 211.67 为最高值，即指数提升高达 111.67%；广东此项指数 154.97 为最低值，即指数提升仅为 54.97%。

3. 2005 年以来基数值纵向检测指数

"十一五"以来 11 年纵向检测人民生活综合指数，全国为 146.92，即设 2005 年为基数值 100 加以对比衡量，至 2016 年提升 46.92%。18 个省域此项指数高于全国指数，即民生发展提升速度高于全国平均速度；13 个省域此项指数低于全国指数，即民生发展提升速度低于全国平均速度。

在此项检测中，陕西、广西、云南、西藏、贵州占据前 5 位。陕西此项指数 169.01 为最高值，即指数提升高达 69.01%；吉林此项指数 133.70 为最低值，即指数提升仅为 33.70%。

4. 2010 年以来基数值纵向检测指数

"十二五"以来 6 年纵向检测人民生活综合指数，全国为 120.07，即设 2010 年为基数值 100 加以对比衡量，至 2016 年提升 20.07%。21 个省域此项指数高于全国指数，即民生发展提升速度高于全国平均速度；10 个省域此项指数低于全国指数，即民生发展提升速度低于全国平均速度。

在此项检测中，青海、贵州、陕西、云南、新疆占据前 5 位。青海此项指数 140.15 为最高值，即指数提升高达 40.15%；上海此项指数 113.28 为最低值，即指数提升仅为 13.28%。

5. 逐年度基数值纵向检测指数

2016 年度基数值纵向检测人民生活综合指数，全国为 101.71，即设上年（2015 年）为基数值 100 加以对比衡量，至 2016 年提升 1.71%。16 个省域此项指数高于全国指数，即民生发展提升速度高于全国平均速度；15 个省域此项指数低于全国指数，即民生发展提升速度低于全国平均速度。

在此项检测中，重庆、陕西、云南、浙江、广东占据前 5 位。重庆此项指数 102.89 为最高值，即指数提升 2.89%；甘肃此项指数 98.20 为最低值，即指数降低 1.80%。

现有增长关系格局存在经济增长与民生发展不够协调的问题，存在城乡、区域间民生发展不够均衡的问题，维持现有格局既有增长关系并非应然选择。实现经济、社会、民生发展的协调性，增强城乡、区域发展的均衡性，均为"全面建成小康社会"的既定目标，有些甚至具体化为约束性指标。假定全国及各地实现居民收入增长与经济发展同步，实现居民消费需求持续拉动经济增长，实现各类民生数据城乡差距不再扩大以至消除，人民生活发展指数将更加明显提升，各地排行也将发生变化，可为"全面建成小康社会"进程最后攻坚起到"倒计时"预测提示作用。

五 "全面小康"目标年民生发展预测

（一）2020年人民生活发展指数应然测算

实现居民收入增长与经济发展同步、居民消费需求拉动经济增长目标，具体指标即保持居民收入比、居民消费率不再下降，后者分解亦即保持居民收入比基础上再保持居民消费比。同时，即便暂时难以消除民生发展各方面的城乡差距，也有必要控制城乡差距不至扩大。据此，取各地居民收入比、居民消费比历年最佳值，并保持物质消费比重降低而非物消费比重提升趋势，再取历年各类最小城乡比，假定推演 2020 年居民收入、消费"应然增长"动向，亦即协调增长"应有目标"。

实现居民收入比、消费比最佳值及最小城乡差距假定目标增长测算见表6，分区域以 2016～2020 年纵向检测假定目标差距位次排列。

表6 实现居民收入比、消费比最佳值及最小城乡差距假定目标增长测算

地区	实现居民收入比、消费比最佳值及最小城乡比应然测算						人民生活综合指数测算			
	2020 年居民收入			2020 年居民消费			2016～2020 年纵向检测（2016 年 =100）		2020 年度横向检测（理想值 =100）	
	城乡综合人均值（元）	人均值差距		城乡综合人均值（元）	人均值差距		预测指数	差距排序（倒序）	预测指数	排序
		地区差距（无差距 =1）	城乡比（乡村 =1）		地区差距（无差距 =1）	城乡比（乡村 =1）				
全国	**41091.33**	**1.3102**	**2.7023**	**31815.89**	**1.3314**	**2.1282**	299.15	—	84.90	—
黑龙江	30151.38	1.2662	2.0341	23172.14	1.2717	1.8069	290.64	4	86.45	28
辽宁	39332.87	1.0428	2.2663	30870.17	1.0297	2.4295	294.26	5	90.87	23
吉林	43752.31	1.0648	2.1434	35672.94	1.1212	1.8903	351.68	21	96.38	13
东北	**37260.14**	**1.1246**	**2.2997**	**29406.52**	**1.1409**	**2.1536**	301.99	[1]	87.95	[4]
上海	78830.99	1.9184	2.0939	63204.07	1.9866	1.8438	284.25	2	95.00	15
北京	80928.09	1.9695	2.1922	65417.13	2.0561	1.9386	295.00	6	96.57	12
河北	31926.60	1.2230	2.2838	22637.48	1.2885	1.7248	295.20	7	88.66	25
浙江	68562.74	1.6685	2.0379	52647.11	1.6547	1.6367	298.71	9	97.66	9
海南	38751.53	1.0569	2.3896	29221.70	1.0815	1.9998	304.26	10	90.58	24
山东	49617.60	1.2075	2.4366	36182.55	1.1372	2.1331	329.72	14	95.74	14
福建	56027.57	1.3635	2.3007	41873.89	1.3161	1.8473	346.61	19	97.01	10
江苏	70699.62	1.7205	1.8915	49465.79	1.5548	1.7350	350.60	20	102.42	6
天津	73026.82	1.7772	1.7604	56580.46	1.7784	1.5550	361.16	23	102.84	3
广东	62539.24	1.5220	2.5785	50042.10	1.5729	2.1524	362.63	24	98.76	7
东部	**58804.96**	**1.5427**	**2.5352**	**44450.60**	**1.5427**	**2.0554**	323.34	[2]	92.27	[2]
山西	31783.15	1.2265	2.4791	22790.26	1.2837	1.8758	297.99	8	88.26	26
江西	41626.93	1.0130	2.3554	30948.19	1.0273	1.8769	316.41	11	94.35	17
河南	35500.12	1.1361	2.3106	25588.25	1.1957	1.9428	316.62	12	91.99	20
安徽	39964.85	1.0274	2.4291	31224.35	1.0186	1.6739	326.08	13	94.91	16
湖南	49177.65	1.1968	2.5726	42298.36	1.3295	1.8754	344.67	17	96.64	11
湖北	54600.26	1.3288	2.2789	43031.69	1.3525	1.6215	387.86	27	102.45	5

续表

地区	实现居民收入比、消费比最佳值及最小城乡比应然测算						人民生活综合指数测算			
	2020年居民收入			2020年居民消费			2016~2020年纵向检测 (2016年=100)		2020年度横向检测 (理想值=100)	
	城乡综合人均值 (元)	人均值差距		城乡综合人均值 (元)	人均值差距		预测指数	差距排序 (倒序)	预测指数	排序
		地区差 (无差距=1)	城乡比 (乡村=1)		地区差 (无差距=1)	城乡比 (乡村=1)				
中部	**42257.85**	**1.1548**	**2.4220**	**32843.88**	**1.2012**	**1.8141**	**330.65**	**[3]**	**92.51**	**[1]**
新疆	28977.64	1.2948	2.6445	23095.52	1.2741	2.3601	266.65	1	79.26	31
云南	28244.32	1.3126	2.9435	23650.77	1.2566	2.2566	284.84	3	80.31	29
西藏	31565.83	1.2318	2.6303	27816.27	1.1257	2.8687	331.74	15	87.51	27
四川	40040.68	1.0256	2.4045	33397.41	1.0497	1.7986	334.36	16	93.70	19
宁夏	41408.78	1.0077	2.7335	34818.11	1.0944	2.0750	345.36	18	91.80	22
青海	39732.93	1.0331	2.9998	34635.81	1.0886	2.0366	358.42	22	91.96	21
陕西	47908.13	1.1659	2.9086	42038.17	1.3213	2.0387	364.12	25	94.29	18
广西	41929.11	1.0204	2.6435	34480.67	1.0838	1.8452	365.56	26	98.04	8
重庆	61976.27	1.5083	2.4042	51449.36	1.6171	1.8021	392.05	28	103.13	1
贵州	50480.68	1.2285	3.2077	41283.66	1.2976	2.2916	454.49	29	102.94	2
内蒙古	69229.28	1.6848	2.5164	53964.02	1.6961	1.8858	500.66	30	102.77	4
甘肃	25809.68	1.3719	3.4265	21876.59	1.3124	2.3747	626.42	31	79.52	30
西部	**42535.43**	**1.2404**	**2.7784**	**35280.83**	**1.2681**	**2.0504**	**344.73**	**[4]**	**89.43**	**[3]**

注：①此项测算系居民收入、总消费、物质和非物质消费、积蓄五个子系统综合演算结果，限于制表空间仅列最重要的居民收入、总消费人均值及其地区差、城乡比测算数据，其余数据参看各篇专项指数分类排行报告假定测算。②全国及21个省域居民收入城乡比、全国及28个省域居民总消费城乡比趋于缩小，至2020年为最小城乡比；10个省域收入城乡比、3个省域总消费城乡比趋于扩大，亦按各自历年最小城乡比假定测算。③纵向检测排序取倒序，指数越低差距越小，其中甘肃等地差距很大，因当前乡村积蓄呈负值（详见R.7文表3），变通演算城乡比急剧扩大并延至2020年；横向检测指数普遍接近，四大区域差异明显减小，部分省域指数超出理想值100，由其他指标明显提升所致。④全国纵向检测、横向检测结果一般应在各地数值之间，此处"失常"由全国及各地分别假定测算所致。

1. 预测2020年民生主要数据简况

假定实现居民收入比历年最高值及最小城乡比测算，2020年全国城乡综合演算居民收入人均值应为41091.33元。东部人均值58804.96元最高，达到全国人均值的143.11%；西部人均值42535.43元次之，达到全国人均值的 103.51%；中部人均值 42257.85 元再次，达到全国人均值的 102.84%；东北人均值 37260.14 元较低，仅为全国人均值的 90.68%。

18 个省域人均值高于全国人均值，13 个省域人均值低于全国人均值。其中，北京人均值 80928.09 元最高，高达全国人均值的 196.95%；甘肃人均值 25809.68 元最低，低至全国人均值的 62.81%。

全国城乡居民收入地区差应为 1.3102，即 31 个省域人均值与全国人均值的绝对偏差平均值为 31.02%，与 2016 年相比较明显扩大。东北地区差最小，为 1.1246；中部地区差次之，为 1.1548；西部地区差再次，为 1.2404；东部地区差较大，为 1.5427。四大区域内各省域居民收入人均值与全国人均值的绝对偏差平均值分别为 12.46%、15.48%、24.04% 和 54.27%。

19 个省域地区差小于全国地区差，12 个省域地区差大于全国地区差。其中，宁夏地区差 1.0077 为最小值，即与全国人均值的绝对偏差为 0.77%，仅为全国总体地区差的 76.92%；北京地区差 1.9695 为最大值，即与全国人均值的绝对偏差为 96.95%，高达全国总体地区差的 150.32%。

全国居民收入城乡比应为 2.7023，即全国城镇人均值为乡村人均值的 270.23%，其间倍差为 2.70，与 2016 年相比略微缩小。东北城乡比最小，为 2.2997；中部城乡比次之，为 2.4220；东部城乡比再次，为 2.5352；西部城乡比较大，为 2.7784。四大区域城镇居民收入人均值分别为乡村人均值的 229.97%、242.20%、253.52% 和 277.84%。

25 个省域城乡比小于全国城乡比，6 个省域城乡比大于全国城乡比。其中，天津城乡比 1.7604 为最小值，即城镇与乡村的人均值倍差为 1.76，仅为全国总体城乡比的 65.14%；甘肃城乡比 3.4265 为最大值，即城镇与乡村的人均值倍差为 3.43，高达全国总体城乡比的 126.80%。

同样假定实现居民消费比历年最高值及最小城乡比测算，2020 年全国居民消费城乡综合演算人均值应为 31815.89 元。东部人均值 44450.60 元最高，达到全国人均值的 139.71%；西部人均值 35280.83 元次之，达到全国人均值的 110.89%；中部人均值 32843.88 元再次，达到全国人均值的

103.23%；东北人均值 29406.52 元较低，仅为全国人均值的 92.43%。

19 个省域人均值高于全国人均值，12 个省域人均值低于全国人均值。其中，北京人均值 65417.13 元最高，高达全国人均值的 205.61%；甘肃人均值 21876.59 元最低，低至全国人均值的 68.76%。

全国城乡居民消费地区差应为 1.3314，即 31 个省域人均值与全国人均值的绝对偏差平均值为 33.14%，与 2016 年相比显著扩大。东北地区差最小，为 1.1409；中部地区差次之，为 1.2012；西部地区差再次，为 1.2681；东部地区差较大，为 1.5427。四大区域内各省域居民消费人均值与全国人均值的绝对偏差平均值分别为 14.09%、20.12%、26.81% 和 54.27%。

22 个省域地区差小于全国地区差，9 个省域地区差大于全国地区差。其中，安徽地区差 1.0186 为最小值，即与全国人均值的绝对偏差为 1.86%，仅为全国总体地区差的 76.50%；北京地区差 2.0561 为最大值，即与全国人均值的绝对偏差为 105.61%，高达全国总体地区差的 154.43%。

全国居民消费城乡比应为 2.1282，即全国城镇人均值为乡村人均值的 212.82%，其间倍差为 2.13，与 2016 年相比明显缩小。中部城乡比最小，为 1.8141；西部城乡比次之，为 2.0504；东部城乡比再次，为 2.0554；东北城乡比较大，为 2.1536。四大区域城镇居民消费人均值分别为乡村人均值的 181.41%、205.04%、205.54% 和 215.36%。

23 个省域城乡比小于全国城乡比，8 个省域城乡比大于全国城乡比。其中，天津城乡比 1.5550 为最小值，即城镇与乡村的人均值倍差为 1.56，仅为全国总体城乡比的 73.07%；西藏城乡比 2.8687 为最大值，即城镇与乡村的人均值倍差为 2.87，高达全国总体城乡比的 134.80%。

2. 预测2020年民生发展指数排行

综合居民收入、总消费、物质消费（相应保持占总消费比重历年最低值及最小城乡比）和非物消费（相应保持占总消费比重历年最高值及最小城乡比）、积蓄（相应保持积蓄率历年最低值及最小城乡比）五大子系统各个类别演算指标，即可得出全国及各地人民生活综合指数。

2016～2020 年纵向检测人民生活综合指数，全国应为 299.15，即设

2016 年为基数值 100 加以对比衡量，至 2020 年达到假定目标需提升199.15％。东北为 301.99，指数差距较小；东部为 323.34，指数差距次之；中部为 330.65，指数差距再次；西部为 344.73，指数差距最大。

9 个省域此项指数低于全国指数，即假定目标差距小于全国；22 个省域此项指数高于全国指数，即假定目标差距大于全国。其中，新疆此项指数266.65 为最低值，即达到假定增长测算目标的差距最小；甘肃此项指数626.42 为最高值，即达到假定增长测算目标的差距最大。

在此假定"应然目标"下，纵向检测指数即为差距测量结果，指数越低意味着差距越小，越容易实现。

2020 年度横向检测人民生活综合指数，全国应为 84.90，即设各类人均值城乡、地区无差距为理想值 100 加以比较衡量，全国总体尚存差距 15.10个点。中部为 92.51，指数差距最小；东部为 92.27，指数差距次之；西部为 89.43，指数差距再次；东北为 87.95，指数差距较大。

28 个省域此项指数高于全国指数，即假定目标下民生发展提质增速程度将高于全国；3 个省域此项指数低于全国指数，即假定目标下民生发展提质增速程度仍低于全国。其中，重庆此项指数 103.13 为最高值，即达到假定目标情况下高于全国总体指数 18.23 个点；新疆此项指数 79.26 为最低值，即达到假定目标情况下低于全国总体指数 5.64 个点。

在此项假定测算中，四大区域横向检测指数极为接近，地区性差异排序近于失去意义。由于预设全国所有省域同步达到"应然目标"，各地纵向检测差距愈大，倘若同时得以实现则横向检测排行有可能愈前，反之亦然。

全国及绝大部分省域（不排除极少数省域例外）这两项"应有目标"叠加测算结果，城乡居民收入、消费人均值大幅提升，城乡比明显缩小，地区差随之缩小。特别应当看到，各地民生综合指数不仅普遍提升，而且相互接近，在四大区域之间尤为接近。

（二）2020 年人民生活发展指数理想测算

城乡差距、地区差距系全国各地人民生活发展"非均衡性"的主要成因，假定全国及各地实现居民收入比、消费比历年最佳值并同步弥合各类城乡比，以城镇人均值作为城乡持平人均值进行测算，可以检测最终消除城乡差距的实际距离。据此假定推演 2020 年居民收入、消费"理想增长"动向，亦即均衡发展"理想目标"。

实现居民收入比、消费比最佳值并弥合城乡差距假定目标增长测算见表 7，分区域以 2016～2020 年纵向检测假定目标差距位次排列。

表 7　实现居民收入比、消费比最佳值并弥合城乡差距假定目标增长测算

地区	实现居民收入比、消费比最佳值并弥合城乡比理想测算						人民生活综合指数测算			
	2020 年居民收入			2020 年居民消费			2016～2020 年纵向检测（2016 年 =100）		2020 年度横向检测（理想值 =100）	
	城乡总量（亿元）	人均值及其差距		城乡总量（亿元）	人均值及其差距		预测指数	差距排序（倒序）	预测指数	排序
		城与乡人均值（元）	地区差距（无差距 =1）		城与乡人均值（元）	地区差（无差距 =1）				
全国	761786	54122.59	1.2461	561605	39900.34	1.2839	404.95	—	96.47	—
辽宁	20940	47277.20	1.1265	16613	37507.17	1.0600	356.78	3	95.73	29
黑龙江	14254	37586.15	1.3055	10636	28044.97	1.2971	364.44	5	92.75	31
吉林	15542	56753.72	1.0486	12246	44717.46	1.1207	456.22	19	105.22	12
东北	50735	46892.52	1.1602	39494	36515.94	1.1593	383.19	[1]	95.64	[4]
上海	22516	84339.36	1.5583	17897	67039.80	1.6802	322.35	1	97.89	26
北京	21085	86916.74	1.6059	16907	69692.30	1.7467	334.93	2	98.89	23
浙江	47128	80834.20	1.4935	34720	59552.51	1.4925	359.44	4	102.74	19
河北	32020	41700.96	1.2295	21075	27446.73	1.3121	382.67	6	95.86	27
天津	13874	78096.26	1.4430	10621	59787.46	1.4984	392.93	9	101.56	21
海南	4770	50355.08	1.0696	3452	36440.99	1.0867	396.45	10	99.72	22
江苏	66349	81177.50	1.4999	45736	55957.74	1.4024	406.43	11	104.19	17
山东	64466	63323.81	1.1700	45758	44947.77	1.1265	423.43	14	104.45	15
福建	27217	68238.09	1.2608	19538	48985.62	1.2277	436.19	15	104.33	16
广东	88094	75649.78	1.3977	68685	58982.31	1.4782	454.44	18	106.48	10
东部	387519	72016.52	1.3728	284390	52639.16	1.4051	407.43	[2]	100.72	[3]
山西	15759	41551.00	1.2323	10592	27927.91	1.3001	383.27	7	95.84	28
江西	25671	54790.59	1.0123	18014	38448.14	1.0364	418.32	12	104.64	13
河南	45842	47847.26	1.1159	31462	32838.33	1.1770	422.07	13	101.75	20
安徽	33194	53363.12	1.0140	23452	37701.94	1.0551	442.26	17	104.49	14

地区	实现居民收入比、消费比最佳值并弥合城乡比理想测算						人民生活综合指数测算			
	2020年居民收入			2020年居民消费			2016~2020年纵向检测（2016年=100）		2020年度横向检测（理想值=100）	
	城乡总量（亿元）	人均值及其差距		城乡总量（亿元）	人均值及其差距		预测指数	差距排序（倒序）	预测指数	排序
		城与乡人均值（元）	地区差距（无差距=1）		城与乡人均值（元）	地区差距（无差距=1）				
湖南	46311	66273.37	1.2245	36808	52673.54	1.3201	488.51	22	109.82	5
湖北	41040	69070.46	1.2762	29838	50217.43	1.2586	494.80	24	109.04	7
中部	**207816**	**56092.61**	**1.1459**	**150166**	**40474.15**	**1.1912**	**443.34**	**[3]**	**102.93**	**[2]**
新疆	10477	41304.08	1.2368	8098	31924.65	1.1999	386.04	8	93.78	30
云南	20495	42015.31	1.2237	15944	32686.06	1.1808	439.17	16	98.00	25
四川	45116	54501.06	1.0070	34631	41835.16	1.0485	474.96	20	106.24	11
宁夏	3876	55189.70	1.0197	3072	43740.90	1.0963	480.42	21	103.51	18
重庆	23924	76382.88	1.4113	18820	60085.86	1.5059	492.83	23	109.81	6
广西	29035	59303.06	1.0957	21529	43971.87	1.1020	521.92	25	112.04	2
陕西	24736	64364.65	1.1892	20157	52450.58	1.3145	526.28	26	107.92	9
西藏	1943	55472.21	1.0249	1781	50845.82	1.2743	545.50	27	110.80	4
青海	3442	56436.01	1.0427	2729	44747.60	1.1215	569.41	28	108.08	8
贵州	26886	76794.14	1.4189	20091	57386.60	1.4382	728.06	29	121.62	1
内蒙古	22431	87479.05	1.6163	16525	64443.17	1.6151	785.25	30	111.51	3
甘肃	10483	40086.94	1.2593	8071	30861.91	1.2265	1249.70	31	98.86	24
西部	**222845**	**59593.59**	**1.2121**	**171448**	**45765.29**	**1.2603**	**503.94**	**[4]**	**104.14**	**[1]**

注：①此项测算系居民收入、总消费、物质和非物消费、积蓄五个子系统综合演算结果，限于制表空间仅列最重要的居民收入、总消费总量、人均值及其地区差测算数据，其余数据参看各篇专项指数分类排行报告假定测算。②全国及各地总量分别演算未加平衡，各地之和不等于全国总量。③纵向检测排序取倒序，指数越低差距越小，其中甘肃等地差距极大，因当前乡村积蓄呈负值（详见R.7文表3），变通演算城乡比急剧扩大并延至2020年；横向检测指数普遍接近理想值100，各地尚存地区差距影响，较多省域指数超出理想值100，由其他指标明显提升所致。

1. 预测2020年民生主要数据简况

假定实现居民收入比历年最高值并弥合城乡比测算，2020年全国城乡持平居民收入人均值应为54122.59元。东部人均值72016.52元最高，达到全国人均值的133.06%；西部人均值59593.59元次之，达到全国人均值的110.11%；中部人均值56092.61元再次，达到全国人均值的103.64%；东北人均值 46892.52 元较低，仅为全国人均值的 86.64%。

21 个省域人均值高于全国人均值，10 个省域人均值低于全国人均值。其中，内蒙古人均值最高，为 87479.05 元，高达全国人均值的 161.63%；黑龙江人均值最低，为 37586.15 元，低至全国人均值的 69.45%。

全国城乡居民收入地区差应为 1.2461，即 31 个省域人均值与全国人均值的绝对偏差平均值为 24.61%，与 2016 年相比较明显缩小。中部地区差最小，为 1.1459；东北地区差次之，为 1.1602；西部地区差再次，为 1.2121；东部地区差较大，为 1.3728。四大区域内各省域居民收入人均值与全国人均值的绝对偏差平均值分别为 14.59%、16.02%、21.21% 和 37.28%。

18 个省域地区差小于全国地区差，13 个省域地区差大于全国地区差。其中，四川地区差 1.0070 为最小值，即与全国人均值的绝对偏差为 0.70%，仅为全国总体地区差的 80.81%；内蒙古地区差 1.6163 为最大值，即与全国人均值的绝对偏差为 61.63%，高达全国总体地区差的 129.71%。

同样假定实现居民消费比历年最高值并弥合城乡比测算，2020 年全国居民消费城乡持平人均值应为 39900.34 元。东部人均值 52639.16 元最高，达到全国人均值的 131.93%；西部人均值 45765.29 元次之，达到全国人均值的 114.70%；中部人均值 40474.15 元再次，达到全国人均值的 101.44%；东北人均值 36515.94 元较低，仅为全国人均值的 91.52%。

20 个省域人均值高于全国人均值，11 个省域人均值低于全国人均值。其中，北京人均值 69692.30 元最高，高达全国人均值的 174.67%；河北人均值 27446.73 元最低，低至全国人均值的 68.79%。

全国城乡居民消费地区差应为 1.2839，即 31 个省域人均值与全国人均值的绝对偏差平均值为 28.39%，与 2016 年相比较明显扩大。东北地区差最小，为 1.1593；中部地区差次之，为 1.1912；西部地区差再次，为 1.2603；东部地区差较大，为 1.4051。四大区域内各省域居民收入人均值与全国人均值的绝对偏差平均值分别为 15.93%、19.12%、26.03% 和 40.51%。

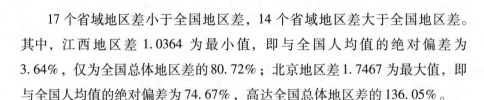

17个省域地区差小于全国地区差，14个省域地区差大于全国地区差。其中，江西地区差1.0364为最小值，即与全国人均值的绝对偏差为3.64%，仅为全国总体地区差的80.72%；北京地区差1.7467为最大值，即与全国人均值的绝对偏差为74.67%，高达全国总体地区差的136.05%。

2. 预测2020年民生发展指数排行

综合居民收入、总消费、物质消费和非物消费、积蓄（后三者同样实现历年最佳相关比值并同步弥合城乡比）五大子系统各个类别演算指标，即可得出全国及各地人民生活综合指数。

2016～2020年纵向检测人民生活综合指数，全国应为404.95，即设2016年为基数值100加以对比衡量，至2020年达到假定目标需提升304.95%。东北为383.19，指数差距较小；东部为407.43，指数差距次之；中部为443.34，指数差距再次；西部为503.94，指数差距最大。

10个省域此项指数低于全国指数，即假定目标差距小于全国；21个省域此项指数高于全国指数，即假定目标差距大于全国。其中，上海此项指数322.35为最低值，即达到假定增长测算目标的差距最小；甘肃此项指数1249.70为最高值，即达到假定增长测算目标的差距最大。

在此假定"理想目标"下，纵向检测指数即为差距测量结果，指数越低意味着差距越小，越容易实现。

2020年度横向检测人民生活综合指数，全国应为96.47，即设各类人均值城乡、地区无差距为理想值100加以比较衡量，全国总体仅存差距3.53个点。西部为104.14，指数差距最小；中部为102.93，指数差距次之；东部为100.72，指数差距再次；东北为95.64，指数差距稍大。

26个省域此项指数高于全国指数，即假定目标下民生发展提质增速程度将高于全国；5个省域此项指数低于全国指数，即假定目标下民生发展提质增速程度仍低于全国。其中，贵州此项指数121.62为最高值，即达到假定目标情况下高于全国总体指数25.15个点；黑龙江此项指数92.75为最低值，即达到假定目标情况下低于全国总体指数3.72个点。

在此项假定测算中，四大区域横向检测指数较为接近，地区性差异排序部分失去意义。由于预设全国所有省域同步达到"理想目标",各地纵向检测差距愈大,倘若同时得以实现则横向检测排行有可能愈前,反之亦然。

　　此项测算假定国家现行统计制度中"人民生活"各类数据人均值城乡比全面消除,这一"理想目标"检测结果可见,城乡居民收入、消费总量、人均值大幅提升,地区差显著缩小,各地民生综合指数普遍极为接近,在四大区域之间更为明显。由此可知正是既有城乡差距加大地区差距,弥合社会体制和生活现实中的城乡鸿沟,或许是消除中国社会结构"非均衡性"最后也最难的攻坚战,期待能够在新中国成立百年之前实现。

R.3
全国省域居民收入增长指数排行

——2016 年检测与 2020 年测算

王亚南　魏海燕　孔志坚*

摘　要： 居民收入增长指数系"中国人民生活发展指数检测体系"五
　　　　　个二级子系统之首。从 2000 年以来基数值纵向检测可以看
　　　　　出，西部居民收入指数提升最高，中部次之，东北再次，东
　　　　　部稍低，表明区域均衡发展国家方略已见成效；陕西、宁夏、
　　　　　云南、河南、内蒙古占据前 5 位。2016 年无差距理想值横向
　　　　　检测发现，差距仍在于各方面协调性、均衡性还不够理想；
　　　　　北京、上海、浙江、山东、辽宁占据前 5 位。假定全国同步
　　　　　实现居民收入历年最小城乡比直至弥合城乡比，民生发展指
　　　　　数将更加明显提升。

关键词： 全面小康　居民收入　专项指数　测评排行

居民收入增长指数系"中国人民生活发展指数检测体系"五个二级子
系统之首，占据人民生活生计来源的基础地位（就业不在此处考察范围之
内），在整个指标系统综合演算中的权重首屈一指（详见技术报告表 3）。

---

* 王亚南，云南省社会科学院研究员，文化发展研究中心主任，主要从事民俗学、民族学及文
化理论、文化战略和文化产业研究；魏海燕，云南省政协信息中心主任编辑，主要从事传媒
信息分析研究；孔志坚，云南省社会科学院老挝研究所副所长、副研究员，主要从事东南亚
政治与经济研究。

居民收入是现行统计制度"人民生活"部分的基础数据，无论是居民消费与居民积蓄的整体切分，还是物质消费与非物消费的单项分解，都在居民收入数据涵盖范围之内。各个子系统基础数据皆来源于国家统计局《中国统计年鉴》，均采用检测指标自足设计方式，分别实现与其余子系统对应数据的相关性分析测算，独立完成专项检测指数演算，最后汇总成为人民生活发展综合指数。

一 居民收入总量增长基本情况

根据正式出版公布的既往年度统计数据和最新年度统计数据，按照本项研究检测的构思设计进行演算，全国及各地居民收入总量增长状况见表1，分区域以份额增减变化位次排列。

表1　全国及各地居民收入总量增长状况

地区	2000年居民收入总量		2016年居民收入总量		16年间总量增长变化			
	城乡总量（亿元）	占全国份额（%）	城乡总量（亿元）	占全国份额（%）	年均增长指数		份额增减变化	
					上年=1	排序	变化（%）	排序
全　国	**46502.56**	**100.00**	**336662.70**	**100.00**	**1.1317**	**—**	**—**	**—**
北　京	1180.63	2.54	11414.52	3.39	1.1523	1	33.54	1
天　津	671.71	1.44	5312.78	1.58	1.1380	5	9.25	5
上　海	1709.28	3.68	12994.97	3.86	1.1352	10	5.01	10
江　苏	3556.64	7.65	26150.51	7.77	1.1328	14	1.56	14
海　南	264.81	0.57	1931.73	0.57	1.1322	15	0.76	15
浙　江	3008.57	6.47	21728.90	6.45	1.1315	16	-0.24	16
河　北	2185.41	4.70	15240.88	4.53	1.1291	19	-3.67	19
山　东	3637.55	7.82	25328.35	7.52	1.1290	21	-3.82	21
福　建	1659.39	3.57	10898.54	3.24	1.1248	25	-9.28	25
广　东	5190.17	11.16	33308.22	9.89	1.1232	27	-11.36	27
东　部	**23064.15**	**48.28**	**164309.40**	**48.91**	**1.1306**	**[1]**	**1.31**	**[1]**
宁　夏	150.31	0.32	1309.27	0.39	1.1449	2	20.32	2
新　疆	537.43	1.16	4500.84	1.34	1.1421	3	15.68	3
陕　西	946.32	2.03	7530.07	2.24	1.1384	4	9.91	4

续表

地区	2000 年居民收入总量		2016 年居民收入总量		16 年间总量增长变化			
	城乡总量（亿元）	占全国份额（%）	城乡总量（亿元）	占全国份额（%）	年均增长指数		份额增减变化	
					上年=1	排序	变化（%）	排序
内蒙古	790.52	1.70	6185.14	1.84	1.1372	6	8.07	6
云　南	1089.39	2.34	8407.19	2.50	1.1362	9	6.60	9
青　海	141.15	0.30	1056.55	0.31	1.1341	11	3.39	11
西　藏	63.29	0.14	473.40	0.14	1.1340	12	3.31	12
甘　肃	574.08	1.23	4029.67	1.20	1.1295	18	-3.04	18
贵　州	839.36	1.80	5712.38	1.70	1.1273	22	-6.00	22
重　庆	1021.15	2.20	6885.07	2.05	1.1267	24	-6.87	24
广　西	1396.47	3.00	9106.93	2.71	1.1243	26	-9.92	26
四　川	2523.97	5.43	16058.19	4.77	1.1226	28	-12.12	28
西　部	**10073.44**	**21.09**	**71254.69**	**21.21**	**1.1301**	**[2]**	**0.59**	**[2]**
山　西	925.75	1.99	7231.60	2.15	1.1371	7	7.90	7
江　西	1232.23	2.65	9522.15	2.83	1.1363	8	6.74	8
河　南	2467.69	5.31	18160.23	5.39	1.1329	13	1.65	13
安　徽	1782.15	3.83	12744.25	3.79	1.1308	17	-1.22	17
湖　南	2202.28	4.74	14938.26	4.44	1.1271	23	-6.31	23
湖　北	2110.75	4.54	13086.83	3.89	1.1208	29	-14.36	29
中　部	**10720.85**	**22.44**	**75683.30**	**22.53**	**1.1299**	**[3]**	**0.39**	**[3]**
辽　宁	1657.33	3.56	11541.65	3.43	1.1290	20	-3.81	20
吉　林	905.60	1.95	5524.47	1.64	1.1197	30	-15.74	30
黑龙江	1351.91	2.91	7623.97	2.26	1.1142	31	-22.10	31
东　北	**3914.85**	**8.19**	**24690.10**	**7.35**	**1.1220**	**[4]**	**-10.31**	**[4]**

注：①全国及各省域分别演算未予平衡，省域总量之和不等于全国总量，四大区域占全国份额已加以平衡。②数据演算屡经四舍五入，可能出现细微出入，属于演算常规无误。③年均增长指数取 4 位小数，以便精确排序，全文同。

　　2000 年，全国城乡居民收入总量为 46502.56 亿元；2016 年，全国城乡居民收入总量为 336662.70 亿元。2000 年以来 16 年间，全国城乡居民收入总量年均增长 13.17%。15 个省域总量年均增长高于全国平均增长，16 个省域总量年均增长低于全国平均增长。其中，北京总量年均增长 15.23% 最高，高于全国总量年增 2.06 个百分点；黑龙江总量年均增长 11.42% 最低，低于全国总量年增 1.75 个百分点。

全国居民收入总量始终为份额基准 100，基于各地历年不同增长状况，东部总量份额上升，增高 1.31%；西部总量份额上升，增高 0.59%；中部总量份额上升，增高 0.39%；东北总量份额下降，下降 10.31%。总量份额变化取百分点将易于直观对比，但取百分比则更有利于精确排序。

15 个省域总量占全国份额上升，16 个省域总量占全国份额下降。其中，北京总量份额变化态势最佳，增高 33.54%；黑龙江总量份额变化态势不佳，降低 22.10%。各省域总量份额变化取决于年均增长幅度，其份额增减程度取百分比演算，排序结果即与年均增长指数排序一致。

居民收入增长放到相关背景中考察更有意义。全国居民收入总量历年平均增长率为 13.17%，低于产值年增 0.17 个百分点，低于财政收入年增 3.58 个百分点；高于居民总消费年增 0.56 个百分点，低于居民积蓄年增 1.65 个百分点；高于物质消费年增 1.12 个百分点，低于非物消费年增 0.65 个百分点。在本项检测中，倘若居民收入和消费增长滞后，"GDP 追逐""财政增收至上"只会产生负面效应。

相关系数检测可谓相关性分析最简便的通用方式，同时检验两组数据链历年增减变化趋势是否一致、变化程度是否相近、变化动向是否稳定。相关系数 1 为绝对相关，完全同步；0 为无相关性，完全不同步；-1 为绝对负相关，完全逆向同步。设数据项 A 历年增幅变化为 N，若数据项 B 历年增幅（降幅绝对值）愈接近 N（高低不论），即保持趋近性（正负不论），或历年增幅（降幅绝对值）存在固有差距（高低不论）但上下波动变化愈小，即保持平行（逆向）同步性，则二者相关系数（负值）愈高；反之相关系数（负值）愈低。

居民收入历年增长相关系数（可简化理解为增长同步程度）如下。

（1）与产值之间全国为 0.8285，呈稍强正相关，4 个省域呈 75% 以上强相关，14 个省域呈 60% 以下弱相关；云南最高为 0.8942，北京最低为 -0.1008。

（2）与财政收入之间全国为 0.6721，呈较弱正相关，6 个省域呈 75% 以上强相关，17 个省域呈 60% 以下弱相关；安徽最高为 0.8534，广东最低为 0. 1532。

（3）与居民消费之间全国为 0. 7790，呈稍强正相关，12 个省域呈 75%
以上强相关，11 个省域呈 60% 以下弱相关；湖北最高为 0. 9041，上海最低
为 0. 2135。

（4）与物质消费之间全国为 0. 6882，呈较弱正相关，12 个省域呈 75%
以上强相关，10 个省域呈 60% 以下弱相关；湖北最高为 0. 9320，天津最低
为 - 0. 1138。

（5）与非物消费之间全国为 - 0. 0979，呈极弱负相关，12 个省域呈负
相关；广东最高为 0. 5559，北京最低为 - 0. 4730。

对应数据链之间增长变化相关系数的高低、正负差异在于，其间增长动
向的同步性是强还是弱，增幅升降的趋向性相近或是相左。后台数据库检测
表明，2000 ~ 2016 年，全国居民收入年均增长略微低于产值增长，极显著
低于财政收入增长，较明显高于居民总消费增长，明显高于物质消费增长，
较明显低于非物消费增长。

二 居民收入人均值相关均衡性检测

1. 城乡综合人均值及其地区差

全国及各地居民收入人均值地区差变化状况见表 2，分区域以地区差扩
减变化倒序位次排列。

2000 年，全国城乡居民收入人均值为 3682. 95 元。9 个省域人均值高于
全国人均值，22 个省域人均值低于全国人均值。其中，上海人均值
10974. 50 元最高，高达全国人均值的 297. 98% ；贵州人均值 2248. 49 元最
低，低至全国人均值的 61. 05% 。

2016 年，全国城乡居民收入人均值为 24419. 47 元。10 个省域人均值高
于全国人均值，21 个省域人均值低于全国人均值。其中，上海人均值
53750. 74 元最高，高达全国人均值的 220. 11% ；西藏人均值 14455. 67 元最
低，低至全国人均值的 59. 20% 。

表2　全国及各地居民收入人均值地区差变化状况

地区	2000 年居民收入地区差				2016 年居民收入地区差					16 年间地区差扩减（负值缩小为佳，取倒序）	
	城乡综合人均值		地区差（无差距=1）		城乡综合人均值		地区差（无差距=1）		附年鉴人均值（元）		
	人均值（元）	排序			人均值（元）	排序				百分比（%）	排序
全　国	**3682.95**	—	1.3606		**24419.47**	—	1.2760		23820.98	**-6.22**	—
广　东	6930.86	3	1.8819		30490.86	6	1.2486		30295.80	-33.65	1
上　海	10974.50	1	2.9798		53750.74	1	2.2011		54305.35	-26.13	2
天　津	6854.16	4	1.8611		34177.30	4	1.3996		34074.46	-24.80	3
福　建	4934.26	6	1.3398		28260.18	7	1.1573		27607.93	-13.62	4
北　京	9033.10	2	2.4527		52559.10	2	2.1523		52530.38	-12.25	5
浙　江	6633.38	5	1.8011		39049.16	3	1.5991		38529.00	-11.22	6
山　东	4068.62	8	1.1047		25591.74	9	1.0480		24685.27	-5.13	11
江　苏	4892.22	7	1.3283		32738.68	5	1.3407		32070.10	0.93	21
河　北	3289.30	17	1.1069		20464.54	17	1.1620		19725.42	4.98	27
海　南	3414.71	12	1.0728		21136.97	14	1.1344		20653.44	5.74	28
东　部	**5381.09**	[1]	1.6929		**31157.58**	[1]	1.4443		—	**-14.68**	[1]
安　徽	2846.20	23	1.2272		20655.85	16	1.1541		19998.10	-5.96	9
河　南	2614.77	26	1.2900		19103.96	24	1.2177		18443.08	-5.60	10
江　西	2940.88	21	1.2015		20796.09	15	1.1484		20109.56	-4.42	12
山　西	2869.66	22	1.2208		19688.21	21	1.1937		19048.88	-2.22	16
湖　南	3363.80	14	1.0867		21959.90	13	1.1007		21114.79	1.29	23
湖　北	3548.07	11	1.0366		22301.08	12	1.0868		21786.64	4.84	26
中　部	**3010.54**	[3]	1.1771		**20679.38**	[3]	1.1502		—	**-2.29**	[2]
陕　西	2606.24	27	1.2924		19800.34	20	1.1892		18873.74	-7.99	7
内蒙古	3339.74	15	1.0932		24587.91	10	1.0069		24126.64	-7.89	8
宁　夏	2740.36	25	1.2559		19499.36	23	1.2015		18832.28	-4.33	13
贵　州	2248.49	31	1.3895		16126.42	29	1.3396		15121.15	-3.59	14
重　庆	3311.66	16	1.1008		22705.96	11	1.0702		22034.14	-2.78	15
云　南	2583.63	28	1.2985		17675.52	28	1.2762		16719.90	-1.72	17
甘　肃	2251.29	30	1.3887		15470.31	30	1.3665		14670.31	-1.60	18
四　川	2943.06	20	1.2009		19504.66	22	1.2013		18808.26	0.03	19
青　海	2748.81	24	1.2536		17885.95	27	1.2676		17301.76	1.12	22
广　西	2951.44	19	1.1986		18905.80	26	1.2258		18305.08	2.27	24
新　疆	2966.75	18	1.1945		18920.13	25	1.2252		18354.65	2.57	25
西　藏	2462.74	29	1.3313		14455.67	31	1.4080		13639.24	5.76	29

续表

| 地区 | 2000 年居民收入地区差 | | | 2016 年居民收入地区差 | | | | 16 年间地区差扩减（负值缩小为佳，取倒序） | |
| | 城乡综合人均值 | | 地区差（无差距=1） | 城乡综合人均值 | | 地区差（无差距=1） | 附年鉴人均值（元） | | |
	人均值（元）	排序		人均值（元）	排序			百分比（%）	排序
西　部	**2796.70**	**[4]**	**1.2498**	**19117.11**	**[4]**	**1.2315**	—	**-1.46**	**[3]**
辽　宁	3967.28	9	1.0772	26349.60	8	1.0790	26039.70	0.17	20
吉　林	3391.78	13	1.0791	20139.08	18	1.1753	19966.99	8.91	30
黑龙江	3558.14	10	1.0339	20034.88	19	1.1796	19838.50	14.09	31
东　北	**3676.95**	**[2]**	**1.0634**	**22591.96**	**[2]**	**1.1446**	—	**7.64**	**[4]**

注：附《中国统计年鉴》发布的 2016 年城乡人均值供参考，其与总量数据之间存在演算误差，对应同时发布的产值人均值和总量分别演算居民收入比有出入，本文恢复自行演算城乡人均值，以保证数据库测算模型的规范性及其历年通行测评的标准化。

2000 年以来 16 年间，全国城乡居民收入人均值年均增长 12.55%。13 个省域人均值年均增长高于全国平均增长，18 个省域人均值年均增长低于全国平均增长。其中，陕西人均值年均增长 13.51% 最高，高于全国人均值年增 0.96 个百分点；广东人均值年均增长 9.70% 最低，低于全国人均值年增 2.85 个百分点。

各省域地区差指数依据其人均值与全国人均值的绝对偏差进行演算，全国和四大区域地区差取相应省域与全国人均值的绝对偏差平均值进行演算。当地人均值增大本身具有正面效应，但本来高于全国人均值的省域会导致地区差继续扩大，带来负面效应；而本来低于全国人均值的省域则导致地区差逐渐缩小，带来正面效应。

2000 年，全国城乡居民收入地区差为 1.3606，即 31 个省域人均值与全国人均值的绝对偏差平均值为 36.06%。24 个省域地区差小于全国地区差，7 个省域地区差大于全国地区差。其中，黑龙江地区差 1.0339 最低，即与全国人均值的绝对偏差为 3.39%，仅为全国总体地区差的 75.99%；上海地区差 2.9798 最高，即与全国人均值的绝对偏差为 197.98%，高达全国总体地区差的 219.00%。

2016年，全国城乡居民收入地区差为1.2760，即31个省域人均值与全国人均值的绝对偏差平均值为27.60%。22个省域地区差小于全国地区差，9个省域地区差大于全国地区差。其中，内蒙古地区差1.0069最低，即与全国人均值的绝对偏差为0.69%，仅为全国总体地区差的78.91%；上海地区差2.2011最高，即与全国人均值的绝对偏差为120.11%，高达全国总体地区差的172.50%。

基于全国及各地城乡居民收入历年不同增长状况，与2000年相比，全国地区差明显缩小6.22%。同期，18个省域地区差缩小，13个省域地区差扩大。这无疑表明，全国及大部分省域居民收入增长变化态势已经转入"区域均衡发展"的健康轨道。8个省域地区差变化态势好于全国地区差变化态势，23个省域地区差变化态势逊于全国地区差变化态势。其中，广东地区差变化态势最佳，缩减33.65%；黑龙江地区差变化态势不佳，扩增14.09%。

本项检测体系的地区差距相关性考察在经济、财政、民生全数据链当中通约演算，各地经济、社会、民生发展的地区差距具有贯通性。全国及各地产值地区差动态有可能影响居民生活各方面地区差变化，随之居民收入、总消费、物质消费或非物消费、积蓄地区差动态又有可能影响各分类单项消费地区差变化。

居民收入历年地区差变动相关系数（可简化理解为地区差变化同步程度）如下。

（1）与产值之间全国为0.9563，呈极强正相关，10个省域呈75%以上强相关，17个省域呈60%以下弱相关；上海最高为0.9714，内蒙古最低为-0.8306。

（2）与财政收入之间全国为0.9174，呈很强正相关，8个省域呈75%以上强相关，20个省域呈60%以下弱相关；内蒙古最高为0.9606，天津最低为-0.8593。

（3）与居民消费之间全国为0.9819，呈极强正相关，19个省域呈75%以上强相关，7个省域呈60%以下弱相关；浙江最高为0.9907，河北最低

为 - 0.4007。

（4）与物质消费之间全国为 0.6457，呈较弱正相关，10 个省域呈 75% 以上强相关，16 个省域呈 60% 以下弱相关；广东最高为 0.9819，重庆最低为 - 0.7579。

（5）与非物消费之间全国为 0.9382，呈很强正相关，17 个省域呈 75% 以上强相关，9 个省域呈 60% 以下弱相关；天津最高为 0.9716，内蒙古最低为 - 0.7204。

2000 ~ 2016 年，全国居民收入地区差缩小 6.22%，与之对应的数据链之间地区差变化相关系数的高低、正负差异在于，其间地区差扩减幅度的同步性是强还是弱，扩减变化的趋向性相近或是相左。后台数据库检测表明，全国产值地区差缩小 9.13%，财政收入地区差缩小 5.66%，居民总消费地区差缩小 6.26%，物质消费地区差缩小 3.57%，非物消费地区差缩小 11.67%。

2. 城镇与乡村人均值及其城乡比

全国及各地居民收入人均值城乡比变化状况见表 3，分区域以城乡比扩减变化倒序位次排列。

2000 年，全国城镇居民收入人均值为 6279.98 元。10 个省域城镇人均值高于全国城镇人均值，21 个省域城镇人均值低于全国城镇人均值。其中，上海城镇人均值 11718.01 元最高，高达全国城镇人均值的 186.59%；山西城镇人均值 4724.11 元最低，低至全国城镇人均值的 75.22%。

同年，全国乡村居民收入人均值为 2253.42 元。11 个省域乡村人均值高于全国乡村人均值，20 个省域乡村人均值低于全国乡村人均值。其中，上海乡村人均值 5596.37 元最高，高达全国乡村人均值的 248.35%；西藏乡村人均值 1330.81 元最低，低至全国乡村人均值的 59.06%。

2016 年，全国城镇居民收入人均值为 33616.25 元。8 个省域城镇人均值高于全国城镇人均值，23 个省域城镇人均值低于全国城镇人均值。其中，上海城镇人均值 57691.67 元最高，高达全国城镇人均值的 171.62%；甘肃城镇人均值 25693.49 元最低，低至全国城镇人均值的 76.43%。

表3　全国及各地居民收入人均值城乡比变化状况

地区	2000 年居民收入城乡比			2016 年居民收入城乡比			16 年间城乡比扩减(负值缩小为佳,取倒序)	
	城镇人均值(元)	乡村人均值(元)	城乡比(乡村=1)	城镇人均值(元)	乡村人均值(元)	城乡比(乡村=1)	百分比(%)	排序
全　国	**6279.98**	**2253.42**	**2.7869**	**33616.25**	**12363.41**	**2.7190**	**−2.44**	**—**
西　藏	7426.32	1330.81	5.5803	27802.39	9093.85	3.0573	−45.21	1
云　南	6324.64	1478.60	4.2775	28610.57	9019.81	3.1720	−25.84	2
重　庆	6275.98	1892.44	3.3163	29609.96	11548.79	2.5639	−22.69	3
新　疆	5644.86	1618.08	3.4886	28463.43	10183.18	2.7951	−19.88	4
四　川	5894.27	1903.60	3.0964	28335.30	11203.13	2.5292	−18.32	5
陕　西	5124.24	1443.86	3.5490	28440.09	9396.45	3.0267	−14.72	7
广　西	5834.43	1864.51	3.1292	28324.43	10359.47	2.7342	−12.62	8
贵　州	5122.21	1374.16	3.7275	26742.61	8090.28	3.3055	−11.32	9
青　海	5169.96	1490.49	3.4686	26757.41	8664.36	3.0882	−10.97	10
宁　夏	4912.40	1724.30	2.8489	27153.01	9851.63	2.7562	−3.25	17
甘　肃	4916.25	1428.68	3.4411	25693.49	7456.85	3.4456	0.13	23
内蒙古	5129.05	2038.21	2.5164	32974.95	11609.00	2.8405	12.88	29
西　部	**5640.45**	**1687.08**	**3.3433**	**28550.73**	**9881.87**	**2.8892**	**−13.58**	**[1]**
安　徽	5293.55	1934.57	2.7363	29155.98	11720.47	2.4876	−9.09	11
湖　南	6218.73	2197.16	2.8303	31283.89	11930.41	2.6222	−7.35	13
湖　北	5524.54	2268.59	2.4352	29385.80	12724.97	2.3093	−5.17	15
河　南	4766.26	1985.82	2.4001	27232.92	11696.74	2.3282	−3.00	18
江　西	5103.58	2135.30	2.3901	28673.28	12137.72	2.3623	−1.16	21
山　西	4724.11	1905.61	2.4791	27352.33	10082.45	2.7129	9.43	27
中　部	**5325.27**	**2067.07**	**2.5762**	**28878.50**	**11795.43**	**2.4483**	**−4.96**	**[2]**
天　津	8140.50	3622.39	2.2473	37109.57	20075.64	1.8485	−17.75	6
浙　江	9279.16	4253.67	2.1814	47237.18	22866.07	2.0658	−5.30	14
广　东	9761.57	3654.48	2.6711	37684.25	14512.15	2.5967	−2.79	19
海　南	5358.32	2182.26	2.4554	28453.47	11842.86	2.4026	−2.15	20
山　东	6489.97	2659.20	2.4406	34012.08	13954.66	2.4374	−0.13	22
河　北	5661.16	2478.86	2.2838	28249.00	11919.00	2.3700	3.77	24
福　建	7432.26	3230.49	2.3007	36014.26	14999.19	2.4011	4.36	25
上　海	11718.01	5596.37	2.0939	57691.67	25520.40	2.2606	7.96	26
北　京	10349.69	4604.55	2.2477	57275.31	22309.52	2.5673	14.22	30
江　苏	6800.23	3595.09	1.8915	40151.83	17605.64	2.2806	20.57	31
东　部	**8178.12**	**3189.43**	**2.5641**	**39436.99**	**15544.73**	**2.5370**	**−1.06**	**[3]**
吉　林	4810.00	2022.50	2.3782	26530.42	12122.94	2.1884	−7.98	12
黑龙江	4912.88	2148.22	2.2870	25736.43	11831.85	2.1752	−4.89	16
辽　宁	5357.79	2355.58	2.2745	32876.09	12880.71	2.5524	12.22	28
东　北	**5069.99**	**2192.92**	**2.3120**	**29050.67**	**12272.49**	**2.3671**	**2.38**	**[4]**

同年，全国乡村居民收入人均值为 12363.41 元，仅为城镇人均值的 36.78%。10 个省域乡村人均值高于全国乡村人均值，21 个省域乡村人均值低于全国乡村人均值。其中，上海乡村人均值 25520.40 元最高，高达全国乡村人均值的 206.42%；甘肃乡村人均值 7456.85 元最低，低至全国乡村人均值的 60.31%。

2000 年以来 16 年间，全国城镇居民收入人均值年均增长 11.05%。11 个省域城镇人均值年均增长高于全国城镇平均增长，20 个省域城镇人均值年均增长低于全国城镇平均增长。其中，内蒙古城镇人均值年均增长 12.33% 最高，高于全国城镇年增 1.28 个百分点；西藏城镇人均值年均增长 8.60% 最低，低于全国城镇年增 2.45 个百分点。

同期，全国乡村居民收入人均值年均增长 11.23%，高于全国城镇年增 0.18 个百分点。在此期间，22 个省域乡村人均值年均增长高于自身城镇年增。18 个省域乡村人均值年均增长高于全国乡村平均增长，13 个省域乡村人均值年均增长低于全国乡村平均增长。其中，西藏乡村人均值年均增长 12.76% 最高，高于全国乡村年增 1.53 个百分点；广东乡村人均值年均增长 9.00% 最低，低于全国乡村年增 2.23 个百分点。

城乡比及其扩减变化基于城镇与乡村人均绝对值及其不同增长进行演算，在民生发展的城乡差距长期存在的情况下，倘若乡村人均值增长滞后于城镇人均值增长，势必导致城乡比进一步扩大。

2000 年，全国居民收入城乡比为 2.7869，即全国城镇人均值为乡村人均值的 278.69%，其间倍差为 2.79。19 个省域城乡比小于全国城乡比，12 个省域城乡比大于全国城乡比。其中，江苏城乡比 1.8915 最低，即城镇与乡村的人均值倍差为 1.89，仅为全国总体城乡比的 67.87%；西藏城乡比 5.5803 最高，即城镇与乡村的人均值倍差为 5.58，高达全国总体城乡比的 200.24%。

2016 年，全国居民收入城乡比为 2.7190，即全国城镇人均值为乡村人均值的 271.90%，其间倍差为 2.72。21 个省域城乡比小于全国城乡比，10 个省域城乡比大于全国城乡比。其中，天津城乡比 1.8485 最低，即城镇与乡村的人均值倍差为 1.85，仅为全国总体城乡比的 67.98%；甘肃城乡比 3.4456 最高，即城镇与乡村的人均值倍差为 3.45，高达全国总体城乡比的 126.72%。

基于全国城镇与乡村居民收入历年不同增长状况，与 2000 年相比，全国城乡比较明显缩小 2.44%。同期，22 个省域城乡比缩小，9 个省域城乡比扩大。这无疑表明，全国及绝大部分省域居民收入增长变化态势已经转入"城乡均衡发展"的健康轨道。19 个省域城乡比变化态势好于全国城乡比变化态势，12 个省域城乡比变化态势逊于全国城乡比变化态势。其中，西藏城乡比变化态势最佳，缩减 45.21%；江苏城乡比变化态势不佳，扩增 20.57%。

本项检测体系的城乡差距相关性考察集中于民生数据链当中。首先，有必要检验城镇与乡村之间居民收入增长相关系数（可简化理解为城乡增长同步程度）：全国为 0.4703，呈很弱正相关，城乡增长同步性很差，26 个省域呈 60% 以下弱相关，其中 2 个省域呈负相关；湖南最高为 0.7689，北京最低为 -0.2227。

其次，全国及各地居民收入、总消费、积蓄的城乡差距动态有可能对分类单项消费的城乡差距变化产生影响，而物质消费和非物消费的城乡差距动态又有可能反过来对总消费、积蓄的城乡差距变化产生影响，尤其是各类消费需求之间城乡比变化具有贯通性。

居民收入历年城乡比变动相关系数（可简化理解为城乡比变化同步程度）如下。

（1）与居民消费之间全国为 0.7700，呈稍强正相关，17 个省域呈 75% 以上强相关，9 个省域呈 60% 以下弱相关；新疆最高为 0.9697，江苏最低为 -0.2329。

（2）与居民积蓄之间全国为 0.0033，呈极弱正相关，29 个省域呈 60% 以下弱相关，其中 17 个省域呈负相关；江苏最高为 0.7566，天津最低为 -0.7444。

（3）与物质消费之间全国为 0.6617，呈较弱正相关，12 个省域呈 75%

以上强相关，11个省域呈60%以下弱相关；新疆最高为0.9515，江苏最低为 -0.3874。

（4）与非物消费之间全国为0.7932，呈稍强正相关，15个省域呈75%以上强相关，9个省域呈60%以下弱相关；四川最高为0.9841，辽宁最低为 -0.3481。

2000～2016年，全国居民收入城乡比缩小2.44%，与之对应的数据链之间城乡比变化相关系数的高低、正负差异在于，其间城乡比扩减幅度的同步性是强还是弱，扩减变化的趋向性相近或是相左。后台数据库检测表明，全国居民总消费城乡比缩小23.87%，居民积蓄城乡比扩大114.65%，物质消费城乡比缩小15.96%，非物消费城乡比缩小40.49%。

中国社会由历史承继下来的结构性、体制性"非均衡格局"弊端根深蒂固，长期存在的城乡差距、地区差距系全国及各地民生发展"非均衡性"的主要成因。进入"全面建成小康社会"进程以来，国家把解决"三农问题"列为"重中之重"，并致力于推进区域"均衡发展"。就本文涉及的数据范围来看，国家大力推进缩小区域发展差距的几大战略已见成效，推进缩小城乡发展差距的长年多方努力更显成效。

三　居民收入相关性比值协调性检测

全国及各地居民收入相关性比值状况见表4，分区域以居民收入比升降位次排列。

1. 居民收入与产值之比

2000年，全国居民收入比为46.37%，此为全国城乡居民收入与产值（国民总收入近似值）的相对比值。20个省域比值高于全国总体比值，11个省域比值低于全国总体比值。其中，贵州比值81.50%最高，高达全国总体比值的175.74%；辽宁比值35.50%最低，低至全国总体比值的76.54%。

表4　全国及各地居民收入与经济、财政相关性比值状况

地区	居民收入与产值相关性				居民收入比与财政收入相关性			
	居民收入比		16年间比值升降（负值下降，上升为佳）		收入对比度		16年间比值升降（负值下降，上升为佳）	
	2000年	2016年			2000年	2016年		
	比值（%）	比值（%）	比值（%）	排序	倍差值	倍差值	比值（%）	排序
全　国	**46.37**	**45.24**	**−2.44**	—	**3.47**	**2.11**	**−39.19**	—
辽　宁	35.50	51.88	46.14	1	5.61	5.25	−6.42	1
黑龙江	42.90	49.55	15.50	5	7.29	6.64	−8.92	2
吉　林	46.14	37.39	−18.96	20	8.72	4.37	−49.89	16
东　北	**40.06**	**47.11**	**17.60**	[1]	**6.69**	**5.35**	**−20.03**	[1]
上　海	36.99	46.11	24.66	2	3.52	2.03	−42.33	8
北　京	37.45	44.47	18.74	3	3.42	2.25	−34.21	4
河　北	43.33	47.52	9.67	7	8.79	5.35	−39.14	6
海　南	50.23	47.66	−5.12	10	6.76	3.03	−55.18	21
浙　江	49.44	45.99	−6.98	12	8.78	4.10	−53.30	20
福　建	44.08	37.83	−14.18	14	7.09	4.11	−42.03	7
山　东	43.63	37.23	−14.67	15	7.84	4.32	−44.90	12
江　苏	41.58	33.79	−18.73	18	7.93	3.22	−59.39	25
广　东	54.42	41.19	−24.31	25	5.70	3.21	−43.68	11
天　津	39.50	29.71	−24.78	26	5.03	1.95	−61.23	27
东　部	**43.73**	**40.06**	**−8.39**	[2]	**6.32**	**3.28**	**−48.10**	[2]
山　西	50.15	55.41	10.49	6	8.09	4.64	−42.65	10
河　南	47.98	44.87	−6.48	11	10.01	5.76	−42.46	9
安　徽	59.56	52.21	−12.34	13	9.97	4.77	−52.16	18
江　西	60.62	51.48	−15.08	16	11.05	4.43	−59.91	26
湖　南	62.01	47.35	−23.64	23	12.44	5.54	−55.47	22
湖　北	56.38	40.06	−28.95	28	9.85	4.22	−57.16	24
中　部	**56.72**	**47.11**	**−16.94**	[3]	**10.28**	**4.94**	**−51.95**	[3]
新　疆	40.24	46.64	15.90	4	6.80	3.46	−49.12	15
云　南	54.18	56.85	4.93	8	6.03	4.64	−23.05	3
甘　肃	54.52	55.96	2.64	9	9.37	5.12	−45.36	13
四　川	59.38	48.76	−17.88	17	10.79	4.74	−56.07	23
宁　夏	50.97	41.32	−18.93	19	7.22	3.38	−53.19	19
广　西	63.44	49.72	−21.63	21	9.50	5.85	−38.42	5
青　海	53.50	41.09	−23.20	22	8.51	4.43	−47.94	14

续表

地区	居民收入与产值相关性				居民收入比与财政收入相关性			
	居民收入比		16 年间比值升降（负值下降，上升为佳）		收入对比度		16 年间比值升降（负值下降，上升为佳）	
	2000 年	2016 年			2000 年	2016 年		
	比值（%）	比值（%）	比值（%）	排序	倍差值	倍差值	比值（%）	排序
西　藏	53.87	41.09	-23.72	24	11.75	3.03	-74.21	31
陕　西	52.46	38.81	-26.02	27	8.23	4.11	-50.06	17
内蒙古	51.36	34.12	-33.57	29	8.32	3.07	-63.10	29
重　庆	58.97	38.81	-34.19	30	11.70	3.09	-73.59	30
贵　州	81.50	48.51	-40.48	31	9.85	3.66	-62.84	28
西　部	**58.95**	**45.43**	**-22.93**	**[4]**	**8.94**	**4.13**	**-53.80**	**[4]**

　　注：居民收入相关性分析取居民收入比、收入对比度（居民收入比与财政收入比之比）两项。对于相关性比值的构思设计及界定阐释，详见本书技术报告。居民收入比下降意味着人民劳动所得占国民总收入的比例降低；收入对比度下降意味着人民劳动所得增长受到各级财政收入增长挤压。

　　到 2016 年，全国居民收入比为 45.24%，意味着居民收入与产值的相对比值下降。16 个省域比值高于全国总体比值，15 个省域比值低于全国总体比值。其中，云南比值 56.85% 最高，高达全国总体比值的 125.66%；天津比值 29.71% 最低，低至全国总体比值的 65.67%。

　　基于居民收入与产值历年不同增长状况，与 2000 年相比，全国居民收入比降低 2.44%。同期，9 个省域比值上升，22 个省域比值下降。9 个省域比值升降变化态势好于全国比值变化，22 个省域比值升降变化态势逊于全国比值变化。其中，辽宁比值升降变化态势最佳，升高 46.14%；贵州比值升降变化态势不佳，降低 40.48%。

　　2. 居民收入与财政收入之比

　　2000 年，全国（居民）收入对比度为 3.47，此为全国城乡居民收入比与财政收入比的相对比值，亦即居民收入为财政收入的 3.47 倍；可反过来基于财政收入演算，则（财政）收入对比度为 28.81%，亦即财政收入为居民收入的 28.81%。30 个省域比值高于全国总体比值，1 个省域比值低于全国总体比值。其中，湖南比值 12.44 最高，高达全国总体比值的 358.32%；北京比值3.42最低,低至全国总体比值的98.58%。

到2016年,全国(居民)收入对比度为2.11,亦即居民收入为财政收入的2.11倍,居民收入比与财政收入比的相对比值下降;反过来基于财政收入演算,则(财政)收入对比度为47.41%,亦即财政收入为居民收入的47.41%,呈现为上升趋势。29个省域比值高于全国总体比值,2个省域比值低于全国总体比值。其中,黑龙江比值6.64最高,高达全国总体比值的314.73%;天津比值1.95最低,低至全国总体比值的92.48%。

基于居民收入比与财政收入比历年不同增长状况,与2000年相比,全国居民收入对比度降低39.19%。同期,无省域比值上升,31个省域比值下降。6个省域比值升降变化态势好于全国比值变化,25个省域比值升降变化态势逊于全国比值变化。其中,辽宁比值升降变化态势最佳,降低6.42%;西藏比值升降变化态势不佳,降低74.21%。

本项检测体系建立各类相关性比值分析测算十分复杂,不同方面、不同层次的比值当然不具可比性。以下可对应比值之间历年变化相关系数(可简化理解为比值变化同步程度)检测在同一层面展开,或在上下层次递进关系里展开:①居民收入比与财政收入比,②与居民消费率同属对应于产值的相对比值;③与居民积蓄率,④与物质消费比,⑤与非物消费比属上下层递进的相对比值。

相关性比值之间历年变化相关系数如下。

(1)居民收入比与财政收入比之间全国为-0.6269,呈很强负相关,18个省域呈低于-50%强负相关;上海最高为0.7074,贵州最低为-0.9251。

(2)与居民消费率之间全国为0.9424,呈很强正相关,29个省域呈75%以上强相关;湖北最高为0.9978,云南最低为0.6554。

(3)与居民积蓄率之间全国为-0.6392,呈很强负相关,14个省域呈低于-50%强负相关;上海最高为0.7210,湖南最低为-0.9415。

(4)与物质消费比之间全国为0.6672,呈较弱正相关,10个省域呈75%以上强相关,14个省域呈60%以下弱相关;湖南最高为0.8860,黑龙

江最低为 - 0.4932。

（5）与非物消费比之间全国为 - 0.0750，呈极弱负相关，15 个省域呈负相关，其中 6 个省域呈低于 - 50% 强负相关；重庆最高为 0.7052，北京最低为 - 0.8491。

对应数据链之间比值升降变化相关系数的高低、正负差异在于，其间增长升降的同步性是强还是弱，升降变化的趋向性相近或是相左。后台数据库检测表明，2000~2016 年，全国居民收入比降低 2.44%，而财政收入比增高 60.55%，居民消费率降低 9.86%，居民积蓄率增高 26.01%，物质消费比降低 14.73%，非物消费比增高 9.57%。

四 "全面小康"进程居民收入增长指数排行

2016 年统计数据为目前已经正式出版公布的最新年度全国及各地系统数据。全国及各地居民收入子系统专项指数排行见表 5，分区域以 2016 年度无差距横向检测结果位次排列。

表5 全国及各地居民收入子系统专项指数排行

地区	各五年期起始年纵向检测(基数值=100)						2016 年度检测			
	"十五"以来16 年(2000~2016 年)		"十一五"以来11 年(2005~2016 年)		"十二五"以来6 年(2010~2016 年)		基数值纵向检测(2016 年=100)		无差距横向检测(理想值=100)	
	检测指数	排序	检测指数	排序	检测指数	排序	检测指数	排序	检测指数	排序
全 国	181.48	—	146.10	—	118.98	—	101.47	—	84.10	—
辽 宁	179.71	16	143.84	19	117.61	21	98.60	31	91.82	5
黑龙江	164.23	29	137.04	27	114.36	27	99.18	30	90.45	9
吉 林	171.38	25	132.97	31	111.11	31	100.02	28	86.32	22
东 北	172.05	[3]	138.54	[4]	114.57	[4]	98.63	[4]	89.25	[1]
北 京	173.93	21	136.53	28	113.80	28	102.43	9	96.22	1
上 海	159.75	30	134.70	29	112.08	30	100.65	24	96.16	2
浙 江	173.13	23	140.82	23	117.44	23	101.83	14	95.60	3
山 东	174.27	20	141.81	21	117.40	24	101.67	16	91.97	4

续表

地区	各五年期起始年纵向检测（基数值 = 100）						2016 年度检测			
	"十五"以来16 年（2000 ~ 2016 年）		"十一五"以来11 年（2005 ~ 2016 年）		"十二五"以来6 年（2010 ~ 2016 年）		基数值纵向检测（2016 年 = 100）		无差距横向检测（理想值 = 100）	
	检测指数	排序	检测指数	排序	检测指数	排序	检测指数	排序	检测指数	排序
江 苏	177.25	19	140.52	24	116.14	26	101.94	13	91.05	6
福 建	167.37	27	138.64	26	117.92	20	101.61	18	91.04	7
天 津	164.63	28	140.90	22	117.58	22	102.18	11	90.69	8
河 北	170.55	26	140.43	25	116.42	25	101.17	19	88.59	13
海 南	173.89	22	146.75	17	123.50	7	103.73	2	87.76	16
广 东	153.28	31	134.41	30	112.87	29	100.60	25	87.47	19
东 部	**170.13**	**[4]**	**139.89**	**[3]**	**116.07**	**[3]**	**101.58**	**[2]**	**88.21**	**[2]**
江 西	186.75	9	149.37	13	120.98	14	103.57	3	89.74	10
湖 南	178.37	18	147.67	14	120.06	17	101.05	22	89.28	11
湖 北	171.41	24	147.06	16	120.46	16	101.62	17	88.41	14
河 南	191.70	4	151.79	7	119.38	19	101.13	20	88.01	15
山 西	182.68	11	143.13	20	121.88	10	100.27	26	87.54	18
安 徽	187.54	7	156.14	4	121.17	13	99.67	29	86.45	21
中 部	**183.19**	**[2]**	**149.82**	**[2]**	**120.26**	**[2]**	**101.15**	**[3]**	**88.03**	**[3]**
内蒙古	190.00	5	151.49	8	122.25	9	102.03	12	88.90	12
广 西	182.01	12	155.23	5	123.24	8	102.71	8	87.72	17
重 庆	184.95	10	146.01	18	120.65	15	103.16	6	87.28	20
四 川	180.94	14	151.23	9	121.51	12	102.86	7	86.09	23
陕 西	201.66	1	164.39	1	127.75	2	103.23	4	85.64	24
云 南	192.92	3	160.30	2	126.60	4	103.82	1	85.01	25
新 疆	180.43	15	153.82	6	126.15	5	100.79	23	83.80	26
青 海	179.70	17	149.79	11	126.76	3	103.20	5	82.85	27
宁 夏	193.11	2	147.13	15	121.84	11	102.40	10	82.83	28
甘 肃	181.83	13	149.73	12	124.36	6	100.04	27	79.15	29
贵 州	187.55	6	156.87	3	128.16	1	101.72	15	78.40	30
西 藏	187.19	8	150.87	10	119.86	18	101.13	21	77.82	31
西 部	**185.71**	**[1]**	**153.89**	**[1]**	**124.16**	**[1]**	**102.60**	**[1]**	**84.19**	**[4]**

1. 各年度理想值横向检测指数

2016 年度无差距横向检测居民收入增长指数，全国为 84.10，即设各类人均值城乡、地区无差距为理想值 100 加以比较衡量，全国总体尚存差距 15.90 个点。25 个省域此项指数高于全国指数，即居民收入指数检测结果高于全国；6 个省域此项指数低于全国指数，即居民收入指数检测结果低于全国。

在此项检测中，北京、上海、浙江、山东、辽宁占据前 5 位。北京此项指数 96.22 最高，高于全国总体指数 12.12 个点；西藏此项指数 77.82 最低，低于全国总体指数 6.28 个点。

2.2000 年以来基数值纵向检测指数

"十五"以来 16 年纵向检测居民收入增长指数，全国为 181.48，即设 2000 年为基数值 100 加以对比衡量，至 2016 年提升 81.48%。13 个省域此项指数高于全国指数，即居民收入指数提升速度高于全国平均速度；18 个省域此项指数低于全国指数，即居民收入指数提升速度低于全国平均速度。

在此项检测中，陕西、宁夏、云南、河南、内蒙古占据前 5 位。陕西此项指数 201.66 最高，即指数提升高达 101.66%；广东此项指数 153.28 最低，即指数提升仅为 53.28%。

3.2005 年以来基数值纵向检测指数

"十一五"以来 11 年纵向检测居民收入增长指数，全国为 146.10，即设 2005 年为基数值 100 加以对比衡量，至 2016 年提升 46.10%。17 个省域此项指数高于全国指数，即居民收入指数提升速度高于全国平均速度；14 个省域此项指数低于全国指数，即居民收入指数提升速度低于全国平均速度。

在此项检测中，陕西、云南、贵州、安徽、广西占据前 5 位。陕西此项指数 164.39 最高，即指数提升高达 64.39%；吉林此项指数 132.97 最低，即指数提升仅为 32.97%。

4.2010 年以来基数值纵向检测指数

"十二五"以来 6 年纵向检测居民收入增长指数，全国为 118.98，即设 2010 年为基数值 100 加以对比衡量，至 2016 年提升 18.98%。19 个省域此项指数高于全国指数，即居民收入指数提升速度高于全国平均速度；12 个省域此项指数低于全国指数，即居民收入指数提升速度低于全国平均速度。

在此项检测中，贵州、陕西、青海、云南、新疆占据前5位。贵州此项指数128.16最高，即指数提升高达28.16%；吉林此项指数111.11最低，即指数提升仅为11.11%。

5.逐年度基数值纵向检测指数

2016年度基数值纵向检测居民收入增长指数，全国为101.47，即设上年（2015年）为基数值100加以对比衡量，至2016年提升1.47%。18个省域此项指数高于全国指数，即居民收入指数提升速度高于全国平均速度；13个省域此项指数低于全国指数，即居民收入指数提升速度低于全国平均速度。

在此项检测中，云南、海南、江西、陕西、青海占据前5位。云南此项指数103.82最高，即指数提升3.82%；辽宁此项指数98.60最低，即指数降低1.40%。

现有增长关系格局存在经济增长与民生发展不够协调的问题，存在城乡、区域间民生发展不够均衡的问题，维持现有格局既有增长关系并非应然选择。实现经济、社会、民生发展的协调性，增强城乡、区域发展的均衡性，均为"全面建成小康社会"的既定目标，有些甚至具体化为约束性指标。假定全国及各地城乡比、地区差不再扩大以至消除，居民收入增长将更加明显，各地排行也将发生变化，可为"全面建成小康社会"进程最后攻坚起到"倒计时"预测提示作用。

五 "全面小康"目标年居民收入增长预测

1.实现居民收入比最佳值及最小城乡比应然测算

实现居民收入增长与经济发展同步目标，具体指标即保持居民收入比不再下降，而消除城乡差距的第一步是缩小城乡差距。按全国及各地居民收入比历年最高值测算2020年居民收入总量、人均值，再取居民收入历年最小城乡比进行演算。

据此假定推演居民收入"应然增长"动向，亦即协调增长"应有目标"，预测全国及各地 2020 年居民收入主要数据及居民收入增长指数见表 6，分区域以 2016～2020 年纵向检测假定目标差距位次排列。

表6　全国及各地 2020 年居民收入应然增长测算

地区	实现居民收入比最佳值及最小城乡比测算				居民收入专项指数测算			
	居民收入		人均值差距		2016～2020 年纵向检测(2016 年基数值=100)		2020 年度横向检测(无差距理想值=100)	
	城乡总量（亿元）	城乡人均（元）	地区差（无差距=1）	城乡比（乡村=1）	差距指数	排序（倒序）	预测指数	排序
全　国	578368.71	41091.33	1.3102	2.7023	361.65	—	83.81	—
辽　宁	17421.22	39332.87	1.0428	2.2663	359.38	8	91.05	23
黑龙江	11434.44	30151.38	1.2662	2.0341	365.55	10	88.57	25
吉　林	11981.27	43752.31	1.0648	2.1434	440.66	23	97.46	9
东　北	40836.93	37260.14	1.1246	2.2997	375.60	[1]	88.90	[4]
上　海	21045.26	78830.99	1.9184	2.0939	341.13	2	92.61	22
河　北	24514.87	31926.60	1.2230	2.2838	346.77	4	87.75	26
北　京	19632.37	80928.09	1.9695	2.1922	350.09	5	92.95	19
浙　江	39973.23	68562.74	1.6685	2.0379	363.55	9	96.24	12
海　南	3670.88	38751.53	1.0569	2.3896	371.98	11	90.40	24
山　东	50512.50	49617.60	1.2075	2.4366	402.50	16	94.90	15
江　苏	57785.27	70699.62	1.7205	1.8915	414.73	18	101.09	3
福　建	22347.00	56027.57	1.3635	2.3007	421.75	20	97.12	11
天　津	12973.13	73026.82	1.7772	1.7604	434.93	21	100.62	6
广　东	72826.64	62539.24	1.5220	2.5785	444.35	24	97.15	10
东　部	325281.16	58804.96	1.5427	2.5352	391.98	[2]	90.85	[2]
山　西	12054.14	31783.15	1.2265	2.4791	345.74	3	86.05	27
江　西	19503.11	41626.93	1.0130	2.3554	384.95	12	95.54	13
河　南	34012.24	35500.12	1.1361	2.3106	385.99	13	92.80	20
安　徽	24859.66	39964.85	1.0274	2.4291	390.28	14	94.07	18
湖　南	34364.73	49177.65	1.1968	2.5726	439.17	22	97.84	8
湖　北	32442.41	54600.26	1.3288	2.2789	473.35	29	100.89	4

续表

地区	实现居民收入比最佳值及最小城乡比测算				居民收入专项指数测算			
	居民收入		人均值差距		2016～2020年纵向检测（2016年基数值=100）		2020年度横向检测（无差距理想值=100）	
	城乡总量（亿元）	城乡人均（元）	地区差（无差距=1）	城乡比（乡村=1）	差距指数	排序（倒序）	预测指数	排序
中　部	**157236.28**	**42257.85**	**1.1548**	**2.4220**	**405.35**	**[3]**	**92.46**	**[1]**
新　疆	7350.48	28977.64	1.2948	2.6445	327.19	1	79.92	30
甘　肃	6749.52	25809.68	1.3719	3.4265	351.78	6	79.63	31
云　南	13777.41	28244.32	1.3126	2.9435	357.22	7	80.30	29
西　藏	1105.78	31565.83	1.2318	2.6303	400.06	15	84.91	28
四　川	33145.56	40040.68	1.0256	2.4045	410.62	17	94.92	14
宁　夏	2908.06	41408.78	1.0077	2.7335	415.56	19	92.62	21
青　海	2423.15	39732.93	1.0331	2.9998	448.01	25	94.18	17
陕　西	18411.47	47908.13	1.1659	2.9086	458.98	26	94.60	16
广　西	20528.73	41929.11	1.0204	2.6435	466.66	27	99.51	7
重　庆	19411.97	61976.27	1.5083	2.4042	472.89	28	100.70	5
内蒙古	17751.79	69229.28	1.6848	2.5164	497.43	30	102.91	2
贵　州	17673.63	50480.68	1.2285	3.2077	556.21	31	103.72	1
西　部	**161237.56**	**42535.43**	**1.2404**	**2.7784**	**428.10**	**[4]**	**90.06**	**[3]**

注：①全国及21个省域城乡比自身趋于缩小，保持缩小趋势至2020年即为最小城乡比；10个省域城乡比自身趋于扩大，同样按各自历年最小城乡比假定测算。②纵向检测排序取倒序，指数越低差距越小；横向检测指数普遍接近，四大区域差异明显减小，部分省域指数超出理想值100，由其他指标明显提升所致。③全国纵向检测、横向检测结果一般应在各地数值之间，此处"失常"由全国及各地分别假定测算所致。④表外附加城镇、乡村人均值按最小城乡比反推演算，势必突破相应背景数值关系，于是全国及各地收入与总消费之差对应积蓄测算数值或有出入，实属此项测算设计使然。

假定实现居民收入比最佳值及最小城乡比测算，2020年全国城乡居民收入总量应达578368.71亿元，人均值应为41091.33元。18个省域人均值高于全国人均值，13个省域人均值低于全国人均值。其中，北京人均值80928.09元最高，高达全国人均值的196.95%；甘肃人均值25809.68元最低，低至全国人均值的62.81%。

全国城乡居民收入地区差应为1.3102，即31个省域人均值与全国人均值的绝对偏差平均值为31.02%。19个省域地区差小于全国地区差，12个省域地区差大于全国地区差。其中，宁夏地区差1.0077最小，即与全国人均值的绝对偏差为0.77%，仅为全国总体地区差的76.92%；北京地区差1.9695最大，即与全国人均值的绝对偏差为96.95%，高达全国总体地区差的150.32%。

基于城乡人均值测算反推，全国城镇居民收入人均值应为54122.59元。21个省域城镇人均值高于全国城镇人均值，10个省域城镇人均值低于全国城镇人均值。其中，内蒙古城镇人均值87479.05元最高，高达全国城镇人均值的161.63%；黑龙江城镇人均值37586.15元最低，低至全国城镇人均值的69.45%。

基于城镇人均值演算反推，全国乡村居民收入人均值应为20028.29元，仅为城镇人均值的37.01%。24个省域乡村人均值高于全国乡村人均值，7个省域乡村人均值低于全国乡村人均值。其中，天津乡村人均值44363.27元最高，高达全国乡村人均值的221.50%；甘肃乡村人均值11699.01元最低，低至全国乡村人均值的58.41%。

全国居民收入城乡比应为2.7023，即全国城镇人均值为乡村人均值的270.23%，其间倍差为2.70。25个省域城乡比小于全国城乡比，6个省域城乡比大于全国城乡比。其中，天津城乡比1.7604最小，即城镇与乡村的人均值倍差为1.76，仅为全国总体城乡比的65.14%；甘肃城乡比3.4265最大，即城镇与乡村的人均值倍差为3.43，高达全国总体城乡比的126.80%。

2016～2020年纵向检测居民收入增长指数，全国应为361.65，即设2016年为基数值100加以对比衡量，至2020年达到假定目标需提升261.65%。8个省域此项指数低于全国指数，即假定测算居民收入指数提升差距小于全国；23个省域此项指数高于全国指数，即假定测算居民收入指数提升差距大于全国。其中，新疆此项指数327.19最低，即达到假定增长测算目标的差距最小；贵州此项指数556.21最高，即达到假定增长测算目标的差距最大。

在此假定"应然目标"下，纵向检测指数即为差距测量结果，指数越低意味着差距越小，越容易实现。

2020 年度横向检测居民收入增长指数，全国应为 83.81，即设收入人均值城乡、地区无差距为理想值 100 加以比较衡量，全国总体尚存差距 16.19 个点。28 个省域此项指数高于全国指数，即假定测算居民收入指数高于全国；3 个省域此项指数依次低于全国指数，即假定测算居民收入指数低于全国。其中，贵州此项指数 103.72 最高，即达到假定目标情况下高于全国总体指数 19.91 个点；甘肃此项指数 79.63 最低，即达到假定目标情况下低于全国总体指数 4.18 个点。

在此项假定测算中，四大区域横向检测指数极为接近，地区性差异排序近于失去意义。由于预设全国所有省域同步达到"应然目标"，各地纵向检测差距愈大，倘若同时得以实现则横向检测排行有可能愈前，反之亦然。

保持居民收入比不再下降，实现居民收入最小城乡比"应然目标"，本身即为"协调增长"的基本需要。在假定实现最小城乡比情况下，与 2016 年相比，全国居民收入城乡比应略微缩小，31 个省域城乡比相应缩小。在此项假定测算当中，由于全国及 21 个省域城乡比自身趋于缩小，保持缩小趋势至 2020 年即为最小城乡比；10 个省域城乡比自身趋于扩大，同样按各自历年最小城乡比假定测算，于是城乡综合演算的居民收入总量、人均值明显提升。由此可知，既有城乡差距在全国社会结构中的"非均衡性"影响极大。

但是，地区差距在全国社会结构中的"非均衡性"影响同样很大。假定各地按照自身历年最小城乡比测算下来，全国居民收入地区差将较明显扩大，16 个省域地区差相应扩大。

特别应当注意到，各地居民收入增长指数不仅普遍提升，而且相互接近，在四大区域之间尤为接近。

2. 实现居民收入比最佳值并弥合城乡比理想测算

城乡差距系民生发展"非均衡性"的最主要成因，仅仅实现居民收入既往历年最小城乡比显然不够。假定全国及各地实现居民收入比历年最佳值并同步弥合城乡比，以最小城乡比演算的各自城镇人均值作为城乡持平人均值进行测算，可以检测最终消除城乡差距的实际距离。

据此假定推演居民收入"理想增长"动向，亦即均衡发展"理想目标"，预测全国及各地2020年居民收入主要数据及居民收入增长指数见表7，分区域以2016~2020年纵向检测假定目标差距位次排列。

表7　全国及各地2020年居民收入理想增长测算

地区	实现居民收入比最佳值并弥合城乡比测算			居民收入专项指数测算			
	城乡总量（亿元）	城与乡人均值（元）	地区差（无差距=1）	2016~2020年纵向检测（2016年基数值=100）		2020年度横向检测（无差距理想值=100）	
				差距指数	排序（倒序）	预测指数	排序
全　国	761786.29	54122.59	1.2461	487.36	—	96.71	—
辽　宁	20939.90	47277.20	1.1265	441.32	4	96.46	27
黑龙江	14253.95	37586.15	1.3055	458.28	6	95.78	29
吉　林	15541.62	56753.72	1.0486	570.95	22	107.30	11
东　北	50735.47	46892.52	1.1602	478.79	[1]	97.46	[4]
上　海	22515.81	84339.36	1.5583	385.06	1	95.49	30
北　京	21085.16	86916.74	1.6059	399.53	2	96.08	28
浙　江	47127.70	80834.20	1.4935	436.87	3	102.21	20
河　北	32020.13	41700.96	1.2295	456.41	5	98.49	25
天　津	13873.71	78096.26	1.4430	475.47	9	101.21	22
江　苏	66349.21	81177.50	1.4999	485.48	10	104.56	19
海　南	4770.07	50355.08	1.0696	487.59	11	100.83	23
山　东	64465.92	63323.81	1.1700	521.25	14	104.98	17
福　建	27217.26	68238.09	1.2608	524.06	15	105.44	16
广　东	88093.79	75649.78	1.3977	552.61	18	105.75	14
东　部	387518.76	72016.52	1.3728	494.89	[2]	100.79	[3]
山　西	15758.72	41551.00	1.2323	460.69	7	97.38	26
江　西	25670.57	54790.59	1.0123	508.84	12	106.75	13
河　南	45841.89	47847.26	1.1159	519.79	13	104.81	18
安　徽	33193.89	53363.12	1.0140	524.44	16	107.17	12
湖　南	46311.00	66273.37	1.2245	597.59	24	111.47	5
湖　北	41040.32	69070.46	1.2762	604.40	25	110.96	6

地区	实现居民收入比最佳值并弥合城乡比测算			居民收入专项指数测算			
				2016～2020年纵向检测（2016年基数值=100）		2020年度横向检测（无差距理想值=100）	
	城乡总量（亿元）	城与乡人均值（元）	地区差（无差距=1）	差距指数	排序（倒序）	预测指数	排序
中 部	207816.38	56092.61	1.1459	542.80	[3]	105.11	[2]
新 疆	10477.21	41304.08	1.2368	470.42	8	94.84	31
云 南	20494.81	42015.31	1.2237	540.03	17	99.02	24
甘 肃	10483.18	40086.94	1.2593	557.06	19	101.58	21
四 川	45115.83	54501.06	1.0070	560.67	20	108.85	10
宁 夏	3875.87	55189.70	1.0197	561.66	21	105.71	15
重 庆	23924.35	76382.88	1.4113	594.25	23	109.78	8
陕 西	24735.84	64364.65	1.1892	629.69	26	108.95	9
内蒙古	22431.40	87479.05	1.6163	641.59	27	112.99	3
青 海	3441.81	56436.01	1.0427	644.88	28	111.72	4
广 西	29035.12	59303.06	1.0957	660.49	29	115.07	2
西 藏	1943.25	55472.21	1.0249	684.54	30	110.26	7
贵 州	26886.14	76794.14	1.4189	846.33	31	124.47	1
西 部	222844.82	59593.59	1.2121	607.82	[4]	106.44	[1]

注：①纵向检测排序取倒序，指数越低差距越小；横向检测指数普遍接近理想值100，各地尚存地区差距影响，但全国地区差较明显缩小，较多省域指数超出理想值100，由其他指标明显提升所致。②全国横向检测结果一般应在各地数值之间，此处"失常"由全国及各地分别假定测算所致。

假定实现居民收入比最佳值并弥合城乡比测算，2020年全国城乡居民收入总量应达761786.29亿元，城乡持平人均值应为54122.59元，即前面测算的城镇人均值水平。21个省域人均值高于全国人均值，10个省域人均值低于全国人均值。其中，内蒙古人均值87479.05元最高，高达全国人均值的161.63%；黑龙江人均值37586.15元最低，低至全国人均值的69.45%。

全国城乡居民收入地区差应为1.2461，即31个省域人均值与全国人均值的绝对偏差平均值为24.61%。18个省域地区差小于全国地区差，13个省域地区差大于全国地区差。其中，四川地区差1.0070最小，即与全国人均值的绝对偏差为0.70%，仅为全国总体地区差的80.81%；内蒙古地区差

1.6163最大，即与全国人均值的绝对偏差为61.63%，高达全国总体地区差的129.71%。

2016～2020年纵向检测居民收入增长指数，全国应为487.36，即设2016年为基数值100加以对比衡量，至2020年达到假定目标需提升387.36%。10个省域此项指数低于全国指数，即假定测算居民收入指数提升差距小于全国；21个省域此项指数高于全国指数，即假定测算居民收入指数提升差距大于全国。其中，上海此项指数385.06最低，即达到假定增长测算目标的差距最小；贵州此项指数846.33最高，即达到假定增长测算目标的差距最大。

在此假定"理想目标"下，纵向检测指数即为差距测量结果，指数越低意味着差距越小，越容易实现。

2020年度横向检测居民收入增长指数，全国应为96.71，即设各类人均值城乡、地区无差距为理想值100加以比较衡量，全国总体仅存差距3.29个点。26个省域此项指数高于全国指数，即假定测算居民收入指数略高于全国；5个省域此项指数低于全国指数，即假定测算居民收入指数略低于全国。其中，贵州此项指数124.47最高，即达到假定目标情况下高于全国总体指数27.76个点；新疆此项指数94.84最低，即达到假定目标情况下低于全国总体指数1.87个点。

在此项假定测算中，四大区域横向检测指数较为接近，地区性差异排序部分失去意义。由于预设全国所有省域同步达到"理想目标"，各地纵向检测差距愈大，倘若同时得以实现则横向检测排行有可能愈前，反之亦然。

实现弥合居民收入城乡比"理想目标"，本身即为"均衡发展"的理念要求。在假定弥合城乡比情况下，与2016年相比，全国居民收入地区差亦随之较明显缩小，15个省域地区差相应缩小。据此假定测算可见，由于预设乡村居民收入高速增长，到2020年人均值与城镇持平，全国及各地城乡综合演算的居民收入总量、人均值大幅提升。由此得知，正是既有城乡差距加大了全国"非均衡性"地区差距。

特别应当注意到，各地居民收入增长指数普遍十分接近，在四大区域之间更为明显。

设置"应然目标"和"理想目标"展开测算，特别针对中国社会结构体制造成的"非均衡性"地区鸿沟和城乡鸿沟。本项检测回溯"全面小康"建设进程展开测算推演，倘若保持 2000 年以来全国及各地居民收入增长变化态势，到 2020 年全国居民收入地区差将为 1.2612，略微低于当前居民收入地区差；居民收入城乡比将为 2.7023，略微低于当前居民收入城乡比。这意味着，居民收入地区差和城乡比依然明显存在，仅仅"维持现状"任其"自然增长"显然不够。彻底消除全国及各地民生发展各个方面的地区差距和城乡差距，还需要强有力的政策措施和长时期的持续努力，期待新中国成立百年之际得以基本弥合。

R.4
全国省域居民消费景气指数排行

——2016 年检测与 2020 年测算

王亚南　方　彧　张林*

摘　要: 居民消费景气指数系"中国人民生活发展指数检测体系"五个二级子系统之二,亦为相对独立的"中国民生消费需求景气评价体系"综合检测结果。从 2000 年以来基数值纵向检测可以看出,西部居民消费指数提升最高,中部次之,东北再次,东部稍低,表明区域均衡发展国家方略已见成效;安徽、贵州、青海、甘肃、河北占据前 5 位。2016 年无差距理想值横向检测发现,差距仍在于各方面协调性、均衡性还不够理想;辽宁、上海、浙江、北京、广东占据前 5 位。假定全国同步实现居民消费历年最小城乡比直至弥合城乡比,民生发展指数将更加明显提升。

关键词: 全面小康　居民消费　专项指数　测评排行

居民消费景气指数系"中国人民生活发展指数检测体系"五个二级子系统之二,亦为相对独立的"中国民生消费需求景气评价体系",外加物质

---

* 王亚南,云南省社会科学院研究员,文化发展研究中心主任,主要从事民俗学、民族学及文化理论、文化战略和文化产业研究;方彧,中国老龄科学研究中心副研究员,主要从事口头传统、老龄文化和文化产业研究;张林,云南省社会科学院培训部副研究员,主要从事语言、文化、民族学研究。

与非物消费，在整个指标系统综合演算中的权重达"半壁江山"（详见技术报告表3、表4）。

居民总消费不仅与居民积蓄共同切分居民收入"蛋糕"，而且汇总物质消费和非物消费分类单项数据，关键还在于居民消费需求正是市场经济中民生需求主要体现形式。各个子系统基础数据皆来源于国家统计局《中国统计年鉴》，均采用检测指标自足设计方式，分别实现与其余子系统对应数据的相关性分析测算，独立完成专项检测指数演算，最后汇总成为人民生活发展综合指数。

一　居民消费总量增长基本情况

根据正式出版公布的既往年度统计数据和最新年度统计数据，按照本项研究检测的构思设计进行演算，全国及各地居民消费总量增长状况见表1，分区域以份额增减变化位次排列。

表1　全国及各地居民消费总量增长状况

| 地区 | 2000年居民消费总量 | | 2016年居民消费总量 | | 16年间总量增长变化 | | | |
	城乡总量（亿元）	占全国份额（%）	城乡总量（亿元）	占全国份额（%）	年均增长指数 上年=1	排序	份额增减变化 变化（%）	排序
全　国	36005.66	100.00	240927.26	100.00	1.1261	—	—	—
天　津	484.76	1.35	4073.41	1.69	1.1423	1	25.58	1
北　京	958.31	2.66	7695.15	3.19	1.1391	4	20.00	4
河　北	1411.83	3.92	10924.51	4.53	1.1364	6	15.64	6
江　苏	2577.79	7.16	17960.93	7.45	1.1290	12	4.13	12
上　海	1291.73	3.59	8961.09	3.72	1.1287	13	3.67	13
海　南	193.28	0.54	1331.49	0.55	1.1282	14	2.95	14
福　建	1250.71	3.47	7922.35	3.29	1.1223	21	-5.34	21
浙　江	2279.20	6.33	14355.23	5.96	1.1219	22	-5.87	22
广　东	4139.22	11.50	25764.01	10.69	1.1211	23	-6.98	23
山　东	2652.60	7.37	16298.12	6.76	1.1202	25	-8.18	25
东　部	17239.42	46.91	115286.30	48.00	1.1261	[1]	2.32	[1]
新　疆	417.31	1.16	3441.53	1.43	1.1410	2	23.25	2

续表

地区	2000 年居民消费总量		2016 年居民消费总量		16 年间总量增长变化			
	城乡总量（亿元）	占全国份额（%）	城乡总量（亿元）	占全国份额（%）	年均增长指数		份额增减变化	
					上年 = 1	排序	变化（%）	排序
宁　夏	126.39	0.35	1033.90	0.43	1.1404	3	22.25	3
青　海	114.67	0.32	894.94	0.37	1.1370	5	16.64	5
内蒙古	612.78	1.70	4607.39	1.91	1.1344	7	12.37	7
甘　肃	459.41	1.28	3329.67	1.38	1.1318	8	8.31	8
陕　西	801.27	2.23	5502.41	2.28	1.1280	15	2.63	15
西　藏	49.88	0.14	324.28	0.13	1.1241	18	-2.83	18
贵　州	686.44	1.91	4449.24	1.85	1.1239	19	-3.13	19
云　南	912.22	2.53	5859.68	2.43	1.1233	20	-4.00	20
四　川	2026.25	5.63	12566.89	5.22	1.1208	24	-7.31	24
重　庆	847.04	2.35	5093.26	2.11	1.1186	26	-10.14	26
广　西	1139.86	3.17	6066.22	2.52	1.1101	31	-20.47	31
西　部	**8193.50**	**22.30**	**53169.40**	**22.14**	**1.1240**	**[2]**	**-0.71**	**[2]**
山　西	678.84	1.89	4780.38	1.98	1.1297	9	5.24	9
安　徽	1322.23	3.67	9293.62	3.86	1.1296	10	5.04	10
河　南	1778.69	4.94	12468.55	5.18	1.1294	11	4.76	11
江　西	913.53	2.54	6233.75	2.59	1.1275	16	1.98	16
湖　南	1894.21	5.26	11034.79	4.58	1.1164	27	-12.94	27
湖　北	1647.54	4.58	9488.77	3.94	1.1156	28	-13.93	28
中　部	**8235.05**	**22.41**	**53299.86**	**22.19**	**1.1238**	**[3]**	**-0.97**	**[3]**
辽　宁	1316.19	3.66	8798.04	3.65	1.1261	17	-0.10	17
吉　林	738.37	2.05	4083.95	1.70	1.1128	29	-17.34	29
黑龙江	1027.84	2.85	5544.01	2.30	1.1111	30	-19.39	30
东　北	**3082.40**	**8.39**	**18426.01**	**7.67**	**1.1182**	**[4]**	**-8.53**	**[4]**

注：①全国及各省域分别演算未予平衡，省域总量之和不等于全国总量，四大区域占全国份额已加以平衡。②数据演算屡经四舍五入，可能出现细微出入，属于演算常规无误。③年均增长指数取 4 位小数，以便精确排序，全文同。

2000 年，全国城乡居民消费总量为 36005.66 亿元；2016 年，全国城乡居民消费总量为 240927.26 亿元。2000 年以来 16 年间，全国城乡居民消费总量年均增长 12.61%。16 个省域总量年均增长高于全国平均增长，15 个省域总量年均增长低于全国平均增长。其中，天津总量年均增长 14.23% 最高，高于全国总量年增 1.62 个百分点；广西总量年均增长 11.01% 最低，低于全国总量年增 1.60 个百分点。

全国居民消费总量始终为份额基准 100，基于各地历年不同增长状况，东部总量份额上升，增高 2.32%；西部总量份额下降，下降 0.71%；中部总量份额下降，下降 0.97%；东北总量份额下降，下降 8.53%。总量份额变化取百分点将易于直观对比，但取百分比则更有利于精确排序。

16 个省域总量占全国份额上升，15 个省域总量占全国份额下降。其中，天津总量份额变化态势最佳，增高 25.58%；广西总量份额变化态势不佳，降低 20.47%。各省域总量份额变化取决于年均增长幅度，其份额增减程度取百分比演算，排序结果即与年均增长指数排序一致。

居民消费增长放到相关背景中考察更有意义。全国居民消费总量历年平均增长率为 12.61%，低于产值年增 0.73 个百分点，低于财政支出年增 4.08 个百分点；低于居民收入年增 0.56 个百分点，低于居民积蓄年增 2.21 个百分点；高于物质消费年增 0.56 个百分点，低于非物消费年增 1.21 个百分点。在本项检测中，倘若居民收入和消费增长滞后，"GDP 追逐""财政增收至上"只会产生负面效应。

相关系数检测可谓相关性分析最简便的通用方式，同时检验两组数据链历年增减变化趋势是否一致、变化程度是否相近、变化动向是否稳定。相关系数 1 为绝对相关，完全同步；0 为无相关性，完全不同步；-1 为绝对负相关，完全逆向同步。设数据项 A 历年增幅变化为 N，若数据项 B 历年增幅（降幅绝对值）愈接近 N（高低不论），即保持趋近性（正负不论），或历年增幅（降幅绝对值）存在固有差距（高低不论）但上下波动变化愈小，即保持平行（逆向）同步性，则二者相关系数（负值）愈高；反之相关系数（负值）愈低。

居民消费历年增长相关系数（可简化理解为增长同步程度）如下。

（1）与产值之间全国为 0.5995，呈很弱正相关，24 个省域呈 60% 以下弱相关，其中 2 个省域呈负相关；云南最高为 0.7311，西藏最低为 -0.3027。

（2）与财政支出之间全国为 0.2583，呈极弱正相关，30 个省域呈 60% 以下弱相关，其中 6 个省域呈负相关；陕西最高为 0.6439，北京最

低为 - 0.4861。

（3）与居民收入之间全国为 0.7790，呈稍强正相关，12 个省域呈 75% 以上强相关，11 个省域呈 60% 以下弱相关；湖北最高为 0.9041，上海最低为 0.2135。

（4）与物质消费之间全国为 0.9161，呈很强正相关，30 个省域呈 75% 以上强相关，1 个省域呈 60% 以下弱相关；四川最高为 0.9571，广东最低为 0.4141。

（5）与非物消费之间全国为 - 0.0821，呈极弱负相关，3 个省域呈负相关；海南最高为 0.7993，天津最低为 - 0.2870。

对应数据链之间增长变化相关系数的高低、正负差异在于，其间增长动向的同步性是强还是弱，增幅升降的趋向性相近或是相左。后台数据库检测表明，2000 ~ 2016 年，全国居民消费年均增长较明显低于产值增长，极显著低于财政支出增长，较明显低于居民收入增长，较明显高于物质消费增长，明显低于非物消费增长。

二　居民消费人均值相关均衡性检测

1. 城乡综合人均值及其地区差

全国及各地居民消费人均值地区差变化状况见表 2，分区域以地区差扩减变化倒序位次排列。

2000 年，全国城乡居民消费人均值为 2851.61 元。10 个省域人均值高于全国人均值，21 个省域人均值低于全国人均值。其中，上海人均值 8293.64 元最高，高达全国人均值的 290.84%；甘肃人均值 1801.62 元最低，低至全国人均值的 63.18%。

2016 年，全国城乡居民消费人均值为 17475.40 元。9 个省域人均值高于全国人均值，22 个省域人均值低于全国人均值。其中，上海人均值 37065.52 元最高，高达全国人均值的 212.10%；西藏人均值 9902.18 元最低，低至全国人均值的 56.66%。

表2　全国及各地居民消费人均值地区差变化状况

地区	2000年居民消费地区差				2016年居民消费地区差					16年间地区差扩减（负值缩小为佳，取倒序）	
	城乡综合人均值		地区差（无差距=1）		城乡综合人均值		地区差（无差距=1）		附年鉴人均值（元）	百分比（%）	排序
	人均值（元）	排序			人均值（元）	排序					
全　国	2851.61	—	1.3476		17475.40	—	1.2633		17110.75	-6.26	—
广　东	5527.43	3	1.9384		23584.78	5	1.3496		23448.42	-30.38	1
上　海	8293.64	1	2.9084		37065.52	1	2.1210		37458.33	-27.07	2
北　京	7332.13	2	2.5712		35432.94	2	2.0276		35415.75	-21.14	3
浙　江	5025.23	4	1.7622		25797.88	4	1.4762		25526.63	-16.23	4
天　津	4946.50	5	1.7346		26204.41	3	1.4995		26129.35	-13.55	5
福　建	3719.03	6	1.3042		20542.86	7	1.1755		20167.48	-9.87	6
河　北	2124.97	25	1.2548		14668.77	19	1.1606		14247.49	-7.51	8
山　东	2966.95	9	1.0404		16467.60	11	1.0577		15926.36	1.66	21
江　苏	3545.79	7	1.2434		22485.88	6	1.2867		22129.89	3.48	22
海　南	2492.30	16	1.1260		14569.21	20	1.1663		14275.37	3.58	23
东　部	4022.12	[1]	1.6884		21861.46	[1]	1.4321		—	-15.18	[1]
安　徽	2111.68	26	1.2595		15063.09	17	1.1380		14711.53	-9.65	7
河　南	1884.71	29	1.3391		13116.51	25	1.2494		12712.34	-6.70	11
江　西	2180.27	23	1.2354		13614.33	24	1.2209		13258.62	-1.17	18
山　西	2104.29	27	1.2621		13014.70	26	1.2553		12682.85	-0.54	19
湖　北	2769.44	11	1.0288		16169.68	13	1.0747		15888.65	4.46	26
湖　南	2893.25	10	1.0146		16221.63	12	1.0717		15750.46	5.63	27
中　部	2312.50	[3]	1.1899		14563.42	[3]	1.1684		—	-1.81	[2]
甘　肃	1801.62	31	1.3682		12782.95	27	1.2685		12254.25	-7.29	9
青　海	2233.07	21	1.2169		15150.20	16	1.1331		14774.66	-6.89	10
宁　夏	2304.20	19	1.1920		15398.24	14	1.1189		14965.41	-6.13	12
贵　州	1838.84	30	1.3552		12560.48	29	1.2812		11931.60	-5.46	13
陕　西	2206.74	22	1.2261		14468.60	22	1.1721		13943.04	-4.40	14
内蒙古	2588.83	15	1.0927		18315.85	9	1.0481		18072.28	-4.04	15
四　川	2362.70	18	1.1715		15264.04	15	1.1265		14838.52	-3.84	16
新　疆	2303.68	20	1.1921		14467.10	23	1.1721		14066.46	-1.68	17
重　庆	2747.01	13	1.0367		16796.84	10	1.0388		16384.83	0.20	20
云　南	2163.44	24	1.2413		12319.56	30	1.2950		11768.76	4.33	25
西　藏	1940.69	28	1.3194		9902.18	31	1.4334		9318.71	8.64	28
广　西	2409.09	17	1.1552		12593.36	28	1.2794		12295.18	10.75	29

续表

地区	2000 年居民消费地区差			2016 年居民消费地区差				16 年间地区差扩减（负值缩小为佳，取倒序）	
	城乡综合人均值		地区差（无差距 =1）	城乡综合人均值		地区差（无差距 =1）	附年鉴人均值（元）	百分比（%）	排序
	人均值（元）	排序		人均值（元）	排序				
西 部	2274.77	[4]	1.2139	14264.96	[4]	1.1973	—	-1.37	[3]
辽 宁	3150.68	8	1.1049	20085.94	8	1.1494	19852.80	4.03	24
黑龙江	2705.19	14	1.0513	14569.00	21	1.1663	14445.81	10.94	30
吉 林	2765.45	12	1.0302	14887.76	18	1.1481	14772.55	11.44	31
东 北	2895.09	[2]	1.0621	16860.19	[2]	1.1546	—	8.71	[4]

注：附《中国统计年鉴》发布的 2016 年城乡人均值供参考，其与总量数据之间存在演算误差，对应同时发布的产值人均值和总量分别演算居民消费率有出入，本文恢复自行演算城乡人均值，以保证数据库测算模型的规范性及其历年通行测评的标准化。

2000 年以来 16 年间，全国城乡居民消费人均值年均增长 12.00%。15 个省域人均值年均增长高于全国平均增长，16 个省域人均值年均增长低于全国平均增长。其中，安徽人均值年均增长 13.07% 最高，高于全国人均值年增 1.07 个百分点；广东人均值年均增长 9.49% 最低，低于全国人均值年增 2.51 个百分点。

各省域地区差指数依据其人均值与全国人均值的绝对偏差进行演算，全国和四大区域地区差取相应省域与全国人均值的绝对偏差平均值进行演算。当地人均值增大本身具有正面效应，但本来高于全国人均值的省域会导致地区差继续扩大，带来负面效应；而本来低于全国人均值的省域则导致地区差逐渐缩小，带来正面效应。

2000 年，全国城乡居民消费地区差为 1.3476，即 31 个省域人均值与全国人均值的绝对偏差平均值为 34.76%。24 个省域地区差小于全国地区差，7 个省域地区差大于全国地区差。其中，湖南地区差 1.0146 最低，即与全国人均值的绝对偏差为 1.46%，仅为全国总体地区差的 75.29%；上海地区差 2.9084 最高，即与全国人均值的绝对偏差为 190.84%，高达全国总体地区差的 215.82%。

2016 年，全国城乡居民消费地区差为 1.2633，即 31 个省域人均值与全国人均值的绝对偏差平均值为 26.33%。20 个省域地区差小于全国地区差，11 个省域地区差大于全国地区差。其中，重庆地区差 1.0388 最低，即与全国人均值的绝对偏差为 3.88%，仅为全国总体地区差的 82.23%；上海地区差 2.1210 最高，即与全国人均值的绝对偏差为 112.10%，高达全国总体地区差的 167.90%。

基于全国及各地城乡居民消费历年不同增长状况，与 2000 年相比，全国地区差明显缩小 6.26%。同期，19 个省域地区差缩小，12 个省域地区差扩大。这无疑表明，全国及大部分省域居民消费增长变化态势已经转入"区域均衡发展"的健康轨道。11 个省域地区差变化态势好于全国地区差变化态势，20 个省域地区差变化态势逊于全国地区差变化态势。其中，广东地区差变化态势最佳，缩减 30.38%；吉林地区差变化态势不佳，扩增 11.44%。

本项检测体系的地区差距相关性考察在经济、财政、民生全数据链当中通约演算，各地经济、社会、民生发展的地区差距具有贯通性。全国及各地产值地区差动态有可能影响居民生活各方面地区差变化，随之居民收入、总消费、物质消费或非物消费、积蓄地区差动态又有可能影响各分类单项消费地区差变化。

居民消费历年地区差变动相关系数（可简化理解为地区差变化同步程度）如下。

（1）与产值之间全国为 0.9721，呈极强正相关，9 个省域呈 75% 以上强相关，17 个省域呈 60% 以下弱相关；上海最高为 0.9702，广西最低为 -0.6983。

（2）与财政支出之间全国为 0.9013，呈很强正相关，5 个省域呈 75% 以上强相关，24 个省域呈 60% 以下弱相关；安徽最高为 0.9475，宁夏最低为 -0.8215。

（3）与居民收入之间全国为 0.9819，呈极强正相关，19 个省域呈 75% 以上强相关，7 个省域呈 60% 以下弱相关；浙江最高为 0.9907，河北最低

为 - 0.4007。

（4）与物质消费之间全国为 0.7605，呈稍强正相关，24 个省域呈 75% 以上强相关，4 个省域呈 60% 以下弱相关；西藏最高为 0.9916，重庆最低为 - 0.5766。

（5）与非物消费之间全国为 0.8787，呈较强正相关，21 个省域呈 75% 以上强相关，8 个省域呈 60% 以下弱相关；广东最高为 0.9826，重庆最低为 - 0.3172。

2000 ~ 2016 年，全国居民消费地区差缩小 6.26%，与之对应的数据链之间地区差变化相关系数的高低、正负差异在于，其间地区差扩减幅度的同步性是强还是弱，扩减变化的趋向性相近或是相左。后台数据库检测表明，全国产值地区差缩小 9.13%，财政支出地区差缩小 5.85%，居民收入地区差缩小 6.22%，物质消费地区差缩小 3.57%，非物消费地区差缩小 11.67%。

2. 城镇与乡村人均值及其城乡比

全国及各地居民消费人均值城乡比变化状况见表 3，分区域以城乡比扩减变化倒序位次排列。

表 3 全国及各地居民消费人均值城乡比变化状况

| 地区 | 2000 年居民消费城乡比 | | | 2016 年居民消费城乡比 | | | 16 年间城乡比扩减（负值缩小为佳，取倒序） | |
	城镇人均值（元）	乡村人均值（元）	城乡比（乡村 = 1）	城镇人均值（元）	乡村人均值（元）	城乡比（乡村 = 1）	百分比（%）	排序
全 国	**4998.00**	**1670.13**	**2.9926**	**23078.90**	**10129.78**	**2.2783**	**- 23.87**	**—**
重 庆	5569.84	1395.53	3.9912	21030.94	9954.36	2.1127	- 47.07	1
四 川	4855.78	1484.59	3.2708	20659.81	10191.58	2.0271	- 38.02	7
云 南	5185.31	1270.83	4.0803	18622.40	7330.51	2.5404	- 37.74	8
广 西	4852.31	1487.96	3.2610	17268.45	8351.25	2.0678	- 36.59	9
西 藏	5554.42	1116.59	4.9744	19440.48	6070.32	3.2025	- 35.62	10
贵 州	4278.28	1096.64	3.9013	19201.68	7533.29	2.5489	- 34.67	11
青 海	4185.73	1218.23	3.4359	20853.17	9222.15	2.2612	- 34.19	12

续表

地区	2000 年居民消费城乡比			2016 年居民消费城乡比			16 年间城乡比扩减(负值缩小为佳,取倒序)	
	城镇人均值(元)	乡村人均值(元)	城乡比(乡村=1)	城镇人均值(元)	乡村人均值(元)	城乡比(乡村=1)	百分比(%)	排序
陕 西	4276.67	1251.21	3.4180	19368.90	8567.69	2.2607	-33.86	13
甘 肃	4126.47	1084.00	3.8067	19539.22	7487.03	2.6097	-31.44	14
新 疆	4422.93	1236.45	3.5771	21228.50	8277.00	2.5648	-28.30	15
宁 夏	4200.50	1417.13	2.9641	20364.23	9138.40	2.2284	-24.82	18
内蒙古	3927.75	1614.91	2.4322	22744.45	11462.59	1.9842	-18.42	26
西 部	4661.22	1343.59	3.4692	19906.88	8741.68	2.2772	-34.36	[1]
安 徽	4232.98	1321.50	3.2032	19606.25	10287.30	1.9059	-40.50	3
湖 北	4644.50	1555.61	2.9856	20040.03	10938.30	1.8321	-38.64	5
山 西	3941.87	1149.01	3.4307	16992.82	8028.77	2.1165	-38.31	6
河 南	3830.71	1315.83	2.9112	18087.79	8586.59	2.1065	-27.64	16
湖 南	5218.79	1942.94	2.6860	21419.99	10629.94	2.0151	-24.98	17
江 西	3623.56	1642.66	2.2059	17695.65	9128.27	1.9386	-12.12	28
中 部	4326.21	1491.73	2.9001	19136.27	9608.63	1.9916	-31.33	[2]
天 津	6121.04	1995.61	3.0673	28344.58	15912.06	1.7813	-41.93	2
河 北	4348.47	1365.23	3.1852	19105.89	9798.28	1.9499	-38.78	4
广 东	8016.91	2646.02	3.0298	28613.33	12414.84	2.3048	-23.93	19
海 南	4082.56	1483.90	2.7512	19015.47	8921.15	2.1315	-22.52	20
山 东	5022.00	1770.49	2.8361	21495.29	9518.88	2.2582	-20.38	23
浙 江	7020.22	3230.88	2.1729	30067.66	17358.93	1.7321	-20.29	24
江 苏	5323.18	2337.46	2.2773	26432.93	14428.21	1.8320	-19.55	25
福 建	5638.74	2409.69	2.3400	25005.52	12910.84	1.9368	-17.23	27
北 京	8493.49	3425.71	2.4793	38255.52	17329.03	2.2076	-10.96	29
上 海	8868.19	4137.61	2.1433	39856.76	17070.85	2.3348	8.93	31
东 部	6411.21	2150.11	2.9818	26979.40	12210.32	2.2096	-25.90	[3]
黑龙江	3824.44	1540.35	2.4828	18145.16	9423.83	1.9255	-22.45	21
吉 林	4020.87	1553.35	2.5885	19166.38	9521.43	2.0130	-22.23	22
辽 宁	4356.06	1753.54	2.4842	24995.89	9953.15	2.5114	1.09	30
东 北	4088.44	1623.79	2.5178	21384.17	9631.94	2.2201	-11.82	[4]

2000 年,全国城镇居民消费人均值为 4998.00 元。12 个省域城镇人均值高于全国城镇人均值,19 个省域城镇人均值低于全国城镇人均值。其中,

上海城镇人均值 8868.19 元最高，高达全国城镇人均值的 177.43%；江西城镇人均值 3623.56 元最低，低至全国城镇人均值的 72.50%。

同年，全国乡村居民消费人均值为 1670.13 元。10 个省域乡村人均值高于全国乡村人均值，21 个省域乡村人均值低于全国乡村人均值。其中，上海乡村人均值 4137.61 元最高，高达全国乡村人均值的 247.74%；甘肃乡村人均值 1084.00 元最低，低至全国乡村人均值的 64.91%。

2016 年，全国城镇居民消费人均值为 23078.90 元。8 个省域城镇人均值高于全国城镇人均值，23 个省域城镇人均值低于全国城镇人均值。其中，上海城镇人均值 39856.76 元最高，高达全国城镇人均值的 172.70%；山西城镇人均值 16992.82 元最低，低至全国城镇人均值的 73.63%。

同年，全国乡村居民消费人均值为 10129.78 元，仅为城镇人均值的 43.89%。12 个省域乡村人均值高于全国乡村人均值，19 个省域乡村人均值低于全国乡村人均值。其中，浙江乡村人均值 17358.93 元最高，高达全国乡村人均值的 171.37%；西藏乡村人均值 6070.32 元最低，低至全国乡村人均值的 59.93%。

2000 年以来 16 年间，全国城镇居民消费人均值年均增长 10.03%。14 个省域城镇人均值年均增长高于全国城镇平均增长，17 个省域城镇人均值年均增长低于全国城镇平均增长。其中，内蒙古城镇人均值年均增长 11.60% 最高，高于全国城镇年增 1.57 个百分点；西藏城镇人均值年均增长 8.14% 最低，低于全国城镇年增 1.89 个百分点。

同期，全国乡村居民消费人均值年均增长 11.93%，高于全国城镇年增 1.90 个百分点。在此期间，29 个省域乡村人均值年均增长高于自身城镇年增。18 个省域乡村人均值年均增长高于全国乡村平均增长，13 个省域乡村人均值年均增长低于全国乡村平均增长。其中，天津乡村人均值年均增长 13.86% 最高，高于全国乡村年增 1.93 个百分点；上海乡村人均值年均增长 9.26% 最低，低于全国乡村年增 2.67 个百分点。

城乡比及其扩减变化基于城镇与乡村人均绝对值及其不同增长进行演算，在民生发展的城乡差距长期存在的情况下，倘若乡村人均值增长滞后于城镇人均值增长，势必导致城乡比进一步扩大。

2000 年，全国居民消费城乡比为 2.9926，即全国城镇人均值为乡村人均值的 299.26%，其间倍差为 2.99。16 个省域城乡比小于全国城乡比，15 个省域城乡比大于全国城乡比。其中，上海城乡比 2.1433 最低，即城镇与乡村的人均值倍差为 2.14，仅为全国总体城乡比的 71.62%；西藏城乡比 4.9744 最高，即城镇与乡村的人均值倍差为 4.97，高达全国总体城乡比的 166.23%。

2016 年，全国居民消费城乡比为 2.2783，即全国城镇人均值为乡村人均值的 227.83%，其间倍差为 2.28。23 个省域城乡比小于全国城乡比，8 个省域城乡比大于全国城乡比。其中，浙江城乡比 1.7321 最低，即城镇与乡村的人均值倍差为 1.73，仅为全国总体城乡比的 76.03%；西藏城乡比 3.2025 最高，即城镇与乡村的人均值倍差为 3.20，高达全国总体城乡比的 140.57%。

基于全国城镇与乡村居民消费历年不同增长状况，与 2000 年相比，全国城乡比极显著缩小 23.87%。同期，29 个省域城乡比缩小，2 个省域城乡比扩大。这无疑表明，全国及绝大部分省域居民消费增长变化态势已经转入"城乡均衡发展"的健康轨道。19 个省域城乡比变化态势好于全国城乡比变化态势，12 个省域城乡比变化态势逊于全国城乡比变化态势。其中，重庆城乡比变化态势最佳，缩减 47.07%；上海城乡比变化态势不佳，扩增 8.93%。

本项检测体系的城乡差距相关性考察集中于民生数据链当中。首先，有必要检验城镇与乡村之间居民消费增长相关系数（可简化理解为城乡增长同步程度）：全国为 0.4174，呈很弱正相关，城乡增长同步性极差，25 个省域呈 60% 以下弱相关，其中 6 个省域呈负相关；江苏最高为 0.8108，上海最低为 -0.2746。

其次，全国及各地居民收入、总消费、积蓄的城乡差距动态有可能对分类单项消费的城乡差距变化产生影响，而物质消费和非物消费的城乡差距动态又有可能反过来对总消费、积蓄的城乡差距变化产生影响，尤其是各类消费需求之间城乡比变化具有贯通性。

居民消费历年城乡比变动相关系数（可简化理解为城乡比变化同步程度）如下。

（1）与居民收入之间全国为 0.7700，呈稍强正相关，17 个省域呈 75% 以上强相关，9 个省域呈 60% 以下弱相关；新疆最高为 0.9697，江苏最低为 -0.2329。

（2）与居民积蓄之间全国为 -0.6271，呈很强负相关，20 个省域呈低于 -50% 强负相关；广西最高为 -0.0220，河北最低为 -0.9485。

（3）与物质消费之间全国为 0.9729，呈极强正相关，30 个省域呈 75% 以上强相关；陕西最高为 0.9949，辽宁最低为 0.6579。

（4）与非物消费之间全国为 0.9865，呈极强正相关，30 个省域呈 75% 以上强相关，1 个省域呈 60% 以下弱相关；河北最高为 0.9912，上海最低为 0.2854。

2000~2016 年，全国居民消费城乡比缩小 23.87%，与之对应的数据链之间城乡比变化相关系数的高低、正负差异在于，其间城乡比扩减幅度的同步性是强还是弱，扩减变化的趋向性相近或是相左。后台数据库检测表明，全国居民收入城乡比缩小 2.44%，居民积蓄城乡比扩大 114.65%，物质消费城乡比缩小 15.96%，非物消费城乡比缩小 40.49%。

中国社会由历史承继下来的结构性、体制性"非均衡格局"弊端根深蒂固，长期存在的城乡差距、地区差距系全国及各地民生发展"非均衡性"的主要成因。进入"全面建成小康社会"进程以来，国家把解决"三农问题"列为"重中之重"，并致力于推进区域"均衡发展"。就本文涉及的数据范围来看，国家大力推进缩小区域发展差距的几大战略已见成效，推进缩小城乡发展差距的长年多方努力更显成效。

三 居民消费相关性比值协调性检测

全国及各地居民消费相关性比值状况见表 4，分区域以居民消费率升降位次排列。

表4 全国及各地居民消费相关性比值状况

地区	居民消费与产值相关性				居民消费与居民收入相关性			
	居民消费率		16年间比值升降（负值下降，上升为佳）		居民消费比		16年间比值升降（负值下降为佳，取倒序）	
	2000年	2016年			2000年	2016年		
	比值（%）	比值（%）	比值（%）	排序	比值（%）	比值（%）	比值（%）	排序
全　国	**35.91**	**32.37**	**−9.86**	—	**77.43**	**71.56**	**−7.58**	—
辽　宁	28.19	39.55	40.30	1	79.42	76.23	−4.02	21
黑龙江	32.62	36.03	10.45	5	76.03	72.72	−4.35	20
吉　林	37.62	27.64	−26.53	22	81.53	73.92	−9.33	12
东　北	**31.54**	**35.16**	**11.48**	[1]	**78.74**	**74.63**	**−5.22**	[4]
河　北	27.99	34.06	21.69	2	64.60	71.68	10.96	31
上　海	27.95	31.80	13.77	4	75.57	68.96	−8.75	13
北　京	30.40	29.98	−1.38	8	81.17	67.42	−16.94	2
海　南	36.66	32.85	−10.39	9	72.99	68.93	−5.56	16
福　建	33.22	27.50	−17.22	13	75.37	72.69	−3.56	23
浙　江	37.46	30.38	−18.90	14	75.76	66.07	−12.79	7
天　津	28.51	22.78	−20.10	17	72.17	76.67	6.24	30
江　苏	30.14	23.21	−22.99	18	72.48	68.68	−5.24	17
山　东	31.81	23.96	−24.68	20	72.92	64.35	−11.75	8
广　东	43.40	31.86	−26.59	23	79.75	77.35	−3.01	24
东　部	**32.69**	**28.11**	**−14.01**	[2]	**74.75**	**70.16**	**−6.14**	[3]
山　西	36.78	36.63	−0.41	7	73.33	66.10	−9.86	11
河　南	34.58	30.81	−10.90	10	72.08	68.66	−4.74	19
安　徽	44.19	38.08	−13.83	12	74.19	72.92	−1.71	26
江　西	44.94	33.70	−25.01	21	74.14	65.47	−11.69	9
湖　北	44.01	29.05	−33.99	25	78.05	72.51	−7.10	14
湖　南	53.33	34.97	−34.43	26	86.01	73.87	−14.11	4
中　部	**43.57**	**33.18**	**−23.85**	[3]	**76.81**	**70.42**	**−8.32**	[1]
新　疆	31.25	35.66	14.11	3	77.65	76.46	−1.53	27
甘　肃	43.63	46.24	5.98	6	80.03	82.63	3.25	28
云　南	45.36	39.62	−12.65	11	83.74	69.70	−16.77	3
青　海	43.46	34.80	−19.93	15	81.24	84.70	4.26	29
四　川	47.67	38.16	−19.95	16	80.28	78.26	−2.52	25
宁　夏	42.86	32.63	−23.87	19	84.08	78.97	−6.08	15
西　藏	42.45	28.14	−33.71	24	78.80	68.50	−13.07	6

续表

地区	居民消费与产值相关性				居民消费与居民收入相关性			
	居民消费率		16年间比值升降（负值下降，上升为佳）		居民消费比		16年间比值升降（负值下降为佳，取倒序）	
	2000年	2016年			2000年	2016年		
	比值(%)	比值(%)	比值(%)	排序	比值(%)	比值(%)	比值(%)	排序
广 西	51.79	33.12	-36.05	27	81.62	66.61	-18.39	1
陕 西	44.42	28.36	-36.15	28	84.67	73.07	-13.70	5
内蒙古	39.82	25.42	-36.16	29	77.52	74.49	-3.91	22
重 庆	48.91	28.71	-41.30	30	82.95	73.98	-10.81	10
贵 州	66.65	37.78	-43.32	31	81.78	77.89	-4.76	18
西 部	**47.95**	**33.90**	**-29.30**	**[4]**	**81.34**	**74.62**	**-8.26**	**[2]**

注：居民消费相关性分析取居民消费率、居民消费比两项。对于相关性比值的构思设计及界定阐释，详见本书技术报告。居民消费率下降意味着人民生活消费需求拉动经济增长的作用降低；单独取居民消费与收入的关系来看，居民消费比下降意味着居民收入中生活消费开支比重降低。

1. 居民消费与产值之比

2000年，全国居民消费率为35.91%，此为全国城乡居民消费与产值的相对比值。20个省域比值高于全国总体比值，11个省域比值低于全国总体比值。其中，贵州比值66.65%最高，高达全国总体比值的185.62%；上海比值27.95%最低，低至全国总体比值的77.85%。

到2016年，全国居民消费率为32.37%，意味着居民消费与产值的相对比值下降。16个省域比值高于全国总体比值，15个省域比值低于全国总体比值。其中，甘肃比值46.24%最高，高达全国总体比值的142.84%；天津比值22.78%最低，低至全国总体比值的70.35%。

基于居民消费与产值历年不同增长状况，与2000年相比，全国居民消费率降低9.86%。同期，6个省域比值上升，25个省域比值下降。8个省域比值升降变化态势好于全国比值变化，23个省域比值升降变化态势逊于全国比值变化。其中，辽宁比值升降变化态势最佳，升高40.30%；贵州比值升降变化态势不佳，降低43.32%。

2. 居民消费与居民收入之比

2000年，全国居民消费比为77.43%，此为全国城乡居民消费与居民收入的相对比值，总消费需求开支占比以低为佳。13 个省域比值低于全国总体比值，18 个省域比值高于全国总体比值。其中，河北比值 64.60% 最低，低至全国总体比值的 83.44%；湖南比值 86.01% 最高，高达全国总体比值的 111.09%。

到 2016 年，全国居民消费比为 71.56%，居民消费与居民收入的相对比值下降，总消费需求开支占比降低为佳。12 个省域比值低于全国总体比值，19 个省域比值高于全国总体比值。其中，山东比值 64.35% 最低，低至全国总体比值的 89.92%；青海比值 84.70% 最高，高达全国总体比值的 118.36%。

基于居民消费与居民收入历年不同增长状况，与 2000 年相比，全国居民消费比降低 7.58%。同期，4 个省域比值上升，27 个省域比值下降。13 个省域比值升降变化态势好于全国比值变化，18 个省域比值升降变化态势逊于全国比值变化。其中，广西比值升降变化态势最佳，降低 18.39%；河北比值升降变化态势不佳，升高 10.96%。

本项检测体系建立各类相关性比值分析测算十分复杂，不同方面、不同层次的比值当然不具可比性。以下可对应比值之间历年变化相关系数（可简化理解为比值变化同步程度）检测在同一层面展开，或在上下层次递进（个别特殊例外详后）关系里展开：①居民消费率与财政用度比；②与居民收入比同属对应于产值的相对比值；③与居民积蓄率属上下层相邻的相对比值；④居民消费比与物质消费比，⑤与非物消费比同属对应于居民收入的相对比值。

相关性比值之间历年变化相关系数如下。

（1）居民消费率与财政用度比之间全国为 -0.6400，呈很强负相关，19 个省域呈低于 -50% 强负相关；上海最高为 0.5746，贵州最低为 -0.9746。

（2）与居民收入比之间全国为 0.9424，呈很强正相关，29 个省域呈 75% 以上强相关；湖北最高为 0.9978，云南最低为 0.6554。

（3）与居民积蓄率之间全国为 -0.8593，呈极强负相关，23 个省域

呈低于 -50% 强负相关；上海最高为 0.4279，湖南最低为 -0.9704。

（4）居民消费比与物质消费比之间全国为 0.9225，呈很强正相关，23 个省域呈 75% 以上强相关，3 个省域呈 60% 以下弱相关；广西最高为 0.9794，青海最低为 0.3308。

（5）与非物消费比之间全国为 0.1910，呈极弱正相关，24 个省域呈 60% 以下弱相关，其中 9 个省域呈负相关；青海最高为 0.8411，吉林最低为 -0.5579。

对应数据链之间比值升降变化相关系数的高低、正负差异在于，其间增长升降的同步性是强还是弱，升降变化的趋向性相近或是相左。后台数据库检测表明，2000~2016 年，全国居民消费率降低 9.86%，而财政用度比增高 59.28%，居民收入比降低 2.44%，居民积蓄率增高 26.01%；居民消费比降低 9.86%，而物质消费比降低 14.73%，非物消费比增高 9.57%。需要补充说明，本来消费比与积蓄率在同一层次，完全切分居民收入形成绝对负相关，达到极致反而失去分析价值，换用消费率对应尚有各地比较意义。

四 "全面小康"进程居民消费景气指数排行

2016 年统计数据为目前已经正式出版公布的最新年度全国及各地系统数据。全国及各地居民消费子系统专项指数排行见表 5，分区域以 2016 年度无差距横向检测结果位次排列。

1. 各年度理想值横向检测指数

2016 年度无差距横向检测居民消费景气指数，全国为 85.40，即设各类人均值城乡、地区无差距为理想值 100 加以比较衡量，全国总体尚存差距 14.60 个点。19 个省域此项指数高于全国指数，即居民消费指数检测结果高于全国平均水平；12 个省域此项指数低于全国指数，即居民消费指数检测结果低于全国平均水平。

表5 全国及各地居民消费子系统专项指数排行

地区	各五年期起始年纵向检测（基数值＝100）						2016年度检测			
	"十五"以来16年（2000～2016年）		"十一五"以来11年（2005～2016年）		"十二五"以来6年（2010～2016年）		基数值纵向检测（2015年＝100）		无差距横向检测（理想值＝100）	
	检测指数	排序	检测指数	排序	检测指数	排序	检测指数	排序	检测指数	排序
全　国	**185.27**	—	**146.98**	—	**124.84**	—	**102.52**	—	**85.40**	—
辽　宁	187.62	18	147.19	19	130.58	11	107.01	1	96.56	1
黑龙江	168.69	27	135.80	29	119.49	27	103.39	7	86.78	17
吉　林	166.26	29	137.81	26	120.71	26	100.80	28	85.00	20
东　北	**175.40**	[3]	**140.27**	[4]	**123.86**	[3]	**104.14**	[1]	**89.95**	[1]
上　海	162.08	30	131.09	31	114.89	31	101.68	20	94.21	2
浙　江	168.42	28	134.03	30	117.88	29	102.66	12	93.29	3
北　京	172.49	24	138.97	25	117.02	30	101.17	26	92.95	4
广　东	159.44	31	136.80	28	123.20	24	105.25	3	91.81	5
天　津	189.64	16	154.98	13	136.45	4	100.86	27	91.68	6
江　苏	185.58	19	147.16	20	123.03	25	102.84	9	91.10	7
福　建	169.29	26	142.52	22	123.49	23	101.48	22	89.30	10
山　东	172.61	23	139.63	24	118.50	28	101.97	17	87.90	13
河　北	205.18	5	156.31	9	131.41	9	102.18	15	87.56	15
海　南	177.62	21	153.20	15	127.67	14	99.53	31	81.50	28
东　部	**174.91**	[4]	**142.15**	[3]	**121.76**	[4]	**102.65**	[2]	**87.70**	[2]
安　徽	213.84	1	159.33	5	130.69	10	105.43	2	89.57	8
湖　北	188.24	17	153.88	14	133.43	7	103.48	6	89.40	9
湖　南	175.05	22	147.20	18	129.49	12	102.96	8	89.01	11
山　西	194.93	11	152.71	16	125.35	18	102.15	16	84.55	21
河　南	202.56	6	162.30	2	125.15	19	101.29	24	83.32	25
江　西	183.91	20	142.22	23	125.00	20	100.19	29	83.17	26
中　部	**191.58**	[2]	**153.54**	[2]	**127.84**	[2]	**102.57**	[3]	**86.28**	[3]
内蒙古	194.42	13	155.17	12	126.51	16	101.47	23	88.15	12
四　川	200.61	7	159.66	4	134.75	5	101.71	19	87.68	14
重　庆	196.37	10	152.55	17	131.90	8	102.49	13	87.33	16
青　海	211.21	3	160.29	3	138.53	3	102.78	10	86.52	18
宁　夏	197.97	8	156.83	8	126.70	15	101.58	21	85.99	19
甘　肃	208.83	4	155.88	10	139.20	1	103.53	5	84.39	22
新　疆	194.63	12	157.70	6	133.60	6	102.75	11	84.27	23

续表

| 地区 | 各五年期起始年纵向检测（基数值=100） | | | | | | 2016 年度检测 | | | |
| | "十五"以来 16 年（2000～2016 年） | | "十一五"以来 11 年（2005～2016 年） | | "十二五"以来 6 年（2010～2016 年） | | 基数值纵向检测（2015 年=100） | | 无差距横向检测（理想值=100） | |
	检测指数	排序	检测指数	排序	检测指数	排序	检测指数	排序	检测指数	排序
陕　西	193.48	14	157.12	7	123.80	22	101.89	18	83.83	24
贵　州	213.41	2	169.62	1	138.88	2	105.18	4	82.30	27
广　西	171.75	25	137.71	27	128.26	13	101.23	25	81.09	29
云　南	190.50	15	155.82	11	124.44	21	99.86	30	79.54	30
西　藏	197.62	9	142.80	21	126.31	17	102.37	14	72.63	31
西　部	193.14	[1]	154.09	[1]	130.32	[1]	101.95	[4]	83.42	[4]

注：居民总消费子系统亦为相对独立的"中国民生消费需求景气评价体系"。与居民收入、物质消费、非物消费、居民积蓄另 4 个二级子系统取合计数值检测不同，居民消费子系统在合计数值检测之外，又取分类消费项 8 个三级子系统单项检测结果加权演算，本表居民消费专项指数实为综合测算指数，详见本书技术报告表 4。由于如此复合演算过于复杂，本文表 6、表 7 仅取总消费合计数值展开预测算。

在此项检测中，辽宁、上海、浙江、北京、广东占据前 5 位。辽宁此项指数 96.56 最高，高于全国总体指数 11.16 个点；西藏此项指数 72.63 最低，低于全国总体指数 12.77 个点。

2.2000 年以来基数值纵向检测指数

"十五"以来 16 年纵向检测居民消费景气指数，全国为 185.27，即设 2000 年为基数值 100 加以对比衡量，至 2016 年提升 85.27%。19 个省域此项指数高于全国指数，即居民消费指数提升速度高于全国平均速度；12 个省域此项指数低于全国指数，即居民消费指数提升速度低于全国平均速度。

在此项检测中，安徽、贵州、青海、甘肃、河北占据前 5 位。安徽此项指数 213.84 最高，即指数提升高达 113.84%；广东此项指数 159.44 最低，即指数提升仅为 59.44%。

3.2005 年以来基数值纵向检测指数

"十一五"以来 11 年纵向检测居民消费景气指数，全国为 146.98，即设 2005 年为基数值 100 加以对比衡量，至 2016 年提升 46.98%。20 个省域此项指数高于全国指数，即居民消费指数提升速度高于全国平均速度；11个省域此项指数低于全国指数，即居民消费指数提升速度低于全国平均速度。

在此项检测中，贵州、河南、青海、四川、安徽占据前5位。贵州此项指数169.62最高，即指数提升高达69.62%；上海此项指数131.09最低，即指数提升仅为31.09%。

4.2010年以来基数值纵向检测指数

"十二五"以来6年纵向检测居民消费景气指数，全国为124.84，即设2010年为基数值100加以对比衡量，至2016年提升24.84%。20个省域此项指数高于全国指数，即居民消费指数提升速度高于全国平均速度；11个省域此项指数低于全国指数，即居民消费指数提升速度低于全国平均速度。

在此项检测中，甘肃、贵州、青海、天津、四川占据前5位。甘肃此项指数139.20最高，即指数提升高达39.20%；上海此项指数114.89最低，即指数提升仅为14.89%。

5.逐年度基数值纵向检测指数

2016年度基数值纵向检测居民消费景气指数，全国为102.52，即设上年（2015年）为基数值100加以对比衡量，至2016年提升2.52%。12个省域此项指数高于全国指数，即居民消费指数提升速度高于全国平均速度；19个省域此项指数低于全国指数，即居民消费指数提升速度低于全国平均速度。

在此项检测中，辽宁、安徽、广东、贵州、甘肃占据前5位。辽宁此项指数107.01最高，即指数提升7.01%；海南此项指数99.53最低，即指数降低0.47%。

现有增长关系格局存在经济增长与民生发展不够协调的问题，存在城乡、区域间民生发展不够均衡的问题，维持现有格局既有增长关系并非应然选择。实现经济、社会、民生发展的协调性，增强城乡、区域发展的均衡性，均为"全面建成小康社会"的既定目标，有些甚至具体化为约束性指标。假定全国及各地城乡比、地区差不再扩大以至消除，居民消费增长将更加明显，各地排行也将发生变化，可为"全面建成小康社会"进程最后攻坚起到"倒计时"预测提示作用。

五 "全面小康"目标年居民消费增长预测

1. 实现居民消费比最佳值及最小城乡比应然测算

实现居民消费需求拉动经济增长目标，具体指标即保持居民消费率不再下降，分解亦即保持居民收入比基础上再保持居民消费比，而消除城乡差距的第一步是缩小城乡差距。按全国及各地居民消费比历年最高值测算2020年居民消费总量、人均值，再取居民消费历年最小城乡比进行演算。

据此假定推演居民消费"应然增长"动向，亦即协调增长"应有目标"，预测全国及各地2020年居民消费主要数据及居民消费景气指数见表6，分区域以2016～2020年纵向检测假定目标差距位次排列。

表6 全国及各地2020年居民消费应然增长测算

| 地区 | 实现居民消费比最佳值及最小城乡比测算 | | | | 居民消费专项指数测算 | | | |
| | 居民消费 | | 人均值差距 | | 2016～2020年纵向检测(2016年基数值=100) | | 2020年度横向检测(无差距理想值=100) | |
	城乡总量（亿元）	城乡人均（元）	地区差（无差距=1）	城乡比（乡村=1）	差距指数	排序（倒序）	预测指数	排序
全　国	447815.06	31815.89	1.3314	2.1282	389.00	—	85.54	—
黑龙江	8787.67	23172.14	1.2717	1.8069	345.30	4	81.98	28
辽　宁	13672.94	30870.17	1.0297	2.4295	351.96	5	86.76	24
吉　林	9768.79	35672.94	1.1212	1.8903	470.80	23	96.63	14
东　北	32229.40	29406.52	1.1409	2.1536	372.52	[1]	84.87	[4]
河　北	17382.22	22637.48	1.2885	1.7248	329.42	2	81.05	29
海　南	2768.14	29221.70	1.0815	1.9998	386.91	8	88.61	23
上　海	16873.39	63204.07	1.9866	1.8438	402.94	9	97.80	12
北　京	15869.56	65417.13	2.0561	1.9386	412.65	12	99.00	10
浙　江	30694.15	52647.11	1.6547	1.6367	413.07	13	99.45	8
福　建	16701.70	41873.89	1.3161	1.8473	421.75	15	94.42	19

续表

地区	实现居民消费比最佳值及最小城乡比测算				居民消费专项指数测算			
	居民消费		人均值差距		2016~2020年纵向检测(2016年基数值=100)		2020年度横向检测(无差距理想值=100)	
	城乡总量（亿元）	城乡人均（元）	地区差（无差距=1）	城乡比（乡村=1）	差距指数	排序（倒序）	预测指数	排序
江 苏	40430.12	49465.79	1.5548	1.7350	424.58	17	96.38	15
山 东	36835.14	36182.55	1.1372	2.1331	441.87	20	93.85	22
天 津	10051.45	56580.46	1.7784	1.5550	444.53	21	99.21	9
广 东	58273.78	50042.10	1.5729	2.1524	449.94	22	97.96	11
东 部	245879.65	44450.60	1.5427	2.0554	417.41	[2]	90.53	[3]
山 西	8643.48	22790.26	1.2837	1.8758	363.80	6	82.47	27
河 南	24515.80	25588.25	1.1957	1.9428	384.97	7	85.66	26
安 徽	19422.73	31224.35	1.0186	1.6739	404.07	10	94.83	17
江 西	14499.89	30948.19	1.0273	1.8769	428.18	18	94.10	20
湖 南	29557.56	42298.36	1.3295	1.8754	489.13	24	103.51	3
湖 北	25568.59	43031.69	1.3525	1.6215	494.05	25	101.65	7
中 部	122208.05	32843.88	1.2012	1.8141	430.29	[3]	91.52	[2]
新 疆	5858.42	23095.52	1.2741	2.3601	323.76	1	78.35	31
甘 肃	5720.97	21876.59	1.3124	2.3747	342.64	3	80.51	30
云 南	11536.70	23650.77	1.2566	2.2566	412.50	11	85.89	25
四 川	27646.29	33397.41	1.0497	1.7986	420.04	14	96.76	13
青 海	2112.30	34635.81	1.0886	2.0366	424.53	16	94.68	18
宁 夏	2445.21	34818.11	1.0944	2.0750	430.97	19	93.95	21
西 藏	974.43	27816.27	1.1257	2.8687	514.65	26	94.83	16
广 西	16881.93	34480.67	1.0838	1.8452	519.66	27	102.44	5
内蒙古	13837.47	53964.02	1.6961	1.8858	533.82	28	102.01	6
陕 西	16155.60	42038.17	1.3213	2.0387	546.29	29	103.91	2
重 庆	16114.77	51449.36	1.6171	1.8021	546.49	30	106.65	1
贵 州	14453.69	41283.66	1.2976	2.2916	563.36	31	102.70	4
西 部	133737.78	35280.83	1.2681	2.0504	463.02	[4]	92.67	[1]

注：①全国及28个省域城乡比自身趋于缩小，保持缩小趋势至2020年即为最小城乡比；3个省域城乡比自身趋于扩大，同样按各自历年最小城乡比假定测算。②纵向检测排序取倒序，指数越低差距越小；横向检测指数普遍接近，四大区域差异明显减小，部分省域指数超出理想值100，由其他指标明显提升所致。③表外附加城镇、乡村人均值按最小城乡比反推演算，势必突破相应背景数值关系，于是全国及各地收入与总消费之差对应积蓄测算数值或有出入，实属此项测算设计使然。

假定实现居民消费比最佳值及最小城乡比测算，2020 年全国城乡居民消费总量应达 447815.06 亿元，人均值应为 31815.89 元。19 个省域人均值高于全国人均值，12 个省域人均值低于全国人均值。其中，北京人均值 65417.13 元最高，高达全国人均值的 205.61%；甘肃人均值 21876.59 元最低，低至全国人均值的 68.76%。

全国城乡居民消费地区差应为 1.3314，即 31 个省域人均值与全国人均值的绝对偏差平均值为 33.14%。22 个省域地区差小于全国地区差，9 个省域地区差大于全国地区差。其中，安徽地区差 1.0186 最小，即与全国人均值的绝对偏差为 1.86%，仅为全国总体地区差的 76.50%；北京地区差 2.0561 最大，即与全国人均值的绝对偏差为 105.61%，高达全国总体地区差的 154.43%。

基于城乡人均值测算反推，全国城镇居民消费人均值应为 39900.34 元。20 个省域城镇人均值高于全国城镇人均值，11 个省域城镇人均值低于全国城镇人均值。其中，北京城镇人均值 69692.30 元最高，高达全国城镇人均值的 174.67%；河北城镇人均值 27446.73 元最低，低至全国城镇人均值的 68.79%。

基于城镇人均值演算反推，全国乡村居民消费人均值应为 18748.61 元，仅为城镇人均值的 46.99%。21 个省域乡村人均值高于全国乡村人均值，10 个省域乡村人均值低于全国乡村人均值。其中，天津乡村人均值 38447.48 元最高，高达全国乡村人均值的 205.07%；甘肃乡村人均值 12996.11 元最低，低至全国乡村人均值的 69.32%。

全国居民消费城乡比应为 2.1282，即全国城镇人均值为乡村人均值的 212.82%，其间倍差为 2.13。23 个省域城乡比小于全国城乡比，8 个省域城乡比大于全国城乡比。其中，天津城乡比 1.5550 最小，即城镇与乡村的人均值倍差为 1.56，仅为全国总体城乡比的 73.07%；西藏城乡比 2.8687 最大，即城镇与乡村的人均值倍差为 2.87，高达全国总体城乡比的 134.80%。

2016～2020 年纵向检测居民消费景气指数，全国应为 389.00，即设

2016 年为基数值 100 加以对比衡量，至 2020 年达到假定目标需提升
289.00%。8 个省域此项指数低于全国指数，即假定测算居民消费指数提升
差距小于全国；23 个省域此项指数高于全国指数，即假定测算居民消费指
数提升差距大于全国。其中，新疆此项指数 323.76 最低，即达到假定增长
测算目标的差距最小；贵州此项指数 563.36 最高，即达到假定增长测算目
标的差距最大。

在此假定"应然目标"下，纵向检测指数即为差距测量结果，指数越
低意味着差距越小，越容易实现。

2020 年度横向检测居民消费景气指数，全国应为 85.54，即设收入人均
值城乡、地区无差距为理想值 100 加以比较衡量，全国总体尚存差距 14.46
个点。26 个省域此项指数高于全国指数，即假定测算居民消费指数高于全
国；5 个省域此项指数依次低于全国指数，即假定测算居民消费指数低于全
国。其中，重庆此项指数 106.65 最高，即达到假定目标情况下高于全国总
体指数 21.11 个点；新疆此项指数 78.35 最低，即达到假定目标情况下低于
全国总体指数 7.19 个点。

在此项假定测算中，四大区域横向检测指数较为接近，地区性差异排序
部分失去意义。由于预设全国所有省域同步达到"应然目标"，各地纵向检
测差距愈大，倘若同时得以实现则横向检测排行有可能愈前，反之亦然。

保持居民消费率不再下降，实现居民消费最小城乡比"应然目标"，本
身即为"协调增长"的基本需要。在假定实现最小城乡比情况下，与 2016
年相比，全国居民消费城乡比应明显缩小，31 个省域城乡比相应缩小。在
此项假定测算当中，由于全国及 28 个省域城乡比自身趋于缩小，保持缩小
趋势至 2020 年即为最小城乡比；3 个省域城乡比自身趋于扩大，同样按各
自历年最小城乡比假定测算，于是城乡综合演算的居民消费总量、人均值明
显提升。由此可知，既有城乡差距在全国社会结构中的"非均衡性"影响
极大。

但是，地区差距在全国社会结构中的"非均衡性"影响同样很大。假
定各地按照自身历年最小城乡比测算下来，全国居民消费地区差将显著扩

大，18 个省域地区差相应扩大。

特别应当注意到，各地居民消费景气指数不仅普遍提升，而且相互接近，在四大区域之间尤为接近。

2. 实现居民消费比最佳值并弥合城乡比理想测算

城乡差距系民生发展"非均衡性"的最主要成因，仅仅实现居民消费既往历年最小城乡比显然不够。假定全国及各地实现居民消费比历年最佳值并同步弥合城乡比，以最小城乡比演算的各自城镇人均值作为城乡持平人均值进行测算，可以检测最终消除城乡差距的实际距离。

据此假定推演居民消费"理想增长"动向，亦即均衡发展"理想目标"，预测全国及各地 2020 年居民消费主要数据及居民消费景气指数见表7，分区域以 2016～2020 年纵向检测假定目标差距位次排列。

表7　全国及各地 2020 年居民消费理想增长测算

地区	实现居民消费比最佳值并弥合城乡比测算			居民消费专项指数测算			
	城乡总量（亿元）	城与乡人均值（元）	地区差（无差距=1）	2016～2020年纵向检测（2016年基数值=100）		2020年度横向检测（无差距理想值=100）	
				差距指数	排序（倒序）	预测指数	排序
全　国	561605.30	39900.34	1.2839	491.01	—	96.31	—
黑龙江	10635.61	28044.97	1.2971	417.59	2	89.67	30
辽　宁	16612.58	37507.17	1.0600	439.64	3	97.72	25
吉　林	12245.57	44717.46	1.1207	586.19	24	105.87	10
东　北	39493.76	36515.94	1.1593	467.22	[1]	95.49	[4]
河　北	21075.00	27446.73	1.3121	398.03	1	88.05	31
上　海	17897.40	67039.80	1.6802	444.11	4	101.47	20
北　京	16906.68	69692.30	1.7467	455.54	7	103.06	16
浙　江	34720.11	59552.51	1.4925	469.11	8	103.59	13
天　津	10621.17	59787.46	1.4984	477.55	9	100.94	21
海　南	3452.01	36440.99	1.0867	481.63	10	98.22	24
江　苏	45736.22	55957.74	1.4024	485.11	13	101.74	18
福　建	19538.27	48985.62	1.2277	496.89	15	101.61	19
广　东	68684.61	58982.31	1.4782	539.87	18	106.46	8
山　东	45758.45	44947.77	1.1265	552.08	21	104.27	12
东　部	284389.93	52639.16	1.4051	502.40	[2]	99.68	[3]

续表

地区	实现居民消费比最佳值并弥合城乡比测算			居民消费专项指数测算			
				2016~2020年纵向检测（2016年基数值=100）		2020年度横向检测（无差距理想值=100）	
	城乡总量（亿元）	城与乡人均值（元）	地区差（无差距=1）	差距指数	排序（倒序）	预测指数	排序
山　西	10592.00	27927.91	1.3001	445.95	5	90.73	29
安　徽	23452.04	37701.94	1.0551	483.11	12	100.12	22
河　南	31462.01	32838.33	1.1770	490.85	14	96.21	26
江　西	18013.78	38448.14	1.0364	527.32	17	102.70	17
湖　北	29838.22	50217.43	1.2586	574.90	23	106.33	9
湖　南	36807.60	52673.54	1.3201	603.69	25	110.83	5
中　部	**150165.65**	**40474.15**	**1.1912**	**527.95**	**[3]**	**99.80**	**[2]**
新　疆	8098.02	31924.65	1.1999	448.37	6	93.36	28
甘　肃	8070.73	30861.91	1.2265	481.88	11	94.75	27
四　川	34631.04	41835.16	1.0485	520.48	16	104.35	11
宁　夏	3071.84	43740.90	1.0963	540.83	19	103.40	14
青　海	2728.98	44747.60	1.1215	544.03	20	103.13	15
云　南	15944.06	32686.06	1.1808	564.40	22	99.88	23
内蒙古	16524.54	64443.17	1.6151	638.57	26	109.08	7
重　庆	18819.86	60085.86	1.5059	639.95	27	111.96	3
广　西	21528.88	43971.87	1.1020	652.19	28	110.64	6
陕　西	20157.17	52450.58	1.3145	677.78	29	111.74	4
贵　州	20091.43	57386.60	1.4382	775.49	30	116.89	2
西　藏	1781.18	50845.82	1.2743	909.54	31	128.88	1
西　部	**171447.73**	**45765.29**	**1.2603**	**597.60**	**[4]**	**103.49**	**[1]**

注：①纵向检测排序取倒序，指数越低差距越小；横向检测指数普遍接近理想值100，各地尚存地区差影响，但全国地区差较明显扩大，较多省域指数超出理想值100，由其他指标明显提升所致。

假定实现居民消费比最佳值并弥合城乡比测算，2020年全国城乡居民消费总量应达561605.30亿元，城乡持平人均值应为39900.34元，即前面测算的城镇人均值水平。20个省域人均值高于全国人均值，11个省域人均值低于全国人均值。其中，北京人均值69692.30元最高，高达全国人均值的174.67%；河北人均值27446.73元最低，低至全国人均值的68.79%。

全国城乡居民消费地区差应为1.2839，即31个省域人均值与全国人均值的绝对偏差平均值为 28.39%。17 个省域地区差小于全国地区差，14 个省域地区差大于全国地区差。其中，江西地区差 1.0364 最小，即与全国人均值的绝对偏差为 3.64%，仅为全国总体地区差的 80.72%；北京地区差 1.7467 最大，即与全国人均值的绝对偏差为 74.67%，高达全国总体地区差的 136.05%。

2016～2020 年纵向检测居民消费景气指数，全国应为 491.01，即设 2016 年为基数值 100 加以对比衡量，至 2020 年达到假定目标需提升 391.01%。14 个省域此项指数低于全国指数，即假定测算居民消费指数提升差距小于全国；17 个省域此项指数高于全国指数，即假定测算居民消费指数提升差距大于全国。其中，河北此项指数 398.03 最低，即达到假定增长测算目标的差距最小；西藏此项指数 909.54 最高，即达到假定增长测算目标的差距最大。

在此假定"理想目标"下，纵向检测指数即为差距测量结果，指数越低意味着差距越小，越容易实现。

2020 年度横向检测居民消费景气指数，全国应为 96.31，即设各类人均值城乡、地区无差距为理想值 100 加以比较衡量，全国总体仅存差距 3.69 个点。25 个省域此项指数高于全国指数，即假定测算居民消费指数略高于全国；6 个省域此项指数低于全国指数，即假定测算居民消费指数略低于全国。其中，西藏此项指数 128.88 最高，即达到假定目标情况下高于全国总体指数 32.57 个点；河北此项指数 88.05 最低，即达到假定目标情况下低于全国总体指数 8.26 个点。

在此项假定测算中，四大区域横向检测指数较为接近，地区性差异排序部分失去意义。由于预设全国所有省域同步达到"理想目标"，各地纵向检测差距愈大，倘若同时得以实现则横向检测排行有可能愈前，反之亦然。

实现弥合居民消费城乡比"理想目标"，本身即为"均衡发展"的理念要求。在假定弥合城乡比情况下，与 2016 年相比，全国居民消费地区差仍将较明显扩大，15 个省域地区差相应扩大，但对比最小城乡比测算，扩大程度和范围明显减小。据此假定测算可见，由于预设乡村居民消费高速增长，到2020年人均值与城镇持平，全国及各地城乡综合演算的居民消费总量、人均值大幅提升。由此得知，正是既有城乡差距加大了全国"非均衡性"地区差距。

特别应当注意到，各地居民消费景气指数普遍十分接近，在四大区域之间更为明显。

设置"应然目标"和"理想目标"展开测算，特别针对中国社会结构体制造成的"非均衡性"地区鸿沟和城乡鸿沟。本项检测回溯"全面小康"建设进程展开测算推演，倘若保持2000年以来全国及各地居民消费增长变化态势，到2020年全国居民消费地区差将为1.2513，略微低于当前居民消费地区差；居民消费城乡比将为2.1282，较明显低于当前居民消费城乡比。这意味着，居民消费地区差和城乡比依然明显存在，仅仅"维持现状"任其"自然增长"显然不够。彻底消除全国及各地民生发展各个方面的地区差距和城乡差距，还需要强有力的政策措施和长时期的持续努力，期待新中国成立百年之际得以基本弥合。

R.5
全国省域居民物质消费指数排行

——2016 年检测与 2020 年测算

刘婷 王亚南 蒋坤洋*

摘　要： 物质消费指数系"中国人民生活发展指数检测体系"五个二级子系统之三，亦为相对独立的"中国民生消费需求景气评价体系"重要组成部分。从 2000 年以来基数值纵向检测可以看出，西部物质消费指数提升最高，中部次之，东部再次，东北稍低，表明区域均衡发展国家方略已见成效；安徽、河北、甘肃、内蒙古、陕西占据前 5 位。2016 年无差距理想值横向检测发现，差距仍在于各方面协调性、均衡性还不够理想；上海、北京、浙江、辽宁、广东占据前 5 位。假定全国同步实现物质消费历年最小城乡比直至弥合城乡比，民生发展指数将更加明显提升。

关键词： 全面小康　物质消费　专项指数　测评排行

物质消费指数系"中国人民生活发展指数检测体系"五个二级子系统之三，亦为相对独立的"中国民生消费需求景气评价体系"重要组成部分，

---

* 刘婷，云南省社会科学院研究员，文化发展研究中心秘书长，主要从事文化人类学研究；王亚南，云南省社会科学院研究员，文化发展研究中心主任，主要从事民俗学、民族学及文化理论、文化战略和文化产业研究；蒋坤洋，云南省社会科学院培训部助理研究员，主要从事教育文化学研究。

在整个指标系统综合演算中的权重倒序第二（详见技术报告表3、表4）。

物质消费为"维持生计"基本消费，"全面小康"进程中出现颇有意味的变化，占居民收入比、占总消费比重持续下降，呈现放大的恩格尔定律关系及其系数变动效应。各个子系统基础数据皆来源于国家统计局《中国统计年鉴》，均采用检测指标自足设计方式，分别实现与其余子系统对应数据的相关性分析测算，独立完成专项检测指数演算，最后汇总成为人民生活发展综合指数。

一 物质消费总量增长基本情况

根据正式出版公布的既往年度统计数据和最新年度统计数据，按照本项研究检测的构思设计进行演算，全国及各地物质消费总量增长状况见表1，分区域以份额增减变化位次排列。

表1 全国及各地物质消费合计总量增长状况

地区	2000年物质消费总量		2016年物质消费总量		16年间总量增长变化			
	城乡总量（亿元）	占全国份额（%）	城乡总量（亿元）	占全国份额（%）	年均增长指数		份额增减变化	
					上年=1	排序	变化（%）	排序
全 国	**25416.45**	**100.00**	**156920.23**	**100.00**	**1.1205**	**—**	**—**	**—**
北 京	626.15	2.46	5118.24	3.26	1.1403	1	32.40	1
天 津	337.55	1.33	2676.55	1.71	1.1382	2	28.43	2
河 北	1003.84	3.95	7049.63	4.49	1.1295	5	13.74	5
上 海	871.75	3.43	6056.72	3.86	1.1288	6	12.53	6
海 南	137.44	0.54	903.26	0.58	1.1249	10	6.45	10
广 东	2745.43	10.80	17434.86	11.11	1.1225	11	2.86	11
江 苏	1821.29	7.17	11516.73	7.34	1.1222	13	2.42	13
福 建	898.77	3.54	5619.53	3.58	1.1214	15	1.27	15
浙 江	1533.85	6.03	9184.52	5.85	1.1184	20	-3.01	20
山 东	1849.86	7.28	10415.94	6.64	1.1141	24	-8.80	24
东 部	**11825.92**	**45.64**	**75975.58**	**48.56**	**1.1233**	**[1]**	**6.38**	**[1]**
新 疆	292.76	1.15	2172.52	1.38	1.1335	3	20.20	3
内蒙古	410.14	1.61	2884.49	1.84	1.1297	4	13.91	4

续表

地区	2000 年物质消费总量		2016 年物质消费总量		16 年间总量增长变化			
	城乡总量（亿元）	占全国份额（%）	城乡总量（亿元）	占全国份额（%）	年均增长指数		份额增减变化	
					上年 = 1	排序	变化（%）	排序
宁 夏	88.07	0.35	592.98	0.38	1.1266	7	9.06	7
青 海	81.56	0.32	547.09	0.35	1.1263	8	8.64	8
甘 肃	322.55	1.27	2121.60	1.35	1.1249	9	6.54	9
西 藏	41.56	0.16	259.44	0.17	1.1213	16	1.12	16
陕 西	549.56	2.16	3425.47	2.18	1.1212	17	0.96	17
四 川	1500.72	5.90	8595.83	5.48	1.1153	22	− 7.23	22
重 庆	606.62	2.39	3428.04	2.18	1.1143	23	− 8.47	23
贵 州	526.55	2.07	2906.44	1.85	1.1127	25	− 10.60	25
云 南	669.40	2.63	3693.84	2.35	1.1127	26	− 10.62	26
广 西	837.41	3.29	4054.46	2.58	1.1036	29	− 21.58	29
西 部	**5926.91**	**22.88**	**34682.21**	**22.17**	**1.1167**	**[2]**	**− 3.10**	**[2]**
江 西	680.30	2.68	4318.23	2.75	1.1224	12	2.81	12
安 徽	982.17	3.86	6177.38	3.94	1.1218	14	1.87	14
河 南	1320.43	5.20	8163.66	5.20	1.1206	18	0.14	18
山 西	468.96	1.85	2872.06	1.83	1.1199	19	− 0.80	19
湖 北	1196.81	4.71	6181.57	3.94	1.1081	27	− 16.34	27
湖 南	1360.81	5.35	6973.16	4.44	1.1075	28	− 17.00	28
中 部	**6009.47**	**23.19**	**34686.06**	**22.17**	**1.1158**	**[3]**	**− 4.42**	**[3]**
辽 宁	921.59	3.63	5360.10	3.42	1.1163	21	− 5.80	21
吉 林	515.11	2.03	2429.13	1.55	1.1018	30	− 23.62	30
黑龙江	710.13	2.79	3334.25	2.12	1.1015	31	− 23.95	31
东 北	**2146.83**	**8.29**	**11123.47**	**7.11**	**1.1083**	**[4]**	**− 14.20**	**[4]**

注：①全国及各省域分别演算未予平衡，省域总量之和不等于全国总量，四大区域占全国份额已加以平衡。②数据演算屡经四舍五入，可能出现细微出入，属于演算常规无误。③年均增长指数取 4 位小数，以便精确排序，全文同。

2000 年，全国城乡物质消费总量为 25416.45 亿元；2016 年，全国城乡物质消费总量为 156920.23 亿元。2000 年以来 16 年间，全国城乡物质消费总量年均增长 12.05%。18 个省域总量年均增长高于全国平均增长，13 个省域总量年均增长低于全国平均增长。其中，北京总量年均增长 14.03% 最高，高于全国总量年增 1.98 个百分点；黑龙江总量年均增长 10.15% 最低，低于全国总量年增 1.90 个百分点。

　　全国物质消费总量始终为份额基准 100，基于各地历年不同增长状况，东部总量份额上升，增高 6.38%；西部总量份额下降，下降 3.10%；中部总量份额下降，下降 4.42%；东北总量份额下降，下降 14.20%。总量份额变化取百分点将易于直观对比，但取百分比则更有利于精确排序。

　　18 个省域总量占全国份额上升，13 个省域总量占全国份额下降。其中，北京总量份额变化态势最佳，增高 32.40%；黑龙江总量份额变化态势不佳，降低 23.95%。各省域总量份额变化取决于年均增长幅度，其份额增减程度取百分比演算，排序结果即与年均增长指数排序一致。

　　物质消费增长放到相关背景中考察更有意义。全国物质消费总量历年平均增长率为 12.05%，低于产值年增 1.29 个百分点，低于财政支出年增 4.64 个百分点；低于居民收入年增 1.12 个百分点，低于居民积蓄年增 2.77 个百分点；低于居民总消费年增 0.56 个百分点，低于非物消费年增 1.77 个百分点。按分类单项消费增长率高低衡量，全国物质消费增长主要在于居住消费增长，而用品消费、衣着消费、食品消费增长低于整个物质消费增长。

　　相关系数检测可谓相关性分析最简便的通用方式，同时检验两组数据链历年增减变化趋势是否一致、变化程度是否相近、变化动向是否稳定。相关系数 1 为绝对相关，完全同步；0 为无相关性，完全不同步；–1 为绝对负相关，完全逆向同步。设数据项 A 历年增幅变化为 N，若数据项 B 历年增幅（降幅绝对值）愈接近 N（高低不论），即保持趋近性（正负不论），或历年增幅（降幅绝对值）存在固有差距（高低不论）但上下波动变化愈小，即保持平行（逆向）同步性，则二者相关系数（负值）愈高；反之相关系数（负值）愈低。

　　物质消费历年增长相关系数（可简化理解为增长同步程度）如下。

　　（1）与总消费之间全国为 0.9161，呈很强正相关，30 个省域呈 75% 以上强相关，1 个省域呈 60% 以下弱相关；四川最高为 0.9571，广东最低为

0.4141。

（2）与食品消费之间全国为 0.4581，呈很弱正相关，14 个省域呈 60%以下弱相关，其中 3 个省域呈负相关；新疆最高为 0.9032，北京最低为 -0.3816。

（3）与衣着消费之间全国为 0.0388，呈极弱正相关，30 个省域呈 60%以下弱相关，其中 4 个省域呈负相关；宁夏最高为 0.6602，北京最低为 -0.4352。

（4）与居住消费之间全国为 0.6013，呈较弱正相关，4 个省域呈 75%以上强相关，17 个省域呈 60%以下弱相关；北京最高为 0.9505，重庆最低为 0.1467。

（5）与用品消费之间全国为 0.4682，呈很弱正相关，23 个省域呈 60%以下弱相关，其中 1 个省域呈负相关；山东最高为 0.8303，福建最低为 -0.0041。

对应数据链之间增长变化相关系数的高低、正负差异在于，其间增长动向的同步性是强还是弱，增幅升降的趋向性相近或是相左。后台数据库检测表明，2000～2016 年，全国物质消费年均增长较明显低于居民总消费增长，显著高于食品消费增长，较明显高于衣着消费增长，极显著低于居住消费增长，较明显高于用品消费增长。

二 物质消费人均值相关均衡性检测

1. 城乡综合人均值及其地区差

全国及各地物质消费人均值地区差变化状况见表 2，分区域以地区差扩减变化倒序位次排列。

2000 年，全国城乡物质消费人均值为 2012.95 元。10 个省域人均值高于全国人均值，21 个省域人均值低于全国人均值。其中，上海人均值 5597.09 元最高，高达全国人均值的 278.05%；甘肃人均值 1264.92 元最低，低至全国人均值的 62.84%。

表2　全国及各地物质消费合计人均值地区差变化状况

地区	2000 年物质消费地区差			2016 年物质消费地区差			16 年间地区差扩减（负值缩小为佳，取倒序）	
	城乡综合人均值		地区差（无差距=1）	城乡综合人均值		地区差（无差距=1）		
	人均值（元）	排序		人均值（元）	排序		百分比（%）	排序
全　国	2012.95	—	1.3204	11382.04	—	1.2732	-3.57	—
广　东	3666.19	3	1.8213	15960.14	5	1.4022	-23.01	1
上　海	5597.09	1	2.7805	25052.26	1	2.2010	-20.84	2
浙　江	3381.87	5	1.6801	16505.57	4	1.4501	-13.69	3
北　京	4790.74	2	2.3800	23567.34	2	2.0706	-13.00	4
天　津	3444.37	4	1.7111	17218.33	3	1.5128	-11.59	5
河　北	1510.90	27	1.2494	9465.29	17	1.1684	-6.48	8
福　建	2672.52	6	1.3277	14571.57	6	1.2802	-3.58	12
海　南	1772.28	15	1.1196	9883.50	16	1.1317	1.08	20
江　苏	2505.22	7	1.2445	14418.16	7	1.2667	1.78	21
山　东	2069.08	10	1.0279	10524.25	12	1.0754	4.62	24
东　部	2759.10	[1]	1.6342	14407.06	[1]	1.4559	-10.91	[1]
安　徽	1568.59	25	1.2208	10012.29	15	1.1203	-8.23	7
河　南	1399.13	30	1.3049	8587.90	25	1.2455	-4.55	10
江　西	1623.64	19	1.1934	9430.89	18	1.1714	-1.84	16
山　西	1453.67	28	1.2778	7819.25	30	1.3130	2.75	23
湖　南	2078.52	9	1.0326	10250.86	14	1.0994	6.47	25
湖　北	2011.78	11	1.0006	10533.93	11	1.0745	7.39	26
中　部	1687.53	[3]	1.1717	9477.47	[3]	1.1707	-0.09	[2]
内蒙古	1732.73	18	1.1392	11466.78	9	1.0074	-11.57	6
甘　肃	1264.92	31	1.3716	8145.02	28	1.2844	-6.36	9
四　川	1749.91	17	1.1307	10440.70	13	1.0827	-4.25	11
陕　西	1513.53	26	1.2481	9007.28	21	1.2086	-3.16	13
青　海	1588.37	23	1.2109	9261.53	19	1.1863	-2.03	14
重　庆	1967.30	12	1.0227	11305.19	10	1.0068	-1.55	17
贵　州	1410.53	29	1.2993	8205.08	27	1.2791	-1.55	18
新　疆	1616.12	21	1.1971	9132.60	20	1.1976	0.04	19
宁　夏	1605.61	22	1.2024	8831.53	23	1.2241	1.80	22
云　南	1587.58	24	1.2113	7766.04	31	1.3177	8.78	27
西　藏	1617.01	20	1.1967	7922.17	29	1.3040	8.97	28

续表

地区	2000 年物质消费地区差				2016 年物质消费地区差				16 年间地区差扩减（负值缩小为佳，取倒序）	
	城乡综合人均值		地区差（无差距=1）		城乡综合人均值		地区差（无差距=1）		百分比（%）	排序
	人均值（元）	排序			人均值（元）	排序				
广 西	1769.87	16	1.1208		8416.97	26	1.2605		12.46	29
西 部	**1645.50**	**[4]**	**1.1959**		**9304.98**	**[4]**	**1.1966**		**0.06**	**[3]**
辽 宁	2206.07	8	1.0959		12237.11	8	1.0751		−1.90	15
黑龙江	1869.00	14	1.0715		8762.00	24	1.2302		14.81	30
吉 林	1929.27	13	1.0416		8855.21	22	1.2220		17.32	31
东 北	**2016.37**	**[2]**	**1.0697**		**10178.21**	**[2]**	**1.1758**		**9.92**	**[4]**

注：本文恢复自行演算城乡人均值，物质消费城乡人均值由人民生活消费支出前 4 类（食品烟酒、衣着、居住、生活用品及服务，分别简称"食品、衣着、居住、用品"）城乡综合人均值合计构成。

2016 年，全国城乡物质消费人均值为 11382.04 元。9 个省域人均值高于全国人均值，22 个省域人均值低于全国人均值。其中，上海人均值 25052.26 元最高，高达全国人均值的 220.10%；云南人均值 7766.04 元最低，低至全国人均值的 68.23%。

2000 年以来 16 年间，全国城乡物质消费人均值年均增长 11.44%。12 个省域人均值年均增长高于全国平均增长，19 个省域人均值年均增长低于全国平均增长。其中，内蒙古人均值年均增长 12.54% 最高，高于全国人均值年增 1.10 个百分点；广东人均值年均增长 9.63% 最低，低于全国人均值年增 1.81 个百分点。

各省域地区差指数依据其人均值与全国人均值的绝对偏差进行演算，全国和四大区域地区差取相应省域与全国人均值的绝对偏差平均值进行演算。当地人均值增大本身具有正面效应，但本来高于全国人均值的省域会导致地区差继续扩大，带来负面效应；而本来低于全国人均值的省域则导致地区差逐渐缩小，带来正面效应。

2000 年，全国城乡物质消费地区差为 1.3204，即 31 个省域人均值与全国人均值的绝对偏差平均值为32.04%。24个省域地区差小于全国地区差，7个省域地区差大于全国地区差。其中，湖北地区差1.0006最低，即与全国人均值的绝对偏差为0.06%，仅为全国总体地区差的75.78%；上海地区差2.7805最高，即与全国人均值的绝对偏差为178.05%，高达全国总体地区差的210.59%。

2016年，全国城乡物质消费地区差为1.2732，即31个省域人均值与全国人均值的绝对偏差平均值为27.32%。20个省域地区差小于全国地区差，11个省域地区差大于全国地区差。其中，重庆地区差1.0068最低，即与全国人均值的绝对偏差为0.68%，仅为全国总体地区差的79.07%；上海地区差2.2010最高，即与全国人均值的绝对偏差为120.10%，高达全国总体地区差的172.87%。

基于全国及各地城乡物质消费历年不同增长状况，与2000年相比，全国地区差较明显缩小3.57%。同期，18个省域地区差缩小，13个省域地区差扩大。这无疑表明，全国及大部分省域物质消费增长变化态势已经转入"区域均衡发展"的健康轨道。12个省域地区差变化态势好于全国地区差变化态势，19个省域地区差变化态势逊于全国地区差变化态势。其中，广东地区差变化态势最佳，缩减23.01%；吉林地区差变化态势不佳，扩增17.32%。

本项检测体系的地区差距相关性考察在经济、财政、民生全数据链当中通约演算，各地经济、社会、民生发展的地区差距具有贯通性。全国及各地产值地区差动态有可能影响居民生活各方面地区差变化，随之居民收入、总消费、物质消费或非物消费、积蓄地区差动态又有可能影响各分类单项消费地区差变化。

物质消费历年地区差变动相关系数（可简化理解为地区差变化同步程度）如下。

（1）与总消费之间全国为0.7605，呈稍强正相关，24个省域呈75%以上强相关，4个省域呈60%以下弱相关；西藏最高为0.9916，重庆最低为-0.5766。

（2）与食品消费之间全国为 0.7228，呈较弱正相关，20 个省域呈 75% 以上强相关，6 个省域呈 60% 以下弱相关；广东最高为 0.9833，海南最低为 -0.7225。

（3）与衣着消费之间全国为 0.5372，呈很弱正相关，18 个省域呈 60% 以下弱相关，其中 7 个省域呈负相关；西藏最高为 0.9565，吉林最低为 -0.8971。

（4）与居住消费之间全国为 0.6424，呈较弱正相关，6 个省域呈 75% 以上强相关，19 个省域呈 60% 以下弱相关；广东最高为 0.9544，河北最低为 -0.1232。

（5）与用品消费之间全国为 0.7759，呈稍强正相关，11 个省域呈 75% 以上强相关，14 个省域呈 60% 以下弱相关；广东最高为 0.9420，云南最低为 -0.4609。

2000~2016 年，全国物质消费地区差缩小 3.57%，与之对应的数据链之间地区差变化相关系数的高低、正负差异在于，其间地区差扩减幅度的同步性是强还是弱，扩减变化的趋向性相近或是相左。后台数据库检测表明，全国居民总消费地区差缩小 6.26%，食品消费地区差缩小 5.91%，衣着消费地区差缩小 8.01%，居住消费地区差扩大 6.07%，用品消费地区差缩小 18.43%。

2. 城镇与乡村人均值及其城乡比

全国及各地物质消费人均值城乡比变化状况见表 3，分区域以城乡比扩减变化倒序位次排列。

2000 年，全国城镇物质消费人均值为 3398.56 元。13 个省域城镇人均值高于全国城镇人均值，18 个省域城镇人均值低于全国城镇人均值。其中，上海城镇人均值 5959.91 元最高，高达全国城镇人均值的 175.37%；内蒙古城镇人均值 2541.32 元最低，低至全国城镇人均值的 74.78%。

同年，全国乡村物质消费人均值为 1250.25 元。11 个省域乡村人均值高于全国乡村人均值，20 个省域乡村人均值低于全国乡村人均值。其中，上海乡村人均值 2972.65 元最高，高达全国乡村人均值的 237.76%；甘肃乡村人均值 799.03 元最低，低至全国乡村人均值的 63.91%。

表3 全国及各地物质消费合计人均值城乡比变化状况

地区	2000年物质消费城乡比			2016年物质消费城乡比			16年间城乡比扩减(负值缩小为佳,取倒序)	
	城镇人均值(元)	乡村人均值(元)	城乡比(乡村=1)	城镇人均值(元)	乡村人均值(元)	城乡比(乡村=1)	变化(%)	排序
全国	**3398.56**	**1250.25**	**2.7183**	**15041.94**	**6584.28**	**2.2845**	**-15.96**	—
重庆	3830.33	1075.35	3.5619	14090.21	6804.49	2.0707	-41.87	2
四川	3428.71	1158.61	2.9593	13953.42	7138.46	1.9547	-33.95	5
陕西	2877.47	883.90	3.2554	12013.43	5387.30	2.2300	-31.50	7
广西	3438.89	1140.62	3.0149	11640.50	5491.99	2.1195	-29.70	8
云南	3477.81	1029.24	3.3790	11673.17	4673.32	2.4978	-26.08	10
贵州	3030.93	917.53	3.3034	12599.06	4878.96	2.5823	-21.83	11
西藏	4061.17	1059.63	3.8326	15137.80	5023.41	3.0135	-21.37	12
甘肃	2774.23	799.03	3.4720	12635.93	4624.82	2.7322	-21.31	13
新疆	2940.71	949.07	3.0985	13233.18	5378.49	2.4604	-20.59	14
青海	2778.98	969.58	2.8662	13070.68	5302.05	2.4652	-13.99	22
宁夏	2734.66	1077.45	2.5381	11631.49	5302.07	2.1938	-13.57	23
内蒙古	2541.32	1144.57	2.2203	14560.31	6679.56	2.1798	-1.82	29
西部	3201.54	1038.33	3.0833	12957.84	5728.94	2.2618	-26.64	[1]
安徽	3044.71	1018.74	2.9887	12922.27	6953.30	1.8584	-37.82	3
湖北	3341.05	1151.27	2.9021	13192.16	6940.91	1.9006	-34.51	4
山西	2586.24	864.90	2.9902	10051.20	5021.86	2.0015	-33.06	6
湖南	3560.02	1473.11	2.4167	13376.83	6888.37	1.9419	-19.65	16
河南	2707.91	1016.53	2.6639	11997.95	5480.61	2.1892	-17.82	17
江西	2604.43	1258.30	2.0698	12084.09	6514.58	1.8549	-10.38	26
中部	3039.47	1136.49	2.6744	12420.42	6288.71	1.9750	-26.15	[2]
天津	4282.13	1339.60	3.1966	18644.75	10358.53	1.7999	-43.69	1
河北	2913.55	1031.63	2.8242	12440.32	6199.69	2.0066	-28.95	9
广东	5169.51	1926.20	2.6838	19137.21	8902.87	2.1496	-19.90	15
福建	4024.64	1750.30	2.2994	17667.07	9277.67	1.9043	-17.18	18
江苏	3688.53	1700.76	2.1688	16955.49	9238.36	1.8353	-15.38	19
海南	2757.99	1147.24	2.4040	12761.03	6228.21	2.0489	-14.77	20
浙江	4584.49	2300.19	1.9931	19177.29	11225.10	1.7084	-14.28	21
北京	5523.64	2325.51	2.3752	25352.50	12117.39	2.0922	-11.91	25

续表

地区	2000 年物质消费城乡比			2016 年物质消费城乡比			16 年间城乡比扩减（负值缩小为佳，取倒序）	
	城镇人均值（元）	乡村人均值（元）	城乡比（乡村=1）	城镇人均值（元）	乡村人均值（元）	城乡比（乡村=1）	变化（%）	排序
山　东	3366.13	1314.10	2.5616	13956.69	5780.31	2.4145	−5.74	27
上　海	5959.91	2972.65	2.0049	26933.74	11574.56	2.3270	16.07	31
东　部	**4275.54**	**1570.87**	**2.7218**	**17783.50**	**8039.95**	**2.2119**	**−18.73**	**[3]**
吉　林	2740.92	1145.63	2.3925	11513.73	5520.85	2.0855	−12.83	24
黑龙江	2566.46	1143.14	2.2451	11194.90	5261.70	2.1276	−5.23	28
辽　宁	3003.32	1281.99	2.3427	15413.94	5681.02	2.7132	15.82	30
东　北	**2786.52**	**1195.91**	**2.3300**	**13119.24**	**5479.16**	**2.3944**	**2.76**	**[4]**

2016 年，全国城镇物质消费人均值为 15041.94 元。9 个省域城镇人均值高于全国城镇人均值，22 个省域城镇人均值低于全国城镇人均值。其中，上海城镇人均值 26933.74 元最高，高达全国城镇人均值的 179.06%；山西城镇人均值 10051.20 元最低，低至全国城镇人均值的 66.82%。

同年，全国乡村物质消费人均值为 6584.28 元，仅为城镇人均值的 43.77%。13 个省域乡村人均值高于全国乡村人均值，18 个省域乡村人均值低于全国乡村人均值。其中，北京乡村人均值 12117.39 元最高，高达全国乡村人均值的 184.04%；甘肃乡村人均值 4624.82 元最低，低至全国乡村人均值的 70.24%。

2000 年以来 16 年间，全国城镇物质消费人均值年均增长 9.74%。11 个省域城镇人均值年均增长高于全国城镇平均增长，20 个省域城镇人均值年均增长低于全国城镇平均增长。其中，内蒙古城镇人均值年均增长 11.53% 最高，高于全国城镇年增 1.79 个百分点；云南城镇人均值年均增长 7.86% 最低，低于全国城镇年增 1.88 个百分点。

同期，全国乡村物质消费人均值年均增长 10.94%，高于全国城镇年增 1.20 个百分点。在此期间，29 个省域乡村人均值年均增长高于自身城镇年增。17 个省域乡村人均值年均增长高于全国乡村平均增长，14 个省域乡村人均值年均增长低于全国乡村平均增长。其中，天津乡村人均值年均增长13.64%最高，高于全国乡村年增2.70个百分点；上海乡村人均值年均增长8.87%最低，低于全国乡村年增2.07个百分点。

城乡比及其扩减变化基于城镇与乡村人均绝对值及其不同增长进行演算，在民生发展的城乡差距长期存在的情况下，倘若乡村人均值增长滞后于城镇人均值增长，势必导致城乡比进一步扩大。

2000年，全国物质消费城乡比为2.7183，即全国城镇人均值为乡村人均值的271.83%，其间倍差为2.72。16个省域城乡比小于全国城乡比，15个省域城乡比大于全国城乡比。其中，浙江城乡比1.9931最低，即城镇与乡村的人均值倍差为1.99，仅为全国总体城乡比的73.32%；西藏城乡比3.8326最高，即城镇与乡村的人均值倍差为3.83，高达全国总体城乡比的140.99%。

2016年，全国物质消费城乡比为2.2845，即全国城镇人均值为乡村人均值的228.45%，其间倍差为2.28。22个省域城乡比小于全国城乡比，9个省域城乡比大于全国城乡比。其中，浙江城乡比1.7084最低，即城镇与乡村的人均值倍差为1.71，仅为全国总体城乡比的74.78%；西藏城乡比3.0135最高，即城镇与乡村的人均值倍差为3.01，高达全国总体城乡比的131.91%。

基于全国城镇与乡村物质消费历年不同增长状况，与2000年相比，全国城乡比显著缩小15.96%。同期，29个省域城乡比缩小，2个省域城乡比扩大。这无疑表明，全国及绝大部分省域物质消费增长变化态势已经转入"城乡均衡发展"的健康轨道。18个省域城乡比变化态势好于全国城乡比变化态势，13个省域城乡比变化态势逊于全国城乡比变化态势。其中，天津城乡比变化态势最佳，缩减43.69%；上海城乡比变化态势不佳，扩增16.07%。

本项检测体系的城乡差距相关性考察集中于民生数据链当中。首先，有必要检验城镇与乡村之间物质消费增长相关系数（可简化理解为城乡增长同步程度）：全国为0.8599，呈较强正相关，城乡增长同步性较好，5个省域呈 75% 以上强相关，18 个省域呈 60% 以下弱相关；江苏最高为 0.8453，辽宁最低为 -0.0422。

其次，全国及各地居民收入、总消费、积蓄的城乡差距动态有可能对分类单项消费的城乡差距变化产生影响，而物质消费和非物消费的城乡差距动态又有可能反过来对总消费、积蓄的城乡差距变化产生影响，尤其是各类消费需求之间城乡比变化具有贯通性。

物质消费历年城乡比变动相关系数（可简化理解为城乡比变化同步程度）如下。

（1）与食品消费之间全国为 0.7726，呈稍强正相关，18 个省域呈 75% 以上强相关，10 个省域呈 60% 以下弱相关；福建最高为 0.9811，上海最低为 -0.2859。

（2）与衣着消费之间全国为 0.9340，呈很强正相关，24 个省域呈 75% 以上强相关，6 个省域呈 60% 以下弱相关；湖北最高为 0.9712，上海最低为 -0.4968。

（3）与居住消费之间全国为 -0.0736，呈极弱负相关，3 个省域呈负相关；山西最高为 0.8868，江西最低为 -0.1578。

（4）与用品消费之间全国为 0.8246，呈稍强正相关，19 个省域呈 75% 以上强相关，3 个省域呈 60% 以下弱相关；广西最高为 0.9533，辽宁最低为 -0.2486。

2000～2016 年，全国物质消费城乡比缩小 15.96%，与之对应的数据链之间城乡比变化相关系数的高低、正负差异在于，其间城乡比扩减幅度的同步性是强还是弱，扩减变化的趋向性相近或是相左。后台数据库检测表明，全国食品消费城乡比缩小 13.25%，衣着消费城乡比缩小 42.06%，居住消费城乡比扩大 22.94%，用品消费城乡比缩小 58.86%。

中国社会由历史承继下来的结构性、体制性"非均衡格局"弊端根深蒂固，长期存在的城乡差距、地区差距系全国及各地民生发展"非均衡性"的主要成因。进入"全面建成小康社会"进程以来，国家把解决"三农问题"列为"重中之重"，并致力于推进区域"均衡发展"。就本文涉及的数据范围来看，国家大力推进缩小区域发展差距的几大战略已见成效，推进缩小城乡发展差距的长年多方努力更显成效。

三　物质消费相关性比值协调性检测

全国及各地物质消费相关性比值状况见表4，分区域以物质消费比重升降倒序位次排列。

表4　全国及各地物质消费合计相关性比值状况

地区	物质消费合计与居民收入相关性				物质消费合计与居民消费相关性			
	物质消费比		16年间比值升降（负值下降为佳，取倒序）		物质消费比重值		16年间比值升降（负值下降为佳，取倒序）	
	2000年	2016年			2000年	2016年		
	比值(%)	比值(%)	比值(%)	排序	比值(%)	比值(%)	比值(%)	排序
全　国	**54.66**	**46.61**	**−14.73**	**—**	**70.59**	**65.13**	**−7.73**	**—**
吉　林	56.88	43.97	−22.70	27	69.76	59.48	−14.74	3
辽　宁	55.61	46.44	−16.49	17	70.02	60.92	−13.00	7
黑龙江	52.53	43.73	−16.75	20	69.09	60.14	−12.95	8
东　北	**54.84**	**45.05**	**−17.85**	**[3]**	**69.65**	**60.37**	**−13.32**	**[1]**
山　西	50.66	39.72	−21.59	25	69.08	60.08	−13.03	6
湖　南	61.79	46.68	−24.45	29	71.84	63.19	−12.04	9
河　南	53.51	44.95	−16.00	15	74.24	65.47	−11.81	10
安　徽	55.11	48.47	−12.05	12	74.28	66.47	−10.51	11
湖　北	56.70	47.24	−16.68	19	72.64	65.15	−10.31	12
江　西	55.21	45.35	−17.86	22	74.47	69.27	−6.98	21
中　部	**56.05**	**45.83**	**−18.23**	**[4]**	**72.97**	**65.08**	**−10.81**	**[2]**
宁　夏	58.59	45.29	−22.70	28	69.68	57.35	−17.70	1
贵　州	62.73	50.88	−18.89	23	76.71	65.32	−14.85	2
云　南	61.45	43.94	−28.49	31	73.38	63.04	−14.09	4
青　海	57.78	51.78	−10.38	10	71.13	61.13	−14.06	5
新　疆	54.47	48.27	−11.38	11	70.15	63.13	−10.01	13
甘　肃	56.19	52.65	−6.30	5	70.21	63.72	−9.24	14
陕　西	58.07	45.49	−21.66	26	68.59	62.25	−9.24	15
广　西	59.97	44.52	−25.76	30	73.47	66.84	−9.02	18

续表

地区	物质消费合计与居民收入相关性				物质消费合计与居民消费相关性			
	物质消费比		16年间比值升降（负值下降为佳，取倒序）		物质消费比重值		16年间比值升降（负值下降为佳，取倒序）	
	2000年	2016年			2000年	2016年		
	比值(%)	比值(%)	比值(%)	排序	比值(%)	比值(%)	比值(%)	排序
四　川	59.46	53.53	−9.97	8	74.06	68.40	−7.64	20
内蒙古	51.88	46.64	−10.10	9	66.93	62.61	−6.45	22
重　庆	59.41	49.79	−16.19	16	71.62	67.31	−6.02	23
西　藏	65.66	54.80	−16.54	18	83.32	80.00	−3.98	27
西　部	**58.84**	**48.67**	**−17.28**	**[2]**	**72.34**	**65.23**	**−9.83**	**[3]**
江　苏	51.21	44.04	−14.00	13	70.65	64.12	−9.24	16
河　北	45.93	46.25	0.70	1	71.10	64.53	−9.24	17
山　东	50.85	41.12	−19.13	24	69.74	63.91	−8.36	19
天　津	50.25	50.38	0.26	2	69.63	65.71	−5.63	24
浙　江	50.98	42.27	−17.09	21	67.30	63.98	−4.93	25
海　南	51.90	46.76	−9.90	7	71.11	67.84	−4.60	26
福　建	54.16	51.56	−4.80	4	71.86	70.93	−1.29	28
上　海	51.00	46.61	−8.61	6	67.49	67.59	0.15	29
北　京	53.04	44.84	−15.46	14	65.34	66.51	1.79	30
广　东	52.90	52.34	−1.06	3	66.33	67.67	2.02	31
东　部	**51.27**	**46.24**	**−9.81**	**[1]**	**68.60**	**65.90**	**−3.94**	**[4]**

注：物质消费相关性分析取物质消费比、物质消费比重两项。对于相关性比值的构思设计及界定阐释，详见本书技术报告。单独取物质消费与居民收入的关系（恩格尔定律关系放大）来看，物质消费比下降意味着居民收入中基本消费开支比重降低；单独取物质消费与居民总消费的关系（恩格尔系数放大）来看，物质消费比重值下降意味着居民总消费中基本消费开支占比降低。

1. 物质消费与居民收入之比

2000年，全国物质消费比为54.66%，此为全国城乡物质消费与居民收入的相对比值，物质生活"基本消费"占比以低为佳。15个省域比值低于全国总体比值，16个省域比值高于全国总体比值。其中，河北比值45.93%最低，低至全国总体比值的84.04%；西藏比值65.66%最高，高达全国总体比值的 120.13%。

到 2016 年，全国物质消费比为 46.61%，意味着物质消费与居民收入的相对比值下降，物质生活"基本消费"占比降低为佳。16 个省域比值低于全国总体比值，15 个省域比值高于全国总体比值。其中，山西比值 39.72% 最低，低至全国总体比值的 85.21%；西藏比值 54.80% 最高，高达全国总体比值的 117.58%。

基于物质消费与居民收入历年不同增长状况，与 2000 年相比，全国物质消费比降低 14.73%。同期，2 个省域比值上升，29 个省域比值下降。18 个省域比值升降变化态势好于全国比值变化，13 个省域比值升降变化态势逊于全国比值变化。其中，云南比值升降变化态势最佳，降低 28.49%；河北比值升降变化态势不佳，升高 0.70%。

2. 物质消费与居民消费之比

2000 年，全国物质消费比重为 70.59%，此为全国城乡物质消费与居民消费的相对比值，物质生活"基本消费"占比以低为佳。15 个省域比值低于全国总体比值，16 个省域比值高于全国总体比值。其中，北京比值 65.34% 最低，低至全国总体比值的 92.56%；西藏比值 83.32% 最高，高达全国总体比值的 118.04%。

到 2016 年，全国物质消费比重为 65.13%，物质消费与居民消费的相对比值下降，物质生活"基本消费"占比降低为佳。16 个省域比值低于全国总体比值，15 个省域比值高于全国总体比值。其中，宁夏比值 57.35% 最低，低至全国总体比值的 88.06%；西藏比值 80.00% 最高，高达全国总体比值的 122.83%。

基于物质消费与居民消费历年不同增长状况，与 2000 年相比，全国物质消费比重降低 7.73%。同期，3 个省域比值上升，28 个省域比值下降。19 个省域比值升降变化态势好于全国比值变化，12 个省域比值升降变化态势逊于全国比值变化。其中，宁夏比值升降变化态势最佳，降低 17.70%；广东比值升降变化态势不佳，升高 2.02%。

本项检测体系建立各类相关性比值分析测算十分复杂，不同方面、不同层次的比值当然不具可比性。以下可对应比值之间历年变化相关系数（可简化理解为比值变化同步程度）检测在同一层面展开：①物质消费比与居民消费比同属对应于居民收入的相对比值；②物质比重与食品比重；③与衣着比重；④与居住比重；⑤与用品比重同属对应于总消费的相对比值。

相关性比值之间历年变化相关系数如下。

（1）物质消费比与居民消费比之间全国为 0.9225，呈很强正相关，23 个省域呈 75% 以上强相关，3 个省域呈 60% 以下弱相关；广西最高为 0.9794，青海最低为 0.3308。

（2）物质比重与食品比重之间全国为 0.4477，呈很弱正相关，15 个省域呈 60% 以下弱相关，其中 5 个省域呈负相关；山西最高为 0.9439，北京最低为 -0.5876。

（3）与衣着比重之间全国为 -0.3329，呈较弱负相关，13 个省域呈负相关，其中 6 个省域呈低于 -50% 强负相关；新疆最高为 0.7160，上海最低为 -0.8508。

（4）与居住比重之间全国为 0.0090，呈极弱正相关，28 个省域呈 60% 以下弱相关，其中 22 个省域呈负相关；广东最高为 0.8638，山西最低为 -0.7967。

（5）与用品比重之间全国为 0.4768，呈很弱正相关，27 个省域呈 60% 以下弱相关，其中 12 个省域呈负相关；山东最高为 0.8634，西藏最低为 -0.7130。

对应数据链之间比值升降变化相关系数的高低、正负差异在于，其间增长升降的同步性是强还是弱，升降变化的趋向性相近或是相左。后台数据库检测表明，2000~2016 年，全国物质消费比降低 14.73%，而居民消费比降低 7.58%；物质消费比重降低 7.73%，而食品消费比重降低 30.04%，衣着消费比重降低 15.83%，居住消费比重增高 81.61%，用品消费比重降低 14.90%。按分类单项消费比重值升降变化衡量，全国物质消费比重降低主要在于食品消费比重下降，其次在于衣着消费比重下降，再次在于用品消费比重下降，而居住消费比重反向上升。

四 "全面小康"进程居民物质消费指数排行

2016年统计数据为目前已经正式出版公布的最新年度全国及各地系统数据。全国及各地物质消费子系统专项指数排行见表5，分区域以2016年度无差距横向检测结果位次排列。

表5 全国及各地物质消费合计子系统专项指数排行

| 地区 | 各五年期起始年纵向检测（基数值=100） | | | | | | 2016年度检测 | | | |
| | "十五"以来16年（2000~2016年） | | "十一五"以来11年（2005~2016年） | | "十二五"以来6年（2010~2016年） | | 基数值纵向检测（2015年=100） | | 无差距横向检测（理想值=100） | |
	检测指数	排序	检测指数	排序	检测指数	排序	检测指数	排序	检测指数	排序
全 国	**169.13**	—	**140.89**	—	**118.47**	—	**102.20**	—	**85.49**	—
上 海	150.65	29	130.17	29	109.85	31	100.42	29	95.50	1
北 京	162.19	21	140.13	18	115.62	24	102.01	13	94.68	2
浙 江	158.48	22	132.48	26	114.13	26	103.05	7	94.12	3
广 东	155.44	25	136.13	24	118.62	19	104.08	3	92.21	5
江 苏	169.44	14	141.49	16	118.59	20	102.83	8	91.71	6
福 建	164.96	20	142.54	14	120.93	15	101.91	14	91.66	7
天 津	174.72	9	148.27	8	127.26	1	100.65	27	90.75	8
山 东	154.96	28	133.61	25	112.58	28	102.18	12	87.49	15
河 北	184.42	2	146.95	10	125.06	5	102.19	11	87.03	16
海 南	165.58	16	147.19	9	122.76	10	101.16	24	84.90	18
东 部	**164.91**	**[3]**	**138.90**	**[3]**	**117.26**	**[3]**	**102.69**	**[1]**	**88.26**	**[1]**
安 徽	187.72	1	151.21	3	124.35	8	104.10	2	89.80	9
湖 北	165.17	18	142.49	15	121.93	11	103.58	5	88.98	12
湖 南	155.20	26	136.71	23	119.12	18	101.32	23	88.66	13
江 西	168.59	15	139.79	19	119.85	17	101.36	21	86.51	17
山 西	170.46	13	141.33	17	120.14	16	102.22	10	83.23	20
河 南	175.50	8	149.15	5	117.98	22	100.75	25	83.03	21
中 部	**169.56**	**[2]**	**143.80**	**[2]**	**120.26**	**[2]**	**102.12**	**[3]**	**86.46**	**[2]**
辽 宁	165.05	19	139.35	21	121.71	12	104.19	1	92.66	4
黑龙江	147.52	30	125.63	31	111.23	30	101.84	15	83.39	19
吉 林	146.66	31	129.20	30	112.42	29	100.11	30	82.22	26

续表

地区	各五年期起始年纵向检测（基数值＝100）						2016 年度检测			
	"十五"以来16 年（2000～2016 年）		"十一五"以来11 年（2005～2016 年）		"十二五"以来6 年（2010～2016 年）		基数值纵向检测（2015 年＝100）		无差距横向检测（理想值＝100）	
	检测指数	排序	检测指数	排序	检测指数	排序	检测指数	排序	检测指数	排序
东 北	**154.27**	[4]	**131.57**	[4]	**115.15**	[4]	**102.27**	[2]	**86.33**	[3]
四 川	178.34	6	150.28	4	126.43	2	101.79	17	89.08	10
重 庆	178.08	7	146.24	11	124.63	7	102.29	9	88.99	11
内蒙古	181.41	4	148.36	7	121.54	13	101.80	16	88.18	14
陕 西	178.95	5	152.40	1	118.54	21	101.68	18	83.02	22
广 西	155.15	27	130.45	27	117.68	23	101.38	20	82.77	23
新 疆	172.66	10	149.05	6	123.78	9	100.51	28	82.57	24
青 海	171.41	11	142.77	13	121.14	14	101.52	19	82.28	25
宁 夏	165.40	17	138.06	22	115.19	25	98.98	31	81.44	27
贵 州	170.58	12	151.33	3	125.37	4	103.10	6	81.11	28
甘 肃	182.58	3	144.03	12	124.72	6	101.34	22	80.72	29
云 南	158.30	23	139.79	20	113.98	27	100.65	26	80.19	30
西 藏	155.57	24	130.24	28	125.53	3	103.96	4	77.03	31
西 部	**170.67**	[1]	**144.51**	[1]	**121.67**	[1]	**101.63**	[4]	**83.63**	[4]

1. 各年度理想值横向检测指数

2016 年度无差距横向检测物质消费指数，全国为 85.49，即设各类人均值城乡、地区无差距为理想值 100 加以比较衡量，全国总体尚存差距 14.51 个点。17 个省域此项指数高于全国指数，即物质消费指数检测结果高于全国平均水平；14 个省域此项指数低于全国指数，即物质消费指数检测结果低于全国平均水平。

在此项检测中，上海、北京、浙江、辽宁、广东占据前 5 位。上海此项指数 95.50 最高，高于全国总体指数 10.01 个点；西藏此项指数 77.03 最低，低于全国总体指数 8.46 个点。

2. 2000 年以来基数值纵向检测指数

"十五"以来 16 年纵向检测物质消费指数，全国为 169.13，即设 2000 年为基数值 100 加以对比衡量，至 2016 年提升 69.13%。14 个省域此项指数高于全国指数，即物质消费指数提升速度高于全国平均速度；17个省域此项指数低于全国指数，即物质消费指数提升速度低于全国平均速度。

在此项检测中，安徽、河北、甘肃、内蒙古、陕西占据前5位。安徽此项指数187.72最高，即指数提升高达87.72%；吉林此项指数146.66最低，即指数提升仅为46.66%。

3.2005年以来基数值纵向检测指数

"十一五"以来11年纵向检测物质消费指数，全国为140.89，即设2005年为基数值100加以对比衡量，至2016年提升40.89%。17个省域此项指数高于全国指数，即物质消费指数提升速度高于全国平均速度；14个省域此项指数低于全国指数，即物质消费指数提升速度低于全国平均速度。

在此项检测中，陕西、贵州、安徽、四川、河南占据前5位。陕西此项指数152.40最高，即指数提升高达52.40%；黑龙江此项指数125.63最低，即指数提升仅为25.63%。

4.2010年以来基数值纵向检测指数

"十二五"以来6年纵向检测物质消费指数，全国为118.47，即设2010年为基数值100加以对比衡量，至2016年提升18.47%。21个省域此项指数高于全国指数，即物质消费指数提升速度高于全国平均速度；10个省域此项指数低于全国指数，即物质消费指数提升速度低于全国平均速度。

在此项检测中，天津、四川、西藏、贵州、河北占据前5位。天津此项指数127.26最高，即指数提升高达27.26%；上海此项指数109.85最低，即指数提升仅为9.85%。

5.逐年度基数值纵向检测指数

2016年度基数值纵向检测物质消费指数，全国为102.20，即设上年（2015年）为基数值100加以对比衡量，至2016年提升2.20%。10个省域此项指数高于全国指数，即物质消费指数提升速度高于全国平均速度；21个省域此项指数低于全国指数，即物质消费指数提升速度低于全国平均速度。

在此项检测中，辽宁、安徽、广东、西藏、湖北占据前5位。辽宁此项指数 104.19 最高，即指数提升 4.19%；宁夏此项指数 98.98 最低，即指数降低 1.02%。

现有增长关系格局存在经济增长与民生发展不够协调的问题，存在城乡、区域间民生发展不够均衡的问题，维持现有格局既有增长关系并非应然选择。实现经济、社会、民生发展的协调性，增强城乡、区域发展的均衡性，均为"全面建成小康社会"的既定目标，有些甚至具体化为约束性指标。假定全国及各地城乡比、地区差不再扩大以至消除，物质消费增长将更加趋于平衡，各地排行也将发生变化，可为"全面建成小康社会"进程最后攻坚起到"倒计时"预测提示作用。

五 "全面小康"目标年物质消费增长预测

1. 实现物质消费比重最佳值及最小城乡比应然测算

居民物质消费率、消费比持续降低，亦即物质消费比重呈降低态势，而消除城乡差距的第一步是缩小城乡差距。按全国及各地物质消费比重历年最低值测算 2020 年物质消费总量、人均值，再取物质消费历年最小城乡比进行演算。

据此假定推演物质消费"应然增长"动向，亦即协调增长"应有目标"，预测全国及各地 2020 年物质消费主要数据及物质消费指数见表 6，分区域以 2016～2020 年纵向检测假定目标差距位次排列。

假定实现物质消费比重最佳值及最小城乡比测算，2020 年全国城乡物质消费总量应达 285036.13 亿元，人均值应为 20250.95 元。20 个省域人均值高于全国人均值，11 个省域人均值低于全国人均值。其中，上海人均值 36976.40 元最高，高达全国人均值的 182.59%；山西人均值 13299.45 元最低，低至全国人均值的 65.67%。

全国城乡物质消费地区差应为 1.3003，即 31 个省域人均值与全国人均值的绝对偏差平均值为 30.03%。17 个省域地区差小于全国地区差，14 个省域地区差大于全国地区差。其中，吉林地区差 1.0003 最小，即与全国人

表6　全国及各地2020年物质消费合计应然增长测算

地区	实现物质消费比重最佳值及最小城乡比测算				物质消费专项指数测算			
	物质消费合计		人均值差距		2016~2020年纵向检测（2016年基数值=100）		2020年度横向检测（无差距理想值=100）	
	城乡总量（亿元）	城乡人均（元）	地区差（无差距=1）	城乡比（乡村=1）	差距指数	排序（倒序）	预测指数	排序
全　国	285036.13	20250.95	1.3003	2.2270	110.88	—	85.44	—
黑龙江	5084.97	13408.51	1.3379	2.1138	103.41	1	79.17	29
辽　宁	8088.31	18261.43	1.0982	2.3427	104.78	3	85.20	25
吉　林	5547.48	20257.88	1.0003	2.0659	127.31	23	94.83	17
东　北	18720.76	17081.06	1.1455	2.2242	107.97	[1]	83.53	[4]
河　北	10977.63	14296.56	1.2940	1.8967	103.85	2	81.31	28
浙　江	18275.13	31345.81	1.5479	1.6829	113.56	8	97.20	9
福　建	10813.48	27111.16	1.3388	1.8420	113.97	9	94.29	18
广　东	34550.13	29669.62	1.4651	2.0427	114.96	11	95.69	13
江　苏	24286.36	29714.09	1.4673	1.8093	115.92	12	96.07	10
北　京	8844.31	36457.81	1.8003	1.6458	115.93	13	94.99	16
海　南	1848.91	19517.97	1.0362	1.9889	117.89	14	90.30	23
天　津	6133.51	34526.02	1.7049	1.6142	119.54	16	97.94	8
上　海	9871.47	36976.40	1.8259	1.5392	119.78	17	95.78	11
山　东	23117.08	22707.52	1.1213	2.2036	120.83	19	94.04	19
东　部	148718.02	26885.53	1.4602	2.1486	112.85	[2]	89.61	[3]
山　西	5043.98	13299.45	1.3433	1.8436	109.47	6	82.14	26
河　南	15538.09	16217.81	1.1992	2.1297	114.54	10	85.66	24
安　徽	12520.14	20127.62	1.0061	1.6820	119.38	15	95.15	15
江　西	9867.31	21060.52	1.0400	1.7939	123.88	21	95.73	12
湖　南	18104.99	25909.16	1.2794	1.8410	127.33	24	100.36	5
湖　北	16045.58	27004.56	1.3335	1.7120	128.39	25	100.63	3
中　部	77120.09	20726.32	1.2002	1.8546	119.17	[3]	91.39	[1]
新　疆	3583.78	14128.26	1.3023	2.1667	106.17	4	78.30	30
甘　肃	3564.52	13630.46	1.3269	2.6347	107.50	5	77.95	31
云　南	6950.28	14248.38	1.2964	2.4318	112.82	7	81.96	27
四　川	18356.95	22175.66	1.0950	1.7871	120.21	18	95.61	14
宁　夏	1345.22	19155.07	1.0541	2.1399	123.71	20	90.77	22
青　海	1243.25	20385.80	1.0067	2.1690	125.88	22	91.74	21

137

地区	实现物质消费比重最佳值及最小城乡比测算				物质消费专项指数测算			
	物质消费合计		人均值差距		2016~2020年纵向检测(2016年基数值=100)		2020年度横向检测(无差距理想值=100)	
	城乡总量（亿元）	城乡人均（元）	地区差（无差距=1）	城乡比（乡村=1）	差距指数	排序（倒序）	预测指数	排序
内蒙古	8560.71	33385.48	1.6486	2.1798	130.91	26	100.50	4
重　庆	10548.05	33676.57	1.6630	1.8256	135.48	27	105.26	1
广　西	10952.55	22370.14	1.1046	1.9626	135.52	28	99.97	6
陕　西	9797.17	25493.02	1.2589	2.0329	136.16	29	99.42	7
西　藏	732.95	20923.00	1.0332	2.6763	138.47	30	93.19	20
贵　州	9085.75	25951.38	1.2815	2.4473	143.51	31	101.36	2
西　部	84721.18	22349.95	1.2559	2.1437	123.46	[4]	91.26	[2]

注：①全国及20个省域城乡比自身趋于缩小，保持缩小趋势至2020年即为最小城乡比；11个省域城乡比自身趋于扩大，同样按各自历年最小城乡比假定测算。②纵向检测排序取倒序，指数越低差距越小；横向检测指数普遍接近，四大区域差异明显减小，部分省域指数超出理想值100，由其他指标明显提升所致。③全国城乡比一般应在各地数值之间，此处"失常"由全国及各地分别假定测算所致。④表外附加城镇、乡村人均值按最小城乡比反推演算，势必突破相应背景数值关系，于是全国及各地物质消费与非物消费之和对应总消费测算数值或有出入，实属此项测算设计使然。

均值的绝对偏差为0.03%，仅为全国总体地区差的76.93%；上海地区差1.8259最大，即与全国人均值的绝对偏差为82.59%，高达全国总体地区差的140.42%。

基于城乡人均值测算反推，全国城镇物质消费人均值应为25653.21元。20个省域城镇人均值高于全国城镇人均值，11个省域城镇人均值低于全国城镇人均值。其中，内蒙古城镇人均值41083.49元最高，高达全国城镇人均值的160.15%；山西城镇人均值16224.77元最低，低至全国城镇人均值的63.25%。

基于城镇人均值演算反推，全国乡村物质消费人均值应为11519.01元，仅为城镇人均值的44.90%。22个省域乡村人均值高于全国乡村人均值，9个省域乡村人均值低于全国乡村人均值。其中，上海乡村人均值25123.27元最高，高达全国乡村人均值的218.10%；甘肃乡村人均值7519.94元最低，低至全国乡村人均值的65.28%。

全国物质消费城乡比应为2.2270，即全国城镇人均值为乡村人均值的222.70%，其间倍差为2.23。26个省域城乡比小于全国城乡比，5个省域城乡比大于全国城乡比。其中，上海城乡比1.5392最小，即城镇与乡村的人均值倍差为1.54，仅为全国总体城乡比的69.11%；西藏城乡比2.6763最大，即城镇与乡村的人均值倍差为2.68，高达全国总体城乡比的120.18%。

2016～2020年纵向检测物质消费指数，全国应为110.88，即设2016年为基数值100加以对比衡量，至2020年达到假定目标需提升10.88%。6个省域此项指数低于全国指数，即假定测算物质消费指数提升差距小于全国；25个省域此项指数高于全国指数，即假定测算物质消费指数提升差距大于全国。其中，黑龙江此项指数103.41最低，即达到假定增长测算目标的差距最小；贵州此项指数143.51最高，即达到假定增长测算目标的差距最大。

在此假定"应然目标"下，纵向检测指数即为差距测量结果，指数越低意味着差距越小，越容易实现。

2020年度横向检测物质消费指数，全国应为85.44，即设收入人均值城乡、地区无差距为理想值100加以比较衡量，全国总体尚存差距14.56个点。24个省域此项指数高于全国指数，即假定测算物质消费指数高于全国；7个省域此项指数依次低于全国指数，即假定测算物质消费指数低于全国。其中，重庆此项指数105.26最高，即达到假定目标情况下高于全国总体指数19.82个点；甘肃此项指数77.95最低，即达到假定目标情况下低于全国总体指数7.49个点。

在此项假定测算中，四大区域横向检测指数较为接近，地区性差异排序部分失去意义。由于预设全国所有省域同步达到"应然目标"，各地纵向检测差距愈大，倘若同时得以实现则横向检测排行有可能愈前，反之亦然。

保持物质消费比重降低态势，实现物质消费最小城乡比"应然目标"，本身即为"协调增长"的基本需要。在假定实现最小城乡比情况下，与2016年相比，全国物质消费城乡比应较明显缩小，30个省域城乡比相应缩小。在此项假定测算当中，由于全国及20个省域城乡比自身趋于缩小，保持缩小趋势至 2020 年即为最小城乡比；11 个省域城乡比自身趋于扩大，同样按各自历年最小城乡比假定测算，于是城乡综合演算的物质消费总量、人均值明显提升。由此可知，既有城乡差距在全国社会结构中的"非均衡性"影响极大。

但是，地区差距在全国社会结构中的"非均衡性"影响同样很大。假定各地按照自身历年最小城乡比测算下来，全国物质消费地区差将较明显扩大，19 个省域地区差相应扩大。

特别应当注意到，各地物质消费指数不仅普遍提升，而且相互接近，在四大区域之间尤为接近。

2. 实现物质消费比重最佳值并弥合城乡比理想测算

城乡差距系民生发展"非均衡性"的最主要成因，仅仅实现物质消费既往历年最小城乡比显然不够。假定全国及各地实现物质消费比重历年最佳值并同步弥合城乡比，以最小城乡比演算的各自城镇人均值作为城乡持平人均值进行测算，可以检测最终消除城乡差距的实际距离。

据此假定推演物质消费"理想增长"动向，亦即均衡发展"理想目标"，预测全国及各地 2020 年物质消费主要数据及物质消费指数见表 7，分区域以 2016～2020 年纵向检测假定目标差距位次排列。

假定实现物质消费比重最佳值并弥合城乡比测算，2020 年全国城乡物质消费总量应达 361074.08 亿元，城乡持平人均值应为 25653.21 元，即前面测算的城镇人均值水平。20 个省域人均值高于全国人均值，11 个省域人均值低于全国人均值。其中，内蒙古人均值 41083.49 元最高，高达全国人均值的 160.15%；山西人均值 16224.77 元最低，低至全国人均值的 63.25%。

全国城乡物质消费地区差应为 1.2597，即 31 个省域人均值与全国人均值的绝对偏差平均值为 25.97%。18 个省域地区差小于全国地区差，13 个省域地区差大于全国地区差。其中，江西地区差 1.0070 最小，即与全国人均值的绝对偏差为 0.70%，仅为全国总体地区差的 79.94%；内蒙古地区差 1.6015 最大，即与全国人均值的绝对偏差为 60.15%，高达全国总体地区差的 127.13%。

表7　全国及各地2020年物质消费合计理想增长测算

地区	实现物质消费比重最佳值并弥合城乡比测算			物质消费专项指数测算			
				2016~2020年纵向检测（2016年基数值=100）		2020年度横向检测（无差距理想值=100）	
	城乡总量（亿元）	城与乡人均值（元）	地区差（无差距=1）	差距指数	排序（倒序）	预测指数	排序
全　国	361074.08	25653.21	1.2597	144.98	—	96.56	—
黑龙江	6396.32	16866.42	1.3425	132.49	2	88.82	31
辽　宁	9772.80	22064.60	1.1399	139.95	10	94.19	27
吉　林	7126.52	26024.08	1.0145	160.14	24	104.95	9
东　北	23295.64	21352.59	1.1656	141.46	[1]	93.78	[4]
河　北	13672.98	17806.81	1.3059	129.20	1	89.87	30
浙　江	20789.86	35659.11	1.3900	132.64	3	101.78	15
北　京	9307.00	38365.07	1.4955	135.76	5	97.17	24
天　津	6505.52	36620.11	1.4275	135.78	6	99.70	20
福　建	12642.69	31697.26	1.2356	137.47	7	101.10	18
江　苏	27676.56	33861.95	1.3200	137.53	8	101.56	16
上　海	10323.61	38670.01	1.5074	139.66	9	96.90	25
广　东	40386.38	34681.45	1.3519	142.86	12	103.23	13
海　南	2302.60	24307.32	1.0525	146.45	14	99.20	21
山　东	28914.92	28402.65	1.1072	156.61	20	104.28	10
东　部	172522.10	32088.94	1.3194	144.03	[2]	99.05	[3]
山　西	6153.44	16224.77	1.3675	133.99	4	89.98	29
安　徽	15140.08	24339.47	1.0512	140.89	11	100.95	19
河　南	20480.73	21376.66	1.1667	149.25	16	97.52	23
江　西	12103.71	25833.85	1.0070	149.67	17	103.86	12
湖　北	18994.67	31967.85	1.2462	152.25	18	106.67	8
湖　南	22428.49	32096.30	1.2512	155.96	19	108.78	7
中　部	95301.12	25669.84	1.1816	147.20	[3]	100.35	[2]
新　疆	4832.61	19051.51	1.2573	143.72	13	91.19	28
四　川	22947.81	27721.53	1.0806	147.19	15	104.11	11
宁　夏	1702.26	24239.08	1.0551	157.23	21	101.15	17
甘　肃	5181.35	19813.12	1.2277	157.66	22	95.24	26
云　南	9820.54	20132.56	1.2152	158.26	23	97.85	22
重　庆	12351.89	39435.68	1.5373	162.48	25	110.87	3
青　海	1634.30	26797.99	1.0446	164.43	26	103.11	14
内蒙古	10534.64	41083.49	1.6015	165.68	27	109.73	5

续表

地区	实现物质消费比重最佳值并弥合城乡比测算			物质消费专项指数测算			
				2016～2020年纵向检测(2016年基数值=100)		2020年度横向检测(无差距理想值=100)	
	城乡总量(亿元)	城与乡人均值(元)	地区差(无差距=1)	差距指数	排序(倒序)	预测指数	排序
广　西	14244.88	29094.59	1.1342	170.49	28	110.46	4
陕　西	12215.45	31785.58	1.2390	171.10	29	108.99	6
贵　州	12877.07	36780.42	1.4338	197.30	30	117.42	1
西　藏	1298.44	37065.32	1.4449	212.76	31	116.69	2
西　部	109641.24	29307.77	1.2726	161.41	[4]	103.30	[1]

注：纵向检测排序取倒序，指数越低差距越小；横向检测指数普遍接近理想值100，各地尚存地区差距影响，但全国地区差略微缩小，较多省域指数超出理想值100，由其他指标明显提升所致。

2016～2020年纵向检测物质消费指数，全国应为144.98，即设2016年为基数值100加以对比衡量，至2020年达到假定目标需提升44.98%。13个省域此项指数低于全国指数，即假定测算物质消费指数提升差距小于全国；18个省域此项指数高于全国指数，即假定测算物质消费指数提升差距大于全国。其中，河北此项指数129.20最低，即达到假定增长测算目标的差距最小；西藏此项指数212.76最高，即达到假定增长测算目标的差距最大。

在此假定"理想目标"下，纵向检测指数即为差距测量结果，指数越低意味着差距越小，越容易实现。

2020年度横向检测物质消费指数，全国应为96.56，即设各类人均值城乡、地区无差距为理想值100加以比较衡量，全国总体仅存差距3.44个点。25个省域此项指数高于全国指数，即假定测算物质消费指数略高于全国；6个省域此项指数低于全国指数，即假定测算物质消费指数略低于全国。其中，贵州此项指数117.42最高，即达到假定目标情况下高于全国总体指数20.86个点；黑龙江此项指数88.82最低，即达到假定目标情况下低于全国总体指数7.74个点。

在此项假定测算中，四大区域横向检测指数较为接近，地区性差异排序部分失去意义。由于预设全国所有省域同步达到"理想目标",各地纵向检测差距愈大,倘若同时得以实现则横向检测排行有可能愈前,反之亦然。

实现弥合物质消费城乡比"理想目标",本身即为"均衡发展"的理念要求。在假定弥合城乡比情况下,与2016年相比,全国物质消费地区差亦随之略微缩小,17个省域地区差相应缩小。据此假定测算可见,由于预设乡村物质消费高速增长,到2020年人均值与城镇持平,全国及各地城乡综合演算的物质消费总量、人均值大幅提升。由此得知,正是既有城乡差距加大了全国"非均衡性"地区差距。

特别应当注意到,各地物质消费指数普遍十分接近,在四大区域之间更为明显。

设置"应然目标"和"理想目标"展开测算,特别针对中国社会结构体制造成的"非均衡性"地区鸿沟和城乡鸿沟。本项检测回溯"全面小康"建设进程展开测算推演,倘若保持2000年以来全国及各地物质消费增长变化态势,到2020年全国物质消费地区差将为1.2773,略微高于当前物质消费地区差;物质消费城乡比将为2.2299,较明显低于当前物质消费城乡比。这意味着,物质消费地区差和城乡比依然明显存在,甚至继续略微扩大,仅仅"维持现状"任其"自然增长"显然不够。彻底消除全国及各地民生发展各个方面的地区差距和城乡差距,还需要强有力的政策措施和长时期的持续努力,期待新中国成立百年之际得以基本弥合。

R.6
全国省域居民非物消费指数排行
——2016年检测与2020年测算

赵娟 王亚南 杨媛媛*

摘 要: 非物消费指数系"中国人民生活发展指数检测体系"五个二级子系统之四,亦为相对独立的"中国民生消费需求景气评价体系"重要组成部分。从2000年以来基数值纵向检测可以看出,西部非物消费指数提升最高,中部次之,东北再次,东部稍低,表明区域均衡发展国家方略已见成效;西藏、贵州、青海、宁夏、安徽占据前5位。2016年无差距理想值横向检测发现,差距仍在于各方面协调性、均衡性还不够理想;辽宁、浙江、黑龙江、天津、宁夏占据前5位。假定全国同步实现非物消费历年最小城乡比直至弥合城乡比,民生发展指数将更加明显提升。

关键词: 全面小康 非物消费 专项指数 测评排行

非物消费指数系"中国人民生活发展指数检测体系"五个二级子系统之四,亦为相对独立的"中国民生消费需求景气评价体系"重要组成部分,

---

* 赵娟,云南省社会科学院文化发展研究中心副研究员,主要从事古典文学、民族文化和文化产业研究;王亚南,云南省社会科学院研究员,文化发展研究中心主任,主要从事民俗学、民族学及文化理论、文化战略和文化产业研究;杨媛媛,云南省社会科学院财务部副主任、助理研究员,主要从事区域经济研究。

在整个指标系统综合演算中的权重倒序第一却超自身比重（详见技术报告表3、表4）。

非物消费为基本消费之余的"扩展性需求"，直接体现国民生活步入"全面小康"的历史性进步，其中"社会生活交往"需求和"精神文化生活"消费值得格外注意。各个子系统基础数据皆来源于国家统计局《中国统计年鉴》，均采用检测指标自足设计方式，分别实现与其余子系统对应数据的相关性分析测算，独立完成专项检测指数演算，最后汇总成为人民生活发展综合指数。

一 非物消费总量增长基本情况

根据正式出版公布的既往年度统计数据和最新年度统计数据，按照本项研究检测的构思设计进行演算，全国及各地非物消费总量增长状况见表1，分区域以份额增减变化位次排列。

表1 全国及各地非物消费合计总量增长状况

地区	2000 年非物消费总量		2016 年非物消费总量		16 年间总量增长变化			
	城乡总量（亿元）	占全国份额（%）	城乡总量（亿元）	占全国份额（%）	年均增长指数 上年=1	排序	份额增减变化 变化（%）	排序
全 国	**10589.20**	**100.00**	**84007.03**	**100.00**	**1.1382**	**—**	**—**	**—**
河 南	458.26	4.33	4304.89	5.12	1.1503	7	18.41	7
安 徽	340.05	3.21	3116.24	3.71	1.1485	8	15.51	8
山 西	209.89	1.98	1908.32	2.27	1.1479	9	14.61	9
江 西	233.23	2.20	1915.52	2.28	1.1407	16	3.53	16
湖 南	533.41	5.04	4061.63	4.83	1.1353	20	-4.02	20
湖 北	450.73	4.26	3307.20	3.94	1.1327	23	-7.51	23
中 部	**2225.58**	**20.53**	**18613.80**	**22.23**	**1.1420**	**[1]**	**8.31**	**[1]**
宁 夏	38.32	0.36	440.91	0.52	1.1650	1	45.04	1
青 海	33.11	0.31	347.85	0.41	1.1584	2	32.45	2
新 疆	124.55	1.18	1269.01	1.51	1.1561	3	28.43	3
贵 州	159.89	1.51	1542.79	1.84	1.1522	4	21.63	4
云 南	242.81	2.29	2165.84	2.58	1.1466	10	12.44	10

续表

地区	2000 年非物消费总量		2016 年非物消费总量		16 年间总量增长变化			
	城乡总量（亿元）	占全国份额（%）	城乡总量（亿元）	占全国份额（%）	年均增长指数		份额增减变化	
					上年=1	排序	变化（%）	排序
甘　肃	136.86	1.29	1208.07	1.44	1.1458	11	11.27	11
内蒙古	202.64	1.91	1722.90	2.05	1.1431	14	7.17	14
陕　西	251.71	2.38	2076.94	2.47	1.1410	15	4.01	15
西　藏	8.32	0.08	64.84	0.08	1.1369	17	-1.74	17
四　川	525.52	4.96	3971.05	4.73	1.1347	21	-4.75	21
重　庆	240.42	2.27	1665.22	1.98	1.1286	27	-12.69	27
广　西	302.45	2.86	2011.77	2.39	1.1257	29	-16.16	29
西　部	**2266.59**	**20.91**	**18487.20**	**22.08**	**1.1402**	**[2]**	**5.63**	**[2]**
辽　宁	394.61	3.73	3437.94	4.09	1.1449	12	9.82	12
吉　林	223.26	2.11	1654.82	1.97	1.1334	22	-6.57	22
黑龙江	317.71	3.00	2209.77	2.63	1.1289	25	-12.33	25
东　北	**935.58**	**8.63**	**7302.53**	**8.72**	**1.1370**	**[3]**	**1.08**	**[3]**
河　北	407.99	3.85	3875.27	4.61	1.1511	5	19.73	5
天　津	147.21	1.39	1396.86	1.66	1.1510	6	19.61	6
江　苏	756.50	7.14	6444.21	7.67	1.1433	13	7.38	13
北　京	332.16	3.14	2576.91	3.07	1.1366	18	-2.21	18
海　南	55.84	0.53	428.23	0.51	1.1358	19	-3.33	19
山　东	802.74	7.58	5882.18	7.00	1.1326	24	-7.63	24
浙　江	745.35	7.04	5170.70	6.16	1.1287	26	-12.55	26
上　海	419.99	3.97	2904.37	3.46	1.1285	28	-12.83	28
福　建	351.94	3.32	2302.83	2.74	1.1246	30	-17.52	30
广　东	1393.79	13.16	8329.16	9.91	1.1182	31	-24.67	31
东　部	**5413.50**	**49.93**	**39310.72**	**46.96**	**1.1319**	**[4]**	**-5.96**	**[4]**

注：①全国及各省域分别演算未予平衡，省域总量之和不等于全国总量，四大区域占全国份额
已加以平衡。②数据演算屡经四舍五入，可能出现细微出入，属于演算常规无误。③年均增长指数
取4位小数，以便精确排序，全文同。

2000 年，全国城乡非物消费总量为 10589.20 亿元；2016 年，全国城乡
非物消费总量为 84007.03 亿元。2000 年以来 16 年间，全国城乡非物消费
总量年均增长 13.82%。16 个省域总量年均增长高于全国平均增长，15 个
省域总量年均增长低于全国平均增长。其中，宁夏总量年均增长 16.50% 最

高，高于全国总量年增 2.68 个百分点；广东总量年均增长 11.82% 最低，低于全国总量年增 2.00 个百分点。

全国非物消费总量始终为份额基准 100，基于各地历年不同增长状况，中部总量份额上升，增高 8.31%；西部总量份额上升，增高 5.63%；东北总量份额上升，增高 1.08%；东部总量份额下降，下降 5.96%。总量份额变化取百分点将易于直观对比，但取百分比则更有利于精确排序。

16 个省域总量占全国份额上升，15 个省域总量占全国份额下降。其中，宁夏总量份额变化态势最佳，增高 45.04%；广东总量份额变化态势不佳，降低 24.67%。各省域总量份额变化取决于年均增长幅度，其份额增减程度取百分比演算，排序结果即与年均增长指数排序一致。

非物消费增长放到相关背景中考察更有意义。全国非物消费总量历年平均增长率为 13.82%，高于产值年增 0.48 个百分点，低于财政支出年增 2.87 个百分点；高于居民收入年增 0.65 个百分点，低于居民积蓄年增 1.00 个百分点；高于居民总消费年增 1.21 个百分点，高于物质消费年增 1.77 个百分点。按分类单项消费增长率高低衡量，全国非物消费增长主要在于交通消费增长，其次在于医疗消费增长，而文教消费、其他消费增长低于整个非物消费增长。

相关系数检测可谓相关性分析最简便的通用方式，同时检验两组数据链历年增减变化趋势是否一致、变化程度是否相近、变化动向是否稳定。相关系数 1 为绝对相关，完全同步；0 为无相关性，完全不同步；－1 为绝对负相关，完全逆向同步。设数据项 A 历年增幅变化为 N，若数据项 B 历年增幅（降幅绝对值）愈接近 N（高低不论），即保持趋近性（正负不论），或历年增幅（降幅绝对值）存在固有差距（高低不论）但上下波动变化愈小，即保持平行（逆向）同步性，则二者相关系数（负值）愈高；反之相关系数（负值）愈低。

非物消费历年增长相关系数（可简化理解为增长同步程度）如下。

（1）与总消费之间全国为 － 0.0821，呈极弱负相关，3 个省域呈负相关；海南最高为 0.7993，天津最低为 － 0.2870。

（2）与交通消费之间全国为 0.8969，呈较强正相关，14 个省域呈 75% 以上强相关，7 个省域呈 60% 以下弱相关；广东最高为 0.9127，安徽最低为 0.3624。

（3）与文教消费之间全国为 0.6939，呈较弱正相关，12 个省域呈 75% 以上强相关，8 个省域呈 60% 以下弱相关；北京最高为 0.9149，吉林最低为 -0.0629。

（4）与医疗消费之间全国为 0.5375，呈很弱正相关，16 个省域呈 60% 以下弱相关；吉林最高为 0.8495，上海最低为 0.0526。

（5）与其他消费之间全国为 0.2713，呈极弱正相关，27 个省域呈 60% 以下弱相关，其中 4 个省域呈负相关；安徽最高为 0.7427，湖北最低为 -0.3176。

对应数据链之间增长变化相关系数的高低、正负差异在于，其间增长动向的同步性是强还是弱，增幅升降的趋向性相近或是相左。后台数据库检测表明，2000～2016 年，全国非物消费年均增长明显高于居民总消费增长，极显著低于交通消费增长，显著高于文教消费增长，较明显低于医疗消费增长，极显著高于其他消费增长。

二 非物消费人均值相关均衡性检测

1. 城乡综合人均值及其地区差

全国及各地非物消费人均值地区差变化状况见表 2，分区域以地区差扩减变化倒序位次排列。

2000 年，全国城乡非物消费人均值为 838.65 元。10 个省域人均值高于全国人均值，21 个省域人均值低于全国人均值。其中，上海人均值 2696.55 元最高，高达全国人均值的 321.53%；西藏人均值 323.68 元最低，低至全国人均值的 38.59%。

2016 年，全国城乡非物消费人均值为 6093.36 元。9 个省域人均值高于全国人均值，22 个省域人均值低于全国人均值。其中，上海人均值

12013.25 元最高，高达全国人均值的 197.15％；西藏人均值 1980.01 元最低，低至全国人均值的 32.49％。

表2　全国及各地非物消费合计人均值地区差变化状况

地区	2000 年非物消费地区差			2016 年非物消费地区差			16 年间地区差扩减（负值缩小为佳，取倒序）	
	城乡综合人均值		地区差（无差距=1）	城乡综合人均值		地区差（无差距=1）	百分比（％）	排序
	人均值（元）	排序		人均值（元）	排序			
全　国	**838.65**	—	**1.4162**	**6093.36**	—	**1.2510**	**−11.67**	—
广　东	1861.24	3	2.2193	7624.64	7	1.2513	−43.62	1
上　海	2696.55	1	3.2153	12013.25	1	1.9715	−38.68	2
北　京	2541.39	2	3.0303	11865.60	2	1.9473	−35.74	3
浙　江	1643.37	4	1.9595	9292.31	3	1.5250	−22.17	4
福　建	1046.51	6	1.2479	5971.29	11	1.0200	−18.26	5
天　津	1502.13	5	1.7911	8986.08	4	1.4747	−17.67	6
河　北	614.08	23	1.2678	5203.48	20	1.1460	−9.61	11
山　东	897.87	9	1.0706	5943.35	13	1.0246	−4.30	19
江　苏	1040.57	7	1.2408	8067.72	5	1.3240	6.71	28
海　南	720.01	16	1.1415	4685.70	24	1.2310	7.84	29
东　部	**1263.02**	**[1]**	**1.8184**	**7454.39**	**[1]**	**1.3916**	**−23.47**	**[1]**
安　徽	543.09	27	1.3524	5050.80	22	1.1711	−13.41	9
河　南	485.58	29	1.4210	4528.61	27	1.2568	−11.56	10
山　西	650.62	20	1.2242	5195.44	21	1.1474	−6.27	14
湖　北	757.66	15	1.0966	5635.76	16	1.0751	−1.96	20
江　西	556.63	26	1.3363	4183.44	29	1.3134	−1.71	21
湖　南	814.74	13	1.0285	5970.77	12	1.0201	−0.82	22
中　部	**624.97**	**[4]**	**1.2432**	**5085.95**	**[3]**	**1.1640**	**−6.37**	**[2]**
青　海	644.70	21	1.2313	5888.67	14	1.0336	−16.06	7
贵　州	428.31	30	1.4893	4355.40	28	1.2852	−13.70	8
甘　肃	536.70	28	1.3600	4637.92	25	1.2389	−8.90	12
宁　夏	698.59	17	1.1670	6566.71	9	1.0777	−7.65	13
陕　西	693.21	18	1.1734	5461.32	18	1.1037	−5.94	15
四　川	612.78	24	1.2693	4823.34	23	1.2084	−4.80	16
新　疆	687.56	19	1.1802	5334.50	19	1.1245	−4.72	17
云　南	575.86	25	1.3134	4553.53	26	1.2527	−4.62	18

续表

地区	2000 年非物消费地区差			2016 年非物消费地区差			16 年间地区差扩减（负值缩小为佳，取倒序）	
	城乡综合人均值		地区差（无差距＝1）	城乡综合人均值		地区差（无差距＝1）		
	人均值（元）	排序		人均值（元）	排序		百分比（％）	排序
重 庆	779.71	14	1.0703	5491.65	17	1.0987	2.65	24
西 藏	323.68	31	1.6141	1980.01	31	1.6751	3.78	25
广 西	639.22	22	1.2378	4176.39	30	1.3146	6.20	27
内蒙古	856.10	10	1.0208	6849.06	8	1.1240	10.11	30
西 部	**629.28**	**[3]**	**1.2606**	**4959.98**	**[4]**	**1.2114**	**－3.90**	**[3]**
吉 林	836.18	12	1.0030	6032.55	10	1.0100	0.70	23
黑龙江	836.18	11	1.0029	5807.00	15	1.0470	4.40	26
辽 宁	944.60	8	1.1263	7848.83	6	1.2881	14.37	31
东 北	**878.72**	**[2]**	**1.0441**	**6681.97**	**[2]**	**1.1150**	**6.79**	**[4]**

注：本文恢复自行演算城乡人均值，非物消费城乡人均值由人民生活消费支出后 4 类（交通通信、教育文化娱乐、医疗卫生、其他用品及服务，分别简称"交通、文教、医疗、其他"）城乡综合人均值合计构成。

2000 年以来 16 年间，全国城乡非物消费人均值年均增长 13.20%。18 个省域人均值年均增长高于全国平均增长，13 个省域人均值年均增长低于全国平均增长。其中，贵州人均值年均增长 15.60% 最高，高于全国人均值年增 2.40 个百分点；广东人均值年均增长 9.21% 最低，低于全国人均值年增 3.99 个百分点。

各省域地区差指数依据其人均值与全国人均值的绝对偏差进行演算，全国和四大区域地区差取相应省域与全国人均值的绝对偏差平均值进行演算。当地人均值增大本身具有正面效应，但本来高于全国人均值的省域会导致地区差继续扩大，带来负面效应；而本来低于全国人均值的省域则导致地区差逐渐缩小，带来正面效应。

2000 年，全国城乡非物消费地区差为 1.4162，即 31 个省域人均值与全国人均值的绝对偏差平均值为 41.62%。23 个省域地区差小于全国地区差，

8个省域地区差大于全国地区差。其中，黑龙江地区差1.0029最低，即与全国人均值的绝对偏差为0.29%，仅为全国总体地区差的70.82%；上海地区差3.2153最高，即与全国人均值的绝对偏差为221.53%，高达全国总体地区差的227.04%。

2016年，全国城乡非物消费地区差为1.2510，即31个省域人均值与全国人均值的绝对偏差平均值为25.10%。18个省域地区差小于全国地区差，13个省域地区差大于全国地区差。其中，吉林地区差1.0100最低，即与全国人均值的绝对偏差为1.00%，仅为全国总体地区差的80.73%；上海地区差1.9715最高，即与全国人均值的绝对偏差为97.15%，高达全国总体地区差的157.59%。

基于全国及各地城乡非物消费历年不同增长状况，与2000年相比，全国地区差显著缩小11.67%。同期，22个省域地区差缩小，9个省域地区差扩大。这无疑表明，全国及绝大部分省域非物消费增长变化态势已经转入"区域均衡发展"的健康轨道。9个省域地区差变化态势好于全国地区差变化态势，22个省域地区差变化态势逊于全国地区差变化态势。其中，广东地区差变化态势最佳，缩减43.62%；辽宁地区差变化态势不佳，扩增14.37%。

本项检测体系的地区差距相关性考察在经济、财政、民生全数据链当中通约演算，各地经济、社会、民生发展的地区差距具有贯通性。全国及各地产值地区差动态有可能影响居民生活各方面地区差变化，随之居民收入、总消费、物质消费或非物消费、积蓄地区差动态又有可能影响各分类单项消费地区差变化。

非物消费历年地区差变动相关系数（可简化理解为地区差变化同步程度）如下。

（1）与总消费之间全国为0.8787，呈较强正相关，21个省域呈75%以上强相关，8个省域呈60%以下弱相关；广东最高为0.9826，重庆最低为−0.3172。

（2）与交通消费之间全国为0.9795，呈极强正相关，17个省域呈75%

以上强相关，7 个省域呈 60% 以下弱相关；广东最高为 0.9651，山东最低为 0.0069。

（3）与文教消费之间全国为 0.9599，呈极强正相关，21 个省域呈 75% 以上强相关，8 个省域呈 60% 以下弱相关；上海最高为 0.9789，吉林最低为 0.0669。

（4）与医疗消费之间全国为 0.7665，呈稍强正相关，8 个省域呈 75% 以上强相关，19 个省域呈 60% 以下弱相关；北京最高为 0.9642，宁夏最低为 −0.7797。

（5）与其他消费之间全国为 0.8281，呈稍强正相关，8 个省域呈 75% 以上强相关，17 个省域呈 60% 以下弱相关；河南最高为 0.9474，重庆最低为 −0.4146。

2000～2016 年，全国非物消费地区差缩小 11.67%，与之对应的数据链之间地区差变化相关系数的高低、正负差异在于，其间地区差扩减幅度的同步性是强还是弱，扩减变化的趋向性相近或是相左。后台数据库检测表明，全国居民总消费地区差缩小 6.26%，交通消费地区差缩小 12.65%，文教消费地区差缩小 11.09%，医疗消费地区差缩小 11.23%，其他消费地区差缩小 5.22%。

2. 城镇与乡村人均值及其城乡比

全国及各地非物消费人均值城乡比变化状况见表 3，分区域以城乡比扩减变化倒序位次排列。

2000 年，全国城镇非物消费人均值为 1599.44 元。11 个省域城镇人均值高于全国城镇人均值，20 个省域城镇人均值低于全国城镇人均值。其中，北京城镇人均值 2969.85 元最高，高达全国城镇人均值的 185.68%；江西城镇人均值 1019.13 元最低，低至全国城镇人均值的 63.72%。

同年，全国乡村非物消费人均值为 419.88 元。11 个省域乡村人均值高于全国乡村人均值，20 个省域乡村人均值低于全国乡村人均值。其中，上海乡村人均值 1164.96 元最高，高达全国乡村人均值的 277.45%；西藏乡村人均值 56.96 元最低，低至全国乡村人均值的 13.57%。

表3 全国及各地非物消费合计人均值城乡比变化状况

地区	2000 年非物消费城乡比			2016 年非物消费城乡比			16 年间城乡比扩减(负值缩小为佳,取倒序)	
	城镇人均值(元)	乡村人均值(元)	城乡比(乡村=1)	城镇人均值(元)	乡村人均值(元)	城乡比(乡村=1)	百分比(%)	排序
全 国	1599.44	419.88	3.8093	8036.96	3545.50	2.2668	−40.49	—
西 藏	1493.25	56.96	26.2160	4302.68	1046.92	4.1099	−84.32	1
青 海	1406.75	248.65	5.6576	7782.49	3920.10	1.9853	−64.91	2
贵 州	1247.35	179.11	6.9641	6602.62	2654.33	2.4875	−64.28	3
云 南	1707.50	241.59	7.0678	6949.23	2657.19	2.6153	−63.00	4
重 庆	1739.51	320.18	5.4329	6940.73	3149.87	2.2035	−59.44	5
广 西	1413.42	347.34	4.0693	5627.96	2859.25	1.9683	−51.63	7
四 川	1427.07	325.98	4.3778	6706.39	3053.12	2.1966	−49.82	9
甘 肃	1352.24	284.97	4.7452	6903.29	2862.22	2.4119	−49.17	10
宁 夏	1465.84	339.68	4.3154	8732.74	3836.33	2.2763	−47.25	14
新 疆	1482.22	287.38	5.1577	7995.32	2898.51	2.7584	−46.52	16
内蒙古	1386.43	470.34	2.9477	8184.14	4783.04	1.7111	−41.95	18
陕 西	1399.20	367.31	3.8093	7355.48	3180.39	2.3128	−39.29	20
西 部	1459.68	305.25	4.7819	6949.05	3012.74	2.3066	−51.76	[1]
山 西	1355.63	284.11	4.7715	6941.61	3006.90	2.3086	−51.62	8
安 徽	1188.27	302.76	3.9248	6683.97	3334.00	2.0048	−48.92	11
河 南	1122.80	299.30	3.7514	6089.85	3105.98	1.9607	−47.73	12
湖 北	1303.45	404.34	3.2236	6847.88	3997.38	1.7131	−46.86	15
湖 南	1658.77	469.83	3.5306	8043.16	3741.57	2.1497	−39.11	21
江 西	1019.13	384.36	2.6515	5611.56	2613.69	2.1470	−19.03	28
中 部	1286.74	355.23	3.6222	6715.85	3319.92	2.0229	−44.15	[2]
河 北	1434.92	333.60	4.3013	6665.57	3598.59	1.8523	−56.94	6
山 东	1655.87	456.65	3.6261	7538.60	3738.57	2.0164	−44.39	17
海 南	1324.57	336.66	3.9344	6254.45	2692.94	2.3225	−40.97	19
天 津	1838.91	656.01	2.8032	9699.84	5553.53	1.7466	−37.69	23
浙 江	2435.73	930.69	2.6171	10890.38	6133.83	1.7755	−32.16	24
广 东	2847.40	719.82	3.9557	9476.11	3511.96	2.6982	−31.79	25
江 苏	1634.65	636.70	2.5674	9477.44	5189.85	1.8261	−28.87	26
福 建	1614.10	659.39	2.4479	7338.45	3633.17	2.0198	−17.49	29

地区	2000 年非物消费城乡比			2016 年非物消费城乡比			16 年间城乡比扩减（负值缩小为佳，取倒序）	
	城镇人均值（元）	乡村人均值（元）	城乡比（乡村=1）	城镇人均值（元）	乡村人均值（元）	城乡比（乡村=1）	百分比（%）	排序
北　京	2969.85	1100.20	2.6994	12903.02	5211.64	2.4758	-8.28	30
上　海	2908.28	1164.96	2.4965	12923.02	5496.29	2.3512	-5.82	31
东　部	**2135.67**	**579.24**	**3.6870**	**9195.89**	**4170.37**	**2.2051**	**-40.19**	**[3]**
黑龙江	1257.98	397.21	3.1670	6950.27	4162.13	1.6699	-47.27	13
吉　林	1279.95	407.72	3.1393	7652.65	4000.58	1.9129	-39.07	22
辽　宁	1352.74	471.55	2.8687	9581.96	4272.13	2.2429	-21.81	27
东　北	**1301.92**	**427.88**	**3.0427**	**8264.93**	**4152.78**	**1.9902**	**-34.59**	**[4]**

2016 年，全国城镇非物消费人均值为 8036.96 元。10 个省域城镇人均值高于全国城镇人均值，21 个省域城镇人均值低于全国城镇人均值。其中，上海城镇人均值 12923.02 元最高，高达全国城镇人均值的 160.79%；西藏城镇人均值 4302.68 元最低，低至全国城镇人均值的 53.54%。

同年，全国乡村非物消费人均值为 3545.50 元，仅为城镇人均值的 44.11%。16 个省域乡村人均值高于全国乡村人均值，15 个省域乡村人均值低于全国乡村人均值。其中，浙江乡村人均值 6133.83 元最高，高达全国乡村人均值的 173.00%；西藏乡村人均值 1046.92 元最低，低至全国乡村人均值的 29.53%。

2000 年以来 16 年间，全国城镇非物消费人均值年均增长 10.62%。17 个省域城镇人均值年均增长高于全国城镇平均增长，14 个省域城镇人均值年均增长低于全国城镇平均增长。其中，辽宁城镇人均值年均增长 13.02% 最高，高于全国城镇年增 2.40 个百分点；西藏城镇人均值年均增长 6.84% 最低，低于全国城镇年增 3.78 个百分点。

同期，全国乡村非物消费人均值年均增长 14.26%，高于全国城镇年增 3.64 个百分点。在此期间，31 个省域乡村人均值年均增长高于自身城镇年增。20 个省域乡村人均值年均增长高于全国乡村平均增长，11 个省域乡村人均值年均增长低于全国乡村平均增长。其中，西藏乡村人均值年均增长19.96%最高，高于全国乡村年增5.70个百分点；上海乡村人均值年均增长10.18%最低，低于全国乡村年增4.08个百分点。

城乡比及其扩减变化基于城镇与乡村人均绝对值及其不同增长进行演算，在民生发展的城乡差距长期存在的情况下，倘若乡村人均值增长滞后于城镇人均值增长，势必导致城乡比进一步扩大。

2000年，全国非物消费城乡比为3.8093，即全国城镇人均值为乡村人均值的380.93%，其间倍差为3.81。15个省域城乡比小于全国城乡比，16个省域城乡比大于全国城乡比。其中，福建城乡比2.4479最低，即城镇与乡村的人均值倍差为2.45，仅为全国总体城乡比的64.26%；西藏城乡比26.2160最高，即城镇与乡村的人均值倍差为26.22，高达全国总体城乡比的688.21%。

2016年，全国非物消费城乡比为2.2668，即全国城镇人均值为乡村人均值的226.68%，其间倍差为2.27。19个省域城乡比小于全国城乡比，12个省域城乡比大于全国城乡比。其中，黑龙江城乡比1.6699最低，即城镇与乡村的人均值倍差为1.67，仅为全国总体城乡比的73.67%；西藏城乡比4.1099最高，即城镇与乡村的人均值倍差为4.11，高达全国总体城乡比的181.31%。

基于全国城镇与乡村非物消费历年不同增长状况，与2000年相比，全国城乡比极显著缩小40.49%。同期，31个省域城乡比缩小，无省域城乡比扩大。这无疑表明，全国及所有省域非物消费增长变化态势已经转入"城乡均衡发展"的健康轨道。19个省域城乡比变化态势好于全国城乡比变化态势，12个省域城乡比变化态势逊于全国城乡比变化态势。其中，西藏城乡比变化态势最佳，缩减84.32%；上海城乡比变化态势不佳，扩增5.82%。

本项检测体系的城乡差距相关性考察集中于民生数据链当中。首先，有必要检验城镇与乡村之间非物消费增长相关系数（可简化理解为城乡增长同步程度）：全国为−0.4430，呈稍强负相关，城乡增长同步性极差，17个省域呈负相关，其中 2 个省域呈低于 -50% 强负相关；江苏最高为 0.6597，广西最低为 -0.5836。

其次，全国及各地居民收入、总消费、积蓄的城乡差距动态有可能对分类单项消费的城乡差距变化产生影响，而物质消费和非物消费的城乡差距动态又有可能反过来对总消费、积蓄的城乡差距变化产生影响，尤其是各类消费需求之间城乡比变化具有贯通性。

非物消费历年城乡比变动相关系数（可简化理解为城乡比变化同步程度）如下。

（1）与交通消费之间全国为 0.9801，呈极强正相关，29 个省域呈 75% 以上强相关；山东最高为 0.9611，上海最低为 0.6963。

（2）与文教消费之间全国为 0.7631，呈稍强正相关，17 个省域呈 75% 以上强相关，5 个省域呈 60% 以下弱相关；黑龙江最高为 0.9560，北京最低为 -0.3539。

（3）与医疗消费之间全国为 0.8401，呈稍强正相关，24 个省域呈 75% 以上强相关，4 个省域呈 60% 以下弱相关；重庆最高为 0.9723，上海最低为 -0.2444。

（4）与其他消费之间全国为 0.7522，呈稍强正相关，16 个省域呈 75% 以上强相关，9 个省域呈 60% 以下弱相关；西藏最高为 0.9495，北京最低为 -0.1114。

2000~2016 年，全国非物消费城乡比缩小 40.49%，与之对应的数据链之间城乡比变化相关系数的高低、正负差异在于，其间城乡比扩减幅度的同步性是强还是弱，扩减变化的趋向性相近或是相左。后台数据库检测表明，全国交通消费城乡比缩小 44.97%，文教消费城乡比缩小 26.71%，医疗消费城乡比缩小 51.68%，其他消费城乡比缩小 35.13%。

中国社会由历史承继下来的结构性、体制性"非均衡格局"弊端根深蒂固，长期存在的城乡差距、地区差距系全国及各地民生发展"非均衡性"的主要成因。进入"全面建成小康社会"进程以来，国家把解决"三农问题"列为"重中之重"，并致力于推进区域"均衡发展"。就本文涉及的数据范围来看，国家大力推进缩小区域发展差距的几大战略已见成效，推进缩小城乡发展差距的长年多方努力更显成效。

三 非物消费相关性比值协调性检测

全国及各地非物消费相关性比值状况见表4，分区域以非物消费比重升降位次排列。

表4 全国及各地非物消费合计相关性比值状况

地区	非物消费合计与居民收入相关性				非物消费合计与居民消费相关性			
	非物消费比		16年间比值升降（负值下降，上升为佳）		非物消费比重值		16年间比值升降（负值下降，上升为佳）	
	2000年	2016年			2000年	2016年		
	比值(%)	比值(%)	比值(%)	排序	比值(%)	比值(%)	比值(%)	排序
全 国	**22.77**	**24.95**	**9.57**	**—**	**29.41**	**34.87**	**18.57**	**—**
吉 林	24.65	29.95	21.50	11	30.24	40.52	33.99	6
辽 宁	23.81	29.79	25.12	8	29.98	39.08	30.35	9
黑龙江	23.50	28.98	23.32	9	30.91	39.86	28.96	11
东 北	**23.90**	**29.58**	**23.77**	**[1]**	**30.35**	**39.63**	**30.58**	**[1]**
河 南	18.57	23.71	27.68	6	25.76	34.53	34.05	5
湖 南	24.22	27.19	12.26	18	28.16	36.81	30.72	7
安 徽	19.08	24.45	28.14	5	25.72	33.53	30.37	8
山 西	22.67	26.39	16.41	15	30.92	39.92	29.11	10
湖 北	21.35	25.27	18.36	14	27.36	34.85	27.38	12
江 西	18.93	20.12	6.29	20	25.53	30.73	20.37	19
中 部	**20.76**	**24.59**	**18.45**	**[2]**	**27.03**	**34.92**	**29.19**	**[2]**
贵 州	19.05	27.01	41.78	1	23.29	34.68	48.91	1
宁 夏	25.49	33.68	32.13	4	30.32	42.65	40.67	2
云 南	22.29	25.76	15.57	17	26.62	36.96	38.84	3
青 海	23.45	32.92	40.38	2	28.87	38.87	34.64	4
广 西	21.66	22.09	1.99	26	26.53	33.16	24.99	13
新 疆	23.18	28.19	21.61	10	29.85	36.87	23.52	14
四 川	20.82	24.73	18.78	13	25.94	31.60	21.82	17
甘 肃	23.84	29.98	25.76	7	29.79	36.28	21.79	18

续表

地区	非物消费合计与居民收入相关性				非物消费合计与居民消费相关性			
	非物消费比		16年间比值升降（负值下降，上升为佳）		非物消费比重值		16年间比值升降（负值下降，上升为佳）	
	2000年	2016年			2000年	2016年		
	比值（%）	比值（%）	比值（%）	排序	比值（%）	比值（%）	比值（%）	排序
陕　西	26.60	27.58	3.68	24	31.41	37.75	20.18	20
西　藏	13.14	13.70	4.26	23	16.68	20.00	19.90	21
重　庆	23.54	24.19	2.76	25	28.38	32.69	15.19	23
内蒙古	25.63	27.86	8.70	19	33.07	37.39	13.06	24
西　部	**22.50**	**25.95**	**15.33**	**[3]**	**27.66**	**34.77**	**25.70**	**[3]**
河　北	18.67	25.43	36.21	3	28.90	35.47	22.73	15
江　苏	21.27	24.64	15.84	16	29.35	35.88	22.25	16
山　东	22.07	23.22	5.21	21	30.26	36.09	19.27	22
天　津	21.92	26.29	19.94	12	30.37	34.29	12.91	25
海　南	21.09	22.17	5.12	22	28.89	32.16	11.32	26
浙　江	24.77	23.80	-3.92	28	32.70	36.02	10.15	27
福　建	21.21	21.13	-0.38	27	28.14	29.07	3.30	28
上　海	24.57	22.35	-9.04	30	32.51	32.41	-0.31	29
北　京	28.13	22.58	-19.73	31	34.66	33.49	-3.38	30
广　东	26.85	25.01	-6.85	29	33.67	32.33	-3.98	31
东　部	**23.47**	**23.92**	**1.92**	**[4]**	**31.40**	**34.10**	**8.60**	**[4]**

注：非物消费相关性分析取非物消费比、非物消费比重两项。对于相关性比值的构思设计及界定阐释，详见本书技术报告。单独取非物消费与居民收入的关系（恩格尔定律关系扩展）来看，非物消费比上升意味着居民收入中扩展消费开支比重升高；单独取非物消费与居民总消费的关系（恩格尔系数扩展）来看，非物消费比重值上升意味着居民总消费中扩展消费开支占比升高。

1. 非物消费与居民收入之比

2000年，全国非物消费比为22.77%，此为全国城乡非物消费与居民收入的相对比值，非物生活"扩展消费"占比以高为佳。15个省域比值高于全国总体比值，16个省域比值低于全国总体比值。其中，北京比值28.13%最高，高达全国总体比值的123.55%；西藏比值13.14%最低，低至全国总体比值的57.72%。

到2016年，全国非物消费比为24.95%，意味着非物消费与居民收入的相对比值上升，非物生活"扩展消费"占比升高为佳。17个省域比值高于全国总体比值，14个省域比值低于全国总体比值。其中，宁夏比值

33.68%最高，高达全国总体比值的134.96%；西藏比值13.70%最低，低至全国总体比值的54.89%。

基于非物消费与居民收入历年不同增长状况，与2000年相比，全国非物消费比升高9.57%。同期，26个省域比值上升，5个省域比值下降。18个省域比值升降变化态势好于全国比值变化，13个省域比值升降变化态势逊于全国比值变化。其中，贵州比值升降变化态势最佳，升高41.78%；北京比值升降变化态势不佳，降低19.73%。

2. 非物消费与居民消费之比

2000年，全国非物消费比重为29.41%，此为全国城乡非物消费与居民消费的相对比值，非物生活"扩展消费"占比以高为佳。15个省域比值高于全国总体比值，16个省域比值低于全国总体比值。其中，北京比值34.66%最高，高达全国总体比值的117.86%；西藏比值16.68%最低，低至全国总体比值的56.71%。

到2016年，全国非物消费比重为34.87%，非物消费与居民消费的相对比值上升，非物生活"扩展消费"占比升高为佳。16个省域比值高于全国总体比值，15个省域比值低于全国总体比值。其中，宁夏比值42.65%最高，高达全国总体比值的122.31%；西藏比值20.00%最低，低至全国总体比值的57.35%。

基于非物消费与居民消费历年不同增长状况，与2000年相比，全国非物消费比重升高18.57%。同期，28个省域比值上升，3个省域比值下降。22个省域比值升降变化态势好于全国比值变化，9个省域比值升降变化态势逊于全国比值变化。其中，贵州比值升降变化态势最佳，升高48.91%；广东比值升降变化态势不佳，降低3.98%。

本项检测体系建立各类相关性比值分析测算十分复杂，不同方面、不同层次的比值当然不具可比性。以下可对应比值之间历年变化相关系数（可简化理解为比值变化同步程度）检测在同一层面展开：①非物消费比与居民消费比同属对应于居民收入的相对比值；②非物比重与交通比重；③与文教比重；④与医疗比重；⑤与其他比重同属对应于总消费的相对比值。

相关性比值之间历年变化相关系数如下。

（1）非物消费比与居民消费比之间全国为 0. 1910，呈极弱正相关，24 个省域呈 60%以下弱相关，其中 9 个省域呈负相关；青海最高为 0. 8411，吉林最低为 - 0. 5579。

（2）非物比重与交通比重之间全国为 0. 8671，呈较强正相关，20 个省域呈 75%以上强相关，4 个省域呈 60%以下弱相关；吉林最高为 0. 9861，重庆最低为 0. 3959。

（3）与文教比重之间全国为 - 0. 1162，呈很弱负相关，8 个省域呈负相关；北京最高为 0. 8272，内蒙古最低为 - 0. 3711。

（4）与医疗比重之间全国为 0. 7424，呈较弱正相关，9 个省域呈 75% 以上强相关，12 个省域呈 60%以下弱相关；河南最高为 0. 8929，上海最低为 - 0. 7140。

（5）与其他比重之间全国为 - 0. 5365，呈较强负相关，18 个省域呈低于 - 50%强负相关；上海最高为 0. 5320，贵州最低为 - 0. 8336。

对应数据链之间比值升降变化相关系数的高低、正负差异在于，其间增长升降的同步性是强还是弱，升降变化的趋向性相近或是相左。后台数据库检测表明，2000 ~ 2016 年，全国非物消费比增高 9. 57%，而居民消费比降低 7. 58%；非物消费比重增高 18. 57%，而交通消费比重增高 94. 73%，文教消费比重降低 6. 89%，医疗消费比重增高 27. 78%，其他消费比重降低 45. 80%。按分类单项消费比重值升降变化衡量，全国非物消费比重升高主要在于交通消费比重上升，其次在于医疗消费比重上升，而文教消费比重、其他消费比重反向下降。

四 "全面小康"进程居民非物消费指数排行

2016 年统计数据为目前已经正式出版公布的最新年度全国及各地系统数据。全国及各地非物消费子系统专项指数排行见表 5，分区域以 2016 年度无差距横向检测结果位次排列。

表5 全国及各地非物消费合计子系统专项指数排行

地区	各五年期起始年纵向检测（基数值＝100）						2016年度检测			
	"十五"以来16年（2000～2016年）		"十一五"以来11年（2005～2016年）		"十二五"以来6年（2010～2016年）		基数值纵向检测（2015年＝100）		无差距横向检测（理想值＝100）	
	检测指数	排序	检测指数	排序	检测指数	排序	检测指数	排序	检测指数	排序
全 国	**200.91**	—	**151.65**	—	**132.42**	—	**103.00**	—	**85.79**	—
辽 宁	213.32	12	152.91	20	138.35	13	108.36	1	100.43	1
黑龙江	197.00	20	149.87	22	131.49	21	104.62	9	93.71	3
吉 林	194.99	21	147.99	23	130.77	23	101.94	20	91.08	8
东 北	**202.91**	**[3]**	**150.55**	**[3]**	**133.80**	**[3]**	**105.40**	**[1]**	**95.55**	**[1]**
浙 江	174.32	27	132.40	29	121.59	28	103.63	11	94.45	2
天 津	186.06	25	160.62	13	145.85	8	102.85	15	92.92	4
上 海	153.74	31	122.99	31	111.20	30	102.68	16	91.69	7
江 苏	198.38	18	146.29	24	122.56	27	103.23	13	90.74	9
山 东	189.63	24	144.07	25	124.48	25	101.09	23	90.15	11
北 京	158.39	29	124.85	30	109.67	31	99.31	28	89.81	12
广 东	158.35	30	134.37	28	126.70	24	105.80	4	88.94	15
河 北	235.13	6	167.23	8	137.53	15	101.61	22	87.67	18
福 建	163.96	28	137.75	27	123.44	26	101.04	24	86.11	23
海 南	183.60	26	156.63	17	134.60	17	97.89	30	79.23	29
东 部	**182.11**	**[4]**	**142.12**	**[4]**	**124.90**	**[4]**	**102.65**	**[4]**	**87.28**	**[2]**
湖 南	197.36	19	158.13	15	146.99	6	106.13	3	92.01	6
湖 北	206.63	16	165.80	10	152.10	4	103.34	12	90.61	10
安 徽	238.89	5	167.59	7	138.32	14	105.35	7	88.46	16
山 西	219.96	10	164.67	11	132.01	20	102.27	17	88.03	17
河 南	234.86	7	178.13	4	134.87	16	102.11	18	83.15	25
江 西	191.51	23	139.78	26	131.43	22	98.49	29	78.81	30
中 部	**214.84**	**[2]**	**163.88**	**[1]**	**139.39**	**[2]**	**103.28**	**[2]**	**86.69**	**[3]**
宁 夏	240.13	4	182.16	3	142.75	10	105.50	6	92.88	5
青 海	255.16	3	188.60	2	168.00	1	100.95	25	89.52	13
内蒙古	204.96	17	160.44	14	133.07	18	100.71	26	89.30	14
甘 肃	227.13	9	165.97	9	158.66	3	105.71	5	86.86	19
陕 西	207.73	14	156.90	16	132.68	19	103.00	14	86.72	20
重 庆	207.54	15	153.40	19	145.67	9	104.31	10	86.60	21

续表

地区	各五年期起始年纵向检测（基数值＝100）						2016 年度检测			
	"十五"以来 16 年（2000～2016 年）		"十一五"以来 11 年（2005～2016 年）		"十二五"以来 6 年（2010～2016 年）		基数值纵向检测（2015 年＝100）		无差距横向检测（理想值＝100）	
	检测指数	排序	检测指数	排序	检测指数	排序	检测指数	排序	检测指数	排序
新　疆	216.53	11	169.49	6	148.96	5	105.15	8	86.16	22
四　川	212.68	13	162.81	12	141.24	11	101.69	21	83.39	24
贵　州	266.51	2	194.97	1	160.63	2	106.73	2	82.56	26
云　南	229.54	8	174.33	5	139.94	12	100.31	27	81.24	27
广　西	191.71	22	150.61	21	146.96	7	102.06	19	81.04	28
西　藏	270.43	1	156.59	18	118.26	29	91.91	31	59.65	31
西　部	**215.29**	**[1]**	**163.83**	**[2]**	**143.00**	**[1]**	**102.68**	**[3]**	**83.52**	**[4]**

1. 各年度理想值横向检测指数

2016 年度无差距横向检测非物消费指数，全国为 85.79，即设各类人均值城乡、地区无差距为理想值 100 加以比较衡量，全国总体尚存差距 14.21 个点。23 个省域此项指数高于全国指数，即非物消费指数检测结果高于全国平均水平；8 个省域此项指数低于全国指数，即非物消费指数检测结果低于全国平均水平。

在此项检测中，辽宁、浙江、黑龙江、天津、宁夏占据前 5 位。辽宁此项指数 100.43 最高，高于全国总体指数 14.64 个点；西藏此项指数 59.65 最低，低于全国总体指数 26.14 个点。

2. 2000 年以来基数值纵向检测指数

"十五"以来 16 年纵向检测非物消费指数，全国为 200.91，即设 2000 年为基数值 100 加以对比衡量，至 2016 年提升 100.91%。17 个省域此项指数高于全国指数，即非物消费指数提升速度高于全国平均速度；14 个省域此项指数低于全国指数，即非物消费指数提升速度低于全国平均速度。

在此项检测中，西藏、贵州、青海、宁夏、安徽占据前 5 位。西藏此项指数 270.43 最高，即指数提升高达 170.43%；上海此项指数 153.74 最低，即指数提升仅为 53.74%。

3. 2005年以来基数值纵向检测指数

"十一五"以来11年纵向检测非物消费指数，全国为151.65，即设2005年为基数值100加以对比衡量，至2016年提升51.65%。20个省域此项指数高于全国指数，即非物消费指数提升速度高于全国平均速度；11个省域此项指数低于全国指数，即非物消费指数提升速度低于全国平均速度。

在此项检测中，贵州、青海、宁夏、河南、云南占据前5位。贵州此项指数194.97最高，即指数提升高达94.97%；上海此项指数122.99最低，即指数提升仅为22.99%。

4. 2010年以来基数值纵向检测指数

"十二五"以来6年纵向检测非物消费指数，全国为132.42，即设2010年为基数值100加以对比衡量，至2016年提升32.42%。19个省域此项指数高于全国指数，即非物消费指数提升速度高于全国平均速度；12个省域此项指数低于全国指数，即非物消费指数提升速度低于全国平均速度。

在此项检测中，青海、贵州、甘肃、湖北、新疆占据前5位。青海此项指数168.00最高，即指数提升高达68.00%；北京此项指数109.67最低，即指数提升仅为9.67%。

5. 逐年度基数值纵向检测指数

2016年度基数值纵向检测非物消费指数，全国为103.00，即设上年（2015年）为基数值100加以对比衡量，至2016年提升3.00%。13个省域此项指数高于全国指数，即非物消费指数提升速度高于全国平均速度；18个省域此项指数低于全国指数，即非物消费指数提升速度低于全国平均速度。

在此项检测中，辽宁、贵州、湖南、广东、甘肃占据前5位。辽宁此项指数108.36最高，即指数提升8.36%；西藏此项指数91.91最低，即指数降低8.09%。

现有增长关系格局存在经济增长与民生发展不够协调的问题，存在城乡、区域间民生发展不够均衡的问题，维持现有格局既有增长关系并非应然选择。实现经济、社会、民生发展的协调性，增强城乡、区域发展的均衡性，均为"全面建成小康社会"的既定目标，有些甚至具体化为约束性指标。假定全国及各地城乡比、地区差不再扩大以至消除，非物消费增长将更加明显，各地排行也将发生变化，可为"全面建成小康社会"进程最后攻坚起到"倒计时"预测提示作用。

五 "全面小康"目标年非物消费增长预测

1. 实现非物消费比重最佳值及最小城乡比应然测算

居民非物消费率、消费比持续提升，亦即非物消费比重呈提升态势，而消除城乡差距的第一步是缩小城乡差距。按全国及非物消费比重历年最高值测算 2020 年非物消费总量、人均值，再取非物消费历年最小城乡比进行演算。

据此假定推演非物消费"应然增长"动向，亦即协调增长"应有目标"，预测全国及各地 2020 年非物消费主要数据及非物消费指数见表 6，分区域以 2016～2020 年纵向检测假定目标差距位次排列。

表 6　全国及各地 2020 年非物消费合计应然增长测算

地区	实现非物消费比重最佳值及最小城乡比测算				非物消费专项指数测算			
	非物消费合计		人均值差距		2016～2020 年纵向检测(2016 年基数值=100)		2020 年度横向检测(无差距理想值=100)	
	城乡总量(亿元)	城乡人均(元)	地区差(无差距=1)	城乡比(乡村=1)	差距指数	排序(倒序)	预测指数	排序
全　国	162778.93	11564.95	1.4080	1.9674	114.35	—	85.61	—
辽　宁	5584.63	12608.74	1.0903	2.0534	106.85	1	90.49	21
黑龙江	3702.71	9763.64	1.1558	1.4357	108.80	2	89.57	22
吉　林	4221.31	15415.05	1.3329	1.6903	127.72	17	100.08	14
东　北	13508.65	12325.46	1.1930	1.7955	108.52	[1]	89.30	[4]
山　西	3599.50	9490.81	1.1793	1.9222	113.92	6	86.73	26
河　南	8977.71	9370.44	1.1898	1.6696	121.66	7	88.02	25
安　徽	6902.59	11096.73	1.0405	1.6592	124.69	12	93.98	19
江　西	4632.58	9887.67	1.1450	2.0734	127.99	18	88.36	24
湖　南	11452.57	16389.21	1.4171	1.9316	130.58	22	102.34	10
湖　北	9523.00	16027.12	1.3858	1.4842	134.29	25	103.20	9

续表

地区	实现非物消费比重最佳值及最小城乡比测算				非物消费专项指数测算			
	非物消费合计		人均值差距		2016～2020年纵向检测(2016年基数值=100)		2020年度横向检测(无差距理想值=100)	
	城乡总量(亿元)	城乡人均(元)	地区差(无差距=1)	城乡比(乡村=1)	差距指数	排序(倒序)	预测指数	排序
中　部	**45087.96**	**12117.56**	**1.2263**	**1.7484**	**123.60**	**[2]**	**91.39**	**[3]**
河　北	6404.59	8340.92	1.2788	1.4747	109.37	4	83.86	29
海　南	919.22	9703.73	1.1609	2.0219	122.42	8	85.41	28
山　东	13718.06	13475.02	1.1652	1.7231	123.56	10	96.42	18
浙　江	12419.01	21301.30	1.8419	1.5602	124.29	11	104.77	5
江　苏	16143.76	19751.70	1.7079	1.6187	126.20	14	101.01	13
上　海	7001.92	26227.67	2.2679	2.0756	126.86	15	105.57	3
天　津	3917.94	22054.43	1.9070	1.4572	128.55	19	103.97	8
福　建	5888.22	14762.73	1.2765	1.8607	128.97	20	97.76	15
广　东	23723.65	20372.48	1.7616	2.4237	132.25	23	104.76	6
北　京	7025.25	28959.32	2.5041	2.2169	132.66	24	110.35	1
东　部	**97161.63**	**17565.07**	**1.6872**	**1.8953**	**123.79**	**[3]**	**94.90**	**[1]**
新　疆	2274.64	8967.26	1.2246	2.3347	108.89	3	80.16	31
甘　肃	2156.45	8246.13	1.2870	2.0176	110.58	5	81.71	30
宁　夏	1099.99	15663.04	1.3544	1.9512	123.04	9	96.67	17
云　南	4586.43	9402.39	1.1870	2.0229	125.59	13	88.44	23
青　海	869.05	14250.00	1.2322	1.5771	127.48	16	97.05	16
四　川	9289.34	11221.76	1.0297	1.8218	130.16	21	93.94	20
内蒙古	5276.75	20578.54	1.7794	1.4872	136.70	26	105.66	2
陕　西	6358.43	16545.15	1.4306	2.0478	138.42	27	102.15	11
重　庆	5566.72	17772.78	1.5368	1.7575	144.41	28	104.89	4
广　西	5929.38	12110.53	1.0472	1.6519	146.11	29	102.15	12
贵　州	5367.94	15332.29	1.3258	1.9595	153.73	30	104.13	7
西　藏	241.48	6893.28	1.4040	2.6087	171.97	31	85.58	27
西　部	**49016.60**	**12930.87**	**1.3199**	**1.9038**	**129.37**	**[4]**	**91.43**	**[2]**

注：①全国及29个省域城乡比自身趋于缩小，保持缩小趋势至2020年即为最小城乡比；2个省域城乡比自身趋于扩大，同样按各自历年最小城乡比假定测算。②纵向检测排序取倒序，指数越低差距越小；横向检测指数普遍接近，四大区域差异明显减小，部分省域指数超出理想值100，由其他指标明显提升所致。③全国人均值、城乡比、横向检测结果一般应在各地数值之间，此处"失常"由全国及各地分别假定测算所致。④表外附加城镇、乡村人均值按最小城乡比反推演算，势必突破相应背景数值关系，于是全国及各地物质消费与非物消费之和对应总消费测算数值或有出入，实属此项测算设计使然。

假定实现非物消费比重最佳值及最小城乡比测算，2020年全国城乡非物消费总量应达162778.93亿元，人均值应为11564.95元。19个省域人均值高于全国人均值，12个省域人均值低于全国人均值。其中，北京人均值28959.32元最高，高达全国人均值的250.41%；西藏人均值6893.28元最低，低至全国人均值的59.60%。

全国城乡非物消费地区差应为1.4080，即31个省域人均值与全国人均值的绝对偏差平均值为40.80%。21个省域地区差小于全国地区差，10个省域地区差大于全国地区差。其中，四川地区差1.0297最小，即与全国人均值的绝对偏差为2.97%，仅为全国总体地区差的73.13%；北京地区差2.5041最大，即与全国人均值的绝对偏差为150.41%，高达全国总体地区差的177.85%。

基于城乡人均值测算反推，全国城镇非物消费人均值应为14241.53元。19个省域城镇人均值高于全国城镇人均值，12个省域城镇人均值低于全国城镇人均值。其中，北京城镇人均值31123.84元最高，高达全国城镇人均值的218.54%；河北城镇人均值9633.96元最低，低至全国城镇人均值的67.65%。

基于城镇人均值演算反推，全国乡村非物消费人均值应为7238.65元，仅为城镇人均值的50.83%。22个省域乡村人均值高于全国乡村人均值，9个省域乡村人均值低于全国乡村人均值。其中，天津乡村人均值15883.89元最高，高达全国乡村人均值的219.43%；西藏乡村人均值4625.91元最低，低至全国乡村人均值的63.91%。

全国非物消费城乡比应为1.9674，即全国城镇人均值为乡村人均值的196.74%，其间倍差为1.97。20个省域城乡比小于全国城乡比，11个省域城乡比大于全国城乡比。其中，黑龙江城乡比1.4357最小，即城镇与乡村的人均值倍差为1.44，仅为全国总体城乡比的72.97%；西藏城乡比2.6087最大，即城镇与乡村的人均值倍差为2.61，高达全国总体城乡比的132.59%。

2016~2020年纵向检测非物消费指数，全国应为114.35，即设2016年为基数值100加以对比衡量，至2020年达到假定目标需提升14.35%。6个省域此项指数低于全国指数，即假定测算非物消费指数提升差距小于全国；25个省域此项指数高于全国指数，即假定测算非物消费指数提升差距大于全国。其中，辽宁此项指数106.85最低，即达到假定增长测算目标的差距最小；西藏此项指数171.97最高，即达到假定增长测算目标的差距最大。

在此假定"应然目标"下，纵向检测指数即为差距测量结果，指数越低意味着差距越小，越容易实现。

2020年度横向检测非物消费指数，全国应为85.61，即设收入人均值城乡、地区无差距为理想值100加以比较衡量，全国总体尚存差距14.39个点。26个省域此项指数高于全国指数，即假定测算非物消费指数高于全国；5个省域此项指数依次低于全国指数，即假定测算非物消费指数低于全国。其中，北京此项指数110.35最高，即达到假定目标情况下高于全国总体指数24.74个点；新疆此项指数80.16最低，即达到假定目标情况下低于全国总体指数5.45个点。

在此项假定测算中，四大区域横向检测指数较为接近，地区性差异排序部分失去意义。由于预设全国所有省域同步达到"应然目标"，各地纵向检测差距愈大，倘若同时得以实现则横向检测排行有可能愈前，反之亦然。

保持非物消费比重提升态势，实现非物消费最小城乡比"应然目标"，本身即为"协调增长"的基本需要。在假定实现最小城乡比情况下，与2016年相比，全国非物消费城乡比应明显缩小，31个省域城乡比相应缩小。在此项假定测算当中，由于全国及29个省域城乡比自身趋于缩小，保持缩小趋势至2020年即为最小城乡比；2个省域城乡比自身趋于扩大，同样按各自历年最小城乡比假定测算，于是城乡综合演算的非物消费总量、人均值明显提升。由此可知，既有城乡差距在全国社会结构中的"非均衡性"影响极大。

但是，地区差距在全国社会结构中的"非均衡性"影响同样很大。假定各地按照自身历年最小城乡比测算下来，全国非物消费地区差将极显著扩大，22个省域地区差相应扩大。

特别应当注意到，各地非物消费指数不仅普遍提升，而且相互接近，在四大区域之间尤为接近。

2.实现非物消费比重最佳值并弥合城乡比理想测算

城乡差距系民生发展"非均衡性"的最主要成因，仅仅实现非物消费既往历年最小城乡比显然不够。假定全国及各地实现非物消费比重历年最佳值并同步弥合城乡比，以最小城乡比演算的各自城镇人均值作为城乡持平人均值进行测算，可以检测最终消除城乡差距的实际距离。

据此假定推演非物消费"理想增长"动向，亦即均衡发展"理想目标"，预测全国及各地 2020 年非物消费主要数据及非物消费指数见表 7，分区域以 2016～2020 年纵向检测假定目标差距位次排列。

表 7　全国及各地 2020 年非物消费合计理想增长测算

地区	实现非物消费比重最佳值并弥合城乡比测算			非物消费专项指数测算			
				2016～2020 年纵向检测（2016 年基数值 =100）		2020 年度横向检测（无差距理想值 =100）	
	城乡总量（亿元）	城与乡人均值（元）	地区差（无差距 =1）	差距指数	排序（倒序）	预测指数	排序
全　国	200452.43	14241.53	1.3411	144.62	—	95.76	—
黑龙江	4198.43	11070.81	1.2226	120.63	1	91.85	30
辽　宁	6603.37	14908.81	1.0469	135.01	3	99.90	24
吉　林	5119.05	18693.38	1.3126	152.38	14	107.47	12
东　北	15920.86	14691.16	1.1940	131.79	[1]	96.97	[4]
山　西	4438.56	11703.14	1.1782	143.19	6	96.28	25
河　南	10981.29	11461.67	1.1952	144.67	7	95.27	28
安　徽	8311.96	13362.47	1.0617	147.23	11	100.50	22
湖　北	10843.55	18249.59	1.2814	151.48	13	106.76	13
江　西	5909.96	12614.06	1.1143	162.49	22	100.43	23
湖　南	14379.11	20577.23	1.4449	163.20	24	112.56	6
中　部	54864.42	14774.24	1.2126	149.97	[2]	99.83	[3]
河　北	7397.45	9633.96	1.3235	123.85	2	87.53	31
天　津	4111.82	23145.76	1.6252	141.19	4	104.34	17
浙　江	13907.40	23854.21	1.6750	141.59	5	108.05	11
江　苏	18031.02	22060.74	1.5490	144.82	8	105.52	16
山　东	16216.19	15928.90	1.1185	147.13	10	103.36	19

地区	实现非物消费比重最佳值并弥合城乡比测算			非物消费专项指数测算			
				2016~2020年纵向检测（2016年基数值=100）		2020年度横向检测（无差距理想值=100）	
	城乡总量（亿元）	城与乡人均值（元）	地区差（无差距=1）	差距指数	排序（倒序）	预测指数	排序
上 海	7486.97	28044.56	1.9692	153.88	17	109.77	8
福 建	6898.17	17294.84	1.2144	154.80	19	105.52	15
海 南	1149.43	12133.88	1.1480	155.10	20	96.11	26
北 京	7550.34	31123.84	2.1854	162.50	23	114.63	4
广 东	28455.68	24436.06	1.7158	172.89	28	115.49	2
东 部	111204.46	20498.58	1.5524	151.82	[3]	102.94	[1]
甘 肃	2889.38	11048.79	1.2242	146.28	9	94.21	29
青 海	1037.62	17014.06	1.1947	148.99	12	102.55	20
内蒙古	5951.75	23210.94	1.6298	153.23	15	108.10	10
新 疆	3134.65	12357.66	1.1323	153.73	16	95.97	27
宁 夏	1361.29	19383.85	1.3611	154.51	18	106.28	14
四 川	11683.23	14113.64	1.0090	160.73	21	103.88	18
云 南	6123.52	12553.50	1.1185	165.62	25	101.67	21
重 庆	6466.85	20646.60	1.4497	171.54	26	111.07	7
广 西	7284.00	14877.28	1.0446	172.33	27	109.28	9
陕 西	7941.72	20665.00	1.4510	174.67	29	112.70	5
贵 州	7098.44	20275.08	1.4237	196.87	30	116.01	1
西 藏	422.73	12067.40	1.1527	280.99	31	115.10	3
西 部	61395.20	16415.91	1.2659	164.12	[4]	102.48	[2]

注：①纵向检测排序取倒序，指数越低差距越小；横向检测指数普遍接近理想值100，各地尚存地区差距影响，但全国地区差极显著扩大，较多省域指数超出理想值100，由其他指标明显提升所致。②全国人均值、横向检测结果一般应在各地数值之间，此处"失常"由全国及各地分别假定测算所致。

假定实现非物消费比重最佳值并弥合城乡比测算，2020年全国城乡非物消费总量应达200452.43亿元，城乡持平人均值应为14241.53元，即前面测算的城镇人均值水平。19个省域人均值高于全国人均值，12个省域人均值低于全国人均值。其中，北京人均值31123.84元最高，高达全国人均值的218.54%；河北人均值9633.96元最低，低至全国人均值的67.65%。

全国城乡非物消费地区差应为1.3411，即31个省域人均值与全国人均值的绝对偏差平均值为34.11%。19个省域地区差小于全国地区差，12个省域地区差大于全国地区差。其中，四川地区差1.0090最小，即与全国人均值的绝对偏差为0.90%，仅为全国总体地区差的75.24%；北京地区差2.1854最大，即与全国人均值的绝对偏差为118.54%，高达全国总体地区差的162.96%。

2016~2020年纵向检测非物消费指数，全国应为144.62，即设2016年为基数值100加以对比衡量，至2020年达到假定目标需提升44.62%。6个省域此项指数低于全国指数，即假定测算非物消费指数提升差距小于全国；25个省域此项指数高于全国指数，即假定测算非物消费指数提升差距大于全国。其中，黑龙江此项指数120.63最低，即达到假定增长测算目标的差距最小；西藏此项指数280.99最高，即达到假定增长测算目标的差距最大。

在此假定"理想目标"下，纵向检测指数即为差距测量结果，指数越低意味着差距越小，越容易实现。

2020年度横向检测非物消费指数，全国应为95.76，即设各类人均值城乡、地区无差距为理想值100加以比较衡量，全国总体仅存差距4.24个点。27个省域此项指数高于全国指数，即假定测算非物消费指数略高于全国；4个省域此项指数低于全国指数，即假定测算非物消费指数略低于全国。其中，贵州此项指数116.01最高，即达到假定目标情况下高于全国总体指数20.25个点；河北此项指数87.53最低，即达到假定目标情况下低于全国总体指数8.23个点。

在此项假定测算中，四大区域横向检测指数较为接近，地区性差异排序部分失去意义。由于预设全国所有省域同步达到"理想目标"，各地纵向检测差距愈大，倘若同时得以实现则横向检测排行有可能愈前，反之亦然。

实现弥合非物消费城乡比"理想目标"，本身即为"均衡发展"的理念要求。在假定弥合城乡比情况下，与2016年相比，全国非物消费地区差仍将极显著扩大，20个省域地区差相应扩大，但对比最小城乡比测算，扩大程度和范围明显减小。据此假定测算可见，由于预设乡村非物消费高速增长，到2020年人均值与城镇持平，全国及各地城乡综合演算的非物消费总量、人均值大幅提升。由此得知，正是既有城乡差距加大了全国"非均衡性"地区差距。

特别应当注意到，各地非物消费指数普遍十分接近，在四大区域之间更为明显。

设置"应然目标"和"理想目标"展开测算，特别针对中国社会结构体制造成的"非均衡性"地区鸿沟和城乡鸿沟。本项检测回溯"全面小康"建设进程展开测算推演，倘若保持2000年以来全国及各地非物消费增长变化态势，到2020年全国非物消费地区差将为1.2200，略微低于当前非物消费地区差；非物消费城乡比将为1.9482，明显低于当前非物消费城乡比。这意味着，非物消费地区差和城乡比依然明显存在，仅仅"维持现状"任其"自然增长"显然不够。彻底消除全国及各地民生发展各个方面的地区差距和城乡差距，还需要强有力的政策措施和长时期的持续努力，期待新中国成立百年之际得以基本弥合。

R.7
全国省域居民积蓄富足指数排行
——2016 年检测与 2020 年测算

魏海燕　王亚南　秦瑞婧*

摘　要：　居民积蓄富足指数系"中国人民生活发展指数检测体系"五
个二级子系统之五。从 2000 年以来基数值纵向检测可以看
出，西部居民积蓄指数提升最高，中部次之，东北再次，东
部稍低，表明区域均衡发展国家方略已见成效；云南、陕西、
西藏、湖南、广西占据前 5 位。2016 年无差距理想值横向检
测发现，差距仍在于各方面协调性、均衡性还不够理想；上
海、北京、浙江、江西、山东占据前 5 位。假定全国同步实
现居民积蓄历年最小城乡比直至弥合城乡比，民生发展指数
将更加明显提升。

关键词：　全面小康　居民积蓄　专项指数　测评排行

居民积蓄富足指数系"中国人民生活发展指数检测体系"五个二级子
系统之五，体现东亚民族注重积蓄传统、防备未知年景的特殊意义，在整个
指标系统综合演算中的权重恰居中位，扮演"平分秋色"角色（详见技术
报告表3）。

---

* 魏海燕，云南省政协信息中心主任编辑，主要从事传媒信息分析研究；王亚南，云南省社会
科学院研究员，文化发展研究中心主任，主要从事民俗学、民族学及文化理论、文化战略和
文化产业研究；秦瑞婧，云南省社会科学院助理研究员，主要从事中国传统文化相关研究。

居民积蓄作为居民收入用于满足消费需求之外的剩余部分，相对于居民收入体现为富足"余钱"，相对于居民消费则起到抑制作用，其间构成极其复杂的交叉演算关系。各个子系统基础数据皆来源于国家统计局《中国统计年鉴》，均采用检测指标自足设计方式，分别实现与其余子系统对应数据的相关性分析测算，独立完成专项检测指数演算，最后汇总成为人民生活发展综合指数。

一 居民积蓄总量增长基本情况

根据正式出版公布的既往年度统计数据和最新年度统计数据，按照本项研究检测的构思设计进行演算，全国及各地居民积蓄总量增长状况见表1，分区域以份额增减变化位次排列。

表1 全国及各地居民积蓄总量增长状况

地区	2000年居民积蓄总量		2016年居民积蓄总量		16年间总量增长变化			
	城乡总量（亿元）	占全国份额（%）	城乡总量（亿元）	占全国份额（%）	年均增长指数		份额增减变化	
					上年=1	排序	变化（%）	排序
全　国	10496.90	100.00	95735.43	100.00	1.1482	—	—	—
云　南	177.17	1.69	2547.51	2.66	1.1813	2	57.65	2
陕　西	145.06	1.38	2027.66	2.12	1.1792	3	53.27	3
广　西	256.61	2.44	3040.70	3.18	1.1671	5	29.92	5
宁　夏	23.92	0.23	275.37	0.29	1.1650	6	26.20	6
西　藏	13.42	0.13	149.12	0.16	1.1624	7	21.87	7
重　庆	174.11	1.66	1791.81	1.87	1.1569	9	12.84	9
内蒙古	177.74	1.69	1577.75	1.65	1.1462	14	-2.67	14
新　疆	120.11	1.14	1059.32	1.11	1.1457	15	-3.30	15
贵　州	152.92	1.46	1263.15	1.32	1.1411	20	-9.43	20
四　川	497.72	4.74	3491.30	3.65	1.1295	26	-23.09	26
甘　肃	114.66	1.09	700.00	0.73	1.1197	29	-33.06	29
青　海	26.48	0.25	161.60	0.17	1.1197	30	-33.09	30
西　部	1879.94	17.05	18085.28	18.89	1.1520	[1]	10.74	[1]
湖　南	308.07	2.93	3903.47	4.08	1.1720	4	38.93	4
江　西	318.70	3.04	3288.40	3.43	1.1570	8	13.13	8

地区	2000 年居民积蓄总量		2016 年居民积蓄总量		16 年间总量增长变化			
	城乡总量（亿元）	占全国份额（%）	城乡总量（亿元）	占全国份额（%）	年均增长指数		份额增减变化	
					上年 =1	排序	变化（%）	排序
山 西	246.91	2.35	2451.22	2.56	1.1543	11	8.85	11
河 南	689.00	6.56	5691.68	5.95	1.1411	19	-9.42	19
湖 北	463.21	4.41	3598.06	3.76	1.1367	22	-14.83	22
安 徽	459.92	4.38	3450.62	3.60	1.1342	23	-17.74	23
中 部	**2485.80**	**22.55**	**22383.44**	**23.38**	**1.1472**	**[2]**	**3.66**	**[2]**
北 京	222.32	2.12	3719.37	3.89	1.1925	1	83.44	1
浙 江	729.37	6.95	7373.67	7.70	1.1556	10	10.85	10
上 海	417.55	3.98	4033.88	4.21	1.1523	12	5.93	12
山 东	984.95	9.38	9030.23	9.43	1.1485	13	0.53	13
海 南	71.53	0.68	600.23	0.63	1.1422	17	-8.00	17
江 苏	978.85	9.33	8189.58	8.55	1.1420	18	-8.27	18
福 建	408.68	3.89	2976.18	3.11	1.1321	24	-20.15	24
广 东	1050.95	10.01	7544.20	7.88	1.1311	25	-21.29	25
天 津	186.95	1.78	1239.37	1.29	1.1255	27	-27.31	27
河 北	773.58	7.37	4316.38	4.51	1.1134	31	-38.82	31
东 部	**5824.73**	**52.84**	**49023.10**	**51.20**	**1.1424**	**[3]**	**-3.12**	**[3]**
吉 林	167.23	1.59	1440.52	1.50	1.1441	16	-5.55	16
辽 宁	341.14	3.25	2743.61	2.87	1.1392	21	-11.82	21
黑龙江	324.08	3.09	2079.96	2.17	1.1232	28	-29.63	28
东 北	**832.45**	**7.55**	**6264.09**	**6.54**	**1.1344**	**[4]**	**-13.38**	**[4]**

注：①全国及各省域分别演算未予平衡，省域总量之和不等于全国总量，四大区域占全国份额已加以平衡。②数据演算屡经四舍五入，可能出现细微出入，属于演算常规无误。③年均增长指数取 4 位小数，以便精确排序，全文同。

2000 年，全国城乡居民积蓄总量为 10496.90 亿元；2016 年，全国城乡居民积蓄总量为 95735.43 亿元。2000 年以来 16 年间，全国城乡居民积蓄总量年均增长 14.82%。13 个省域总量年均增长高于全国平均增长，18 个省域总量年均增长低于全国平均增长。其中，北京总量年均增长 19.25% 最高，高于全国总量年增 4.43 个百分点；河北总量年均增长 11.34% 最低，低于全国总量年增 3.48 个百分点。

全国居民积蓄总量始终为份额基准 100，基于各地历年不同增长状况，西部总量份额上升，增高 10.74%；中部总量份额上升，增高 3.66%；东部总量份额下降，下降 3.12%；东北总量份额下降，下降 13.38%。总量份额变化取百分点将易于直观对比，但取百分比则更有利于精确排序。

13 个省域总量占全国份额上升，18 个省域总量占全国份额下降。其中，北京总量份额变化态势最佳，增高 83.44%；河北总量份额变化态势不佳，降低 38.82%。各省域总量份额变化取决于年均增长幅度，其份额增减程度取百分比演算，排序结果即与年均增长指数排序一致。

居民积蓄增长放到相关背景中考察更有意义。全国居民积蓄总量历年平均增长率为 14.82%，高于产值年增 1.48 个百分点，低于财政收入年增 1.93 个百分点；高于居民收入年增 1.65 个百分点，高于居民总消费年增 2.21 个百分点；高于物质消费年增 2.77 个百分点，高于非物消费年增 1.00 个百分点。在本项检测中，倘若居民积蓄增长过高，势必对消费需求直接产生抑制作用，导致负面效应。

相关系数检测可谓相关性分析最简便的通用方式，同时检验两组数据链历年增减变化趋势是否一致、变化程度是否相近、变化动向是否稳定。相关系数 1 为绝对相关，完全同步；0 为无相关性，完全不同步；-1 为绝对负相关，完全逆向同步。设数据项 A 历年增幅变化为 N，若数据项 B 历年增幅（降幅绝对值）愈接近 N（高低不论），即保持趋近性（正负不论），或历年增幅（降幅绝对值）存在固有差距（高低不论）但上下波动变化愈小，即保持平行（逆向）同步性，则二者相关系数（负值）愈高；反之相关系数（负值）愈低。

居民积蓄历年增长相关系数（可简化理解为增长同步程度）如下。

（1）与产值之间全国为 0.7040，呈较弱正相关，无省域呈 75% 以上强相关，28 个省域呈 60% 以下弱相关；湖北最高为 0.6684，上海最低为 -0.0743。

（2）与财政收入之间全国为 0.6157，呈较弱正相关，无省域呈 75% 以上强相关，28 个省域呈 60% 以下弱相关；四川最高为 0.6903，新疆最低为 -0.3395。

（3）与居民收入之间全国为 0.7898，呈稍强正相关，6 个省域呈 75% 以上强相关，18 个省域呈 60% 以下弱相关；天津最高为 0.8726，青海最低为 -0.1823。

（4）与物质消费之间全国为 0.2162，呈极弱正相关，31 个省域呈 60% 以下弱相关，其中 20 个省域呈负相关；湖北最高为 0.5505，西藏最低为 -0.6356。

（5）与非物消费之间全国为 -0.1622，呈很弱负相关，27 个省域呈负相关，其中 9 个省域呈低于 -50% 强负相关；天津最高为 0.6042，黑龙江最低为 -0.8034。

对应数据链之间增长变化相关系数的高低、正负差异在于，其间增长动向的同步性是强还是弱，增幅升降的趋向性相近或是相左。后台数据库检测表明，2000～2016 年，全国居民积蓄年均增长明显高于产值增长，显著高于居民收入增长，极显著高于居民总消费增长，极显著高于物质消费增长，较明显高于非物消费增长。

二 居民积蓄人均值相关均衡性检测

1. 城乡综合人均值及其地区差

全国及各地居民积蓄人均值地区差变化状况见表 2，分区域以地区差扩减变化倒序位次排列。

2000 年，全国城乡居民积蓄人均值为 831.34 元。11 个省域人均值高于全国人均值，20 个省域人均值低于全国人均值。其中，上海人均值 2680.87 元最高，高达全国人均值的 322.47%；陕西人均值 399.49 元最低，低至全国人均值的 48.05%。

2016 年，全国城乡居民积蓄人均值为 6944.07 元。8 个省域人均值高于全国人均值，23 个省域人均值低于全国人均值。其中，北京人均值 17126.16 元最高，高达全国人均值的 246.63%；甘肃人均值 2687.36 元最低，低至全国人均值的 38.70%。

表2　全国及各地居民积蓄人均值地区差变化状况

地区	2000 年居民积蓄地区差				2016 年居民积蓄地区差				16 年间地区差扩减(负值缩小为佳,取倒序)	
	城乡综合人均值		地区差(无差距=1)		城乡综合人均值		地区差(无差距=1)			
	人均值(元)	排序			人均值(元)	排序			百分比(%)	排序
全　国	831.34	—	1.4443		6944.07	—	1.3325		−7.74	—
天　津	1907.66	2	2.2947		7972.89	6	1.1482		−49.96	1
广　东	1403.42	5	1.6881		6906.08	9	1.0055		−40.44	2
上　海	2680.87	1	3.2247		16685.22	2	2.4028		−25.49	3
福　建	1215.23	7	1.4618		7717.32	7	1.1114		−23.97	4
河　北	1164.32	8	1.4005		5795.77	18	1.1654		−16.79	9
江　苏	1346.43	6	1.6196		10252.80	4	1.4765		−8.84	11
海　南	922.42	10	1.1096		6567.76	11	1.0542		−4.99	12
浙　江	1608.14	4	1.9344		13251.28	3	1.9083		−1.35	18
山　东	1101.67	9	1.3252		9124.14	5	1.3139		−0.85	19
北　京	1700.97	3	2.0461		17126.16	1	2.4663		20.54	31
东　部	1358.97	[1]	1.8105		9296.13	[1]	1.5052		−16.86	[1]
湖　南	470.55	26	1.4340		5738.27	19	1.1736		−18.16	7
江　西	760.61	15	1.0851		7181.76	8	1.0342		−4.69	13
山　西	765.37	14	1.0794		6673.51	10	1.0390		−3.74	15
河　南	730.06	18	1.1218		5987.46	16	1.1378		1.43	22
湖　北	778.63	13	1.0634		6131.39	15	1.1170		5.04	23
安　徽	734.52	17	1.1165		5592.76	20	1.1946		7.00	25
中　部	698.04	[3]	1.1500		6115.95	[2]	1.1160		−2.96	[2]
广　西	542.35	23	1.3476		6312.44	12	1.0910		−19.04	5
陕　西	399.49	31	1.5195		5331.75	23	1.2322		−18.91	6
云　南	420.19	29	1.4946		5355.96	22	1.2287		−17.79	8
重　庆	564.65	22	1.3208		5909.12	17	1.1490		−13.01	10
宁　夏	436.16	28	1.4754		4101.12	28	1.4094		−4.47	14
西　藏	522.05	24	1.3720		4553.49	25	1.3443		−2.02	16
贵　州	409.65	30	1.5072		3565.94	29	1.4865		−1.37	17
内蒙古	750.91	16	1.096851		6272.07	13	1.096873		0.0020	21
四　川	580.37	21	1.3019		4240.62	27	1.3893		6.71	24
甘　肃	449.67	27	1.4591		2687.36	31	1.6130		10.55	27
新　疆	663.07	19	1.2024		4453.03	26	1.3587		13.00	28

续表

地区	2000 年居民积蓄地区差			2016 年居民积蓄地区差			16 年间地区差扩减（负值缩小为佳，取倒序）	
	城乡综合人均值		地区差（无差距=1）	城乡综合人均值		地区差（无差距=1）	百分比（%）	排序
	人均值（元）	排序		人均值（元）	排序			
青 海	515.74	25	1.3796	2735.75	30	1.6060	16.41	29
西 部	521.93	[4]	1.3731	4852.15	[4]	1.3337	−2.87	[3]
吉 林	626.33	20	1.2466	5251.32	24	1.2438	−0.22	20
辽 宁	816.61	12	1.0177	6263.66	14	1.0980	7.89	26
黑龙江	852.95	11	1.0260	5465.89	21	1.2129	18.22	30
东 北	781.86	[2]	1.0968	5731.77	[3]	1.1849	8.03	[4]

注：本文恢复自行演算城乡人均值，积蓄城乡人均值由收入与总消费城乡综合人均值之差构成。

2000 年以来 16 年间，全国城乡居民积蓄人均值年均增长 14.19%。12 个省域人均值年均增长高于全国平均增长，19 个省域人均值年均增长低于全国平均增长。其中，陕西人均值年均增长 17.58% 最高，高于全国人均值年增 3.39 个百分点；天津人均值年均增长 9.35% 最低，低于全国人均值年增 4.84 个百分点。

各省域地区差指数依据其人均值与全国人均值的绝对偏差进行演算，全国和四大区域地区差取相应省域与全国人均值的绝对偏差平均值进行演算。当地人均值增大本身具有正面效应，但本来高于全国人均值的省域会导致地区差继续扩大，带来负面效应；而本来低于全国人均值的省域则导致地区差逐渐缩小，带来正面效应。

2000 年，全国城乡居民积蓄地区差为 1.4443，即 31 个省域人均值与全国人均值的绝对偏差平均值为 44.43%。19 个省域地区差小于全国地区差，12 个省域地区差大于全国地区差。其中，辽宁地区差 1.0177 最低，即与全国人均值的绝对偏差为 1.77%，仅为全国总体地区差的 70.47%；上海地区差 3.2247 最高，即与全国人均值的绝对偏差为 222.47%，高达全国总体地区差的 223.28%。

2016 年，全国城乡居民积蓄地区差为 1.3325，即 31 个省域人均值与全国人均值的绝对偏差平均值为 33.25%。20 个省域地区差小于全国地区差，11 个省域地区差大于全国地区差。其中，广东地区差 1.0055 最低，即与全国人均值的绝对偏差为 0.55%，仅为全国总体地区差的 75.46%；北京地区差 2.4663 最高，即与全国人均值的绝对偏差为 146.63%，高达全国总体地区差的 185.09%。

基于全国及各地城乡居民积蓄历年不同增长状况，与 2000 年相比，全国地区差明显缩小 7.74%。同期，20 个省域地区差缩小，10 个省域地区差扩大。这无疑表明，全国及大部分省域居民积蓄增长变化态势已经转入"区域均衡发展"的健康轨道。11 个省域地区差变化态势好于全国地区差变化态势，20 个省域地区差变化态势逊于全国地区差变化态势。其中，天津地区差变化态势最佳，缩减 49.96%；北京地区差变化态势不佳，扩增 20.54%。

本项检测体系的地区差距相关性考察在经济、财政、民生全数据链当中通约演算，各地经济、社会、民生发展的地区差距具有贯通性。全国及各地产值地区差动态有可能影响居民生活各方面地区差变化，随之居民收入、总消费、物质消费或非物消费、积蓄地区差动态又有可能影响各分类单项消费地区差变化。

居民积蓄历年地区差变动相关系数（可简化理解为地区差变化同步程度）如下。

（1）与产值之间全国为 0.8908，呈较强正相关，2 个省域呈 75% 以上强相关，23 个省域呈 60% 以下弱相关；陕西最高为 0.8610，青海最低为 -0.7939。

（2）与财政收入之间全国为 0.8406，呈稍强正相关，3 个省域呈 75% 以上强相关，25 个省域呈 60% 以下弱相关；重庆最高为 0.8552，天津最低为 -0.8062。

（3）与居民收入之间全国为 0.9638，呈极强正相关，8 个省域呈 75% 以上强相关，18 个省域呈 60% 以下弱相关；天津最高为 0.9526，西藏最低为 -0.5851。

（4）与物质消费之间全国为 0.5526，呈很弱正相关，29 个省域呈 60% 以下弱相关，其中 17 个省域呈负相关；广东最高为 0.9321，云南最低为 - 0.8426。

（5）与非物消费之间全国为 0.9129，呈很强正相关，2 个省域呈 75% 以上强相关，23 个省域呈 60% 以下弱相关；天津最高为 0.9238，西藏最低为 - 0.8328。

2000～2016 年，全国居民积蓄地区差缩小 7.74%，与之对应的数据链之间地区差变化相关系数的高低、正负差异在于，其间地区差扩减幅度的同步性是强还是弱，扩减变化的趋向性相近或是相左。后台数据库检测表明，全国产值地区差缩小 9.13%，居民收入地区差缩小 6.22%，居民总消费地区差缩小 6.26%，物质消费地区差缩小 3.57%，非物消费地区差缩小 11.67%。

2. 城镇与乡村人均值及其城乡比

全国及各地居民积蓄人均值城乡比变化状况见表 3，分区域以城乡比扩减变化倒序位次排列。

表3　全国及各地居民积蓄人均值城乡比变化状况

地区	2000 年居民积蓄城乡比			2016 年居民积蓄城乡比			16 年间城乡比扩减(负值缩小为佳,取倒序)	
	城镇人均值（元）	乡村人均值（元）	城乡比（乡村=1）	城镇人均值（元）	乡村人均值（元）	城乡比（乡村=1）	变化（%）	排序
全　国	1281.98	583.29	2.1978	10537.35	2233.63	4.7176	114.65	—
辽　宁	1001.73	602.04	1.6639	7880.20	2927.56	2.6917	61.77	7
吉　林	789.13	469.15	1.6820	7364.04	2601.51	2.8307	68.29	8
黑龙江	1088.44	607.87	1.7906	7591.27	2408.02	3.1525	76.06	11
东　北	981.55	569.13	1.7247	7666.50	2640.55	2.9034	68.34	[1]
上　海	2849.82	1458.76	1.9536	17834.91	8449.56	2.1108	8.05	3
浙　江	2258.94	1022.79	2.2086	17169.52	5507.14	3.1177	41.16	6
天　津	2019.46	1626.78	1.2414	8764.99	4163.58	2.1052	69.58	9
山　东	1467.97	888.45	1.6523	12516.79	4435.18	2.8222	70.80	10

续表

地区	2000年居民积蓄城乡比			2016年居民积蓄城乡比			16年间城乡比扩减(负值缩小为佳,取倒序)	
	城镇人均值(元)	乡村人均值(元)	城乡比(乡村=1)	城镇人均值(元)	乡村人均值(元)	城乡比(乡村=1)	变化(%)	排序
海　南	1275.76	698.36	1.8268	9438.00	2921.71	3.2303	76.83	12
福　建	1793.52	820.80	2.1851	11008.74	2088.35	5.2715	141.25	16
北　京	1856.20	1178.84	1.5746	19019.79	4980.49	3.8189	142.53	17
广　东	1744.66	1008.46	1.7300	9070.92	2097.32	4.3250	150.00	19
河　北	1312.69	1113.63	1.1787	9143.50	2121.07	4.3108	265.72	22
江　苏	1477.05	1257.63	1.1745	13718.66	3177.43	4.3175	267.60	23
东　部	**1766.90**	**1039.32**	**1.7001**	**12457.60**	**3334.41**	**3.7361**	**119.76**	**[2]**
江　西	1480.02	492.64	3.0043	10977.63	3009.46	3.6477	21.42	5
湖　南	999.94	254.22	3.9334	9863.90	1300.47	7.5849	92.83	13
河　南	935.55	669.99	1.3964	9145.13	3110.14	2.9404	110.57	14
安　徽	1060.57	613.07	1.7299	9549.90	1433.17	6.6633	285.18	25
湖　北	880.04	712.98	1.2343	9345.76	1786.67	5.2308	323.79	27
山　西	782.24	756.60	1.0339	10359.52	2053.68	5.0444	387.90	29
中　部	**999.07**	**575.35**	**1.7365**	**9742.23**	**2186.80**	**4.4550**	**156.55**	**[3]**
西　藏	1871.90	214.22	8.7382	8361.92	3023.52	2.7656	−68.35	1
云　南	1139.33	207.77	5.4836	9988.17	1689.30	5.9126	7.82	2
新　疆	1221.93	381.63	3.2019	7234.93	1906.18	3.7955	18.54	4
广　西	982.12	376.55	2.6082	11055.98	2008.23	5.5053	111.08	15
陕　西	847.57	192.65	4.3995	9071.19	828.75	10.9456	148.79	18
四　川	1038.49	419.01	2.4784	7675.49	1011.56	7.5878	206.16	20
青　海	984.23	272.26	3.6150	5904.24	−557.79	11.5851	220.47	21
重　庆	706.14	496.91	1.4211	8579.03	1594.44	5.3806	278.62	24
宁　夏	711.90	307.17	2.3176	6788.77	713.22	9.5184	310.70	26
贵　州	843.93	277.52	3.0410	7540.93	556.79	13.5542	345.20	28
内蒙古	1201.30	423.30	2.8379	10230.49	146.41	69.8765	2362.26	30
甘　肃	789.78	344.68	2.2913	6154.27	−30.18	204.91	8843.12	31
西　部	**979.23**	**343.49**	**2.8508**	**8643.85**	**1140.19**	**7.5811**	**165.93**	**[4]**

注：2016年青海等地乡村人均收入、消费数据出现特异情况，解释权属国家统计局。取二者之差，乡村积蓄即为负值，需特殊变通测算城乡比：设乡村负值为虚拟正值，同年城镇人均值增补乡村负值绝对值以保持城乡间既有绝对差，据此演算参考城乡比。除法实为一种"坏"的古老运算，若干情况下无以自恰而需人为设定限制，譬如人所共知"0不能作为除数"，遇负数则可能出现逻辑错误。

2000 年，全国城镇居民积蓄人均值为 1281.98 元。11 个省域城镇人均值高于全国城镇人均值，20 个省域城镇人均值低于全国城镇人均值。其中，上海城镇人均值 2849.82 元最高，高达全国城镇人均值的 222.30%；重庆城镇人均值 706.14 元最低，低至全国城镇人均值的 55.08%。

同年，全国乡村居民积蓄人均值为 583.29 元。16 个省域乡村人均值高于全国乡村人均值，15 个省域乡村人均值低于全国乡村人均值。其中，天津乡村人均值 1626.78 元最高，高达全国乡村人均值的 278.90%；陕西乡村人均值 192.65 元最低，低至全国乡村人均值的 33.03%。

2016 年，全国城镇居民积蓄人均值为 10537.35 元。8 个省域城镇人均值高于全国城镇人均值，23 个省域城镇人均值低于全国城镇人均值。其中，北京城镇人均值 19019.79 元最高，高达全国城镇人均值的 180.50%；青海城镇人均值 5904.24 元最低，低至全国城镇人均值的 56.03%。

同年，全国乡村居民积蓄人均值为 2233.63 元，仅为城镇人均值的 21.20%。13 个省域乡村人均值高于全国乡村人均值，18 个省域乡村人均值低于全国乡村人均值。其中，上海乡村人均值 8449.56 元最高，高达全国乡村人均值的 378.29%；青海乡村人均值 - 557.79 元最低，与全国乡村人均值的绝对差（正负数之间差距）为 2791.42 元。

2000 年以来 16 年间，全国城镇居民积蓄人均值年均增长 14.07%。16 个省域城镇人均值年均增长高于全国城镇平均增长，15 个省域城镇人均值年均增长低于全国城镇平均增长。其中，山西城镇人均值年均增长 17.52% 最高，高于全国城镇年增 3.45 个百分点；天津城镇人均值年均增长 9.61% 最低，低于全国城镇年增 4.46 个百分点。

同期，全国乡村居民积蓄人均值年均增长 8.75%，低于全国城镇年增 5.32 个百分点。在此期间，30 个省域乡村人均值年均增长低于自身城镇年增。16 个省域乡村人均值年均增长高于全国乡村平均增长，15 个省域乡村人均值年均增长低于全国乡村平均增长。其中，西藏乡村人均值年均增长 17.99% 最高，高于全国乡村年增 9.24 个百分点；青海乡村人均值年均负增长 34.31% 最低，低于全国乡村年增 43.06 个百分点。

城乡比及其扩减变化基于城镇与乡村人均绝对值及其不同增长进行演算，在民生发展的城乡差距长期存在的情况下，倘若乡村人均值增长滞后于城镇人均值增长，势必导致城乡比进一步扩大。

2000年，全国居民积蓄城乡比为2.1978，即全国城镇人均值为乡村人均值的219.78%，其间倍差为2.20。17个省域城乡比小于全国城乡比，14个省域城乡比大于全国城乡比。其中，山西城乡比1.0339最低，即城镇与乡村的人均值倍差为1.03，仅为全国总体城乡比的47.04%；西藏城乡比8.7382最高，即城镇与乡村的人均值倍差为8.74，高达全国总体城乡比的397.58%。

2016年，全国居民积蓄城乡比为4.7176，即全国城镇人均值为乡村人均值的471.76%，其间倍差为4.72。16个省域城乡比小于全国城乡比，15个省域城乡比大于全国城乡比。其中，天津城乡比2.1052最低，即城镇与乡村的人均值倍差为2.11，仅为全国总体城乡比的44.62%；甘肃城乡比（参考值）204.9138最高，即城镇与乡村的人均值倍差为204.91，高达全国总体城乡比的4343.62%。

基于全国城镇与乡村居民积蓄历年不同增长状况，与2000年相比，全国城乡比极显著扩大114.65%。同期，1个省域城乡比缩小，30个省域城乡比扩大。这无疑表明，全国及绝大部分省域居民积蓄增长变化态势尚未转入"城乡均衡发展"的健康轨道。15个省域城乡比变化态势好于全国城乡比变化态势，16个省域城乡比变化态势逊于全国城乡比变化态势。其中，西藏城乡比变化态势最佳，缩减68.35%；甘肃城乡比变化态势不佳，扩增8843.12%。

本项检测体系的城乡差距相关性考察集中于民生数据链当中。首先，有必要检验城镇与乡村之间居民积蓄增长相关系数（可简化理解为城乡增长同步程度）：全国为0.6588，呈较弱正相关，城乡增长同步性稍差，1个省域呈75%以上强相关，26个省域呈60%以下弱相关；天津最高为0.7970，山东最低为-0.1876。

其次，全国及各地居民收入、总消费、积蓄的城乡差距动态有可能对分类单项消费的城乡差距变化产生影响，而物质消费和非物消费的城乡差距动态又有可能反过来对总消费、积蓄的城乡差距变化产生影响，尤其是各类消费需求之间城乡比变化具有贯通性。

居民积蓄历年城乡比变动相关系数（可简化理解为城乡比变化同步程度）如下。

（1）与居民收入之间全国为 0.0033，呈极弱正相关，29 个省域呈60% 以下弱相关，其中 17 个省域呈负相关；江苏最高为 0.7566，天津最低为 - 0.7444。

（2）与居民消费之间全国为 - 0.6271，呈很强负相关，20 个省域呈低于 - 50% 强负相关；广西最高为 - 0.0220，河北最低为 - 0.9485。

（3）与物质消费之间全国为 - 0.6929，呈很强负相关，21 个省域呈低于 - 50% 强负相关；陕西最高为 - 0.0696，天津最低为 - 0.9316。

（4）与非物消费之间全国为 - 0.5926，呈较强负相关，20 个省域呈低于 - 50% 强负相关；浙江最高为 0.3089，河北最低为 - 0.9695。

2000 ~ 2016 年，全国居民积蓄城乡比扩大 114.65%，与之对应的数据链之间城乡比变化相关系数的高低、正负差异在于，其间城乡比扩减幅度的同步性是强还是弱，扩减变化的趋向性相近或是相左。后台数据库检测表明，全国居民收入城乡比缩小 2.44%，居民总消费城乡比缩小 23.87%，物质消费城乡比缩小 15.96%，非物消费城乡比缩小 40.49%。

中国社会由历史承继下来的结构性、体制性"非均衡格局"弊端根深蒂固，长期存在的城乡差距、地区差距系全国及各地民生发展"非均衡性"的主要成因。进入"全面建成小康社会"进程以来，国家把解决"三农问题"列为"重中之重"，并致力于推进区域"均衡发展"。就本文涉及的数据范围来看，国家大力推进缩小区域发展差距的几大战略已见成效，推进缩小城乡发展差距的长年多方努力更显成效。

三　居民积蓄相关性比值协调性检测

全国及各地居民积蓄相关性比值状况见表4，分区域以居民积蓄率升降位次排列。

表4　全国及各地居民积蓄相关性比值状况

地区	居民积蓄与产值相关性				居民积蓄与居民收入相关性			
	民生富裕度		16年间比值升降（负值下降，上升为佳）		居民积蓄率		16年间比值升降（负值下降，上升为佳）	
	2000年	2016年			2000年	2016年		
	比值(%)	比值(%)	比值(%)	排序	比值(%)	比值(%)	比值(%)	排序
全　国	**10.47**	**12.86**	**22.83**	—	**22.57**	**28.44**	**26.01**	—
云　南	8.81	17.23	95.57	2	16.26	30.30	86.35	2
广　西	11.66	16.60	42.37	6	18.38	33.39	81.66	3
陕　西	8.04	10.45	29.98	10	15.33	26.93	75.67	4
重　庆	10.05	10.10	0.50	19	17.05	26.02	52.61	6
西　藏	11.42	12.94	13.31	14	21.20	31.50	48.58	7
宁　夏	8.11	8.69	7.15	17	15.92	21.03	32.10	11
贵　州	14.85	10.73	−27.74	29	18.22	22.11	21.35	16
内蒙古	11.55	8.70	−24.68	28	22.48	25.51	13.48	21
四　川	11.71	10.60	−9.48	23	19.72	21.74	10.24	25
新　疆	8.99	10.98	22.14	11	22.35	23.54	5.32	26
甘　肃	10.89	9.72	−10.74	24	19.97	17.37	−13.02	28
青　海	10.04	6.28	−37.45	31	18.76	15.30	−18.44	30
西　部	**11.00**	**11.53**	**4.82**	**[4]**	**18.66**	**25.38**	**36.01**	**[1]**
湖　南	8.67	12.37	42.68	5	13.99	26.13	86.78	1
江　西	15.68	17.78	13.39	13	25.86	34.53	33.53	10
山　西	13.38	18.78	40.36	7	26.67	33.90	27.11	13
湖　北	12.37	11.01	−10.99	25	21.95	27.49	25.24	15
河　南	13.40	14.06	4.93	18	27.92	31.34	12.25	22
安　徽	15.37	14.14	−8.00	22	25.81	27.08	4.92	27
中　部	**13.15**	**13.93**	**5.93**	**[3]**	**23.19**	**29.58**	**27.55**	**[2]**
吉　林	8.52	9.75	14.44	12	18.47	26.08	41.20	8
辽　宁	7.31	12.33	68.67	3	20.58	23.77	15.50	17
黑龙江	10.28	13.52	31.52	8	23.97	27.28	13.81	19
东　北	**8.52**	**11.95**	**40.26**	**[1]**	**21.26**	**25.37**	**19.33**	**[3]**
北　京	7.05	14.49	105.53	1	18.83	32.58	73.02	5
浙　江	11.99	15.61	30.19	9	24.24	33.93	39.98	9
山　东	11.81	13.27	12.36	15	27.08	35.65	31.65	12
上　海	9.04	14.31	58.30	4	24.43	31.04	27.06	14
海　南	13.57	14.81	9.14	16	27.01	31.07	15.03	18

续表

地区	居民积蓄与产值相关性				居民积蓄与居民收入相关性			
	民生富裕度		16年间比值升降（负值下降，上升为佳）		居民积蓄率		16年间比值升降（负值下降，上升为佳）	
	2000年	2016年			2000年	2016年		
	比值(%)	比值(%)	比值(%)	排序	比值(%)	比值(%)	比值(%)	排序
江　苏	11.44	10.58	-7.52	21	27.52	31.32	13.81	20
广　东	11.02	9.33	-15.34	27	20.25	22.65	11.85	23
福　建	10.86	10.33	-4.88	20	24.63	27.31	10.88	24
天　津	10.99	6.93	-36.94	30	27.83	23.33	-16.17	29
河　北	15.34	13.46	-12.26	26	35.40	28.32	-20.00	31
东　部	**11.04**	**11.95**	**8.24**	**[2]**	**25.25**	**29.84**	**18.18**	**[4]**

注：居民积蓄相关性分析取民生富裕度、居民积蓄率两项。对于相关性比值的构思设计及界定阐释，详见本书技术报告。民生富裕度上升意味着人民生活宽余富足程度提高；单独取居民积蓄与收入的关系来看，居民积蓄率上升意味着居民收入中生活消费开支比重降低，亦即居民富余程度提高。

1. 居民积蓄与产值之比

2000年，全国民生富裕度为10.47%，此为全国城乡居民积蓄与产值（国民总收入近似值）的相对比值。19个省域比值高于全国总体比值，12个省域比值低于全国总体比值。其中，江西比值15.68%最高，高达全国总体比值的149.79%；北京比值7.05%最低，低至全国总体比值的67.36%。

到2016年，全国民生富裕度为12.86%，意味着居民积蓄与产值的相对比值上升。14个省域比值高于全国总体比值，17个省域比值低于全国总体比值。其中，山西比值18.78%最高，高达全国总体比值的146.00%；青海比值6.28%最低，低至全国总体比值的48.85%。

基于居民积蓄与产值历年不同增长状况，与2000年相比，全国民生富裕度升高22.83%。同期，19个省域比值上升，12个省域比值下降。10个省域比值升降变化态势好于全国比值变化，21个省域比值升降变化态势逊于全国比值变化。其中，北京比值升降变化态势最佳，升高105.53%；青海比值升降变化态势不佳，降低37.45%。

2. 居民积蓄与居民收入之比

2000 年，全国居民积蓄率为 22.57%，此为全国城乡居民积蓄与居民收入的相对比值。13 个省域比值高于全国总体比值，18 个省域比值低于全国总体比值。其中，河北比值 35.40% 最高，高达全国总体比值的 156.81%；湖南比值 13.99% 最低，低至全国总体比值的 61.97%。

到 2016 年，全国居民积蓄率为 28.44%，居民积蓄与居民收入的相对比值上升。12 个省域比值高于全国总体比值，19 个省域比值低于全国总体比值。其中，山东比值 35.65% 最高，高达全国总体比值的 125.38%；青海比值 15.30% 最低，低至全国总体比值的 53.79%。

基于居民积蓄与居民收入历年不同增长状况，与 2000 年相比，全国居民积蓄率升高 26.01%。同期，27 个省域比值上升，4 个省域比值下降。14 个省域比值升降变化态势好于全国比值变化，17 个省域比值升降变化态势逊于全国比值变化。其中，湖南比值升降变化态势最佳，升高 86.78%；河北比值升降变化态势不佳，降低 20.00%。

本项检测体系建立各类相关性比值分析测算十分复杂，不同方面、不同层次的比值当然不具可比性。以下可对应比值之间历年变化相关系数（可简化理解为比值变化同步程度）检测在同一层面展开，或在上下层次递进（个别特殊例外详后）关系里展开：①民生富裕度与财政收入比同属对应于产值的相对比值；②居民积蓄率与居民收入比属上下层递进的相对比值；③与居民消费率属上下层相邻的相对比值；④与物质消费比，⑤与非物消费比同属对应于居民收入的相对比值。

相关性比值之间历年变化相关系数如下。

（1）民生富裕度与财政收入比之间全国为 0.6923，呈较弱正相关，6 个省域呈 75% 以上强相关，23 个省域呈 60% 以下弱相关；北京最高为 0.9717，内蒙古最低为 -0.9173。

（2）居民积蓄率与居民收入比之间全国为 -0.6392，呈很强负相关，14 个省域呈低于 -50% 强负相关；上海最高为 0.7210，湖南最低为 -0.9415。

（3）与居民消费率之间全国为 - 0. 8593，呈极强负相关，23 个省域呈低于 - 50% 强负相关；上海最高为 0. 4279，湖南最低为 - 0. 9704。

（4）与物质消费比之间全国为 - 0. 9225，呈极强负相关，28 个省域呈低于 - 50% 强负相关；青海最高为 - 0. 3308，广西最低为 - 0. 9794。

（5）与非物消费比之间全国为 - 0. 1910，呈很弱负相关，22 个省域呈负相关，其中 13 个省域呈低于 - 50% 强负相关；吉林最高为 0. 5579，青海最低为 - 0. 8411。

对应数据链之间比值升降变化相关系数的高低、正负差异在于，其间增长升降的同步性是强还是弱，升降变化的趋向性相近或是相左。后台数据库检测表明，2000 ~ 2016 年，全国民生富裕度增高 22. 83%，而财政收入比增高 60. 55%；居民积蓄率增高 26. 01%，而居民收入比降低 2. 44%，居民消费率降低 9. 86%，物质消费比降低 14. 73%，非物消费比增高 9. 57%。需要补充说明，本来积蓄率与消费比在同一层次，完全切分居民收入形成绝对负相关，达到极致反而失去分析价值，换用消费率对应尚有各地比较意义。

四 "全面小康"进程居民积蓄富足指数排行

2016 年统计数据为目前已经正式出版公布的最新年度全国及各地系统数据。全国及各地居民积蓄子系统专项指数排行见表 5，分区域以 2016 年度无差距横向检测结果位次排列。

1. 各年度理想值横向检测指数

2016 年度无差距横向检测居民积蓄富足指数，全国为 80. 52，即设各类人均值城乡、地区无差距为理想值 100 加以比较衡量，全国总体尚存差距 19. 48 个点。23 个省域此项指数高于全国指数，即居民积蓄指数检测结果高于全国平均水平；8 个省域此项指数低于全国指数，即居民积蓄指数检测结果低于全国平均水平。

表5 全国及各地居民积蓄子系统专项指数排行

地区	各五年期起始年纵向检测(基数值=100)						2016年度检测			
	"十五"以来16年(2000~2016年)		"十一五"以来11年(2005~2016年)		"十二五"以来6年(2010~2016年)		基数值纵向检测(2015年=100)		无差距横向检测(理想值=100)	
	检测指数	排序	检测指数	排序	检测指数	排序	检测指数	排序	检测指数	排序
全 国	**195.33**	—	**150.24**	—	**110.74**	—	**100.02**	—	**80.52**	—
上 海	178.45	20	171.33	5	116.69	10	102.12	11	99.39	1
北 京	226.35	6	142.83	16	109.93	16	101.28	17	98.32	2
浙 江	198.78	11	159.35	9	121.16	4	101.57	14	96.46	3
山 东	193.58	13	147.81	13	117.59	7	101.36	16	92.30	5
海 南	179.77	19	139.08	17	115.13	13	106.13	2	89.43	6
天 津	148.70	28	127.12	29	105.71	22	102.47	9	89.22	8
江 苏	180.01	18	133.10	25	107.66	18	98.93	23	88.32	11
福 建	167.60	25	128.93	27	105.70	23	102.18	10	87.22	12
河 北	140.52	31	120.69	31	97.51	30	100.72	20	84.79	15
广 东	149.86	27	130.14	26	99.35	29	98.08	25	83.03	17
东 部	**174.05**	[4]	**138.22**	[4]	**108.86**	[3]	**100.40**	[2]	**86.42**	[1]
江 西	216.60	8	168.93	7	116.85	9	104.71	3	92.59	4
山 西	195.52	12	136.92	22	119.88	6	98.85	24	89.26	7
河 南	191.70	14	138.47	19	111.97	14	100.74	19	89.12	9
湖 北	177.23	21	145.90	15	104.20	26	96.81	26	82.31	18
湖 南	256.04	4	171.05	6	105.54	24	99.18	21	81.88	20
安 徽	172.14	23	160.24	8	109.38	17	91.35	30	79.15	25
中 部	**197.26**	[2]	**151.25**	[2]	**110.42**	[2]	**98.86**	[3]	**85.33**	[2]
黑龙江	165.25	26	138.76	18	110.52	15	95.04	28	86.35	13
辽 宁	186.90	16	148.29	11	105.02	25	96.34	27	85.61	14
吉 林	201.45	10	125.89	30	100.45	28	98.93	22	82.29	19
东 北	**181.58**	[3]	**138.74**	[3]	**105.27**	[4]	**95.71**	[4]	**84.08**	[3]
广 西	253.66	5	247.20	1	120.21	5	102.65	8	89.07	10
云 南	278.20	1	197.86	4	141.02	3	107.56	1	84.76	16
重 庆	218.52	7	155.08	10	105.81	21	102.75	6	81.75	21
内蒙古	186.15	17	138.39	21	115.25	12	103.92	5	81.01	22
陕 西	275.92	2	209.33	3	141.55	2	103.98	4	80.80	23
西 藏	258.81	3	243.69	2	116.99	8	102.68	7	79.80	24

续表

| 地区 | 各五年期起始年纵向检测（基数值=100） | | | | | | 2016 年度检测 | | | |
| | "十五"以来 16 年（2000~2016 年） | | "十一五"以来 11 年（2005~2016 年） | | "十二五"以来 6 年（2010~2016 年） | | 基数值纵向检测（2015 年=100） | | 无差距横向检测（理想值=100） | |
	检测指数	排序	检测指数	排序	检测指数	排序	检测指数	排序	检测指数	排序
新　疆	173.15	22	148.07	12	116.17	11	101.27	18	78.39	26
四　川	170.86	24	146.42	14	103.38	27	101.98	12	76.13	27
宁　夏	214.60	9	134.42	24	107.39	19	101.92	13	73.04	28
青　海	141.35	30	128.45	28	162.60	1	101.36	15	71.62	29
贵　州	190.49	15	138.47	20	107.28	20	93.18	29	68.96	30
甘　肃	145.81	29	136.55	23	92.99	31	82.68	31	65.77	31
西　部	**206.76**	[1]	**165.94**	[1]	**114.02**	[1]	**102.34**	[1]	**77.91**	[4]

在此项检测中，上海、北京、浙江、江西、山东占据前 5 位。上海此项指数 99.39 最高，高于全国总体指数 18.87 个点；甘肃此项指数 65.68 最低，低于全国总体指数 14.84 个点。

2.2000 年以来基数值纵向检测指数

"十五"以来 16 年纵向检测居民积蓄富足指数，全国为 195.33，即设 2000 年为基数值 100 加以对比衡量，至 2016 年提升 95.33%。12 个省域此项指数高于全国指数，即居民积蓄指数提升速度高于全国平均速度；19 个省域此项指数低于全国指数，即居民积蓄指数提升速度低于全国平均速度。

在此项检测中，云南、陕西、西藏、湖南、广西占据前 5 位。云南此项指数 278.20 最高，即指数提升高达 178.20%；青海此项指数 135.78 最低，即指数提升仅为 35.78%。

3.2005 年以来基数值纵向检测指数

"十一五"以来 11 年纵向检测居民积蓄富足指数，全国为 150.24，即设 2005 年为基数值 100 加以对比衡量，至 2016 年提升 50.24%。10 个省域此项指数高于全国指数，即居民积蓄指数提升速度高于全国平均速度；21 个省域此项指数低于全国指数，即居民积蓄指数提升速度低于全国平均速度。

在此项检测中，广西、西藏、陕西、云南、上海占据前5位。广西此项指数247.20最高，即指数提升高达147.20%；青海此项指数112.51最低，即指数提升仅为12.51%。

4.2010年以来基数值纵向检测指数

"十二五"以来6年纵向检测居民积蓄富足指数，全国为110.74，即设2010年为基数值100加以对比衡量，至2016年提升10.74%。13个省域此项指数高于全国指数，即居民积蓄指数提升速度高于全国平均速度；18个省域此项指数低于全国指数，即居民积蓄指数提升速度低于全国平均速度。

在此项检测中，青海、陕西、云南、浙江、广西占据前5位。青海此项指数169.01最高，即指数提升高达69.01%；甘肃此项指数92.99最低，即指数降低7.01%。

5.逐年度基数值纵向检测指数

2016年度基数值纵向检测居民积蓄富足指数，全国为100.02，即设上年（2015年）为基数值100加以对比衡量，至2016年提升0.02%。20个省域此项指数高于全国指数，即居民积蓄指数提升速度高于全国平均速度；11个省域此项指数低于全国指数，即居民积蓄指数提升速度低于全国平均速度。

在此项检测中，云南、海南、江西、陕西、内蒙古占据前5位。云南此项指数107.56最高，即指数提升7.56%；甘肃此项指数77.26最低，即指数降低22.74%。

现有增长关系格局存在经济增长与民生发展不够协调的问题，存在城乡、区域间民生发展不够均衡的问题，维持现有格局既有增长关系并非应然选择。实现经济、社会、民生发展的协调性，增强城乡、区域发展的均衡性，均为"全面建成小康社会"的既定目标，有些甚至具体化为约束性指标。假定全国及各地城乡比、地区差不再扩大以至消除，居民积蓄增长将更加明显，各地排行也将发生变化，可为"全面建成小康社会"进程最后攻坚起到"倒计时"预测提示作用。

五 "全面小康"目标年居民积蓄增长预测

1. 实现居民积蓄率最佳值及最小城乡比应然测算

居民积蓄率与居民消费比形成反向对应，实现居民消费需求拉动经济增长目标，反向指标亦即保持居民积蓄率不再上升，而消除城乡差距的第一步是缩小城乡差距。按全国及各地居民积蓄率历年最低值测算2020年居民积蓄总量、人均值，再取居民积蓄历年最小城乡比进行演算。

据此假定推演居民积蓄"应然增长"动向，亦即协调增长"应有目标"，预测全国及各地2020年居民积蓄主要数据及居民积蓄富足指数见表6，分区域以2016~2020年纵向检测假定目标差距位次排列。

表6 全国及各地2020年居民积蓄应然增长测算

| 地区 | 实现居民积蓄率最佳值及最小城乡比测算 | | | | 居民积蓄专项指数测算 | | | |
| | 居民积蓄 | | 人均值差距 | | 2016~2020年纵向检测（2016年基数值=100） | | 2020年度横向检测（无差距理想值=100） | |
	城乡总量（亿元）	城乡人均（元）	地区差（无差距=1）	城乡比（乡村=1）	差距指数	排序（倒序）	预测指数	排序
全 国	130553.65	9275.44	1.3607	2.1978	326.69	—	84.98	—
云 南	2240.70	4593.54	1.5048	5.4836	225.36	1	68.07	31
西 藏	131.35	3749.55	1.5958	1.0900	225.45	2	78.94	28
陕 西	2255.87	5869.97	1.3671	4.3995	277.93	4	74.02	30
广 西	3646.80	7448.44	1.1970	2.6082	303.54	8	86.88	22
新 疆	1492.06	5882.12	1.3658	2.5479	303.69	9	79.67	27
四 川	5499.28	6643.26	1.2838	2.3227	375.59	16	86.46	23
重 庆	3297.20	10526.92	1.1349	1.4211	393.98	20	99.91	13
宁 夏	462.85	6590.67	1.2894	1.9280	410.44	21	86.19	24
青 海	310.85	5097.13	1.4505	3.6150	431.25	24	82.87	25
贵 州	3219.94	9197.02	1.0085	3.0410	549.44	29	102.64	8
内蒙古	3914.32	15265.27	1.6458	2.7134	923.33	30	103.76	7
甘 肃	1028.55	3933.10	1.5760	2.2913	2040.22	31	78.17	29
西 部	27499.78	7254.61	1.3683	2.8508	345.45	[1]	82.05	[4]

续表

地区	实现居民积蓄率最佳值及最小城乡比测算				居民积蓄专项指数测算			
	居民积蓄		人均值差距		2016～2020年纵向检测（2016年基数值＝100）		2020年度横向检测（无差距理想值＝100）	
	城乡总量（亿元）	城乡人均（元）	地区差（无差距＝1）	城乡比（乡村＝1）	差距指数	排序（倒序）	预测指数	排序
黑龙江	2646.77	6979.24	1.2476	1.6136	341.28	13	92.74	20
吉　林	2212.48	8079.37	1.1290	1.6820	349.60	14	93.76	18
辽　宁	3748.28	8462.70	1.0876	1.1069	360.28	15	100.20	12
东　北	8607.52	7853.62	1.1547	1.4628	345.67	[2]	93.04	[3]
湖　南	4807.16	6879.29	1.2583	3.6142	292.41	7	80.62	26
江　西	5003.22	10678.74	1.1513	2.5648	312.50	10	94.85	16
河　南	9496.44	9911.87	1.0686	1.3964	376.14	17	105.43	5
山　西	3410.66	8992.89	1.0305	1.0339	377.50	18	104.16	6
安　徽	5436.93	8740.51	1.0577	1.7299	388.03	19	96.56	14
湖　北	6873.82	11568.58	1.2472	1.2343	448.46	27	106.77	4
中　部	35028.23	9413.97	1.1356	1.7365	356.17	[3]	95.22	[2]
上　海	4171.87	15626.91	1.6848	1.9536	252.61	3	89.20	21
北　京	3762.81	15510.96	1.6723	1.3075	280.77	5	93.25	19
浙　江	9279.08	15915.64	1.7159	2.2086	284.57	6	94.34	17
海　南	902.75	9529.83	1.0274	1.6616	330.07	11	96.08	15
山　东	13677.37	13435.05	1.4485	1.6523	340.12	12	100.29	11
河　北	7132.66	9289.11	1.0015	1.1787	411.51	22	107.43	3
福　建	5645.30	14153.68	1.5259	2.1851	423.27	23	101.76	9
广　东	14552.85	12497.14	1.3473	1.7300	431.83	25	101.50	10
天　津	2921.68	16446.36	1.7731	1.0144	443.82	26	113.82	2
江　苏	17355.16	21233.83	2.2893	1.1745	450.15	28	117.22	1
东　部	79401.52	14354.36	1.5486	1.7001	360.45	[4]	97.25	[1]

注：①全国及31个省域城乡比自身趋于扩大，均按各自历年最小城乡比假定测算。②纵向检测排序取倒序，指数越低差距越小，其中甘肃等地差距极大，因当前乡村居民积蓄呈负值（详见表3），变通演算城乡比急剧扩大并延至2020年；横向检测指数普遍接近，四大区域差异明显减小，部分省域指数超出理想值100，由其他指标明显提升所致。③全国纵向检测结果一般应在各地数值之间，此处"失常"由全国及各地分别假定测算所致。④表外附加城镇、乡村人均值按最小城乡比反推演算，势必突破相应背景数值关系，于是全国及各地积蓄与总消费之和对应收入测算数值或有出入，实属此项测算设计使然。

假定实现居民积蓄率最佳值及最小城乡比测算，2020 年全国城乡居民积蓄总量应达 130553.65 亿元，人均值应为 9275.44 元。15 个省域人均值高于全国人均值，16 个省域人均值低于全国人均值。其中，江苏人均值 21233.83 元最高，高达全国人均值的 228.93%；西藏人均值 3749.55 元最低，低至全国人均值的 40.42%。

全国城乡居民积蓄地区差应为 1.3607，即 31 个省域人均值与全国人均值的绝对偏差平均值为 36.07%。17 个省域地区差小于全国地区差，14 个省域地区差大于全国地区差。其中，河北地区差 1.0015 最小，即与全国人均值的绝对偏差为 0.15%，仅为全国总体地区差的 73.60%；江苏地区差 2.2893 最大，即与全国人均值的绝对偏差为 128.93%，高达全国总体地区差的 168.24%。

基于城乡人均值测算反推，全国城镇居民积蓄人均值应为 11715.98 元。12 个省域城镇人均值高于全国城镇人均值，19 个省域城镇人均值低于全国城镇人均值。其中，江苏城镇人均值 22134.29 元最高，高达全国城镇人均值的 188.92%；西藏城镇人均值 3978.02 元最低，低至全国城镇人均值的 33.95%。

基于城镇人均值演算反推，全国乡村居民积蓄人均值应为 5330.67 元，仅为城镇人均值的 45.50%。19 个省域乡村人均值高于全国乡村人均值，12 个省域乡村人均值低于全国乡村人均值。其中，江苏乡村人均值 18846.18 元最高，高达全国乡村人均值的 353.54%；云南乡村人均值 1409.96 元最低，低至全国乡村人均值的 26.45%。

全国居民积蓄城乡比应为 2.1978，即全国城镇人均值为乡村人均值的 219.78%，其间倍差为 2.20。19 个省域城乡比小于全国城乡比，12 个省域城乡比大于全国城乡比。其中，天津城乡比 1.0144 最小，即城镇与乡村的人均值倍差为 1.01，仅为全国总体城乡比的 46.15%；云南城乡比 5.4836 最大，即城镇与乡村的人均值倍差为 5.48，高达全国总体城乡比的 249.50%。

2016～2020 年纵向检测居民积蓄富足指数，全国应为 326.69，即设

2016 年为基数值 100 加以对比衡量，至 2020 年达到假定目标需提升 226.69%。10 个省域此项指数低于全国指数，即假定测算居民积蓄指数提升差距小于全国；21 个省域此项指数高于全国指数，即假定测算居民积蓄指数提升差距大于全国。其中，云南此项指数 225.36 最低，即达到假定增长测算目标的差距最小；甘肃此项指数 2040.22 最高，即达到假定增长测算目标的差距最大。

在此假定"应然目标"下，纵向检测指数即为差距测量结果，指数越低意味着差距越小，越容易实现。

2020 年度横向检测居民积蓄富足指数，全国应为 84.98，即设收入人均值城乡、地区无差距为理想值 100 加以比较衡量，全国总体尚存差距 15.02 个点。24 个省域此项指数高于全国指数，即假定测算居民积蓄指数高于全国；7 个省域此项指数依次低于全国指数，即假定测算居民积蓄指数低于全国。其中，江苏此项指数 117.22 最高，即达到假定目标情况下高于全国总体指数 32.24 个点；云南此项指数 68.07 最低，即达到假定目标情况下低于全国总体指数 16.91 个点。

在此项假定测算中，四大区域横向检测指数较为接近，地区性差异排序部分失去意义。由于预设全国所有省域同步达到"应然目标"，各地纵向检测差距愈大，倘若同时得以实现则横向检测排行有可能愈前，反之亦然。

保持居民积蓄率不再上升（亦即积蓄对消费的抑制作用不再强化），实现居民积蓄最小城乡比"应然目标"，本身即为"协调增长"的基本需要。在假定实现最小城乡比情况下，与 2016 年相比，全国居民积蓄城乡比应极显著缩小，31 个省域城乡比相应缩小。在此项假定测算当中，由于全国及 31 个省域城乡比自身趋于扩大，均按各自历年最小城乡比假定测算，于是城乡综合演算的居民积蓄总量、人均值明显提升。由此可知，既有城乡差距在全国社会结构中的"非均衡性"影响极大。

但是，地区差距在全国社会结构中的"非均衡性"影响同样很大。假定各地按照自身历年最小城乡比测算下来，全国居民积蓄地区差将较明显扩大，15 个省域地区差相应扩大。

特别应当注意到，各地居民积蓄富足指数不仅普遍提升，而且相互接近，在四大区域之间尤为接近。

2. 实现居民积蓄率最佳值并弥合城乡比理想测算

城乡差距系民生发展"非均衡性"的最主要成因，仅仅实现居民积蓄既往历年最小城乡比显然不够。假定全国及各地实现居民积蓄率历年最佳值并同步弥合城乡比，以最小城乡比演算的各自城镇人均值作为城乡持平人均值进行测算，可以检测最终消除城乡差距的实际距离。

据此假定推演居民积蓄"理想增长"动向，亦即均衡发展"理想目标"，预测全国及各地2020年居民积蓄主要数据及居民积蓄富足指数见表7，分区域以2016~2020年纵向检测假定目标差距位次排列。

表7　全国及各地2020年居民积蓄理想增长测算

地区	实现居民积蓄率最佳值并弥合城乡比测算			居民积蓄专项指数测算			
	城乡总量（亿元）	城与乡人均值（元）	地区差（无差距=1）	2016~2020年纵向检测（2016年基数值=100）		2020年度横向检测（无差距理想值=100）	
				差距指数	排序（倒序）	预测指数	排序
全　国	164904.79	11715.98	1.3023	437.11	—	96.13	—
辽　宁	3860.42	8715.88	1.2561	368.75	5	93.47	26
黑龙江	3106.37	8191.17	1.3009	406.03	9	97.02	21
吉　林	2678.97	9782.86	1.1650	424.67	10	99.78	19
东　北	9645.76	8874.00	1.2406	394.43	[1]	95.23	[4]
上　海	4443.00	16642.52	1.4205	286.66	2	94.42	24
北　京	3878.37	15987.31	1.3646	307.33	3	93.09	27
浙　江	11087.67	19017.75	1.6232	356.50	4	103.08	12
海　南	1071.87	11315.13	1.0342	397.93	7	101.44	16
山　东	15995.52	15712.14	1.3411	404.36	8	105.46	9
河　北	7614.10	9916.12	1.1536	438.06	14	101.02	17
天　津	2927.92	16481.50	1.4068	443.96	16	105.42	10
江　苏	18091.13	22134.29	1.8892	475.48	19	110.69	3
广　东	16527.20	14192.59	1.2114	510.95	23	106.47	7
福　建	6815.22	17086.87	1.4584	544.63	25	110.61	4
东　部	88452.00	16400.30	1.3903	428.53	[2]	102.68	[1]

续表

地区	实现居民积蓄率最佳值并弥合城乡比测算			居民积蓄专项指数测算			
				2016~2020年纵向检测 (2016年基数值=100)		2020年度横向检测 (无差距理想值=100)	
	城乡总量 (亿元)	城与乡人均值(元)	地区差 (无差距=1)	差距指数	排序(倒序)	预测指数	排序
山 西	3455.29	9110.55	1.2224	378.94	6	94.19	25
河 南	10904.66	11381.69	1.0285	432.41	12	107.27	6
江 西	6713.21	14328.50	1.2230	432.99	13	108.55	5
湖 南	6919.09	9901.56	1.1549	486.41	20	99.66	20
湖 北	7398.11	12450.95	1.0627	491.19	21	105.73	8
安 徽	6630.99	10660.11	1.0901	496.26	22	102.71	14
中 部	42021.35	11454.83	1.1303	446.77	[3]	102.55	[2]
西 藏	139.35	3978.02	1.6605	242.63	1	81.49	31
云 南	3771.47	7731.68	1.3401	426.61	11	92.65	29
新 疆	2106.11	8302.87	1.2913	440.27	15	95.76	22
重 庆	3646.08	11640.77	1.0064	452.60	17	102.58	15
广 西	5140.39	10499.04	1.1039	455.35	18	103.75	11
陕 西	3227.63	8398.55	1.2832	518.38	24	92.66	28
四 川	7418.17	8961.33	1.2351	548.46	26	100.13	18
宁 夏	571.08	8131.79	1.3059	557.87	27	94.66	23
贵 州	4835.75	13812.22	1.1789	919.43	28	122.11	1
内蒙古	5009.39	19535.87	1.6675	1882.22	29	116.61	2
青 海	457.91	7508.49	1.3591	5128.59	30	102.73	13
甘 肃	1435.40	5488.87	1.5315	5204.34	31	92.27	30
西 部	37758.74	10222.51	1.3303	539.62	[4]	99.02	[3]

注：纵向检测排序取倒序，指数越低差距越小，其中甘肃等地差距极大，因当前乡村居民积蓄呈负值（详见表3），虚拟演算城乡比延至2020年急剧扩大；横向检测指数普遍接近理想值100，各地尚存地区差距影响，但全国地区差显著缩小，较多省域指数超出理想值100，由其他指标明显提升所致。

假定实现居民积蓄率最佳值并弥合城乡比测算，2020年全国城乡居民积蓄总量应达164904.79亿元，城乡持平人均值应为11715.98元，即前面测算的城镇人均值水平。12个省域人均值高于全国人均值，19个省域人均值低于全国人均值。其中，江苏人均值22134.29元最高，高达全国人均值的188.92%；西藏人均值3978.02元最低，低至全国人均值的33.95%。

全国城乡居民积蓄地区差应为 1.3023，即 31 个省域人均值与全国人均值的绝对偏差平均值为 30.23%。18 个省域地区差小于全国地区差，13 个省域地区差大于全国地区差。其中，重庆地区差 1.0064 最小，即与全国人均值的绝对偏差为 0.64%，仅为全国总体地区差的 77.28%；江苏地区差 1.8892 最大，即与全国人均值的绝对偏差为 88.92%，高达全国总体地区差的 145.07%。

2016～2020 年纵向检测居民积蓄富足指数，全国应为 437.11，即设 2016 年为基数值 100 加以对比衡量，至 2020 年达到假定目标需提升 337.11%。13 个省域此项指数低于全国指数，即假定测算居民积蓄指数提升差距小于全国；18 个省域此项指数高于全国指数，即假定测算居民积蓄指数提升差距大于全国。其中，西藏此项指数 242.63 最低，即达到假定增长测算目标的差距最小；青海此项指数 3049.42 最高，即达到假定增长测算目标的差距最大。

在此假定"理想目标"下，纵向检测指数即为差距测量结果，指数越低意味着差距越小，越容易实现。

2020 年度横向检测居民积蓄富足指数，全国应为 96.13，即设各类人均值城乡、地区无差距为理想值 100 加以比较衡量，全国总体仅存差距 3.87 个点。21 个省域此项指数高于全国指数，即假定测算居民积蓄指数略高于全国；10 个省域此项指数低于全国指数，即假定测算居民积蓄指数略低于全国。其中，贵州此项指数 122.11 最高，即达到假定目标情况下高于全国总体指数 25.98 个点；西藏此项指数 81.49 最低，即达到假定目标情况下低于全国总体指数 14.64 个点。

在此项假定测算中，四大区域横向检测指数较为接近，地区性差异排序部分失去意义。由于预设全国所有省域同步达到"理想目标"，各地纵向检测差距愈大，倘若同时得以实现则横向检测排行有可能愈前，反之亦然。

实现弥合居民积蓄城乡比"理想目标"，本身即为"均衡发展"的理念要求。在假定弥合城乡比情况下，与 2016 年相比，全国居民积蓄地区差亦随之较明显缩小，17 个省域地区差相应缩小。据此假定测算可见，由于预设乡村居民积蓄高速增长，到2020年人均值与城镇持平，全国及各地城乡综合演算的居民积蓄总量、人均值大幅提升。由此得知，正是既有城乡差距加大了全国"非均衡性"地区差距。

特别应当注意到，各地居民积蓄富足指数普遍十分接近，在四大区域之间更为明显。

设置"应然目标"和"理想目标"展开测算，特别针对中国社会结构体制造成的"非均衡性"地区鸿沟和城乡鸿沟。本项检测回溯"全面小康"建设进程展开测算推演，倘若保持2000年以来全国及各地居民积蓄增长变化态势，到2020年全国居民积蓄地区差将为1.3214，略微低于当前居民积蓄地区差；居民积蓄城乡比将为5.7196，显著高于当前居民积蓄城乡比。这意味着，居民积蓄地区差和城乡比依然明显存在，甚至继续显著扩大，仅仅"维持现状"任其"自然增长"显然不够。彻底消除全国及各地民生发展各个方面的地区差距和城乡差距，还需要强有力的政策措施和长时期的持续努力，期待新中国成立百年之际得以基本弥合。

省域报告[*]

Provincial Reports

R.8
上海：2016年度民生发展
指数排名第1位

曹伟道[**]

摘　要： 2000~2016年，上海城乡综合演算的各类民生数据人均值持
　　　　 续稳步增长，2016年居民收入为2000年的4.90倍，总消费
　　　　 为4.47倍，积蓄为6.22倍。物质消费比重略微增高0.10个
　　　　 百分点，非物消费比重略微下降0.10个百分点，消费结构出
　　　　 现一定"逆升级"变化。居民收入比从36.99%极显著上升

---

* 限于篇幅无法全面展开省域单独分析，以兼顾排行位次与区域分布的方式选取子报告：按
R.2技术报告兼综合指数排行报告表5（排行汇总表）年度横向及各类纵向测评结果，取东、
中、西部和东北（为平衡数量归并河北、山东）四大区域各自省排名、直辖市单列排名、自
治区单列排名前两位（西部省总排名第2位青海因乡村积蓄呈负值无法制图，替换为第3位
贵州），共8省2直辖市2自治区，按各地最高位次拟题排文，相同位次以先横向后较长时段
纵向测评为序。未有独立子报告的省域见该报告详尽展开列表的各地分析对比及各类排行。
** 曹伟道，云南省社会科学院民族文学研究所所务秘书，主要从事社会发展研究。

至46.11%，居民消费率从27.95%明显上升至31.80%，"十二五"期间略有上升。尤其应注意居民收入年均增长明显低于财政收入年增3.98个百分点，居民消费支出年均增长明显低于财政支出年增3.54个百分点。居民积蓄率从24.43%持续明显升高至31.04%，反过来对消费需求的抑制作用加重。居民收入、总消费、积蓄地区差全都逐渐缩小；居民收入、总消费、积蓄城乡比全都持续扩大。

关键词： 上海 人民生活 发展指数 检测评价

一 上海经济财政增长与民生发展基本态势

上海经济财政增长与城乡人民生活发展关系态势见图1，限于制图容量，图中仅列出产值数据，财政收入、支出数据置于后台进行相关演算。

1. 上海产值、财政收支总量增长状况

2000~2016年，上海产值总量年均增长11.74%，同期财政收入总量年均增长17.50%，财政支出总量年均增长16.41%。财政收入和支出增长大大超过产值增长，这意味着，在以历年产值来体现的当地总财富当中，各级财政收取并支用的部分占有越来越大的比例份额。

2. 居民收入、消费和积蓄总量增长状况

2000~2016年，上海城乡居民收入总量年均增长13.52%，消费总量年均增长12.87%，积蓄总量年均增长15.23%。在这16年间，上海城乡居民收入年均增长率高于产值增长1.78个百分点，低于财政收入增长3.98个百分点；居民消费年均增长率高于产值增长1.13个百分点，低于财政支出增长3.54个百分点。

检测上海各类数据历年增长相关系数：产值与居民收入增长之间为0.1448（极弱正相关性），与居民消费增长之间为0.1961（极弱正相关性），

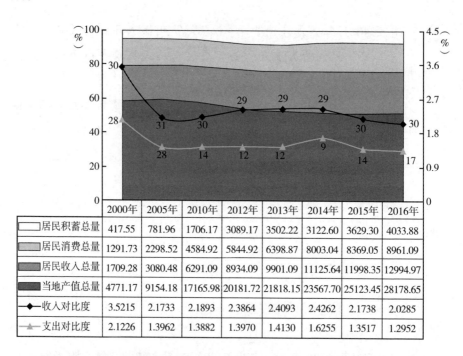

	2000年	2005年	2010年	2012年	2013年	2014年	2015年	2016年
□ 居民积蓄总量	417.55	781.96	1706.17	3089.17	3502.22	3122.60	3629.30	4033.88
▨ 居民消费总量	1291.73	2298.52	4584.92	5844.92	6398.87	8003.04	8369.05	8961.09
▨ 居民收入总量	1709.28	3080.48	6291.09	8934.09	9901.09	11125.64	11998.35	12994.97
▨ 当地产值总量	4771.17	9154.18	17165.98	20181.72	21818.15	23567.70	25123.45	28178.65
◆ 收入对比度	3.5215	2.1733	2.1893	2.3864	2.4093	2.4262	2.1738	2.0285
▲ 支出对比度	2.1226	1.3962	1.3882	1.3970	1.4130	1.6255	1.3517	1.2952

图1　上海经济财政增长与城乡人民生活发展关系态势

　　左轴面积：产值与城乡居民收入、消费、积蓄总量（亿元转换为%），各项数值间呈直观比例。右轴曲线：收入对比度（居民收入比与财政收入比之比）、支出对比度（居民消费率与财政用度比之比）（%）。囿于制图空间省略若干年度，文中描述历年变化包括省略年度，全文同。标注收入对比度、支出对比度省域排序位次。

可简化理解为居民收入、消费与产值历年增长分别在 14.48% 和 19.61% 程度上同步。财政收入与居民收入增长之间为 0.1583，即二者历年增长在 15.83% 程度上同步，呈极弱正相关性，居民收入增长极显著滞后；财政支出与居民消费增长之间为 0.0260，即二者历年增长在 2.60% 程度上同步，呈极弱正相关性，居民消费增长更极显著滞后。

　　3. 收入对比度、支出对比度历年变化状况

　　收入对比度即在居民收入与财政收入之间求取相关性比值（可双向对应演算，互为倒数）。由上海居民收入变化看来，16 年间从财政收入的 352.15%（图中 3.5215 转换为百分制，全文同）降低为 202.85%，相对关系值减小了 42.40%。这表明，在当地社会总财富历年分配当中，财政收入

所占份额扩增，而居民收入所占份额缩减，其间相互关系用收入对比度变动来表示。上海居民收入比与财政收入比历年变化相关系数为0.7074，呈较弱正相关性，即两项比值之间在70.74%程度上同步变动。

支出对比度即在居民消费与财政用度之间求取相关性比值（同样可双向对应演算，互为倒数）。由上海居民消费变化看来，16年间从财政用度的212.26%降低为129.52%，相对关系值减小了38.98%。这表明，在当地社会总财富历年支配当中，财政用度所占份额扩增，而居民消费所占份额缩减，其间相互关系用支出对比度变动来表示。上海居民消费率与财政用度比历年变化相关系数为0.5746，呈很弱正相关性，即两项比值之间在57.46%程度上同步变动。

二　上海居民收入及其相关性分析

居民收入及其相关性分析为民生指数检测系统的二级子系统之一。上海居民收入及其相关性变动态势见图2。

1. 城乡综合人均值及地区差变动状况

2000~2016年，上海城乡居民人均收入年均增长10.44%（由于人口增长，人均值增长率略低于总量增长率）。人均值地区差最小（最佳，后同）值为2016年的2.2011，最大值为2001年的2.9976。在这16年间，上海居民收入地区差缩小了26.13%。这意味着，上海与其余各地居民收入增长的同步均衡性显著增强，体现出"全面小康"建设进程在缩小居民收入地区差距方面的有效进展。

由于其他省域相应变化，上海地区差位次保持第31位不变。按照本项检测的推演测算，2020年上海居民收入地区差应为2.0570，相比当前将较明显缩减；2035年上海居民收入地区差应为1.6453，相比当前将继续极显著缩减。

2. 城镇与乡村人均值及城乡比变动状况

2000~2016年，上海城镇居民人均收入年均增长10.48%，乡村居民人

均收入年均增长 9.95%，乡村年均增长率低于城镇 0.53 个百分点。城乡之
间增长相关系数为 0.5115，即历年增长同步程度 51.15%，呈很弱正相关性。

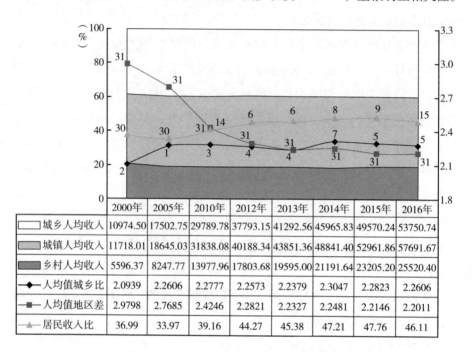

	2000年	2005年	2010年	2012年	2013年	2014年	2015年	2016年
城乡人均收入	10974.50	17502.75	29789.78	37793.15	41292.56	45965.83	49570.24	53750.74
城镇人均收入	11718.01	18645.03	31838.08	40188.34	43851.36	48841.40	52961.86	57691.67
乡村人均收入	5596.37	8247.77	13977.96	17803.68	19595.00	21191.64	23205.20	25520.40
人均值城乡比	2.0939	2.2606	2.2777	2.2573	2.2379	2.3047	2.2823	2.2606
人均值地区差	2.9798	2.7685	2.4246	2.2821	2.2327	2.2481	2.2146	2.2011
居民收入比	36.99	33.97	39.16	44.27	45.38	47.21	47.76	46.11

图 2　上海居民收入及其相关性变动态势

　　左轴面积：城乡综合、城镇、乡村居民收入人均值（元转换为%），各项数值间呈直观比
例。右轴曲线：居民收入城乡比（乡村 = 1）、地区差（无差距 = 1）。左轴曲线：居民收入比
（与产值即国民总收入近似值比）（%）。标注居民收入比及其城乡比、地区差省域排序位次。
另需说明，近年年鉴始发布 2014 年以来城乡人均值数据，但与总量数据之间存在演算误差，对
应同时发布的产值人均值和总量分别演算相关性比值有出入，本文恢复自行演算城乡人均值。

　　同期，上海居民收入城乡比最小（最佳，后同）值为 2000 年的
2.0939，最大值为 2004 年的 2.3609。在这 16 年间，上海城乡比扩
大了 7.96%。这意味着，上海城乡之间居民收入增长的同步均衡性较明显减
弱，体现出"全面小康"建设进程在缩小居民收入城乡差距方面的成效欠佳。
　　由于其他省域相应变化，上海城乡比位次从 2000 年第 2 位降至 2016 年
第 5 位。按照本项检测的推演测算，2020 年上海居民收入城乡比应为
2.3043，相比当前将略微扩增；2035 年上海居民收入城乡比应为 2.4760，

相比当前将继续明显扩增。

3. 城乡综合居民收入比历年变化状况

2000～2016年，上海居民收入比上升了9.12个百分点，其中"十二五"以来陡升6.95个百分点。"十二五"以来国家及各地规划确定"努力实现居民收入增长与经济发展同步"的约束性指标已经产生显著作用。由于其他省域相应变化，上海居民收入比位次从2000年第30位升至2016年第15位。

在这16年间，上海居民收入比最高（最佳）值为2015年的47.76%，最低值为2007年的33.30%，近年来达到历年最佳值。这意味着，当地居民收入增长与经济发展的同步协调性有所增强，甚而居民收入增长业已反超产值增长以补积年"拖欠"。

三　上海居民消费增长及其相关性分析

居民消费及其相关性分析为民生指数检测系统的二级子系统之二。上海居民总消费及其相关性变动态势见图3。

1. 城乡综合人均值及地区差变动状况

2000～2016年，上海城乡居民人均总消费年均增长9.81%。人均值地区差最小值为2013年的2.1041，最大值为2000年的2.9084。在这16年间，上海居民总消费地区差缩小了27.07%。这意味着，上海与其余各地居民总消费增长的同步均衡性显著增强，体现出"全面小康"建设进程在缩小居民总消费地区差距方面的有效进展。

由于其他省域相应变化，上海地区差位次保持第31位不变。按照本项检测的推演测算，2020年上海居民总消费地区差应为1.9950，相比当前将较明显缩减；2035年上海居民总消费地区差应为1.6693，相比当前将继续极显著缩减。

2. 城镇与乡村人均值及城乡比变动状况

2000～2016年，上海城镇居民人均总消费年均增长9.85%，乡村居民

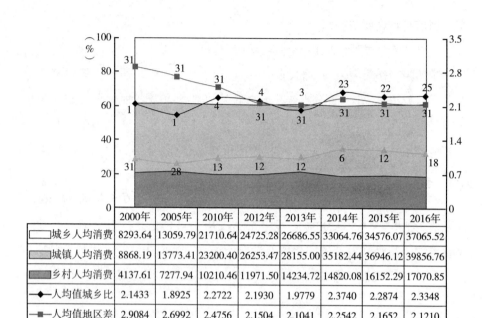

	2000年	2005年	2010年	2012年	2013年	2014年	2015年	2016年
城乡人均消费	8293.64	13059.79	21710.64	24725.28	26686.55	33064.76	34576.07	37065.52
城镇人均消费	8868.19	13773.41	23200.40	26253.47	28155.00	35182.44	36946.12	39856.76
乡村人均消费	4137.61	7277.94	10210.46	11971.50	14234.72	14820.08	16152.29	17070.85
人均值城乡比	2.1433	1.8925	2.2722	2.1930	1.9779	2.3740	2.2874	2.3348
人均值地区差	2.9084	2.6992	2.4756	2.1504	2.1041	2.2542	2.1652	2.1210
居民消费率	27.95	25.34	28.54	28.96	29.33	33.96	33.31	31.80

图3　上海居民总消费及其相关性变动态势

左轴面积：城乡综合、城镇、乡村居民总消费人均值（元转换为%），各项数值间呈直观比例。右轴曲线：居民总消费城乡比（乡村=1）、地区差（无差距=1）。左轴曲线：居民消费率（与产值比）（%）。标注居民消费率及其城乡比、地区差省域排序位次。

人均总消费年均增长 9.26%，乡村年均增长率低于城镇 0.59 个百分点。城乡之间增长相关系数为 -0.2746，即历年增长逆向程度 27.46%，呈较弱负相关性。

同期，上海居民总消费城乡比最小值为 2006 年的 1.8438，最大值为 2014 年的 2.3740。在这 16 年间，上海居民总消费城乡比扩大了 8.93%。这意味着，上海城乡之间居民总消费增长的同步均衡性较明显减弱，体现出"全面小康"建设进程在缩小居民总消费城乡差距方面的成效欠佳。

由于其他省域相应变化，上海城乡比位次从 2000 年第 1 位降至 2016 年第 25 位。按照本项检测的推演测算，2020 年上海居民总消费城乡比应为 2.3853，相比当前将较明显扩增；2035 年上海居民总消费城乡比应为

2.5845，相比当前将继续明显扩增。

3. 城乡综合居民消费率历年变化状况

2000～2016年，上海居民消费率上升了3.85个百分点，其中"十二五"以来陡升3.26个百分点。应对国际金融危机实施"拉动内需，扩大消费，改善民生"国策以来，上海居民消费率更加明显上升。由于其他省域相应变化，上海居民消费率位次从2000年第31位升至2016年第18位。

在这16年间，上海居民消费率最高（最佳）值为2014年的33.96%，最低值为2006年的24.29%，近年来达到历年最佳值。这意味着，当地居民消费拉动经济增长的同步协调性有所增强。还应注意到，上海居民消费率上升程度小于当地居民收入比上升程度，反过来即意味着居民积蓄率上升，同时亦即积蓄对消费的抑制作用加重。

在此简要归纳对比城乡居民物质生活、非物生活分类单项消费的增长变化差异。2000年以来16年间，上海各类消费人均值年均增长率、比重值升降变化（百分比演算更为精确）排序：居住消费年增19.10%，比重上升266.58%为最高；交通消费年增12.45%，比重上升46.25%为次高；医疗消费年增11.62%，比重上升29.87%为第三高；文教消费年增8.32%，比重下降19.67%为第四高；衣着消费年增7.72%，比重下降26.51%为第五高；食品消费年增6.13%，比重下降42.00%为第六高；用品消费年增6.10%，比重下降42.32%为次低；其他消费年增5.24%，比重下降49.32%为最低。

四　上海居民物质消费综合增长态势

居民物质消费合计及其相关性分析为民生指数检测系统的二级子系统之三。上海居民物质消费合计及其相关性变动态势见图4。

1. 城乡综合人均值及地区差变动状况

2000～2016年，上海城乡居民人均物质消费年均增长9.82%。人均值地区差最小值为2013年的1.9365，最大值为2000年的2.7805。在这16年间，上海居民物质消费地区差缩小了20.84%。这意味着，上海与其余各地

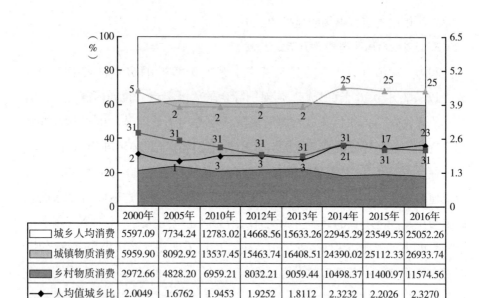

	2000年	2005年	2010年	2012年	2013年	2014年	2015年	2016年
□ 城乡人均消费	5597.09	7734.24	12783.02	14668.56	15633.26	22945.29	23549.53	25052.26
▨ 城镇物质消费	5959.90	8092.92	13537.45	15463.74	16408.51	24390.02	25112.33	26933.74
▨ 乡村物质消费	2972.66	4828.20	6959.21	8032.21	9059.44	10498.37	11400.97	11574.56
◆ 人均值城乡比	2.0049	1.6762	1.9453	1.9252	1.8112	2.3232	2.2026	2.3270
■ 人均值地区差	2.7805	2.4639	2.2351	1.9748	1.9365	2.3410	2.2390	2.2010
▲ 物质消费比重	67.49	59.22	58.88	59.33	58.58	69.40	68.11	67.59

图 4　上海居民物质消费合计及其相关性变动态势

左轴面积：城乡综合、城镇、乡村居民物质消费合计人均值（元转换为%），各项数值间呈直观比例。右轴曲线：物质消费城乡比（乡村 =1）、地区差（无差距 =1）。左轴曲线：物质消费比重（占总消费比）（%）。标注物质消费比重及其城乡比、地区差省域排序位次。

居民物质消费增长的同步均衡性明显增强，体现出"全面小康"建设进程在缩小居民物质消费地区差距方面的有效进展。

由于其他省域相应变化，上海地区差位次保持第 31 位不变。按照本项检测的推演测算，2020 年上海居民物质消费地区差应为 2.1702，相比当前将略微缩减；2035 年上海居民物质消费地区差应为 2.1681，相比当前将继续略微缩减。

2. 城镇与乡村人均值及城乡比变动状况

2000～2016 年，上海城镇居民人均物质消费年均增长 9.89%，乡村居民人均物质消费年均增长 8.87%，乡村年均增长率低于城镇 1.02 个百分点。城乡之间增长相关系数为 0.3664，即历年增长同步程度 36.64%，呈极弱正相关性。

同期，上海居民物质消费城乡比最小值为 2006 年的 1.5392，最大值为 2016 年的 2.3270。在这 16 年间，上海居民物质消费城乡比扩大了 16.06%。这意味着，上海城乡之间居民物质消费增长的同步均衡性明显减弱，体现出"全面小康"建设进程在缩小居民物质消费城乡差距方面的成效欠佳。

由于其他省域相应变化，上海城乡比位次从 2000 年第 2 位降至 2016 年第 23 位。按照本项检测的推演测算，2020 年上海居民物质消费城乡比应为 2.7134，相比当前将极显著扩增；2035 年上海居民物质消费城乡比应为 2.7773，相比当前将继续极显著扩增。

3. 城乡综合物质消费比重历年变化状况

2000~2016 年，上海居民物质消费比重上升了 0.10 个百分点。由于其他省域相应变化，上海居民物质消费比重位次从 2000 年第 5 位降至 2016 年第 25 位。上海居民物质消费比重不降反升，意味着人民生活在保证物质生活"必需消费"之外，反而减少了余钱用以满足非物消费需求。

在这 16 年间，上海居民物质消费比重最低（最佳）值为 2007 年的 57.81%，最高值为 2014 年的 69.40%。近年来仍未回复 2000 年初始值，更未达到 2007 年最佳值，这表明当地人民生活尚待彻底超越满足温饱栖息"基本需求"的物质消费阶段。

五 上海居民非物消费综合增长态势

居民非物消费合计及其相关性分析为民生指数检测系统的二级子系统之四。上海居民非物消费合计及其相关性变动态势见图 5。

1. 城乡综合人均值及地区差变动状况

2000~2016 年，上海城乡居民人均非物消费年均增长 9.79%。人均值地区差最小值为 2016 年的 1.9715，最大值为 2001 年的 3.3282。在这 16 年间，上海居民非物消费地区差缩小了 38.68%。这意味着，上海与其余各地居民非物消费增长的同步均衡性极显著增强，体现出"全面小康"建设进

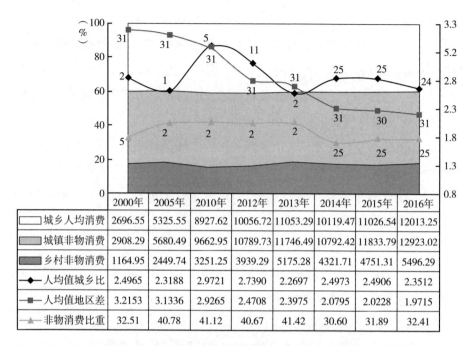

	2000年	2005年	2010年	2012年	2013年	2014年	2015年	2016年
城乡人均消费	2696.55	5325.55	8927.62	10056.72	11053.29	10119.47	11026.54	12013.25
城镇非物消费	2908.29	5680.49	9662.95	10789.73	11746.49	10792.42	11833.79	12923.02
乡村非物消费	1164.95	2449.74	3251.25	3939.29	5175.28	4321.71	4751.31	5496.29
人均值城乡比	2.4965	2.3188	2.9721	2.7390	2.2697	2.4973	2.4906	2.3512
人均值地区差	3.2153	3.1336	2.9265	2.4708	2.3975	2.0795	2.0228	1.9715
非物消费比重	32.51	40.78	41.12	40.67	41.42	30.60	31.89	32.41

图5　上海居民非物消费合计及其相关性变动态势

左轴面积：城乡综合、城镇、乡村居民非物消费合计人均值（元转换为%），各项数值间呈直观比例。右轴曲线：非物消费城乡比（乡村＝1）、地区差（无差距＝1）。左轴曲线：非物消费比重（占总消费比）（%）。标注非物消费比重及其城乡比、地区差省域排序位次。

程在缩小居民非物消费地区差距方面的有效进展。

由于其他省域相应变化，上海地区差位次保持第31位不变。按照本项检测的推演测算，2020年上海居民非物消费地区差应为1.6815，相比当前将显著缩减；2035年上海居民非物消费地区差应为1.1829，相比当前将继续极显著缩减。

2. 城镇与乡村人均值及城乡比变动状况

2000～2016年，上海城镇居民人均非物消费年均增长9.77%，乡村居民人均非物消费年均增长10.18%，乡村年均增长率高于城镇0.41个百分点。城乡之间增长相关系数为0.6329，即历年增长同步程度63.29%，呈较弱正相关性。

同期，上海居民非物消费城乡比最小值为2013年的2.2697，最大值为

2008 年的 3.0410。在这 16 年间，上海居民非物消费城乡比缩小了 5.82%。这意味着，上海城乡之间居民非物消费增长的同步均衡性较明显增强，体现出"全面小康"建设进程在缩小居民非物消费城乡差距方面的有效进展。

由于其他省域相应变化，上海城乡比位次从 2000 年第 2 位降至 2016 年第 24 位。按照本项检测的推演测算，2020 年上海居民非物消费城乡比应为 1.6999，相比当前将极显著缩减；2035 年上海居民非物消费城乡比应为 2.1897，相比当前将明显缩减。

3. 城乡综合非物消费比重历年变化状况

2000~2016 年，上海居民非物消费比重下降了 0.10 个百分点。由于其他省域相应变化，上海居民非物消费比重位次从 2000 年第 5 位降至 2016 年第 25 位。上海居民非物消费比重不升反降，意味着人民生活在保证物质生活"必需消费"之外，反而降低了非物质生活"应有消费"需求。

在这 16 年间，上海居民非物消费比重最高（最佳）值为 2007 年的 42.19%，最低值为 2014 年的 30.60%。近年来仍未回复 2000 年初始值，更未达到 2007 年最佳值，这表明当地人民生活尚待完全进入注重非物质生活需求的消费结构优化阶段。

六　上海居民积蓄增长及其相关性分析

居民积蓄及其相关性分析为民生指数检测系统的二级子系统之五。上海居民积蓄及其相关性变动态势见图 6。

1. 城乡综合人均值及地区差变动状况

2000~2016 年，上海城乡居民人均积蓄年均增长 12.11%。人均值地区差最小值为 2014 年的 2.2325，最大值为 2001 年的 3.3763。在这 16 年间，上海居民积蓄地区差缩小了 25.49%。这意味着，上海与其余各地居民积蓄增长的同步均衡性显著增强，体现出"全面小康"建设进程在缩小居民积蓄地区差距方面的有效进展。

由于其他省域相应变化，上海地区差位次从 2000 年第 31 位升至 2016

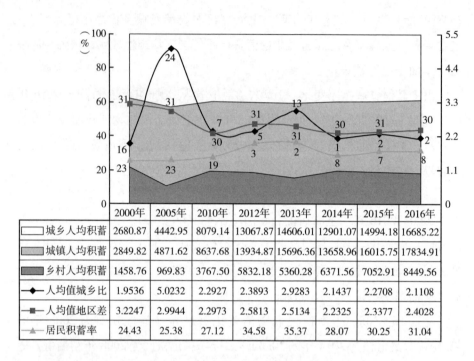

图6　上海居民积蓄及其相关性变动态势

左轴面积：城乡综合、城镇、乡村居民积蓄人均值（元转换为%），各项数值间呈直观比
例。右轴曲线：居民积蓄城乡比（乡村 =1）、地区差（无差距 =1）。左轴曲线：居民积蓄率
（占居民收入比）（%）。标注居民积蓄率及其城乡比、地区差省域排序位次。

年第 30 位。按照本项检测的推演测算，2020 年上海居民积蓄地区差应为
2. 1982，相比当前将明显缩减；2035 年上海居民积蓄地区差应为 1. 6078，
相比当前将继续极显著缩减。

2. 城镇与乡村人均值及城乡比变动状况

2000～2016 年，上海城镇居民人均积蓄年均增长 12. 14%，乡村居民人
均积蓄年均增长 11. 60%，乡村年均增长率低于城镇 0. 54 个百分点。城乡之
间增长相关系数为 0. 2081，即历年增长同步程度 20. 81%，呈极弱正相关性。

同期，上海居民积蓄城乡比最小值为 2000 年的 1. 9536，最大值为 2004
年的 5. 4941。在这 16 年间，上海居民积蓄城乡比扩大了 8. 04%。这意味
着，上海城乡之间居民积蓄增长的同步均衡性较明显减弱，体现出"全面

小康"建设进程在缩小居民积蓄城乡差距方面的成效欠佳。

由于其他省域相应变化，上海城乡比位次从2000年第16位升至2016年第2位。按照本项检测的推演测算，2020年上海居民积蓄城乡比应为2.1524，相比当前将略微扩增；2035年上海居民积蓄城乡比应为2.3139，相比当前将继续明显扩增。

3. 城乡综合居民积蓄率历年变化状况

2000~2016年，上海居民积蓄率上升了6.61个百分点。由于其他省域相应变化，上海居民积蓄率位次从2000年第23位升至2016年第8位。上海居民积蓄率持续提高，意味着人民劳动所得在保证各方面消费需求之后，拥有越来越多的宽余"闲钱"可供自由支配，但同时也在更大程度上抑制了进一步扩大消费。

在这16年间，上海居民积蓄率最高（最佳）值为2013年的35.37%，最低值为2002年的20.67%。从"全面小康"建设进程起点2000年到2013年，上海居民积蓄率上升至历年最高值，这表明当地人民生活已经进入更加充裕富足阶段，使进一步扩大消费拉动经济增长成为可能。

七 上海民生发展指数多向度检测

上海人民生活发展综合指数变动态势见图7。

1. 各年度理想值横向检测指数

以假定上海各类民生数据城乡、地区无差距理想值为100，2016年上海城乡民生发展检测指数为95.77，低于无差距理想值4.23%，也低于上年（2015年）检测指数0.43个点。上海此项检测指数在省域间排行变化，2000年为第1位，2005年与之持平，2010年与之持平，2016年与上年持平，皆为第1位。

各年度（包括图中省略年度）此项检测指数对比，2000~2011年12个年度高于无差距理想值100；2003年、2005~2006年、2010年4个年度高于上年检测指数值。其中，历年民生指数最高值为2000年的107.75，最低

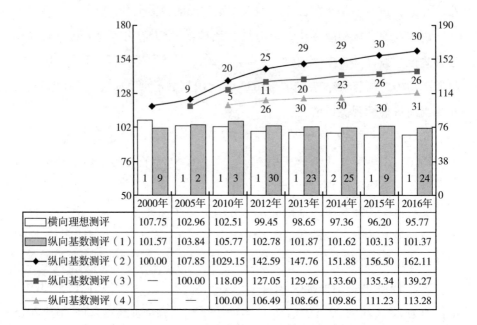

	2000年	2005年	2010年	2012年	2013年	2014年	2015年	2016年
▢横向理想测评	107.75	102.96	102.51	99.45	98.65	97.36	96.20	95.77
▨纵向基数测评（1）	101.57	103.84	105.77	102.78	101.87	101.62	103.13	101.37
◆纵向基数测评（2）	100.00	107.85	1029.15	142.59	147.76	151.88	156.50	162.11
■纵向基数测评（3）	—	100.00	118.09	127.05	129.26	133.60	135.34	139.27
▲纵向基数测评（4）	—	—	100.00	106.49	108.66	109.86	111.23	113.28

图7　2000年以来上海城乡居民生活发展指数变动态势

　　左轴柱形：左历年横向测评（城乡、地区无差距理想值＝100）；右逐年纵向测评（1），上年基数值＝100。右轴曲线：时段纵向测评（起点年基数值＝100），（2）以2000年为起点（"十五"以来，以"九五"末年为基点，后同），（3）以2005年为起点（"十一五"以来），（4）以2010年为起点（"十二五"以来）。标注各类测评结果省域排序位次。

值为2016年的95.77。

　　2.2000年以来基数值纵向检测指数

　　以"全面小康"建设进程起点年"九五"末年2000年数据指标演算基数值为100，2016年上海城乡民生发展检测指数为162.11，高于起点年基数值62.11%，也高于上年（2015年）检测指数5.61个点。上海此项检测指数在省域间排行变化，2000年起点不计，2005年为第9位，2010年为第20位，2016年与上年持平，皆为第30位。

　　各年度（包括图中省略年度）此项检测指数对比，全部各个年度均高于起点年基数值100；2003～2016年14个年度高于上年检测指数值。其中，历年民生指数最高值为2016年的162.11，最低值为2002年的100.08。

3. 2005年以来基数值纵向检测指数

以"全面小康"建设进程第一个五年期"十五"末年2005年数据指标演算基数值为100，2016年上海城乡民生发展检测指数为139.27，高于起点年基数值39.27%，也高于上年（2015年）检测指数3.93个点。上海此项检测指数在省域间排行变化，2005年起点不计，2010年为第5位，2016年与上年持平，皆为第26位。

各年度（包括图中省略年度）此项检测指数对比，全部各个年度均高于起点年基数值100；全部各个年度均高于上年检测指数值。其中，历年民生指数最高值为2016年的139.27，最低值为2006年的102.59。

4. 2010年以来基数值纵向检测指数

以"全面小康"建设进程第二个五年期"十一五"末年2010年数据指标演算基数值为100，2016年上海城乡民生发展检测指数为113.28，高于起点年基数值13.28%，也高于上年（2015年）检测指数2.05个点。上海此项检测指数在省域间排行变化，2010年起点不计，2012年为第26位，2016年从上年第30位下降为第31位。

各年度（包括图中省略年度）此项检测指数对比，全部各个年度均高于起点年基数值100；全部各个年度均高于上年检测指数值。其中，历年民生指数最高值为2016年的113.28，最低值为2011年的103.32。

5. 逐年度基数值纵向检测指数

以上一年度（2015年）起点数据指标演算基数值为100，2016年上海城乡民生发展检测指数为101.37，高于起点年基数值1.37%，但低于上年检测指数1.76个点。上海此项检测指数在省域间排行变化，2000年为第9位，2005年为第2位，2010年为第3位，2016年从上年第9位下降为第24位。

各年度（包括图中省略年度）此项检测指数对比，2000~2001年、2003~2016年16个年度高于起点年基数值100；2003年、2005年、2008年、2010年、2015年5个年度高于上年检测指数值。其中，历年民生指数最高值为2010年的105.77，最低值为2002年的99.41。

R.9
陕西：2000~2016年民生
发展指数提升第1位

付丙峰*

摘　要：　2000~2016年，陕西城乡综合演算的各类民生数据人均值持续明显增长，2016年居民收入为2000年的7.60倍，总消费为6.56倍，积蓄为13.35倍。物质消费比重明显下降6.34个百分点，非物消费比重明显增高6.34个百分点，消费结构出现很大升级变化。但居民收入比从52.46%极显著下降至38.81%，居民消费率从44.42%极显著下降至28.36%，"十二五"期间略有回升。尤其应注意居民收入年均增长显著低于财政收入年增5.06个百分点，居民消费支出年均增长显著低于财政支出年增6.19个百分点。居民积蓄率从15.33%持续极显著升高至26.93%，反过来对消费需求的抑制作用加重。居民收入、总消费、积蓄地区差全都逐渐缩小；居民收入、总消费城乡比逐渐缩小，而居民积蓄城乡比持续扩大。

关键词：　陕西　人民生活　发展指数　检测评价

一　陕西经济财政增长与民生发展基本态势

陕西经济财政增长与城乡人民生活发展关系态势见图1，限于制图

---

* 付丙峰，云南省社会科学院科研处工作人员，主要从事经济与行政管理研究。

容量，图中仅列出产值数据，财政收入、支出数据置于后台进行相关演算。

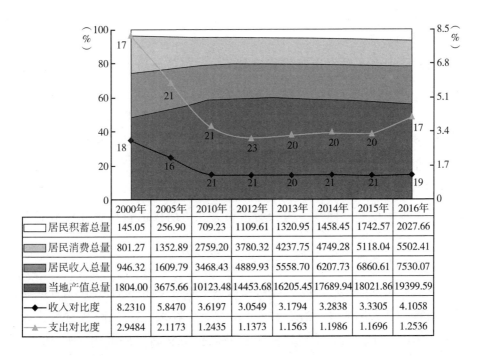

	2000年	2005年	2010年	2012年	2013年	2014年	2015年	2016年
居民积蓄总量	145.05	256.90	709.23	1109.61	1320.95	1458.45	1742.57	2027.66
居民消费总量	801.27	1352.89	2759.20	3780.32	4237.75	4749.28	5118.04	5502.41
居民收入总量	946.32	1609.79	3468.43	4889.93	5558.70	6207.73	6860.61	7530.07
当地产值总量	1804.00	3675.66	10123.48	14453.68	16205.45	17689.94	18021.86	19399.59
收入对比度	8.2310	5.8470	3.6197	3.0549	3.1794	3.2838	3.3305	4.1058
支出对比度	2.9484	2.1173	1.2435	1.1373	1.1563	1.1986	1.1696	1.2536

图1 陕西经济财政增长与城乡人民生活发展关系态势

左轴面积：产值与城乡居民收入、消费、积蓄总量（亿元转换为%），各项数值间呈直观比例。右轴曲线：收入对比度（居民收入比与财政收入比之比）、支出对比度（居民消费率与财政用度比之比）（%）。囿于制图空间省略若干年度，文中描述历年变化包括省略年度，全文同。标注收入对比度、支出对比度省域排序位次。

1.陕西产值、财政收支总量增长状况

2000～2016 年，陕西产值总量年均增长 16.00%，同期财政收入总量年均增长 18.90%，财政支出总量年均增长 18.99%。财政收入和支出增长大大超过产值增长，这意味着，在以历年产值来体现的当地总财富当中，各级财政收取并支用的部分占有越来越大的比例份额。

2.居民收入、消费和积蓄总量增长状况

2000～2016 年，陕西城乡居民收入总量年均增长 13.84%，消费总量年均增长 12.80%，积蓄总量年均增长 17.92%。在这 16 年间，陕西城乡居民收入年均增长率低于产值增长 2.16 个百分点，低于财政收入增长 5.06 个百分点；居民消费年均增长率低于产值增长 3.20 个百分点，低于财政支出增长 6.19 个百分点。

检测陕西各类数据历年增长相关系数：产值与居民收入增长之间为 0.6563（较弱正相关性），与居民消费增长之间为 0.6398（较弱正相关性），可简化理解为居民收入、消费与产值历年增长分别在 65.63% 和 63.98% 程度上同步。财政收入与居民收入增长之间为 0.5698，即二者历年增长在 56.98% 程度上同步，呈很弱正相关性，居民收入增长极显著滞后；财政支出与居民消费增长之间为 0.6439，即二者历年增长在 64.39% 程度上同步，呈较弱正相关性，居民消费增长亦极显著滞后。

3. 收入对比度、支出对比度历年变化状况

收入对比度即在居民收入与财政收入之间求取相关性比值（可双向对应演算，互为倒数）。由陕西居民收入变化看来，16 年间从财政收入的 823.10%（图中 8.2310 转换为百分制，全文同）降低为 410.58%，相对关系值减小了 50.12%。这表明，在当地社会总财富历年分配当中，财政收入所占份额扩增，而居民收入所占份额缩减，其间相互关系用收入对比度变动来表示。陕西居民收入比与财政收入比历年变化相关系数为 -0.8890，呈极强负相关性，即两项比值之间在 88.90% 程度上逆向变动。

支出对比度即在居民消费与财政用度之间求取相关性比值（同样可双向对应演算，互为倒数）。由陕西居民消费变化看来，16 年间从财政用度的 294.84% 降低为 125.36%，相对关系值减小了 57.48%。这表明，在当地社会总财富历年支配当中，财政用度所占份额扩增，而居民消费所占份额缩减，其间相互关系用支出对比度变动来表示。陕西居民消费率与财政用度比历年变化相关系数为 -0.8959，呈极强负相关性，即两项比值之间在 89.59% 程度上逆向变动。

二 陕西居民收入及其相关性分析

居民收入及其相关性分析为民生指数检测系统的二级子系统之一。陕西居民收入及其相关性变动态势见图2。

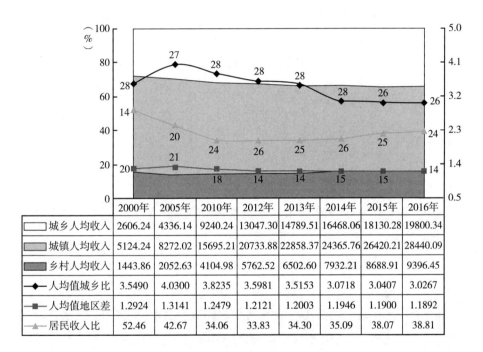

	2000年	2005年	2010年	2012年	2013年	2014年	2015年	2016年
☐ 城乡人均收入	2606.24	4336.14	9240.24	13047.30	14789.51	16468.06	18130.28	19800.34
▨ 城镇人均收入	5124.24	8272.02	15695.21	20733.88	22858.37	24365.76	26420.21	28440.09
▨ 乡村人均收入	1443.86	2052.63	4104.98	5762.52	6502.60	7932.21	8688.91	9396.45
◆ 人均值城乡比	3.5490	4.0300	3.8235	3.5981	3.5153	3.0718	3.0407	3.0267
■ 人均值地区差	1.2924	1.3141	1.2479	1.2121	1.2003	1.1946	1.1900	1.1892
▲ 居民收入比	52.46	42.67	34.06	33.83	34.30	35.09	38.07	38.81

图2　陕西居民收入及其相关性变动态势

左轴面积：城乡综合、城镇、乡村居民收入人均值（元转换为%），各项数值间呈直观比例。右轴曲线：居民收入城乡比（乡村=1）、地区差（无差距=1）。左轴曲线：居民收入比（与产值即国民总收入近似值比）（%）。标注居民收入比及其城乡比、地区差省域排序位次。另需说明，近年年鉴始发布2014年以来城乡人均值数据，但与总量数据之间存在演算误差，对应同时发布的产值人均值和总量分别演算相关性比值有出入，本文恢复自行演算城乡人均值。

1. 城乡综合人均值及地区差变动状况

2000～2016年，陕西城乡居民人均收入年均增长13.51%（由于人口增长，人均值增长率略低于总量增长率）。人均值地区差最小（最佳，后同）值为2016年的1.1892，最大值为2005年的1.3141。在这16年间，陕西居民收入地区差缩小了 7.98% 。这意味着，陕西与其余各地居民收入增长的同步均衡性较明显增强，体现出"全面小康"建设进程在缩小居民收入地区差距方面的有效进展。

由于其他省域相应变化，陕西地区差位次从 2000 年第 20 位升至 2016 年第 14 位。按照本项检测的推演测算，2020 年陕西居民收入地区差应为 1.1630，相比当前将略微缩减；2035 年陕西居民收入地区差应为 1.0938，相比当前将继续较明显缩减。

2. 城镇与乡村人均值及城乡比变动状况

2000 ~ 2016 年，陕西城镇居民人均收入年均增长 11.31% ，乡村居民人均收入年均增长 12.42% ，乡村年均增长率高于城镇 1.11 个百分点。城乡之间增长相关系数为 0.4389，即历年增长同步程度 43.89% ，呈很弱正相关性。

同期，陕西居民收入城乡比最小（最佳，后同）值为 2016 年的 3.0267，最大值为 2009 年的 4.1101。在这 16 年间，陕西居民收入城乡比缩小了 14.72% 。这意味着，陕西城乡之间居民收入增长的同步均衡性较明显增强，体现出"全面小康"建设进程在缩小居民收入城乡差距方面的有效进展。

由于其他省域相应变化，陕西城乡比位次从 2000 年第 28 位升至 2016 年第 26 位。按照本项检测的推演测算，2020 年陕西居民收入城乡比应为 2.9086，相比当前将较明显缩减；2035 年陕西居民收入城乡比应为 2.5053，相比当前将继续极显著缩减。

3. 城乡综合居民收入比历年变化状况

2000 ~ 2016 年，陕西居民收入比下降了 13.65 个百分点，其中"十二五"以来回升 4.75 个百分点。"十二五"以来国家及各地规划确定"努力实现居民收入增长与经济发展同步"的约束性指标已经产生显著作用。由于其他省域相应变化，陕西居民收入比位次从 2000 年第 14 位降至 2016 年第 24 位。

在这 16 年间，陕西居民收入比最高（最佳）值为 2000 年的 52.46% ，最低值为 2011 年的 33.27%，近年来仍未回复 2000 年初始值，更未达到 2000 年最佳值。这意味着，当地居民收入增长与经济发展的同步协调性尚待增强，甚而居民收入增长或应反超产值增长以补积年"拖欠"。

三　陕西居民消费增长及其相关性分析

居民消费及其相关性分析为民生指数检测系统的二级子系统之二。陕西居民总消费及其相关性变动态势见图 3。

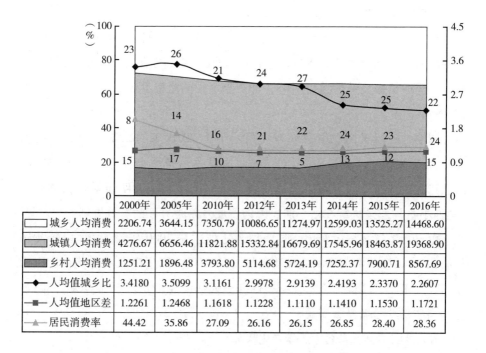

	2000年	2005年	2010年	2012年	2013年	2014年	2015年	2016年
城乡人均消费	2206.74	3644.15	7350.79	10086.65	11274.97	12599.03	13525.27	14468.60
城镇人均消费	4276.67	6656.46	11821.88	15332.84	16679.69	17545.96	18463.87	19368.90
乡村人均消费	1251.21	1896.48	3793.80	5114.68	5724.19	7252.37	7900.71	8567.69
人均值城乡比	3.4180	3.5099	3.1161	2.9978	2.9139	2.4193	2.3370	2.2607
人均值地区差	1.2261	1.2468	1.1618	1.1228	1.1110	1.1410	1.1530	1.1721
居民消费率	44.42	35.86	27.09	26.16	26.15	26.85	28.40	28.36

图 3　陕西居民总消费及其相关性变动态势

左轴面积：城乡综合、城镇、乡村居民总消费人均值（元转换为%），各项数值间呈直观比例。右轴曲线：居民总消费城乡比（乡村=1）、地区差（无差距=1）。左轴曲线：居民消费率（与产值比）（%）。标注居民消费率及其城乡比、地区差省域排序位次。

1. 城乡综合人均值及地区差变动状况

2000～2016 年，陕西城乡居民人均总消费年均增长 12.47%。人均值地区差最小值为 2013 年的 1.1110，最大值为 2005 年的 1.2468。在这 16 年间，陕西居民总消费地区差缩小了 4.41%。这意味着，陕西与其余各地居民总消费增长的同步均衡性略微增强，体现出"全面小康"建设进程在缩小居民总消费地区差距方面的有效进展。

由于其他省域相应变化，陕西地区差位次保持第 15 位不变。按照本项检测的推演测算，2020 年陕西居民总消费地区差应为 1.1605，相比当前将略微缩减；2035 年陕西居民总消费地区差应为 1.1495，相比当前将继续略微缩减。

2. 城镇与乡村人均值及城乡比变动状况

2000～2016 年，陕西城镇居民人均总消费年均增长 9.90%，乡村居民人均总消费年均增长 12.78%，乡村年均增长率高于城镇 2.88 个百分点。城乡之间增长相关系数为 0.3105，即历年增长同步程度 31.05%，呈极弱正相关性。

同期，陕西居民总消费城乡比最小值为 2016 年的 2.2607，最大值为 2003 年的 3.8935。在这 16 年间，陕西居民总消费城乡比缩小了 33.86%。这意味着，陕西城乡之间居民总消费增长的同步均衡性明显增强，体现出"全面小康"建设进程在缩小居民总消费城乡差距方面的有效进展。

由于其他省域相应变化，陕西城乡比位次从 2000 年第 23 位升至 2016 年第 22 位。按照本项检测的推演测算，2020 年陕西居民总消费城乡比应为 2.0387，相比当前将明显缩减；2035 年陕西居民总消费城乡比应为 1.3837，相比当前将继续极显著缩减。

3. 城乡综合居民消费率历年变化状况

2000～2016 年，陕西居民消费率下降了 16.06 个百分点，其中"十二五"以来回升 1.27 个百分点。应对国际金融危机实施"拉动内需，扩大消费，改善民生"国策以来，直到进入"十二五"期间，陕西居民消费率开始略有回升。由于其他省域相应变化，陕西居民消费率位次从 2000 年第 8 位降至 2016 年第 24 位。

在这 16 年间，陕西居民消费率最高（最佳）值为 2002 年的 45.59%，最低值为2013年的26.15%，近年来仍未回复2000年初始值，更未达到2002年最佳值。这意味着，当地居民消费拉动经济增长的同步协调性尚待增强。还应注意到，陕西居民消费率下降程度大于当地居民收入比下降程度，反过来即意味着居民积蓄率上升，同时亦即积蓄对消费的抑制作用加重。

在此简要归纳对比城乡居民物质生活、非物生活分类单项消费的增长变化差异。2000年以来16年间，陕西各类消费人均值年均增长率、比重值升降变化（百分比演算更为精确）排序：交通消费年增17.38%，比重上升98.10%为最高；居住消费年增15.68%，比重上升56.80%为次高；医疗消费年增14.98%，比重上升42.41%为第三高；文教消费年增12.10%，比重下降5.17%为第四高；衣着消费年增11.67%，比重下降10.79%为第五高；用品消费年增10.94%，比重下降19.75%为第六高；食品消费年增10.13%，比重下降28.57%为次低；其他消费年增7.47%，比重下降51.72%为最低。

四 陕西居民物质消费综合增长态势

居民物质消费合计及其相关性分析为民生指数检测系统的二级子系统之三。陕西居民物质消费合计及其相关性变动态势见图4。

1. 城乡综合人均值及地区差变动状况

2000～2016年，陕西城乡居民人均物质消费年均增长11.79%。人均值地区差最小值为2013年的1.1104，最大值为2005年的1.2719。在这16年间，陕西居民物质消费地区差缩小了3.16%。这意味着，陕西与其余各地居民物质消费增长的同步均衡性略微增强，体现出"全面小康"建设进程在缩小居民物质消费地区差距方面的有效进展。

由于其他省域相应变化，陕西地区差位次从2000年第20位升至2016年第14位。按照本项检测的推演测算，2020年陕西居民物质消费地区差应为1.2064，相比当前将略微缩减；2035年陕西居民物质消费地区差应为1.2535，相比当前将略微扩增。

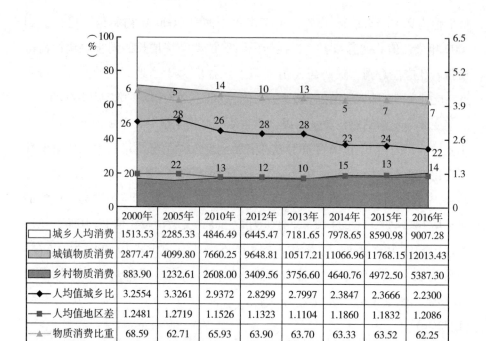

	2000年	2005年	2010年	2012年	2013年	2014年	2015年	2016年
城乡人均消费	1513.53	2285.33	4846.49	6445.47	7181.65	7978.65	8590.98	9007.28
城镇物质消费	2877.47	4099.80	7660.25	9648.81	10517.21	11066.96	11768.15	12013.43
乡村物质消费	883.90	1232.61	2608.00	3409.56	3756.60	4640.76	4972.50	5387.30
人均值城乡比	3.2554	3.3261	2.9372	2.8299	2.7997	2.3847	2.3666	2.2300
人均值地区差	1.2481	1.2719	1.1526	1.1323	1.1104	1.1860	1.1832	1.2086
物质消费比重	68.59	62.71	65.93	63.90	63.70	63.33	63.52	62.25

图4　陕西居民物质消费合计及其相关性变动态势

左轴面积：城乡综合、城镇、乡村居民物质消费合计人均值（元转换为%），各项数值间呈直观比例。右轴曲线：物质消费城乡比（乡村＝1）、地区差（无差距＝1）。左轴曲线：物质消费比重（占总消费比）（%）。标注物质消费比重及其城乡比、地区差省域排序位次。

2. 城镇与乡村人均值及城乡比变动状况

2000～2016年，陕西城镇居民人均物质消费年均增长9.34%，乡村居民人均物质消费年均增长11.96%，乡村年均增长率高于城镇2.62个百分点。城乡之间增长相关系数为0.6136，即历年增长同步程度61.36%，呈较弱正相关性。

同期，陕西居民物质消费城乡比最小值为2016年的2.2300，最大值为2003年的3.6671。在这16年间，陕西居民物质消费城乡比缩小了31.50%。这意味着，陕西城乡之间居民物质消费增长的同步均衡性明显增强，体现出"全面小康"建设进程在缩小居民物质消费城乡差距方面的有效进展。

由于其他省域相应变化，陕西城乡比位次从2000年第26位升至2016

年第22位。按照本项检测的推演测算，2020年陕西居民物质消费城乡比应为2.0197，相比当前将明显缩减；2035年陕西居民物质消费城乡比应为1.4229，相比当前将继续极显著缩减。

3. 城乡综合物质消费比重历年变化状况

2000～2016年，陕西居民物质消费比重下降了6.34个百分点。由于其他省域相应变化，陕西居民物质消费比重位次从2000年第6位降至2016年第7位。陕西居民物质消费比重明显降低，意味着人民生活在保证物质生活"必需消费"之外，已有越来越多的余钱用以满足非物消费需求。

在这16年间，陕西居民物质消费比重最低（最佳）值为2006年的62.15%，最高值为2000年的68.59%。近年来尚未达到2006年最佳值，这表明当地人民生活尚待彻底超越满足温饱栖息"基本需求"的物质消费阶段。

五　陕西居民非物消费综合增长态势

居民非物消费合计及其相关性分析为民生指数检测系统的二级子系统之四。陕西居民非物消费合计及其相关性变动态势见图5。

1. 城乡综合人均值及地区差变动状况

2000～2016年，陕西城乡居民人均非物消费年均增长13.77%。人均值地区差最小值为2014年的1.0505，最大值为2005年的1.2004。在这16年间，陕西居民非物消费地区差缩小了5.94%。意味着，陕西与其余各地居民非物消费增长的同步均衡性较明显增强，体现出"全面小康"建设进程在缩小居民非物消费地区差距方面的有效进展。

由于其他省域相应变化，陕西地区差位次从2000年第11位升至2016年第10位。按照本项检测的推演测算，2020年陕西居民非物消费地区差应为1.0784，相比当前将略微缩减；2035年陕西居民非物消费地区差应为1.0281，相比当前将继续较明显缩减。

2. 城镇与乡村人均值及城乡比变动状况

2000～2016年，陕西城镇居民人均非物消费年均增长10.93%，乡村居

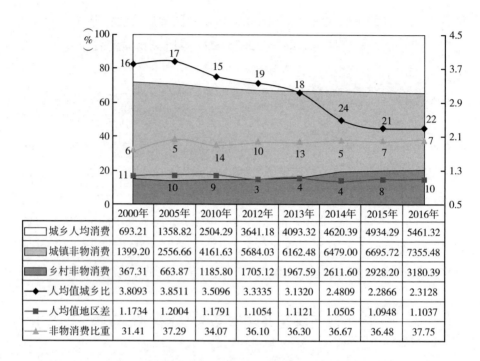

	2000年	2005年	2010年	2012年	2013年	2014年	2015年	2016年
城乡人均消费	693.21	1358.82	2504.29	3641.18	4093.32	4620.39	4934.29	5461.32
城镇非物消费	1399.20	2556.66	4161.63	5684.03	6162.48	6479.00	6695.72	7355.48
乡村非物消费	367.31	663.87	1185.80	1705.12	1967.59	2611.60	2928.20	3180.39
人均值城乡比	3.8093	3.8511	3.5096	3.3335	3.1320	2.4809	2.2866	2.3128
人均值地区差	1.1734	1.2004	1.1791	1.1054	1.1121	1.0505	1.0948	1.1037
非物消费比重	31.41	37.29	34.07	36.10	36.30	36.67	36.48	37.75

图5 陕西居民非物消费合计及其相关性变动态势

左轴面积：城乡综合、城镇、乡村居民非物消费合计人均值（元转换为%），各项数值间呈直观比例。右轴曲线：非物消费城乡比（乡村=1）、地区差（无差距=1）。左轴曲线：非物消费比重（占总消费比）（%）。标注非物消费比重及其城乡比、地区差省域排序位次。

民人均非物消费年均增长 14.44%，乡村年均增长率高于城镇 3.51 个百分点。城乡之间增长相关系数为 0.0912，即历年增长同步程度 9.12%，呈极弱正相关性。

同期，陕西居民非物消费城乡比最小值为 2015 年的 2.2866，最大值为 2002 年的 4.3911。在这 16 年间，陕西居民非物消费城乡比缩小了 39.29%。这意味着，陕西城乡之间居民非物消费增长的同步均衡性显著增强，体现出"全面小康"建设进程在缩小居民非物消费城乡差距方面的有效进展。

由于其他省域相应变化，陕西城乡比位次从 2000 年第 16 位降至 2016 年第 22 位。按照本项检测的推演测算，2020 年陕西居民非物消费城乡比应为 2.0707，相比当前将明显缩减；2035 年陕西居民非物消费城乡比应为

1.2787，相比当前将继续极显著缩减。

3.城乡综合非物消费比重历年变化状况

2000～2016 年，陕西居民非物消费比重上升了 6.34 个百分点。由于其他省域相应变化，陕西居民非物消费比重位次从 2000 年第 6 位降至 2016 年第 7 位。陕西居民非物消费比重明显提高，意味着人民生活在保证物质生活"必需消费"之外，越来越注重非物质生活"应有消费"需求。

在这 16 年间，陕西居民非物消费比重最高（最佳）值为 2006 年的 37.85%，最低值为 2000 年的 31.41%。近年来尚未达到 2006 年最佳值，这表明当地人民生活尚待完全进入注重非物质生活需求的消费结构优化阶段。

六 陕西居民积蓄增长及其相关性分析

居民积蓄及其相关性分析为民生指数检测系统的二级子系统之五。陕西居民积蓄及其相关性变动态势见图 6。

1.城乡综合人均值及地区差变动状况

2000～2016 年，陕西城乡居民人均积蓄年均增长 17.58%。人均值地区差最小值为 2016 年的 1.2322，最大值为 2002 年的 1.6229。在这 16 年间，陕西居民积蓄地区差缩小了 18.91%。这意味着，陕西与其余各地居民积蓄增长的同步均衡性明显增强，体现出"全面小康"建设进程在缩小居民积蓄地区差距方面的有效进展。

由于其他省域相应变化，陕西地区差位次从 2000 年第 25 位升至 2016 年第 18 位。按照本项检测的推演测算，2020 年陕西居民积蓄地区差应为 1.1688，相比当前将较明显缩减；2035 年陕西居民积蓄地区差应为 1.0068，相比当前将继续明显缩减。

2.城镇与乡村人均值及城乡比变动状况

2000～2016 年，陕西城镇居民人均积蓄年均增长 15.97%，乡村居民人均积蓄年均增长 9.55%，乡村年均增长率低于城镇 6.42 个百分点。城乡之间增长相关系数为 0.1324，即历年增长同步程度 13.24%，呈极弱正相关性。

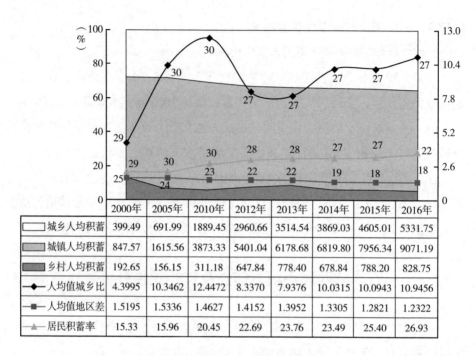

	2000年	2005年	2010年	2012年	2013年	2014年	2015年	2016年
城乡人均积蓄	399.49	691.99	1889.45	2960.66	3514.54	3869.03	4605.01	5331.75
城镇人均积蓄	847.57	1615.56	3873.33	5401.04	6178.68	6819.80	7956.34	9071.19
乡村人均积蓄	192.65	156.15	311.18	647.84	778.40	678.84	788.20	828.75
人均值城乡比	4.3995	10.3462	12.4472	8.3370	7.9376	10.0315	10.0943	10.9456
人均值地区差	1.5195	1.5336	1.4627	1.4152	1.3952	1.3305	1.2821	1.2322
居民积蓄率	15.33	15.96	20.45	22.69	23.76	23.49	25.40	26.93

图6 陕西居民积蓄及其相关性变动态势

左轴面积：城乡综合、城镇、乡村居民积蓄人均值（元转换为%），各项数值间呈直观比例。右轴曲线：居民积蓄城乡比（乡村＝1）、地区差（无差距＝1）。左轴曲线：居民积蓄率（占居民收入比）（%）。标注居民积蓄率及其城乡比、地区差省域排序位次。

同期，陕西居民积蓄城乡比最小值为2000年的4.3995，最大值为2009年的38.7578。在这16年间，陕西居民积蓄城乡比扩大了148.79%。这意味着，陕西城乡之间居民积蓄增长的同步均衡性极显著减弱，体现出"全面小康"建设进程在缩小居民积蓄城乡差距方面的成效欠佳。

由于其他省域相应变化，陕西城乡比位次从2000年第29位升至2016年第27位。按照本项检测的推演测算，2020年陕西居民积蓄城乡比应为13.4055，相比当前将极显著扩增；2035年陕西居民积蓄城乡比应为32.3064，相比当前将继续极显著扩增。

3. 城乡综合居民积蓄率历年变化状况

2000～2016年，陕西居民积蓄率上升了11.60个百分点。由于其他省域相应变化，陕西居民积蓄率位次从2000年第29位升至2016年第22位。

陕西居民积蓄率持续提高，意味着人民劳动所得在保证各方面消费需求之后，拥有越来越多的宽余"闲钱"可供自由支配，但同时也在更大程度上抑制了进一步扩大消费。

在这16年间，陕西居民积蓄率最高（最佳）值为2016年的26.93%，最低值为2002年的12.25%。从"全面小康"建设进程起点2000年到2016年，陕西居民积蓄率上升至历年最高值，这表明当地人民生活已经进入更加充裕富足阶段，使进一步扩大消费拉动经济增长成为可能。

七 陕西民生发展指数多向度检测

陕西人民生活发展综合指数变动态势见图7。

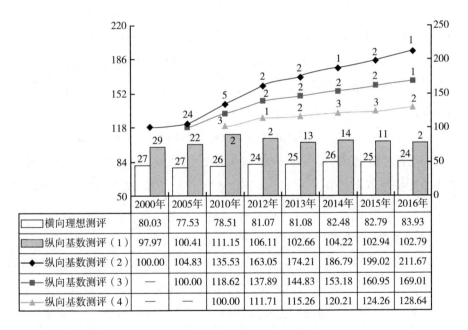

	2000年	2005年	2010年	2012年	2013年	2014年	2015年	2016年
☐ 横向理想测评	80.03	77.53	78.51	81.07	81.08	82.48	82.79	83.93
▨ 纵向基数测评（1）	97.97	100.41	111.15	106.11	102.66	104.22	102.94	102.79
◆ 纵向基数测评（2）	100.00	104.83	135.53	163.05	174.21	186.79	199.02	211.67
■ 纵向基数测评（3）	—	100.00	118.62	137.89	144.83	153.18	160.95	169.01
▲ 纵向基数测评（4）	—	100.00	111.71	115.26	120.21	124.26	128.64

图7 2000年以来陕西城乡居民生活发展指数变动态势

左轴柱形：左历年横向测评（城乡、地区无差距理想值=100）；右逐年纵向测评（1），上年基数值=100。右轴曲线：时段纵向测评（起点年基数值=100），（2）以2000年为起点（"十五"以来，以"九五"末年为基点，后同），（3）以2005年为起点（"十一五"以来），（4）以2010年为起点（"十二五"以来）。标注各类测评结果省域排序位次。

1.各年度理想值横向检测指数

以假定陕西各类民生数据城乡、地区无差距理想值为 100，2016 年陕西城乡民生发展检测指数为 83.93，低于无差距理想值 16.07%，但高于上年（2015 年）检测指数 1.14 个点。陕西此项检测指数在省域间排行变化，2000 年为第 27 位，2005 年与之持平，2010 年为第 26 位，2016 年从上年第 25 位上升为第 24 位。

各年度（包括图中省略年度）此项检测指数对比，全部各个年度均低于无差距理想值 100；2002～2003 年、2007～2008 年、2010～2016 年 11 个年度高于上年检测指数值。其中，历年民生指数最高值为 2016 年的 83.93，最低值为 2006 年的 77.02。

2.2000年以来基数值纵向检测指数

以"全面小康"建设进程起点年"九五"末年 2000 年数据指标演算基数值为 100，2016 年陕西城乡民生发展检测指数为 211.67，高于起点年基数值 111.67%，也高于上年（2015 年）检测指数 12.65 个点。陕西此项检测指数在省域间排行变化，2000 年起点不计，2005 年为第 24 位，2010 年为第 5 位，2016 年从上年第 2 位上升为第 1 位。

各年度（包括图中省略年度）此项检测指数对比，2002～2016 年 15 个年度高于起点年基数值 100；2002～2003 年、2005～2016 年 14 个年度高于上年检测指数值。其中，历年民生指数最高值为 2016 年的 211.67，最低值为 2001 年的 98.54。

3.2005年以来基数值纵向检测指数

以"全面小康"建设进程第一个五年期"十五"末年 2005 年数据指标演算基数值为 100，2016 年陕西城乡民生发展检测指数为 169.01，高于起点年基数值 69.01%，也高于上年（2015 年）检测指数 8.06 个点。陕西此项检测指数在省域间排行变化，2005 年起点不计，2010 年为第 3 位，2016 年从上年第 2 位上升为第 1 位。

各年度（包括图中省略年度）此项检测指数对比，2007～2016 年 10 个年度高于起点年基数值 100；全部各个年度均高于上年检测指数值。其中，历年民生指数最高值为2016年的169.01，最低值为2006年的99.02。

4. 2010年以来基数值纵向检测指数

以"全面小康"建设进程第二个五年期"十一五"末年2010年数据指标演算基数值为100，2016年陕西城乡民生发展检测指数为128.64，高于起点年基数值28.64%，也高于上年（2015年）检测指数4.38个点。陕西此项检测指数在省域间排行变化，2010年起点不计，2012年为第1位，2016年从上年第3位上升为第2位。

各年度（包括图中省略年度）此项检测指数对比，全部各个年度均高于起点年基数值100；全部各个年度均高于上年检测指数值。其中，历年民生指数最高值为2016年的128.64，最低值为2011年的105.34。

5. 逐年度基数值纵向检测指数

以上一年度（2015年）起点数据指标演算基数值为100，2016年陕西城乡民生发展检测指数为102.79，高于起点年基数值2.79%，但低于上年检测指数0.15个点。陕西此项检测指数在省域间排行变化，2000年为第29位，2005年为第22位，2010年为第2位，2016年从上年第11位上升为第2位。

各年度（包括图中省略年度）此项检测指数对比，2002～2003年、2005年、2007～2008年、2010～2016年12个年度高于起点年基数值100；2001～2003年、2005年、2007～2008年、2010年、2012年、2014年9个年度高于上年检测指数值。其中，历年民生指数最高值为2010年的111.15，最低值为2000年的97.97。

R.10

重庆：2015～2016年民生
发展指数提升第1位

王国爱*

摘　要：　2000～2016年，重庆城乡综合演算的各类民生数据人均值持
续明显增长，2016年居民收入为2000年的6.86倍，总消费
为6.11倍，积蓄为10.47倍。物质消费比重较明显下降4.31
个百分点，非物消费比重较明显增高4.31个百分点，消费结
构出现较大升级变化。但居民收入比从58.97%极显著下降
至38.81%，居民消费率从48.91%极显著下降至28.71%，
"十二五"期间继续下降。尤其应注意居民收入年均增长极
显著低于财政收入年增9.78个百分点，居民消费支出年均增
长极显著低于财政支出年增9.22个百分点。居民积蓄率从
17.05%持续显著升高至26.02%，反过来对消费需求的抑制
作用加重。居民收入、积蓄地区差逐渐缩小，但居民总消费
地区差继续扩大；居民收入、总消费城乡比逐渐缩小，而居
民积蓄城乡比持续扩大。

关键词：　重庆　人民生活　发展指数　检测评价

一　重庆经济财政增长与民生发展基本态势

重庆经济财政增长与城乡人民生活发展关系态势见图1，限于制图

---

* 王国爱，云南省社会科学院科研处副研究员，主要从事民族文化、社会学研究。

容量，图中仅列出产值数据，财政收入、支出数据置于后台进行相关演算。

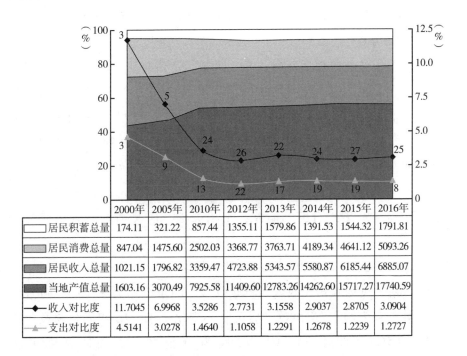

图1　重庆经济财政增长与城乡人民生活发展关系态势

左轴面积：产值与城乡居民收入、消费、积蓄总量（亿元转换为%），各项数值间呈直观比例。右轴曲线：收入对比度（居民收入比与财政收入比之比）、支出对比度（居民消费率与财政用度比之比）（%）。囿于制图空间省略若干年度，文中描述历年变化包括省略年度，全文同。标注收入对比度、支出对比度省域排序位次。

1. 重庆产值、财政收支总量增长状况

2000～2016年，重庆产值总量年均增长16.21%，同期财政收入总量年均增长22.45%，财政支出总量年均增长21.08%。财政收入和支出增长大大超过产值增长，这意味着，在以历年产值来体现的当地总财富当中，各级财政收取并支用的部分占有越来越大的比例份额。

2. 居民收入、消费和积蓄总量增长状况

2000～2016年，重庆城乡居民收入总量年均增长12.67%，消费总量年均增长 11.86%，积蓄总量年均增长 15.69%。在这 16 年间，重庆城乡居民收入年均增长率低于产值增长 3.54 个百分点，低于财政收入增长 9.78 个百分点；居民消费年均增长率低于产值增长 4.35 个百分点，低于财政支出增长 9.22 个百分点。

检测重庆各类数据历年增长相关系数：产值与居民收入增长之间为 0.6207（较弱正相关性），与居民消费增长之间为 0.6329（较弱正相关性），可简化理解为居民收入、消费与产值历年增长分别在 62.07% 和 63.29% 程度上同步。财政收入与居民收入增长之间为 0.6084，即二者历年增长在 60.84% 程度上同步，呈较弱正相关性，居民收入增长极显著滞后；财政支出与居民消费增长之间为 0.2732，即二者历年增长在 27.32% 程度上同步，呈极弱正相关性，居民消费增长更极显著滞后。

3. 收入对比度、支出对比度历年变化状况

收入对比度即在居民收入与财政收入之间求取相关性比值（可双向对应演算，互为倒数）。由重庆居民收入变化看来，16 年间从财政收入的 1170.45%（图中 11.7045 转换为百分制，全文同）降低为 309.04%，相对关系值减小了 73.60%。这表明，在当地社会总财富历年分配当中，财政收入所占份额扩增，而居民收入所占份额缩减，其间相互关系用收入对比度变动来表示。重庆居民收入比与财政收入比历年变化相关系数为 -0.9173，呈极强负相关性，即两项比值之间在 91.73% 程度上逆向变动。

支出对比度即在居民消费与财政用度之间求取相关性比值（可双向对应演算，互为倒数）。由重庆居民消费变化看来，16 年间从财政用度的 451.41% 降低为 127.27%，相对关系值减小了 71.81%。这表明，在当地社会总财富历年支配当中，财政用度所占份额扩增，而居民消费所占份额缩减，其间相互关系用支出对比度变动来表示。重庆居民消费率与财政用度比历年变化相关系数为 -0.9613，呈极强负相关性，即两项比值之间在 96.13% 程度上逆向变动。

二　重庆居民收入及其相关性分析

居民收入及其相关性分析为民生指数检测系统的二级子系统之一。重庆居民收入及其相关性变动态势见图2。

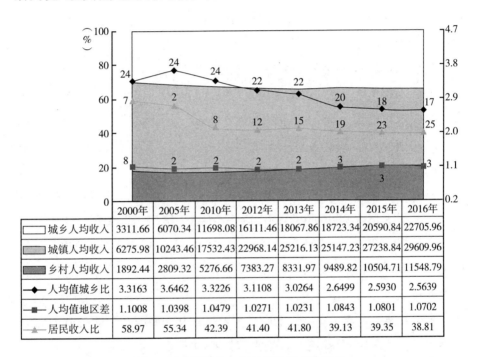

	2000年	2005年	2010年	2012年	2013年	2014年	2015年	2016年
城乡人均收入	3311.66	6070.34	11698.08	16111.46	18067.86	18723.34	20590.84	22705.96
城镇人均收入	6275.98	10243.46	17532.43	22968.14	25216.13	25147.23	27238.84	29609.96
乡村人均收入	1892.44	2809.32	5276.66	7383.27	8331.97	9489.82	10504.71	11548.79
人均值城乡比	3.3163	3.6462	3.3226	3.1108	3.0264	2.6499	2.5930	2.5639
人均值地区差	1.1008	1.0398	1.0479	1.0271	1.0231	1.0843	1.0801	1.0702
居民收入比	58.97	55.34	42.39	41.40	41.80	39.13	39.35	38.81

图2　重庆居民收入及其相关性变动态势

左轴面积：城乡综合、城镇、乡村居民收入人均值（元转换为%），各项数值间呈直观比例。右轴曲线：居民收入城乡比（乡村＝1）、地区差（无差距＝1）。左轴曲线：居民收入比（与产值即国民总收入近似值比）（%）。标注居民收入比及其城乡比、地区差省域排序位次。另需说明，近年年鉴始发布2014以来城乡人均值数据，但与总量数据之间存在演算误差，对应同时发布的产值人均值和总量分别演算相关性比值有出入，本文恢复自行演算城乡人均值。

1. 城乡综合人均值及地区差变动状况

2000～2016年，重庆城乡居民人均收入年均增长12.79%（由于人口增长，人均值增长率略低于总量增长率）。人均值地区差最小（最佳，后同）值为2013年的1.0231，最大值为2002年的1.1123。在这16年间，重庆居民收入地区差缩小了 2.78%。这意味着，重庆与其余各地居民收入增长的同步均衡性略微增强，体现出"全面小康"建设进程在缩小居民收入地区差距方面的有效进展。

由于其他省域相应变化，重庆地区差位次从 2000 年第 8 位升至 2016 年第 3 位。按照本项检测的推演测算，2020 年重庆居民收入地区差应为 1.0879，相比当前将略微扩增；2035 年重庆居民收入地区差应为 1.1856，相比当前将继续较明显扩增。

2. 城镇与乡村人均值及城乡比变动状况

2000～2016 年，重庆城镇居民人均收入年均增长 10.18%，乡村居民人均收入年均增长 11.97%，乡村年均增长率高于城镇 1.79 个百分点。城乡之间增长相关系数为 0.2344，即历年增长同步程度 23.44%，呈极弱正相关性。

同期，重庆居民收入城乡比最小（最佳，后同）值为 2016 年的 2.5639，最大值为 2006 年的 4.0259。在这 16 年间，重庆居民收入城乡比缩小了 22.69%。这意味着，重庆城乡之间居民收入增长的同步均衡性明显增强，体现出"全面小康"建设进程在缩小居民收入城乡差距方面的有效进展。

由于其他省域相应变化，重庆城乡比位次从 2000 年第 24 位升至 2016 年第 17 位。按照本项检测的推演测算，2020 年重庆居民收入城乡比应为 2.4042，相比当前将明显缩减；2035 年重庆居民收入城乡比应为 1.8888，相比当前将继续极显著缩减。

3. 城乡综合居民收入比历年变化状况

2000～2016 年，重庆居民收入比下降了 20.16 个百分点，其中"十二五"以来下降 3.58 个百分点。"十二五"以来国家及各地规划确定"努力实现居民收入增长与经济发展同步"的约束性指标已经产生显著作用。由于其他省域相应变化，重庆居民收入比位次从 2000 年第 7 位降至 2016 年第 25 位。

在这 16 年间，重庆居民收入比最高（最佳）值为 2000 年的 58.97%，最低值为 2016 年的 38.81%, 近年来仍未回复 2000 年初始值, 更未达到 2000 年最佳值。这意味着, 当地居民收入增长与经济发展的同步协调性尚待增强, 甚而居民收入增长或应反超产值增长以补积年"拖欠"。

三 重庆居民消费增长及其相关性分析

居民消费及其相关性分析为民生指数检测系统的二级子系统之二。重庆居民总消费及其相关性变动态势见图3。

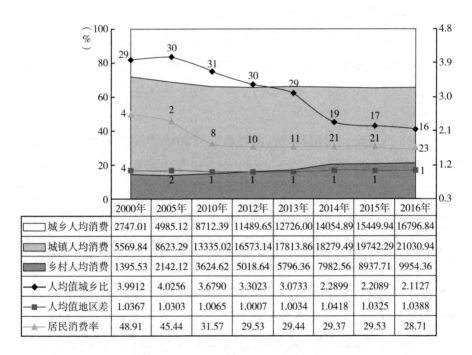

	2000年	2005年	2010年	2012年	2013年	2014年	2015年	2016年
城乡人均消费	2747.01	4985.12	8712.39	11489.65	12726.00	14054.89	15449.94	16796.84
城镇人均消费	5569.84	8623.29	13335.02	16573.14	17813.86	18279.49	19742.29	21030.94
乡村人均消费	1395.53	2142.12	3624.62	5018.64	5796.36	7982.56	8937.71	9954.36
人均值城乡比	3.9912	4.0256	3.6790	3.3023	3.0733	2.2899	2.2089	2.1127
人均值地区差	1.0367	1.0303	1.0065	1.0007	1.0034	1.0418	1.0325	1.0388
居民消费率	48.91	45.44	31.57	29.53	29.44	29.37	29.53	28.71

图3 重庆居民总消费及其相关性变动态势

左轴面积: 城乡综合、城镇、乡村居民总消费人均值(元转换为%), 各项数值间呈直观比例。右轴曲线: 居民总消费城乡比(乡村=1)、地区差(无差距=1)。左轴曲线: 居民消费率(与产值比)(%)。标注居民消费率及其城乡比、地区差省域排序位次。

1. 城乡综合人均值及地区差变动状况

2000~2016 年, 重庆城乡居民人均总消费年均增长 11.98%。人均值地区差最小值为 2012 年的 1.0007，最大值为 2002 年的 1.0486。在这 16 年间，重庆居民总消费地区差扩大了 0.21%。这意味着，重庆与其余各地居民总消费增长的同步均衡性略微减弱，体现出"全面小康"建设进程在缩小居民总消费地区差距方面的成效欠佳。

由于其他省域相应变化，重庆地区差位次从 2000 年第 4 位升至 2016 年第 1 位。按照本项检测的推演测算，2020 年重庆居民总消费地区差应为 1.0695，相比当前将略微扩增；2035 年重庆居民总消费地区差应为 1.2138，相比当前将继续明显扩增。

2. 城镇与乡村人均值及城乡比变动状况

2000～2016 年，重庆城镇居民人均总消费年均增长 8.66%，乡村居民人均总消费年均增长 13.07%，乡村年均增长率高于城镇 4.41 个百分点。城乡之间增长相关系数为 -0.1058，即历年增长逆向程度 10.58%，呈很弱负相关性。

同期，重庆居民总消费城乡比最小值为 2016 年的 2.1127，最大值为 2003 年的 4.4957。在这 16 年间，重庆居民总消费城乡比缩小了 47.07%。这意味着，重庆城乡之间居民总消费增长的同步均衡性显著增强，体现出"全面小康"建设进程在缩小居民总消费城乡差距方面的有效进展。

由于其他省域相应变化，重庆城乡比位次从 2000 年第 29 位升至 2016 年第 16 位。按照本项检测的推演测算，2020 年重庆居民总消费城乡比应为 1.8021，相比当前将显著缩减；2035 年重庆居民总消费城乡比应为 0.9926，相比当前将继续极显著缩减为"城乡倒挂"，即乡村人均值高于城镇人均值。诚然，这只是长期预测的理论演算值，揭示出一种积极向好的趋势。

3. 城乡综合居民消费率历年变化状况

2000～2016 年，重庆居民消费率下降了 20.20 个百分点，其中"十二五"以来下降 2.86 个百分点。应对国际金融危机实施"拉动内需，扩大消费，改善民生"国策以来，直到进入"十二五"期间，重庆居民消费率开始略有回升。由于其他省域相应变化，重庆居民消费率位次从 2000 年第 4 位降至 2016 年第 23 位。

在这16年间，重庆居民消费率最高（最佳）值为2000年的48.91%，最低值为2016年的28.71%，近年来仍未回复2000年初始值，更未达到2000年最佳值。这意味着，当地居民消费拉动经济增长的同步协调性尚待增强。还应注意到，重庆居民消费率下降程度大于当地居民收入比下降程度，反过来即意味着居民积蓄率上升，同时亦即积蓄对消费的抑制作用加重。

在此简要归纳对比城乡居民物质生活、非物生活分类单项消费的增长变化差异。2000年以来16年间，重庆各类消费人均值年均增长率、比重值升降变化（百分比演算更为精确）排序：交通消费年增16.52%，比重上升88.79%为最高；居住消费年增15.57%，比重上升65.60%为次高；医疗消费年增15.28%，比重上升59.02%为第三高；衣着消费年增12.37%，比重上升5.69%为第四高；用品消费年增11.72%，比重下降3.70%为第五高；文教消费年增10.56%，比重下降18.47%为第六高；食品消费年增9.96%，比重下降25.28%为次低；其他消费年增7.32%，比重下降49.37%最低。

四 重庆居民物质消费综合增长态势

居民物质消费合计及其相关性分析为民生指数检测系统的二级子系统之三。重庆居民物质消费合计及其相关性变动态势见图4。

1. 城乡综合人均值及地区差变动状况

2000~2016年，重庆城乡居民人均物质消费年均增长11.55%。人均值地区差最小值为2001年的1.0028，最大值为2013年的1.0921。在这16年间，重庆居民物质消费地区差缩小了1.56%。这意味着，重庆与其余各地居民物质消费增长的同步均衡性略微增强，体现出"全面小康"建设进程在缩小居民物质消费地区差距方面的有效进展。

由于其他省域相应变化，重庆地区差位次从2000年第2位升至2016年第1位。按照本项检测的推演测算，2020年重庆居民物质消费地区差应为1.0397，相比当前将略微扩增；2035年重庆居民物质消费地区差应为1.2184，相比当前将继续明显扩增。

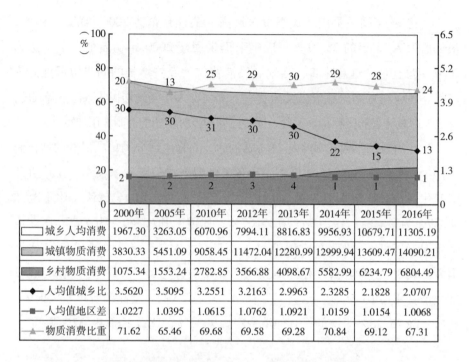

	2000年	2005年	2010年	2012年	2013年	2014年	2015年	2016年
城乡人均消费	1967.30	3263.05	6070.96	7994.11	8816.83	9956.93	10679.71	11305.19
城镇物质消费	3830.33	5451.09	9058.45	11472.04	12280.99	12999.94	13609.47	14090.21
乡村物质消费	1075.34	1553.24	2782.85	3566.88	4098.67	5582.99	6234.79	6804.49
人均值城乡比	3.5620	3.5095	3.2551	3.2163	2.9963	2.3285	2.1828	2.0707
人均值地区差	1.0227	1.0395	1.0615	1.0762	1.0921	1.0159	1.0154	1.0068
物质消费比重	71.62	65.46	69.68	69.58	69.28	70.84	69.12	67.31

图4 重庆居民物质消费合计及其相关性变动态势

左轴面积：城乡综合、城镇、乡村居民物质消费合计人均值（元转换为%），各项数值间呈直观比例。右轴曲线：物质消费城乡比（乡村=1）、地区差（无差距=1）。左轴曲线：物质消费比重（占总消费比）（%）。标注物质消费比重及其城乡比、地区差省域排序位次。

2. 城镇与乡村人均值及城乡比变动状况

2000~2016年，重庆城镇居民人均物质消费年均增长8.48%，乡村居民人均物质消费年均增长12.22%，乡村年均增长率高于城镇3.74个百分点。城乡之间增长相关系数为0.2671，即历年增长同步程度26.71%，呈极弱正相关性。

同期，重庆居民物质消费城乡比最小值为2016年的2.0707，最大值为2003年的3.9073。在这16年间，重庆居民物质消费城乡比缩小了41.87%。这意味着，重庆城乡之间居民物质消费增长的同步均衡性显著增强，体现出"全面小康"建设进程在缩小居民物质消费城乡差距方面的有效进展。

由于其他省域相应变化，重庆城乡比位次从2000年第30位升至2016

年第 13 位。按照本项检测的推演测算，2020 年重庆居民物质消费城乡比应为 1.8280，相比当前将明显缩减；2035 年重庆居民物质消费城乡比应为 1.0874，相比当前将继续极显著缩减。

3. 城乡综合物质消费比重历年变化状况

2000～2016 年，重庆居民物质消费比重下降了 4.31 个百分点。由于其他省域相应变化，重庆居民物质消费比重位次从 2000 年第 20 位降至 2016 年第 24 位。重庆居民物质消费比重明显降低，意味着人民生活在保证物质生活"必需消费"之外，已有越来越多的余钱用以满足非物消费需求。

在这 16 年间，重庆居民物质消费比重最低（最佳）值为 2005 年的 65.46%，最高值为 2000 年的 71.62%。近年来尚未达到 2005 年最佳值，这表明当地人民生活尚待彻底超越满足温饱栖息"基本需求"的物质消费阶段。

五　重庆居民非物消费综合增长态势

居民非物消费合计及其相关性分析为民生指数检测系统的二级子系统之四。重庆居民非物消费合计及其相关性变动态势见图 5。

1. 城乡综合人均值及地区差变动状况

2000～2016 年，重庆城乡居民人均非物消费年均增长 12.98%。人均值地区差最小值为 2005 年的 1.0133，最大值为 2014 年的 1.1579。在这 16 年间，重庆居民非物消费地区差扩大了 2.66%。这意味着，重庆与其余各地居民非物消费增长的同步均衡性略微减弱，体现出"全面小康"建设进程在缩小居民非物消费地区差距方面的成效欠佳。

由于其他省域相应变化，重庆地区差位次从 2000 年第 5 位降至 2016 年第 9 位。按照本项检测的推演测算，2020 年重庆居民非物消费地区差应为 1.1228，相比当前将略微扩增；2035 年重庆居民非物消费地区差应为 1.2059，相比当前将继续较明显扩增。

2. 城镇与乡村人均值及城乡比变动状况

2000～2016 年，重庆城镇居民人均非物消费年均增长 9.03%，乡村居

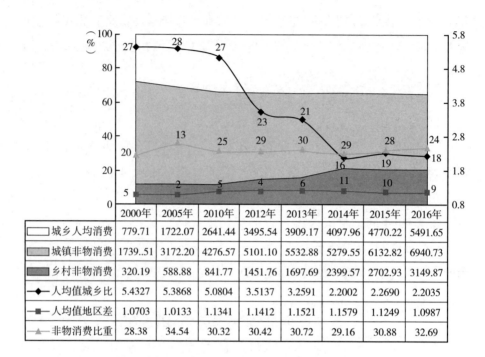

图5　重庆居民非物消费合计及其相关性变动态势

左轴面积：城乡综合、城镇、乡村居民非物消费合计人均值（元转换为%），各项数值间呈直观比例。右轴曲线：非物消费城乡比（乡村=1）、地区差（无差距=1）。左轴曲线：非物消费比重（占总消费比）（%）。标注非物消费比重及其城乡比、地区差省域排序位次。

民人均非物消费年均增长 15.36%，乡村年均增长率高于城镇 6.33 个百分点。城乡之间增长相关系数为 -0.2228，即历年增长逆向程度 22.28%，呈很弱负相关性。

　　同期，重庆居民非物消费城乡比最小值为 2014 年的 2.2002，最大值为 2002 年的 6.5101。在这 16 年间，重庆居民非物消费城乡比缩小了 59.44%。这意味着，重庆城乡之间居民非物消费增长的同步均衡性极显著增强，体现出"全面小康"建设进程在缩小居民非物消费城乡差距方面的有效进展。

　　由于其他省域相应变化，重庆城乡比位次从 2000 年第 27 位升至 2016 年第 18 位。按照本项检测的推演测算，2020 年重庆居民非物消费城乡比应为 1.7491，相比当前将极显著缩减；2035 年重庆居民非物消费城乡比应为0.7546，相比当前将继续极显著缩减为"城乡倒挂"，即乡村人均值高于城镇人均值。诚然，这只是长期预测的理论演算值，揭示出一种积极向好的趋势。

3. 城乡综合非物消费比重历年变化状况

2000~2016年，重庆居民非物消费比重上升了4.31个百分点。由于其他省域相应变化，重庆居民非物消费比重位次从2000年第20位降至2016年第24位。重庆居民非物消费比重明显提高，意味着人民生活在保证物质生活"必需消费"之外，越来越注重非物质生活"应有消费"需求。

在这16年间，重庆居民非物消费比重最高（最佳）值为2005年的34.54%，最低值为2000年的28.38%。近年来尚未达到2005年最佳值，这表明当地人民生活尚待完全进入注重非物质生活需求的消费结构优化阶段。

六　重庆居民积蓄增长及其相关性分析

居民积蓄及其相关性分析为民生指数检测系统的二级子系统之五。重庆居民积蓄及其相关性变动态势见图6。

1. 城乡综合人均值及地区差变动状况

2000~2016年，重庆城乡居民人均积蓄年均增长15.81%。人均值地区差最小值为2013年的1.0808，最大值为2001年的1.3627。在这16年间，重庆居民积蓄地区差缩小了13.00%。这意味着，重庆与其余各地居民积蓄增长的同步均衡性较明显增强，体现出"全面小康"建设进程在缩小居民积蓄地区差距方面的有效进展。

由于其他省域相应变化，重庆地区差位次从2000年第13位升至2016年第12位。按照本项检测的推演测算，2020年重庆居民积蓄地区差应为1.1299，相比当前将略微缩减；2035年重庆居民积蓄地区差应为1.1417，相比当前将略微缩减。

2. 城镇与乡村人均值及城乡比变动状况

2000~2016年，重庆城镇居民人均积蓄年均增长16.89%，乡村居

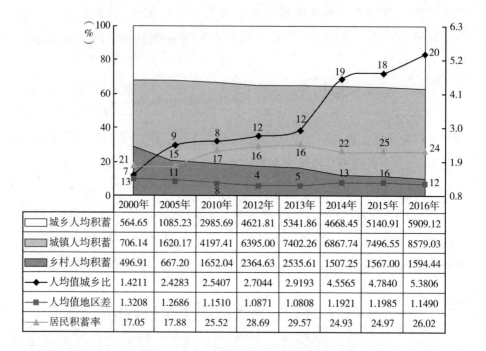

图6 重庆居民积蓄及其相关性变动态势

左轴面积：城乡综合、城镇、乡村居民积蓄人均值（元转换为%），各项数值间呈直观比例。右轴曲线：居民积蓄城乡比（乡村＝1）、地区差（无差距＝1）。左轴曲线：居民积蓄率（占居民收入比）（%）。标注居民积蓄率及其城乡比、地区差省域排序位次。

民人均积蓄年均增长 7.56%，乡村年均增长率低于城镇 9.33 个百分点。城乡之间增长相关系数为 0.4279，即历年增长同步程度 42.79%，呈很弱正相关性。

同期，重庆居民积蓄城乡比最小值为 2000 年的 1.4211，最大值为 2016 年的 5.3806。在这 16 年间，重庆居民积蓄城乡比扩大了 278.63%。这意味着，重庆城乡之间居民积蓄增长的同步均衡性极显著减弱，体现出"全面小康"建设进程在缩小居民积蓄城乡差距方面的成效欠佳。

由于其他省域相应变化，重庆城乡比位次从 2000 年第 7 位降至 2016 年第 20 位。按照本项检测的推演测算，2020 年重庆居民积蓄城乡比应为 7.6035，相比当前将极显著扩增；2035 年重庆居民积蓄城乡比应为

26.1496，相比当前将继续极显著扩增。

3. 城乡综合居民积蓄率历年变化状况

2000~2016年，重庆居民积蓄率上升了8.97个百分点。由于其他省域相应变化，重庆居民积蓄率位次从2000年第21位降至2016年第24位。重庆居民积蓄率持续提高，意味着人民劳动所得在保证各方面消费需求之后，拥有越来越多的宽余"闲钱"可供自由支配，但同时也在更大程度上抑制了进一步扩大消费。

在这16年间，重庆居民积蓄率最高（最佳）值为2013年的29.57%，最低值为2003年的16.99%。从"全面小康"建设进程起点2000年到2013年，重庆居民积蓄率上升至历年最高值，这表明当地人民生活已经进入更加充裕富足阶段，使进一步扩大消费拉动经济增长成为可能。

七 重庆民生发展指数多向度检测

重庆人民生活发展综合指数变动态势见图7。

1. 各年度理想值横向检测指数

以假定重庆各类民生数据城乡、地区无差距理想值为100，2016年重庆城乡民生发展检测指数为86.37，低于无差距理想值13.63%，但高于上年（2015年）检测指数1.05个点。重庆此项检测指数在省域间排行变化，2000年为第10位，2005年为第14位，2010年为第17位，2016年从上年第20位上升为第18位。

各年度（包括图中省略年度）此项检测指数对比，全部各个年度均低于无差距理想值100；2003~2004年、2008年、2012~2013年、2015~2016年7个年度高于上年检测指数值。其中，历年民生指数最高值为2000年的91.30，最低值为2014年的83.26。

2. 2000年以来基数值纵向检测指数

以"全面小康"建设进程起点年"九五"末年2000年数据指标演算基数值为100，2016年重庆城乡民生发展检测指数为195.75，高于起点年基

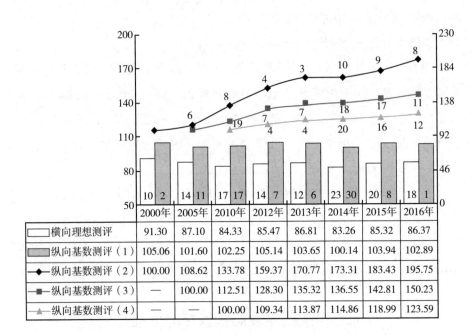

图7 2000年以来重庆城乡居民生活发展指数变动态势

左轴柱形：左历年横向测评（城乡、地区无差距理想值＝100）；右逐年纵向测评（1），上年基数值＝100。右轴曲线：时段纵向测评（起点年基数值＝100），（2）以2000年为起点（"十五"以来，以"九五"末年为基点，后同），（3）以2005年为起点（"十一五"以来），（4）以2010年为起点（"十二五"以来）。标注各类测评结果省域排序位次。

数值95.75%，也高于上年（2015年）检测指数12.32个点。重庆此项检测指数在省域间排行变化，2000年起点不计，2005年为第6位，2010年为第8位，2016年从上年第9位上升为第8位。

各年度（包括图中省略年度）此项检测指数对比，2002～2016年15个年度高于起点年基数值100；全部各个年度均高于上年检测指数值。其中，历年民生指数最高值为2016年的195.75，最低值为2001年的98.52。

3. 2005年以来基数值纵向检测指数

以"全面小康"建设进程第一个五年期"十五"末年2005年数据指标演算基数值为100，2016年重庆城乡民生发展检测指数为150.23，高于起点年基数值50.23%，也高于上年（2015年）检测指数7.42个点。重庆此项检测指数在省域间排行变化, 2005年起点不计, 2010年为第19位, 2016年从上年第17位上升为第11位。

各年度 (包括图中省略年度) 此项检测指数对比, 2007~2016年10个年度高于起点年基数值100; 全部各个年度均高于上年检测指数值。其中, 历年民生指数最高值为2016年的150.23, 最低值为2006年的99.01。

4. 2010年以来基数值纵向检测指数

以 "全面小康" 建设进程第二个五年期 "十一五" 末年2010年数据指标演算基数值为100, 2016年重庆城乡民生发展检测指数为123.59, 高于起点年基数值23.59%, 也高于上年 (2015年) 检测指数4.60个点。重庆此项检测指数在省域间排行变化, 2010年起点不计, 2012年为第4位, 2016年从上年第16位上升为第12位。

各年度 (包括图中省略年度) 此项检测指数对比, 全部各个年度均高于起点年基数值100; 全部各个年度均高于上年检测指数值。其中, 历年民生指数最高值为2016年的123.59, 最低值为2011年的103.72。

5. 逐年度基数值纵向检测指数

以上一年度 (2015年) 起点数据指标演算基数值为100, 2016年重庆城乡民生发展检测指数为102.89, 高于起点年基数值2.89%, 但低于上年检测指数1.05个点。重庆此项检测指数在省域间排行变化, 2000年为第2位, 2005年为第11位, 2010年为第17位, 2016年从上年第8位上升为第1位。

各年度 (包括图中省略年度) 此项检测指数对比, 2000年、2002~2005年、2007~2016年15个年度高于起点年基数值100; 2002年、2004年、2007年、2010~2012年、2015年7个年度高于上年检测指数值。其中, 历年民生指数最高值为2012年的105.14, 最低值为2001年的98.52。

R.11
贵州：2010～2016年民生
发展指数提升第2位

宁发金*

摘　要：　2000～2016 年，贵州城乡综合演算的各类民生数据人均值持续明显增长，2016 年居民收入为 2000 年的 7.17 倍，总消费为 6.83 倍，积蓄为 8.70 倍。物质消费比重极显著下降 11.39 个百分点，非物消费比重极显著增高 11.39 个百分点，消费结构出现极大升级变化。但居民收入比从 81.50% 极显著下降至 48.51%，居民消费率从 66.65% 极显著下降至 37.78%，"十二五"期间继续下降。尤其应注意居民收入年均增长极显著低于财政收入年增 7.20 个百分点，居民消费支出年均增长极显著低于财政支出年增 8.62 个百分点。居民积蓄率从 18.22% 持续极显著升高至 22.11%，反过来对消费需求的抑制作用加重。居民收入、总消费、积蓄地区差全都逐渐缩小；居民收入、总消费城乡比逐渐缩小，而居民积蓄城乡比持续扩大。

关键词：　贵州　人民生活　发展指数　检测评价

一　贵州经济财政增长与民生发展基本态势

贵州经济财政增长与城乡人民生活发展关系态势见图 1，限于制图

---

* 宁发金，云南省社会科学院科研处助理研究员，主要从事信息分析相关研究。

容量，图中仅列出产值数据，财政收入、支出数据置于后台进行相关演算。

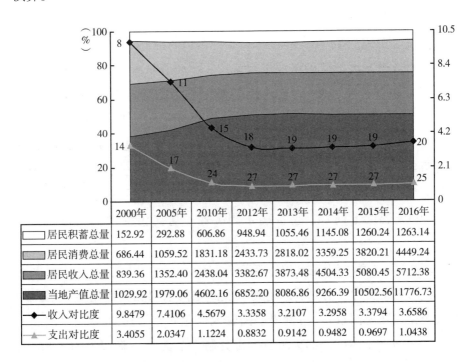

	2000年	2005年	2010年	2012年	2013年	2014年	2015年	2016年
居民积蓄总量	152.92	292.88	606.86	948.94	1055.46	1145.08	1260.24	1263.14
居民消费总量	686.44	1059.52	1831.18	2433.73	2818.02	3359.25	3820.21	4449.24
居民收入总量	839.36	1352.40	2438.04	3382.67	3873.48	4504.33	5080.45	5712.38
当地产值总量	1029.92	1979.06	4602.16	6852.20	8086.86	9266.39	10502.56	11776.73
收入对比度	9.8479	7.4106	4.5679	3.3358	3.2107	3.2958	3.3794	3.6586
支出对比度	3.4055	2.0347	1.1224	0.8832	0.9142	0.9482	0.9697	1.0438

图1 贵州经济财政增长与城乡人民生活发展关系态势

左轴面积：产值与城乡居民收入、消费、积蓄总量（亿元转换为%），各项数值间呈直观比例。右轴曲线：收入对比度（居民收入比与财政收入比之比）、支出对比度（居民消费率与财政用度比之比）（%）。囿于制图空间省略若干年度，文中描述历年变化包括省略年度，全文同。标注收入对比度、支出对比度省域排序位次。

1. 贵州产值、财政收支总量增长状况

2000～2016年，贵州产值总量年均增长16.45%，同期财政收入总量年均增长19.93%，财政支出总量年均增长21.01%。财政收入和支出增长大大超过产值增长，这意味着，在以历年产值来体现的当地总财富当中，各级财政收取并支用的部分占有越来越大的比例份额。

2. 居民收入、消费和积蓄总量增长状况

2000～2016年，贵州城乡居民收入总量年均增长12.73%，消费总量年均增长 12.39%，积蓄总量年均增长 14.11%。在这 16 年间，贵州城乡居民收入年均增长率低于产值增长 3.72 个百分点，低于财政收入增长 7.20 个百分点；居民消费年均增长率低于产值增长 4.06 个百分点，低于财政支出增长 8.62 个百分点。

检测贵州各类数据历年增长相关系数：产值与居民收入增长之间为 0.7039（较弱正相关性），与居民消费增长之间为 0.5613（很弱正相关性），可简化理解为居民收入、消费与产值历年增长分别在 70.39% 和 56.13% 程度上同步。财政收入与居民收入增长之间为 0.6510，即二者历年增长在 65.10% 程度上同步，呈较弱正相关性，居民收入增长显著滞后；财政支出与居民消费增长之间为 0.1196，即二者历年增长在 11.96% 程度上同步，呈极弱正相关性，居民消费增长更极显著滞后。

3. 收入对比度、支出对比度历年变化状况

收入对比度即在居民收入与财政收入之间求取相关性比值（可双向对应演算，互为倒数）。由贵州居民收入变化看来，16 年间从财政收入的 984.79%（图中 9.8479 转换为百分制，全文同）降低为 365.86%，相对关系值减小了 62.85%。这表明，在当地社会总财富历年分配当中，财政收入所占份额扩增，而居民收入所占份额缩减，其间相互关系用收入对比度变动来表示。贵州居民收入比与财政收入比历年变化相关系数为 -0.9251，呈极强负相关性，即两项比值之间在 92.51% 程度上逆向变动。

支出对比度即在居民消费与财政用度之间求取相关性比值（可双向对应演算，互为倒数）。由贵州居民消费变化看来，16 年间从财政用度的 340.55% 降低为 104.38%，相对关系值减小了 69.35%。这表明，在当地社会总财富历年支配当中，财政用度所占份额扩增，而居民消费所占份额缩减，其间相互关系用支出对比度变动来表示。贵州居民消费率与财政用度比历年变化相关系数为 -0.9746，呈极强负相关性，即两项比值之间在 97.46% 程度上逆向变动。

二 贵州居民收入及其相关性分析

居民收入及其相关性分析为民生指数检测系统的二级子系统之一。贵州居民收入及其相关性变动态势见图2。

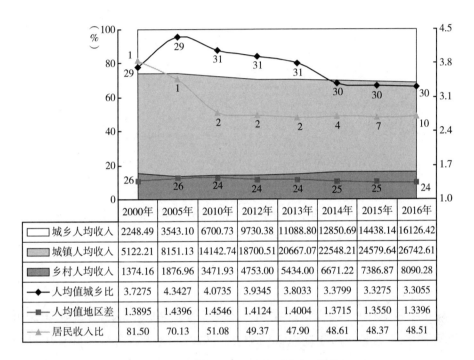

	2000年	2005年	2010年	2012年	2013年	2014年	2015年	2016年
☐ 城乡人均收入	2248.49	3543.10	6700.73	9730.38	11088.80	12850.69	14438.14	16126.42
▨ 城镇人均收入	5122.21	8151.13	14142.74	18700.51	20667.07	22548.21	24579.64	26742.61
▩ 乡村人均收入	1374.16	1876.96	3471.93	4753.00	5434.00	6671.22	7386.87	8090.28
◆ 人均值城乡比	3.7275	4.3427	4.0735	3.9345	3.8033	3.3799	3.3275	3.3055
■ 人均值地区差	1.3895	1.4396	1.4546	1.4124	1.4004	1.3715	1.3550	1.3396
▲ 居民收入比	81.50	70.13	51.08	49.37	47.90	48.61	48.37	48.51

图2 贵州居民收入及其相关性变动态势

左轴面积：城乡综合、城镇、乡村居民收入人均值（元转换为%），各项数值间呈直观比例。右轴曲线：居民收入城乡比（乡村＝1）、地区差（无差距＝1）。左轴曲线：居民收入比（与产值即国民总收入近似值比）（%）。标注居民收入比及其城乡比、地区差省域排序位次。另需说明，近年年鉴始发布2014年以来城乡人均值数据，但与总量数据之间存在演算误差，对应同时发布的产值人均值和总量分别演算相关性比值有出入，本文恢复自行演算城乡人均值。

1. 城乡综合人均值及地区差变动状况

2000～2016年，贵州城乡居民人均收入年均增长13.10%（由于人口增长，人均值增长率略低于总量增长率）。人均值地区差最小（最佳，后同）

值为 2016 年的 1.3396，最大值为 2010 年的 1.4546。在这 16 年间，贵州居民收入地区差缩小了 3.59%。这意味着，贵州与其余各地居民收入增长的同步均衡性略微增强，体现出"全面小康"建设进程在缩小居民收入地区差距方面的有效进展。

由于其他省域相应变化，贵州地区差位次从 2000 年第 26 位升至 2016 年第 24 位。据既往历年动态推演测算，2020 年贵州居民收入地区差将为 1.3155，相比当前略微缩减；2035 年贵州居民收入地区差将为 1.2564，相比当前继续较明显缩减。

2. 城镇与乡村人均值及城乡比变动状况

2000~2016 年，贵州城镇居民人均收入年均增长 10.88%，乡村居民人均收入年均增长 11.72%，乡村年均增长率高于城镇 0.84 个百分点。城乡之间增长相关系数为 0.6197，即历年增长同步程度 61.97%，呈较弱正相关性。

同期，贵州居民收入城乡比最小（最佳，后同）值为 2016 年的 3.3055，最大值为 2006 年的 4.5936。在这 16 年间，贵州居民收入城乡比缩小了 11.32%。这意味着，贵州城乡之间居民收入增长的同步均衡性较明显增强，体现出"全面小康"建设进程在缩小居民收入城乡差距方面的有效进展。

由于其他省域相应变化，贵州城乡比位次从 2000 年第 29 位降至 2016 年第 30 位。据既往历年动态推演测算，2020 年贵州居民收入城乡比将为 3.2077，相比当前较明显缩减；2035 年贵州居民收入城乡比将为 2.8660，相比当前继续极显著缩减。

3. 城乡综合居民收入比历年变化状况

2000~2016 年，贵州居民收入比下降了 32.99 个百分点，其中"十二五"以来下降 2.57 个百分点。"十二五"以来国家及各地规划确定"努力实现居民收入增长与经济发展同步"的约束性指标已经产生显著作用。由于其他省域相应变化，贵州居民收入比位次从 2000 年第 1 位降至 2016 年第 10 位。

在这 16 年间，贵州居民收入比最高（最佳）值为 2000 年的 81.50%，最低值为 2013 年的 47.90%，近年来仍未回复 2000 年初始值（亦即最佳值）。这意味着，当地居民收入增长与经济发展的同步协调性尚待增强，甚而居民收入增长或应反超产值增长以补积年"拖欠"。

三 贵州居民消费增长及其相关性分析

居民消费及其相关性分析为民生指数检测系统的二级子系统之二。贵州居民总消费及其相关性变动态势见图 3。

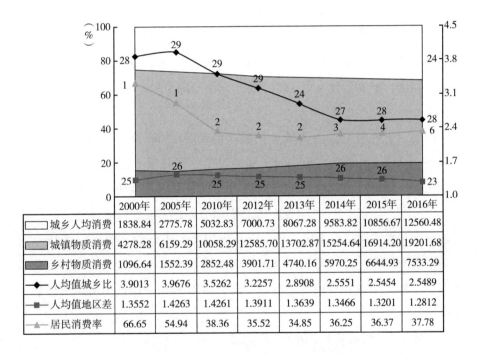

	2000年	2005年	2010年	2012年	2013年	2014年	2015年	2016年
城乡人均消费	1838.84	2775.78	5032.83	7000.73	8067.28	9583.82	10856.67	12560.48
城镇物质消费	4278.28	6159.29	10058.29	12585.70	13702.87	15254.64	16914.20	19201.68
乡村物质消费	1096.64	1552.39	2852.48	3901.71	4740.16	5970.25	6644.93	7533.29
人均值城乡比	3.9013	3.9676	3.5262	3.2257	2.8908	2.5551	2.5454	2.5489
人均值地区差	1.3552	1.4263	1.4261	1.3911	1.3639	1.3466	1.3201	1.2812
居民消费率	66.65	54.94	38.36	35.52	34.85	36.25	36.37	37.78

图 3　贵州居民总消费及其相关性变动态势

左轴面积：城乡综合、城镇、乡村居民总消费人均值（元转换为%），各项数值间呈直观比例。右轴曲线：居民总消费城乡比（乡村＝1）、地区差（无差距＝1）。左轴曲线：居民消费率（与产值比）（%）。标注居民消费率及其城乡比、地区差省域排序位次。

1. 城乡综合人均值及地区差变动状况

2000～2016 年，贵州城乡居民人均总消费年均增长 12.76%。人均值地区差最小值为 2016 年的 1.2812，最大值为 2008 年的 1.4450。在这 16 年间，贵州居民总消费地区差缩小了 5.45%。这意味着，贵州与其余各地居民总消费增长的同步均衡性较明显增强，体现出"全面小康"建设进程在缩小居民总消费地区差距方面的有效进展。

由于其他省域相应变化，贵州地区差位次从 2000 年第 25 位升至 2016 年第 23 位。据既往历年动态推演测算，2020 年贵州居民总消费地区差将为 1.2547，相比当前略微缩减；2035 年贵州居民总消费地区差将为 1.1993，相比当前继续较明显缩减。

2. 城镇与乡村人均值及城乡比变动状况

2000～2016 年，贵州城镇居民人均总消费年均增长 9.84%，乡村居民人均总消费年均增长 12.80%，乡村年均增长率高于城镇 2.96 个百分点。城乡之间增长相关系数为 0.6258，即历年增长同步程度 62.58%，呈较弱正相关性。

同期，贵州居民总消费城乡比最小值为 2015 年的 2.5454，最大值为 2004 年的 4.2384。在这 16 年间，贵州居民总消费城乡比缩小了 34.66%。这意味着，贵州城乡之间居民总消费增长的同步均衡性明显增强，体现出"全面小康"建设进程在缩小居民总消费城乡差距方面的有效进展。

由于其他省域相应变化，贵州城乡比位次保持第 28 位不变。据既往历年动态推演测算，2020 年贵州居民总消费城乡比将为 2.2916，相比当前显著缩减；2035 年贵州居民总消费城乡比将为 1.5376，相比当前继续极显著缩减。

3. 城乡综合居民消费率历年变化状况

2000～2016 年，贵州居民消费率下降了 28.87 个百分点，其中"十二五"以来下降 0.58 个百分点。应对国际金融危机实施"拉动内需，扩大消费，改善民生"国策以来，直到进入"十二五"期间，贵州居民消费率开始略有回升。由于其他省域相应变化，贵州居民消费率位次从 2000 年第 1 位降至 2016 年第 6 位。

在这 16 年间，贵州居民消费率最高（最佳）值为 2000 年的 66.65%，最低值为 2013 年的 34.85％，近年来仍未回复 2000 年初始值（亦即最佳值）。这意味着，当地居民消费拉动经济增长的同步协调性尚待增强。还应注意到，贵州居民消费率下降程度小于当地居民收入比下降程度，反过来意味着居民积蓄率上升，同时亦即积蓄对消费的抑制作用加重。

在此简要归纳对比城乡居民物质生活、非物生活分类单项消费的增长变化差异。2000 年以来 16 年间，贵州各类消费人均值年均增长率、比重值升降变化（百分比演算更为精确）排序：交通消费年增 19.47％，比重上升 152.29％ 为最高；居住消费年增 18.09％，比重上升 109.35％ 为次高；医疗消费年增 15.44％，比重上升 45.71％ 为第三高；文教消费年增 14.90％，比重上升 35.11％ 为第四高；用品消费年增 12.28％，比重下降 6.53％ 为第五高；衣着消费年增 11.80％，比重下降 12.73％ 为第六高；食品消费年增 9.20％，比重下降 40.13％ 为次低；其他消费年增 7.23％，比重下降 55.27％ 为最低。

四 贵州居民物质消费综合增长态势

居民物质消费合计及其相关性分析为民生指数检测系统的二级子系统之三。贵州居民物质消费合计及其相关性变动态势见图4。

1. 城乡综合人均值及地区差变动状况

2000～2016 年，贵州城乡居民人均物质消费年均增长 11.63％。人均值地区差最小值为 2016 年的 1.2791，最大值为 2004 年的 1.3947。在这 16 年间，贵州居民物质消费地区差缩小了 1.55％。这意味着，贵州与其余各地居民物质消费增长的同步均衡性略微增强，体现出"全面小康"建设进程在缩小居民物质消费地区差距方面的有效进展。

由于其他省域相应变化，贵州地区差位次从 2000 年第 23 位升至 2016 年第 21 位。据既往历年动态推演测算，2020 年贵州居民物质消费地区差将为 1.2696，相比当前略微缩减；2035 年贵州居民物质消费地区差将为 1.2483，相比当前继续略微缩减。

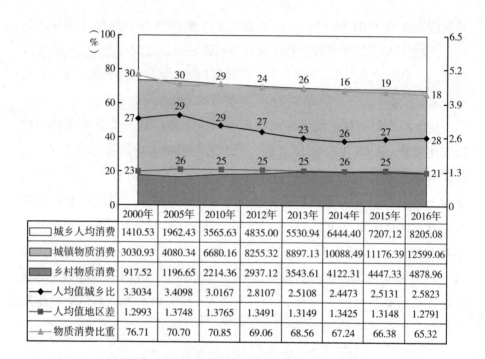

	2000年	2005年	2010年	2012年	2013年	2014年	2015年	2016年
□ 城乡人均消费	1410.53	1962.43	3565.63	4835.00	5530.94	6444.40	7207.12	8205.08
▨ 城镇物质消费	3030.93	4080.34	6680.16	8255.32	8897.13	10088.49	11176.39	12599.06
▩ 乡村物质消费	917.52	1196.65	2214.36	2937.12	3543.61	4122.31	4447.33	4878.96
◆ 人均值城乡比	3.3034	3.4098	3.0167	2.8107	2.5108	2.4473	2.5131	2.5823
■ 人均值地区差	1.2993	1.3748	1.3765	1.3491	1.3149	1.3425	1.3148	1.2791
▲ 物质消费比重	76.71	70.70	70.85	69.06	68.56	67.24	66.38	65.32

图4 贵州居民物质消费合计及其相关性变动态势

左轴面积：城乡综合、城镇、乡村居民物质消费合计人均值（元转换为%），各项数值间呈直观比例。右轴曲线：物质消费城乡比（乡村＝1）、地区差（无差距＝1）。左轴曲线：物质消费比重（占总消费比）（%）。标注物质消费比重及其城乡比、地区差省域排序位次。

2. 城镇与乡村人均值及城乡比变动状况

2000～2016年，贵州城镇居民人均物质消费年均增长9.31%，乡村居民人均物质消费年均增长11.01%，乡村年均增长率高于城镇1.70个百分点。城乡之间增长相关系数为0.7318，即历年增长同步程度73.18%，呈较弱正相关性。

同期，贵州居民物质消费城乡比最小值为2014年的2.4473，最大值为2006年的3.6229。在这16年间，贵州居民物质消费城乡比缩小了21.83%。这意味着，贵州城乡之间居民物质消费增长的同步均衡性明显增强，体现出"全面小康"建设进程在缩小居民物质消费城乡差距方面的有效进展。

由于其他省域相应变化，贵州城乡比位次从2000年第27位降至2016

年第28位。据既往历年动态推演测算，2020年贵州居民物质消费城乡比将为2.3962，相比当前明显缩减；2035年贵州居民物质消费城乡比将为1.9276，相比当前继续极显著缩减。

3. 城乡综合物质消费比重历年变化状况

2000～2016年，贵州居民物质消费比重下降了11.39个百分点。由于其他省域相应变化，贵州居民物质消费比重位次从2000年第30位升至2016年第18位。贵州居民物质消费比重明显降低，意味着人民生活在保证物质生活"必需消费"之外，已有更多余钱用以满足非物消费需求。

在这16年间，贵州居民物质消费比重最低（最佳）值为2016年的65.32%，最高值为2000年的76.71%。近年来达到历年最佳值，这表明当地人民生活已经彻底超越满足温饱栖息"基本需求"的物质消费阶段。

五　贵州居民非物消费综合增长态势

居民非物消费合计及其相关性分析为民生指数检测系统的二级子系统之四。贵州居民非物消费合计及其相关性变动态势见图5。

1. 城乡综合人均值及地区差变动状况

2000～2016年，贵州城乡居民人均非物消费年均增长15.60%。人均值地区差最小值为2016年的1.2852，最大值为2008年的1.5652。在这16年间，贵州居民非物消费地区差缩小了13.70%。这意味着，贵州与其余各地居民非物消费增长的同步均衡性较明显增强，体现出"全面小康"建设进程在缩小居民非物消费地区差距方面的有效进展。

由于其他省域相应变化，贵州地区差位次从2000年第25位升至2016年第22位。据既往历年动态推演测算，2020年贵州居民非物消费地区差将为1.2279，相比当前较明显缩减；2035年贵州居民非物消费地区差将为1.1155，相比当前继续明显缩减。

2. 城镇与乡村人均值及城乡比变动状况

2000～2016年，贵州城镇居民人均非物消费年均增长10.98%，乡村居

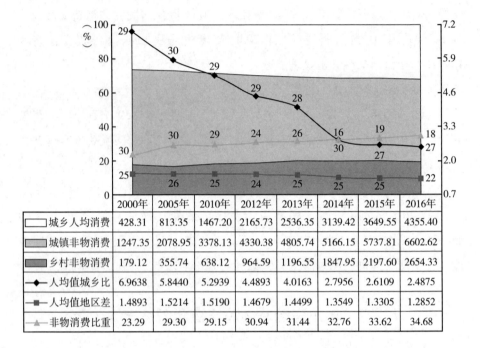

	2000年	2005年	2010年	2012年	2013年	2014年	2015年	2016年
城乡人均消费	428.31	813.35	1467.20	2165.73	2536.35	3139.42	3649.55	4355.40
城镇非物消费	1247.35	2078.95	3378.13	4330.38	4805.74	5166.15	5737.81	6602.62
乡村非物消费	179.12	355.74	638.12	964.59	1196.55	1847.95	2197.60	2654.33
人均值城乡比	6.9638	5.8440	5.2939	4.4893	4.0163	2.7956	2.6109	2.4875
人均值地区差	1.4893	1.5214	1.5190	1.4679	1.4499	1.3549	1.3305	1.2852
非物消费比重	23.29	29.30	29.15	30.94	31.44	32.76	33.62	34.68

图5 贵州居民非物消费合计及其相关性变动态势

左轴面积：城乡综合、城镇、乡村居民非物消费合计人均值（元转换为%），各项数值间呈直观比例。右轴曲线：非物消费城乡比（乡村＝1）、地区差（无差距＝1）。左轴曲线：非物消费比重（占总消费比）（%）。标注非物消费比重及其城乡比、地区差省域排序位次。

民人均非物消费年均增长 18.35%，乡村年均增长率高于城镇 7.37 个百分点。城乡之间增长相关系数为 0.1863，即历年增长同步程度 18.63%，呈极弱正相关性。

同期，贵州居民非物消费城乡比最小值为 2016 年的 2.4875，最大值为 2003 年的 7.1627。在这 16 年间，贵州居民非物消费城乡比缩小了 64.28%。这意味着，贵州城乡之间居民非物消费增长的同步均衡性极显著增强，体现出"全面小康"建设进程在缩小居民非物消费城乡差距方面的有效进展。

由于其他省域相应变化，贵州城乡比位次从 2000 年第 29 位升至 2016 年第 27 位。据既往历年动态推演测算，2020 年贵州居民非物消费城乡比将为 2.1026，相比当前极显著缩减；2035 年贵州居民非物消费城乡比将为 0.7325，相比当前继续极显著缩减为"城乡倒挂"，即乡村人均值高于城镇人均值。诚然，这只是长期预测的理论演算值，揭示出一种积极向好的趋势。

3. 城乡综合非物消费比重历年变化状况

2000~2016 年，贵州居民非物消费比重上升了 11.39 个百分点。由于其他省域相应变化，贵州居民非物消费比重位次从 2000 年第 30 位升至 2016 年第 18 位。贵州居民非物消费比重明显提高，意味着人民生活在保证物质生活"必需消费"之外，更加注重非物质生活"应有消费"需求。

在这 16 年间，贵州居民非物消费比重最高（最佳）值为 2016 年的 34.68%，最低值为 2000 年的 23.29%。近年来达到历年最佳值，这表明当地人民生活已经完全进入注重非物质生活需求的消费结构优化阶段。

六　贵州居民积蓄增长及其相关性分析

居民积蓄及其相关性分析为民生指数检测系统的二级子系统之五。贵州居民积蓄及其相关性变动态势见图6。

1. 城乡综合人均值及地区差变动状况

2000~2016 年，贵州城乡居民人均积蓄年均增长 14.48%。人均值地区差最小值为 2003 年的 1.4166，最大值为 2010 年的 1.5257。在这 16 年间，贵州居民积蓄地区差缩小了 1.38%。这意味着，贵州与其余各地居民积蓄增长的同步均衡性略微增强，体现出"全面小康"建设进程在缩小居民积蓄地区差距方面的有效进展。

由于其他省域相应变化，贵州地区差位次从 2000 年第 24 位降至 2016 年第 26 位。据既往历年动态推演测算，2020 年贵州居民积蓄地区差将为 1.4540，相比当前略微缩减；2035 年贵州居民积蓄地区差将为 1.3455，相比当前继续较明显缩减。

2. 城镇与乡村人均值及城乡比变动状况

2000~2016 年，贵州城镇居民人均积蓄年均增长 14.67%，乡村居

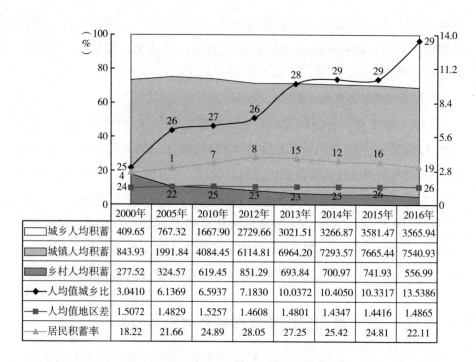

	2000年	2005年	2010年	2012年	2013年	2014年	2015年	2016年
□ 城乡人均积蓄	409.65	767.32	1667.90	2729.66	3021.51	3266.87	3581.47	3565.94
▨ 城镇人均积蓄	843.93	1991.84	4084.45	6114.81	6964.20	7293.57	7665.44	7540.93
▩ 乡村人均积蓄	277.52	324.57	619.45	851.29	693.84	700.97	741.93	556.99
◆ 人均值城乡比	3.0410	6.1369	6.5937	7.1830	10.0372	10.4050	10.3317	13.5386
■ 人均值地区差	1.5072	1.4829	1.5257	1.4608	1.4801	1.4347	1.4416	1.4865
▲ 居民积蓄率	18.22	21.66	24.89	28.05	27.25	25.42	24.81	22.11

图6 贵州居民积蓄及其相关性变动态势

左轴面积：城乡综合、城镇、乡村居民积蓄人均值（元转换为%），各项数值间呈直观比例。右轴曲线：居民积蓄城乡比（乡村=1）、地区差（无差距=1）。左轴曲线：居民积蓄率（占居民收入比）（%）。标注居民积蓄率及其城乡比、地区差省域排序位次。

民人均积蓄年均增长 4.45%，乡村年均增长率低于城镇 10.22 个百分点。城乡之间增长相关系数为 0.5343，即历年增长同步程度 53.43%，呈很弱正相关性。

同期，贵州居民积蓄城乡比最小值为 2000 年的 3.0410，最大值为 2016 年的 13.5386。在这 16 年间，贵州居民积蓄城乡比扩大了 345.21%。这意味着，贵州城乡之间居民积蓄增长的同步均衡性极显著减弱，体现出"全面小康"建设进程在缩小居民积蓄城乡差距方面的成效欠佳。

由于其他省域相应变化，贵州城乡比位次从 2000 年第 25 位降至 2016 年第 29 位。据既往历年动态推演测算，2020 年贵州居民积蓄城乡比将为 30.7100，相比当前极显著扩增；2035 年贵州居民积蓄城乡比将为 79.7523，相比当前继续极显著扩增。

3. 城乡综合居民积蓄率历年变化状况

2000~2016 年,贵州居民积蓄率上升了 3.89 个百分点。由于其他省域相应变化,贵州居民积蓄率位次从 2000 年第 4 位降至 2016 年第 19 位。贵州居民积蓄率持续提高,意味着人民劳动所得在保证各方面消费需求之后,拥有越来越多的宽余"闲钱"可供自由支配,但同时也在更大程度上抑制了进一步扩大消费。

在这 16 年间,贵州居民积蓄率最高(最佳)值为 2012 年的 28.05%,最低值为 2000 年的 18.22%。从"全面小康"建设进程起点 2000 年到 2012 年,贵州居民积蓄率上升至历年最高值,这表明当地人民生活已经进入更加充裕富足阶段,使进一步扩大消费拉动经济增长成为可能。

七 贵州民生发展指数多向度检测

贵州人民生活发展综合指数变动态势见图 7。

1. 各年度理想值横向检测指数

以假定各类民生数据城乡、地区无差距理想值为 100,2016 年贵州城乡民生发展检测指数为 78.31,低于无差距理想值 21.69%,但高于上年(2015 年)检测指数 0.33 个点。贵州此项检测指数在省域间排行变化,2000 年为第 29 位,2005 年与之持平,2010 年为第 31 位,2016 年与上年持平,皆为第 30 位。

各年度(包括图中省略年度)此项检测指数对比,全部各个年度均低于无差距理想值 100;2002 年、2007 年、2009 年、2011~2012 年、2014 年、2016 年 7 个年度高于上年检测指数值。其中,历年指数最高值为 2000 年的 79.50,最低值为 2010 年的 73.72。

2. 2000 年以来基数值纵向检测指数

以"全面小康"建设进程起点年"九五"末年 2000 年数据指标演算基数值为 100,2016 年贵州城乡民生发展检测指数为 199.95,高于起点年基

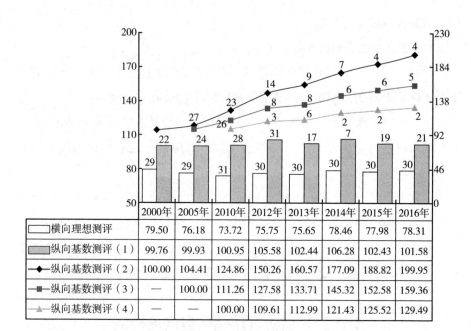

	2000年	2005年	2010年	2012年	2013年	2014年	2015年	2016年
☐横向理想测评	79.50	76.18	73.72	75.75	75.65	78.46	77.98	78.31
▨纵向基数测评（1）	99.76	99.93	100.95	105.58	102.44	106.28	102.43	101.58
◆纵向基数测评（2）	100.00	104.41	124.86	150.26	160.57	177.09	188.82	199.95
■纵向基数测评（3）	—	100.00	111.26	127.58	133.71	145.32	152.58	159.36
▲纵向基数测评（4）	—	—	100.00	109.61	112.99	121.43	125.52	129.49

图7　2000年以来贵州城乡居民生活发展指数变动态势

左轴柱形：左历年横向测评（城乡、地区无差距理想值＝100）；右逐年纵向测评（1），上年基数值＝100。右逐年曲线：时段纵向测评（起点年基数值＝100），（2）以2000年为起点（"十五"以来，以"九五"末年为基点，后同），（3）以2005年为起点（"十一五"以来），（4）以2010年为起点（"十二五"以来）。标注各类测评结果省域排序位次。

数值99.95％，也高于上年（2015年）检测指数11.13个点。贵州此项检测指数在省域间排行变化，2000年起点不计，2005年为第27位，2010年为第23位，2016年与上年持平，皆为第4位。

各年度（包括图中省略年度）此项检测指数对比，全部各个年度均高于起点年基数值100；全部各个年度均高于上年检测指数值。其中，历年指数最高值为2016年的199.95，最低值为2001年的101.05。

3.2005年以来基数值纵向检测指数

以"全面小康"建设进程第一个五年期"十五"末年2005年数据指标演算基数值为100，2016年贵州城乡民生发展检测指数为159.36，高于起点年基数值59.36％，也高于上年（2015年）检测指数6.78个点。贵州此项检测指数在省域间排行变化, 2005 年起点不计, 2010 年为第 26 位, 2016 年从上年第 6 位上升为第 5 位。

各年度（包括图中省略年度）此项检测指数对比, 全部各个年度均高于起点年基数值 100; 全部各个年度均高于上年检测指数值。其中, 历年指数最高值为 2016 年的 159.36, 最低值为 2006 年的 100.44。

4. 2010 年以来基数值纵向检测指数

以"全面小康"建设进程第二个五年期"十一五"末年 2010 年数据指标演算基数值为 100, 2016 年贵州城乡民生发展检测指数为 129.49, 高于起点年基数值 29.49%, 也高于上年（2015 年）检测指数 3.97 个点。贵州此项检测指数在省域间排行变化, 2010 年起点不计, 2012 年为第 3 位, 2016 年与上年持平, 皆为第 2 位。

各年度（包括图中省略年度）此项检测指数对比, 全部各个年度均高于起点年基数值 100; 全部各个年度均高于上年检测指数值。其中, 历年指数最高值为 2016 年的 129.49, 最低值为 2011 年的 103.48。

5. 逐年度基数值纵向检测指数

以上一年（2015 年）起点数据指标演算基数值为 100, 2016 年贵州城乡民生发展检测指数为 101.58, 高于起点年基数值 1.58%, 但低于上年检测指数 0.85 个点。贵州此项检测指数在省域间排行变化, 2000 年为第 22 位, 2005 年为第 24 位, 2010 年为第 28 位, 2016 年从上年第 19 位下降为第 21 位。

各年度（包括图中省略年度）此项检测指数对比, 2001～2004 年、2006～2016 年 15 个年度高于起点年基数值 100; 2001～2002 年、2004 年、2006～2007 年、2009 年、2011～2012 年、2014 年 9 个年度高于上年检测指数值。其中, 历年指数最高值为 2014 年的 106.28, 最低值为 2000 年的 99.76。

R.12
广西：2005~2016年民生
发展指数提升第2位

马 云*

摘 要： 2000~2016年，广西城乡综合演算的各类民生数据人均值持
续稳步增长，2016年居民收入为2000年的6.41倍，总消费
为5.23倍，积蓄为11.64倍。物质消费比重明显下降6.63
个百分点，非物消费比重明显增高6.63个百分点，消费结构
出现很大升级变化。但居民收入比从63.44%极显著下降至
49.72%，居民消费率从51.79%极显著下降至33.12%，"十
二五"期间略有回升。尤其应注意居民收入年均增长明显低
于财政收入年增3.46个百分点，居民消费支出年均增长极显
著低于财政支出年增8.44个百分点。居民积蓄率从18.38%
持续极显著升高至33.39%，反过来对消费需求的抑制作用
加重。居民积蓄地区差逐渐缩小，但居民收入、总消费地区
差继续扩大；居民收入、总消费城乡比逐渐缩小，而居民积
蓄城乡比持续扩大。

关键词： 广西 人民生活 发展指数 检测评价

一 广西经济财政增长与民生发展基本态势

广西经济财政增长与城乡人民生活发展关系态势见图1，限于制图

---

* 马云，云南省社会科学院科研处工作人员，主要从事东南亚相关各国研究。

容量，图中仅列出产值数据，财政收入、支出数据置于后台进行相关演算。

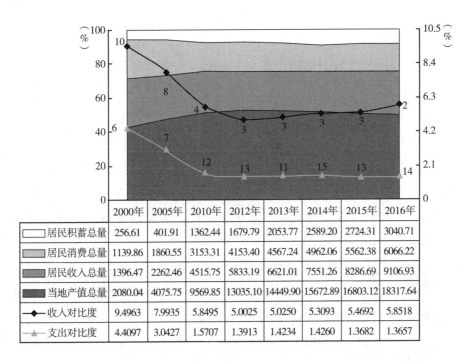

图1 广西经济财政增长与城乡人民生活发展关系态势

左轴面积：产值与城乡居民收入、消费、积蓄总量（亿元转换为%），各项数值间呈直观比例。右轴曲线：收入对比度（居民收入比与财政收入比之比）、支出对比度（居民消费率与财政用度比之比）（%）。囿于制图空间省略若干年度，文中描述历年变化包括省略年度，全文同。标注收入对比度、支出对比度省域排序位次。

	2000年	2005年	2010年	2012年	2013年	2014年	2015年	2016年
居民积蓄总量	256.61	401.91	1362.44	1679.79	2053.77	2589.20	2724.31	3040.71
居民消费总量	1139.86	1860.55	3153.31	4153.40	4567.24	4962.06	5562.38	6066.22
居民收入总量	1396.47	2262.46	4515.75	5833.19	6621.01	7551.26	8286.69	9106.93
当地产值总量	2080.04	4075.75	9569.85	13035.10	14449.90	15672.89	16803.12	18317.64
收入对比度	9.4963	7.9935	5.8495	5.0025	5.0250	5.3093	5.4692	5.8518
支出对比度	4.4097	3.0427	1.5707	1.3913	1.4234	1.4260	1.3682	1.3657

1.广西产值、财政收支总量增长状况

2000～2016年，广西产值总量年均增长14.56%，同期财政收入总量年均增长15.89%，财政支出总量年均增长19.45%。财政收入和支出增长大大超过产值增长，这意味着，在以历年产值来体现的当地总财富当中，各级财政收取并支用的部分占有越来越大的比例份额。

2.居民收入、消费和积蓄总量增长状况

2000～2016年，广西城乡居民收入总量年均增长12.43%，消费总量年均增长 11.01%，积蓄总量年均增长 16.71%。在这 16 年间，广西城乡居民收入年均增长率低于产值增长 2.13 个百分点，低于财政收入增长 3.46 个百分点；居民消费年均增长率低于产值增长 3.55 个百分点，低于财政支出增长 8.44 个百分点。

检测广西各类数据历年增长相关系数：产值与居民收入增长之间为 0.5603（很弱正相关性），与居民消费增长之间为 0.5281（很弱正相关性），可简化理解为居民收入、消费与产值历年增长分别在 56.03% 和 52.81% 程度上同步。财政收入与居民收入增长之间为 0.5027，即二者历年增长在 50.27% 程度上同步，呈很弱正相关性，居民收入增长极显著滞后；财政支出与居民消费增长之间为 0.4675，即二者历年增长在 46.75% 程度上同步，呈很弱正相关性，居民消费增长更极显著滞后。

3. 收入对比度、支出对比度历年变化状况

收入对比度即在居民收入与财政收入之间求取相关性比值（可双向对应演算，互为倒数）。由广西居民收入变化看来，16 年间从财政收入的 949.63%（图中 9.4963 转换为百分制，全文同）降低为 585.18%，相对关系值减小了 38.38%。这表明，在当地社会总财富历年分配当中，财政收入所占份额扩增，而居民收入所占份额缩减，其间相互关系用收入对比度变动来表示。广西居民收入比与财政收入比历年变化相关系数为 -0.6944，呈很强负相关性，即两项比值之间在 69.44% 程度上逆向变动。

支出对比度即在居民消费与财政用度之间求取相关性比值（同样可双向对应演算，互为倒数）。由广西居民消费变化看来，16 年间从财政用度的 440.97% 降低为 136.57%，相对关系值减小了 69.03%。这表明，在当地社会总财富历年支配当中，财政用度所占份额扩增，而居民消费所占份额缩减，其间相互关系用支出对比度变动来表示。广西居民消费率与财政用度比历年变化相关系数为 -0.8739，呈极强负相关性，即两项比值之间在 87.39% 程度上逆向变动。

二 广西居民收入及其相关性分析

居民收入及其相关性分析为民生指数检测系统的二级子系统之一。广西居民收入及其相关性变动态势见图2。

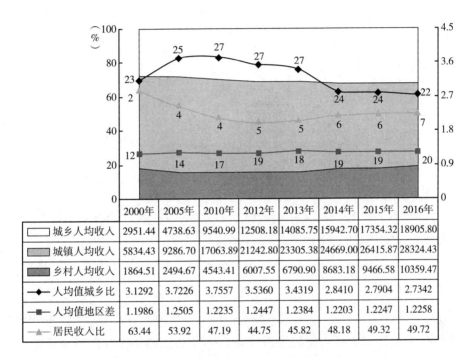

	2000年	2005年	2010年	2012年	2013年	2014年	2015年	2016年
□ 城乡人均收入	2951.44	4738.63	9540.99	12508.18	14085.75	15942.70	17354.32	18905.80
▨ 城镇人均收入	5834.43	9286.70	17063.89	21242.80	23305.38	24669.00	26415.87	28324.43
▥ 乡村人均收入	1864.51	2494.67	4543.41	6007.55	6790.90	8683.18	9466.58	10359.47
◆ 人均值城乡比	3.1292	3.7226	3.7557	3.5360	3.4319	2.8410	2.7904	2.7342
■ 人均值地区差	1.1986	1.2505	1.2235	1.2447	1.2384	1.2203	1.2247	1.2258
▲ 居民收入比	63.44	53.92	47.19	44.75	45.82	48.18	49.32	49.72

图2 广西居民收入及其相关性变动态势

左轴面积：城乡综合、城镇、乡村居民收入人均值（元转换为%），各项数值间呈直观比例。右轴曲线：居民收入城乡比（乡村＝1）、地区差（无差距＝1）。左轴曲线：居民收入比（与产值即国民总收入近似值比）（%）。标注居民收入比及其城乡比、地区差省域排序位次。另需说明，近年年鉴始发布2014年以来城乡人均值数据，但与总量数据之间存在演算误差，对应同时发布的产值人均值和总量分别演算相关性比值有出入，本文恢复自行演算城乡人均值。

1. 城乡综合人均值及地区差变动状况

2000~2016年，广西城乡居民人均收入年均增长12.31%（由于人口增长，人均值增长率略低于总量增长率）。人均值地区差最小（最佳，后同）

值为 2001 年的 1.1808，最大值为 2006 年的 1.2709。在这 16 年间，广西居民收入地区差扩大了 2.27%。这意味着，广西与其余各地居民收入增长的同步均衡性略微减弱，体现出"全面小康"建设进程在缩小居民收入地区差距方面的成效欠佳。

由于其他省域相应变化，广西地区差位次从 2000 年第 12 位降至 2016 年第 20 位。按照本项检测的推演测算，2020 年广西居民收入地区差应为 1.2343，相比当前将略微扩增；2035 年广西居民收入地区差应为 1.2707，相比当前将继续略微扩增。

2. 城镇与乡村人均值及城乡比变动状况

2000~2016 年，广西城镇居民人均收入年均增长 10.38%，乡村居民人均收入年均增长 11.31%，乡村年均增长率高于城镇 0.93 个百分点。城乡之间增长相关系数为 0.3110，即历年增长同步程度 31.10%，呈极弱正相关性。

同期，广西居民收入城乡比最小（最佳，后同）值为 2016 年的 2.7342，最大值为 2009 年的 3.8819。在这 16 年间，广西居民收入城乡比缩小了 12.62%。这意味着，广西城乡之间居民收入增长的同步均衡性较明显增强，体现出"全面小康"建设进程在缩小居民收入城乡差距方面的有效进展。

由于其他省域相应变化，广西城乡比位次从 2000 年第 23 位升至 2016 年第 22 位。按照本项检测的推演测算，2020 年广西居民收入城乡比应为 2.6435，相比当前将较明显缩减；2035 年广西居民收入城乡比应为 2.3293，相比当前将继续极显著缩减。

3. 城乡综合居民收入比历年变化状况

2000~2016 年，广西居民收入比下降了 13.72 个百分点，其中"十二五"以来回升 2.53 个百分点。"十二五"以来国家及各地规划确定"努力实现居民收入增长与经济发展同步"的约束性指标已经产生显著作用。由于其他省域相应变化，广西居民收入比位次从 2000 年第 2 位降至 2016 年第 7 位。

在这 16 年间，广西居民收入比最高（最佳）值为 2001 年的 65.21%，最低值为 2011 年的 42.83%，近年来仍未回复 2000 年初始值，更未达到 2001 年最佳值。这意味着，当地居民收入增长与经济发展的同步协调性尚待增强，甚而居民收入增长或应反超产值增长以补积年"拖欠"。

三 广西居民消费增长及其相关性分析

居民消费及其相关性分析为民生指数检测系统的二级子系统之二。广西居民总消费及其相关性变动态势见图 3。

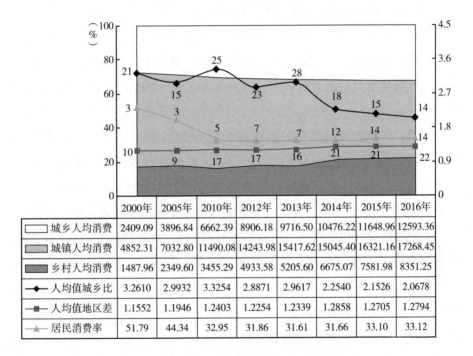

	2000年	2005年	2010年	2012年	2013年	2014年	2015年	2016年
城乡人均消费	2409.09	3896.84	6662.39	8906.18	9716.50	10476.22	11648.96	12593.36
城镇人均消费	4852.31	7032.80	11490.08	14243.98	15417.62	15045.40	16321.16	17268.45
乡村人均消费	1487.96	2349.60	3455.29	4933.58	5205.60	6675.07	7581.98	8351.25
人均值城乡比	3.2610	2.9932	3.3254	2.8871	2.9617	2.2540	2.1526	2.0678
人均值地区差	1.1552	1.1946	1.2403	1.2254	1.2339	1.2858	1.2705	1.2794
居民消费率	51.79	44.34	32.95	31.86	31.61	31.66	33.10	33.12

图 3 广西居民总消费及其相关性变动态势

左轴面积：城乡综合、城镇、乡村居民总消费人均值（元转换为%），各项数值间呈直观比例。右轴曲线：居民总消费城乡比（乡村 = 1）、地区差（无差距 = 1）。左轴曲线：居民消费率（与产值比）（%）。标注居民消费率及其城乡比、地区差省域排序位次。

1. 城乡综合人均值及地区差变动状况

2000～2016 年，广西城乡居民人均总消费年均增长 10.89%。人均值地区差最小值为 2001 年的 1.1487，最大值为 2014 年的 1.2858。在这 16 年间，广西居民总消费地区差扩大了 10.75%。这意味着，广西与其余各地居民总消费增长的同步均衡性较明显减弱，体现出"全面小康"建设进程在缩小居民总消费地区差距方面的成效欠佳。

由于其他省域相应变化，广西地区差位次从 2000 年第 10 位降至 2016 年第 22 位。按照本项检测的推演测算，2020 年广西居民总消费地区差应为 1.3106，相比当前将略微扩增；2035 年广西居民总消费地区差应为 1.4276，相比当前将继续较明显扩增。

2. 城镇与乡村人均值及城乡比变动状况

2000～2016 年，广西城镇居民人均总消费年均增长 8.26%，乡村居民人均总消费年均增长 11.38%，乡村年均增长率高于城镇 3.12 个百分点。城乡之间增长相关系数为 0.0372，即历年增长同步程度 3.72%，呈极弱正相关性。

同期，广西居民总消费城乡比最小值为 2016 年的 2.0678，最大值为 2001 年的 3.3694。在这 16 年间，广西居民总消费城乡比缩小了 36.59%。这意味着，广西城乡之间居民总消费增长的同步均衡性显著增强，体现出"全面小康"建设进程在缩小居民总消费城乡差距方面的有效进展。

由于其他省域相应变化，广西城乡比位次从 2000 年第 21 位升至 2016 年第 14 位。按照本项检测的推演测算，2020 年广西居民总消费城乡比应为 1.8452，相比当前将明显缩减；2035 年广西居民总消费城乡比应为 1.2038，相比当前将继续极显著缩减。

3. 城乡综合居民消费率历年变化状况

2000～2016 年，广西居民消费率下降了 18.67 个百分点，其中"十二五"以来回升 0.17 个百分点。应对国际金融危机实施"拉动内需，扩大消费，改善民生"国策以来，直到进入"十二五"期间，广西居民消费率开始略有回升。由于其他省域相应变化，广西居民消费率位次从 2000 年第 3 位降至 2016 年第 14 位。

在这 16 年间，广西居民消费率最高（最佳）值为 2000 年的 51.79%，最低值为 2011 年的 30.69%，近年来仍未回复 2000 年初始值，更未达到 2000 年最佳值。这意味着，当地居民消费拉动经济增长的同步协调性尚待增强。还应注意到，广西居民消费率下降程度大于当地居民收入比下降程度，反过来即意味着居民积蓄率上升，同时亦即积蓄对消费的抑制作用加重。

在此简要归纳对比城乡居民物质生活、非物生活分类单项消费的增长变化差异。2000 年以来 16 年间，广西各类消费人均值年均增长率、比重值升降变化（百分比演算更为精确）排序：交通消费年增 15.92%，比重上升103.25% 为最高；医疗消费年增 14.82%，比重上升 74.60% 为次高；居住消费年增 13.83%，比重上升 52.04% 为第三高；文教消费年增 10.57%，比重下降 4.50% 为第四高；衣着消费年增 9.84%，比重下降 14.07% 为第五高；用品消费年增 9.73%，比重下降 15.50% 为第六高；食品消费年增 8.77%，比重下降 26.57% 为次低；其他消费年增 4.77%，比重下降 59.70% 为最低。

四 广西居民物质消费综合增长态势

居民物质消费合计及其相关性分析为民生指数检测系统的二级子系统之三。广西居民物质消费合计及其相关性变动态势见图 4。

1. 城乡综合人均值及地区差变动状况

2000~2016 年，广西城乡居民人均物质消费年均增长 10.24%。人均值地区差最小值为 2001 年的 1.1158，最大值为 2014 年的 1.2618。在这 16 年间，广西居民物质消费地区差扩大了 12.47%。这意味着，广西与其余各地居民物质消费增长的同步均衡性较明显减弱，体现出"全面小康"建设进程在缩小居民物质消费地区差距方面的成效欠佳。

由于其他省域相应变化，广西地区差位次从 2000 年第 9 位降至 2016 年第 19 位。按照本项检测的推演测算，2020 年广西居民物质消费地区差应为1.3027，相比当前将略微扩增；2035 年广西居民物质消费地区差应为1.4775，相比当前将继续明显扩增。

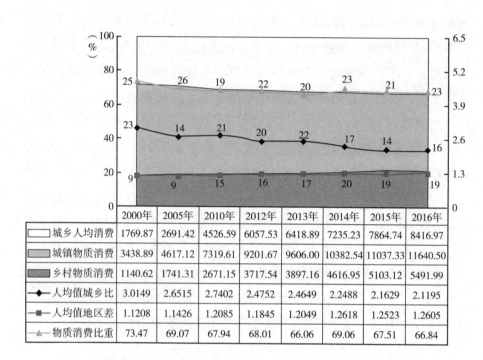

	2000年	2005年	2010年	2012年	2013年	2014年	2015年	2016年
城乡人均消费	1769.87	2691.42	4526.59	6057.53	6418.89	7235.23	7864.74	8416.97
城镇物质消费	3438.89	4617.12	7319.61	9201.67	9606.00	10382.54	11037.33	11640.50
乡村物质消费	1140.62	1741.31	2671.15	3717.54	3897.16	4616.95	5103.12	5491.99
人均值城乡比	3.0149	2.6515	2.7402	2.4752	2.4649	2.2488	2.1629	2.1195
人均值地区差	1.1208	1.1426	1.2085	1.1845	1.2049	1.2618	1.2523	1.2605
物质消费比重	73.47	69.07	67.94	68.01	66.06	69.06	67.51	66.84

图4　广西居民物质消费合计及其相关性变动态势

左轴面积：城乡综合、城镇、乡村居民物质消费合计人均值（元转换为%），各项数值间呈直观比例。右轴曲线：物质消费城乡比（乡村=1）、地区差（无差距=1）。左轴曲线：物质消费比重（占总消费比）（%）。标注物质消费比重及其城乡比、地区差省域排序位次。

2. 城镇与乡村人均值及城乡比变动状况

2000~2016年，广西城镇居民人均物质消费年均增长7.92%，乡村居民人均物质消费年均增长10.32%，乡村年均增长率高于城镇2.40个百分点。城乡之间增长相关系数为0.5593，即历年增长同步程度55.93%，呈很弱正相关性。

同期，广西居民物质消费城乡比最小值为2016年的2.1195，最大值为2000年的3.0149。在这16年间，广西居民物质消费城乡比缩小了29.70%。这意味着，广西城乡之间居民物质消费增长的同步均衡性明显增强，体现出"全面小康"建设进程在缩小居民物质消费城乡差距方面的有效进展。

由于其他省域相应变化，广西城乡比位次从2000年第23位升至2016

年第 16 位。按照本项检测的推演测算，2020 年广西居民物质消费城乡比应为 1.8995，相比当前将明显缩减；2035 年广西居民物质消费城乡比应为 1.3948，相比当前将继续极显著缩减。

3. 城乡综合物质消费比重历年变化状况

2000～2016 年，广西居民物质消费比重下降了 6.63 个百分点。由于其他省域相应变化，广西居民物质消费比重位次从 2000 年第 25 位升至 2016 年第 23 位。广西居民物质消费比重明显降低，意味着人民生活在保证物质生活"必需消费"之外，已有越来越多的余钱用以满足非物消费需求。

在这 16 年间，广西居民物质消费比重最低（最佳）值为 2013 年的 66.06%，最高值为 2000 年的 73.47%。近年来达到历年最佳值，这表明当地人民生活已经彻底超越满足温饱栖息"基本需求"的物质消费阶段。

五 广西居民非物消费综合增长态势

居民非物消费合计及其相关性分析为民生指数检测系统的二级子系统之四。广西居民非物消费合计及其相关性变动态势见图 5。

1. 城乡综合人均值及地区差变动状况

2000～2016 年，广西城乡居民人均非物消费年均增长 12.45%。人均值地区差最小值为 2001 年的 1.2226，最大值为 2006 年的 1.3848。在这 16 年间，广西居民非物消费地区差扩大了 6.20%。这意味着，广西与其余各地居民非物消费增长的同步均衡性较明显减弱，体现出"全面小康"建设进程在缩小居民非物消费地区差距方面的成效欠佳。

由于其他省域相应变化，广西地区差位次从 2000 年第 15 位降至 2016 年第 25 位。按照本项检测的推演测算，2020 年广西居民非物消费地区差应为 1.3246，相比当前将略微扩增；2035 年广西居民非物消费地区差应为 1.3422，相比当前将继续略微扩增。

2. 城镇与乡村人均值及城乡比变动状况

2000～2016 年，广西城镇居民人均非物消费年均增长 9.02%，乡村居

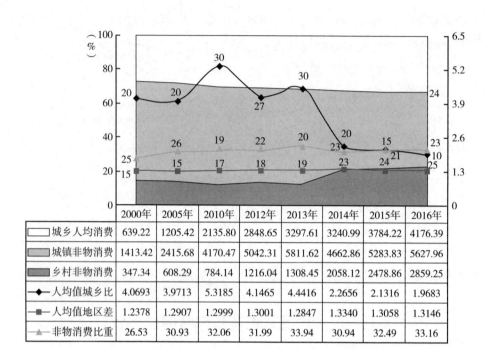

	2000年	2005年	2010年	2012年	2013年	2014年	2015年	2016年
□ 城乡人均消费	639.22	1205.42	2135.80	2848.65	3297.61	3240.99	3784.22	4176.39
▨ 城镇非物消费	1413.42	2415.68	4170.47	5042.31	5811.62	4662.86	5283.83	5627.96
▤ 乡村非物消费	347.34	608.29	784.14	1216.04	1308.45	2058.12	2478.86	2859.25
◆ 人均值城乡比	4.0693	3.9713	5.3185	4.1465	4.4416	2.2656	2.1316	1.9683
■ 人均值地区差	1.2378	1.2907	1.2999	1.3001	1.2847	1.3340	1.3058	1.3146
▲ 非物消费比重	26.53	30.93	32.06	31.99	33.94	30.94	32.49	33.16

图5 广西居民非物消费合计及其相关性变动态势

左轴面积：城乡综合、城镇、乡村居民非物消费合计人均值（元转换为%），各项数值间呈直观比例。右轴曲线：非物消费城乡比（乡村=1）、地区差（无差距=1）。左轴曲线：非物消费比重（占总消费比）（%）。标注非物消费比重及其城乡比、地区差省域排序位次。

民人均非物消费年均增长14.08%，乡村年均增长率高于城镇5.06个百分点。城乡之间增长相关系数为 - 0.5836，即历年增长逆向程度58.36%，呈较强负相关性。

同期，广西居民非物消费城乡比最小值为2016年的1.9683，最大值为2010年的5.3185。在这16年间，广西居民非物消费城乡比缩小了51.63%。这意味着，广西城乡之间居民非物消费增长的同步均衡性显著增强，体现出"全面小康"建设进程在缩小居民非物消费城乡差距方面的有效进展。

由于其他省域相应变化，广西城乡比位次从2000年第20位升至2016年第10位。按照本项检测的推演测算，2020年广西居民非物消费城乡比应为1.7429，相比当前将明显缩减；2035年广西居民非物消费城乡比应为

0.8309,相比当前将继续极显著缩减为"城乡倒挂",即乡村人均值高于城镇人均值。诚然,这只是长期预测的理论演算值,揭示出一种积极向好的趋势。

3. 城乡综合非物消费比重历年变化状况

2000～2016年,广西居民非物消费比重上升了6.63个百分点。由于其他省域相应变化,广西居民非物消费比重位次从2000年第25位升至2016年第23位。广西居民非物消费比重明显提高,意味着人民生活在保证物质生活"必需消费"之外,越来越注重非物质生活"应有消费"需求。

在这16年间,广西居民非物消费比重最高(最佳)值为2013年的33.94%,最低值为2000年的26.53%。近年来达到历年最佳值,这表明当地人民生活已经完全进入注重非物质生活需求的消费结构优化阶段。

六 广西居民积蓄增长及其相关性分析

居民积蓄及其相关性分析为民生指数检测系统的二级子系统之五。广西居民积蓄及其相关性变动态势见图6。

1. 城乡综合人均值及地区差变动状况

2000～2016年,广西城乡居民人均积蓄年均增长16.58%。人均值地区差最小值为2014年的1.0541,最大值为2005年的1.4327。在这16年间,广西居民积蓄地区差缩小了19.05%。这意味着,广西与其余各地居民积蓄增长的同步均衡性明显增强,体现出"全面小康"建设进程在缩小居民积蓄地区差距方面的有效进展。

由于其他省域相应变化,广西地区差位次从2000年第15位升至2016年第5位。按照本项检测的推演测算,2020年广西居民积蓄地区差应为1.0605,相比当前将略微缩减;2035年广西居民积蓄地区差应为1.0260,相比当前将继续较明显缩减。

2. 城镇与乡村人均值及城乡比变动状况

2000～2016年,广西城镇居民人均积蓄年均增长16.34%,乡村居

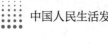

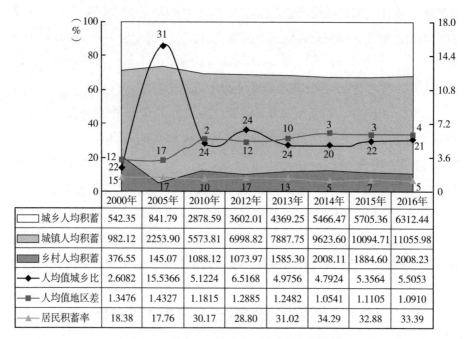

	2000年	2005年	2010年	2012年	2013年	2014年	2015年	2016年
城乡人均积蓄	542.35	841.79	2878.59	3602.01	4369.25	5466.47	5705.36	6312.44
城镇人均积蓄	982.12	2253.90	5573.81	6998.82	7887.75	9623.60	10094.71	11055.98
乡村人均积蓄	376.55	145.07	1088.12	1073.97	1585.30	2008.11	1884.60	2008.23
人均值城乡比	2.6082	15.5366	5.1224	6.5168	4.9756	4.7924	5.3564	5.5053
人均值地区差	1.3476	1.4327	1.1815	1.2885	1.2482	1.0541	1.1105	1.0910
居民积蓄率	18.38	17.76	30.17	28.80	31.02	34.29	32.88	33.39

图6　广西居民积蓄及其相关性变动态势

左轴面积：城乡综合、城镇、乡村居民积蓄人均值（元转换为%），各项数值间呈直观比例。右轴曲线：居民积蓄城乡比（乡村＝1）、地区差（无差距＝1）。左轴曲线：居民积蓄率（占居民收入比）（%）。标注居民积蓄率及其城乡比、地区差省域排序位次。

民人均积蓄年均增长11.03%，乡村年均增长率低于城镇5.31个百分点。城乡之间增长相关系数为0.4884，即历年增长同步程度48.84%，呈很弱正相关性。

同期，广西居民积蓄城乡比最小值为2000年的2.6082，最大值为2005年的15.5366。在这16年间，广西居民积蓄城乡比扩大了111.08%。这意味着，广西城乡之间居民积蓄增长的同步均衡性极显著减弱，体现出"全面小康"建设进程在缩小居民积蓄城乡差距方面的成效欠佳。

由于其他省域相应变化，广西城乡比位次从2000年第22位升至2016年第21位。按照本项检测的推演测算，2020年广西居民积蓄城乡比应为6.0068，相比当前将极显著扩增；2035年广西居民积蓄城乡比应为

13.3678，相比当前将继续极显著扩增。

3. 城乡综合居民积蓄率历年变化状况

2000～2016年，广西居民积蓄率上升了15.01个百分点。由于其他省域相应变化，广西居民积蓄率位次从2000年第12位升至2016年第4位。广西居民积蓄率持续提高，意味着人民劳动所得在保证各方面消费需求之后，拥有越来越多的宽余"闲钱"可供自由支配，但同时也在更大程度上抑制了进一步扩大消费。

在这16年间，广西居民积蓄率最高（最佳）值为2014年的34.29%，最低值为2005年的17.76%。从"全面小康"建设进程起点2000年到2014年，广西居民积蓄率上升至历年最高值，这表明当地人民生活已经进入更加充裕富足阶段，使进一步扩大消费拉动经济增长成为可能。

七 广西民生发展指数多向度检测

广西人民生活发展综合指数变动态势见图7。

1. 各年度理想值横向检测指数

以假定广西各类民生数据城乡、地区无差距理想值为100，2016年广西城乡民生发展检测指数为84.92，低于无差距理想值15.08%，但高于上年（2015年）检测指数0.24个点。广西此项检测指数在省域间排行变化，2000年为第24位，2005年与之持平，2010年为第23位，2016年与上年持平，皆为第22位。

各年度（包括图中省略年度）此项检测指数对比，全部各个年度均低于无差距理想值100；2001年、2004年、2006～2007年、2009年、2012～2014年、2016年9个年度高于上年检测指数值。其中，历年民生指数最高值为2014年的85.99，最低值为2011年的79.88。

2. 2000年以来基数值纵向检测指数

以"全面小康"建设进程起点年"九五"末年2000年数据指标演算基数值为100，2016年广西城乡民生发展检测指数为190.72，高于起点年基

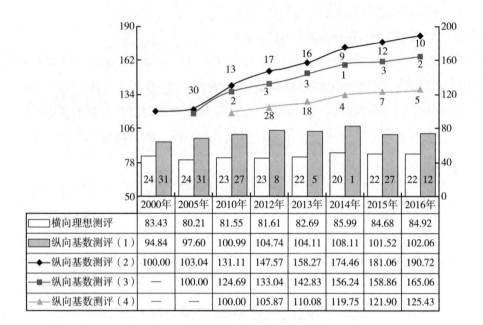

图7 2000年以来广西城乡居民生活发展指数变动态势

左轴柱形：左历年横向测评（城乡、地区无差距理想值＝100）；右逐年纵向测评（1），上年基数值＝100。右轴曲线：时段纵向测评（起点年基数值＝100），（2）以2000年为起点（"十五"以来，以"九五"末年为基点，后同），（3）以2005年为起点（"十一五"以来），（4）以2010年为起点（"十二五"以来）。标注各类测评结果省域排序位次。

数值90.72%，也高于上年（2015年）检测指数9.66个点。广西此项检测指数在省域间排行变化，2000年起点不计，2005年为第30位，2010年为第13位，2016年从上年第12位上升为第10位。

各年度（包括图中省略年度）此项检测指数对比，全部各个年度均高于起点年基数值100；2002年、2004年、2006～2016年13个年度高于上年检测指数值。其中，历年民生指数最高值为2016年的190.72，最低值为2003年的102.93。

3. 2005年以来基数值纵向检测指数

以"全面小康"建设进程第一个五年期"十五"末年2005年数据指标演算基数值为100，2016年广西城乡民生发展检测指数为165.06，高于起点年基数值65.06%，也高于上年（2015年）检测指数6.20个点。广西此项检测指数在省域间排行变化，2005年起点不计，2010年为第2位，2016年从上年第3位上升为第2位。

各年度（包括图中省略年度）此项检测指数对比，全部各个年度均高于起点年基数值100；全部各个年度均高于上年检测指数值。其中，历年民生指数最高值为2016年的165.06，最低值为2006年的108.64。

4. 2010年以来基数值纵向检测指数

以"全面小康"建设进程第二个五年期"十一五"末年2010年数据指标演算基数值为100，2016年广西城乡民生发展检测指数为125.43，高于起点年基数值25.43%，也高于上年（2015年）检测指数3.53个点。广西此项检测指数在省域间排行变化，2010年起点不计，2012年为第28位，2016年从上年第7位上升为第5位。

各年度（包括图中省略年度）此项检测指数对比，全部各个年度均高于起点年基数值100；全部各个年度均高于上年检测指数值。其中，历年民生指数最高值为2016年的125.43，最低值为2011年的100.82。

5. 逐年度基数值纵向检测指数

以上一年度（2015年）起点数据指标演算基数值为100，2016年广西城乡民生发展检测指数为102.06，高于起点年基数值2.06%，也高于上年检测指数0.54个点。广西此项检测指数在省域间排行变化，2000年为第31位，2005年与之持平，2010年为第27位，2016年从上年第27位上升为第12位。

各年度（包括图中省略年度）此项检测指数对比，2001～2002年、2004年、2006～2016年14个年度高于起点年基数值100；2001年、2004年、2006年、2012年、2014年、2016年6个年度高于上年检测指数值。其中，历年民生指数最高值为2006年的108.64，最低值为2000年的94.84。

R.13

浙江：2016年度民生发展
指数排名第3位

郑可君*

摘　要：　2000~2016 年，浙江城乡综合演算的各类民生数据人均值持
续稳步增长，2016 年居民收入为 2000 年的 5.89 倍，总消费
为 5.13 倍，积蓄为 8.24 倍。物质消费比重较明显下降 3.32
个百分点，非物消费比重较明显增高 3.32 个百分点，消费结
构出现较大升级变化。但居民收入比从 49.44% 明显下降至
45.99%，居民消费率从 37.46% 极显著下降至 30.38%，"十
二五"期间略有回升。尤其应注意居民收入年均增长显著低
于财政收入年增 5.52 个百分点，居民消费支出年均增长显著
低于财政支出年增 6.81 个百分点。居民积蓄率从 24.24% 持
续极显著升高至 33.93%，反过来对消费需求的抑制作用加
重。居民收入、总消费、积蓄地区差全都逐渐缩小；居民收
入、总消费城乡比逐渐缩小，而居民积蓄城乡比持续扩大。

关键词：　浙江　人民生活　发展指数　检测评价

一　浙江经济财政增长与民生发展基本态势

浙江经济财政增长与城乡人民生活发展关系态势见图 1，限于制图

---

* 郑可君，云南省社会科学院科研处研究实习员，主要从事行政学、公共政策、人力资源研究。

容量，图中仅列出产值数据，财政收入、支出数据置于后台进行相关演算。

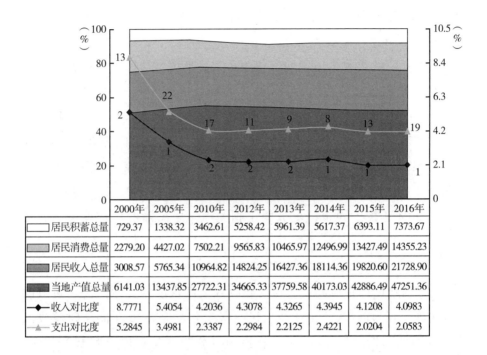

	2000年	2005年	2010年	2012年	2013年	2014年	2015年	2016年
□ 居民积蓄总量	729.37	1338.32	3462.61	5258.42	5961.39	5617.37	6393.11	7373.67
▨ 居民消费总量	2279.20	4427.02	7502.21	9565.83	10465.97	12496.99	13427.49	14355.23
▨ 居民收入总量	3008.57	5765.34	10964.82	14824.25	16427.36	18114.36	19820.60	21728.90
▨ 当地产值总量	6141.03	13437.85	27722.31	34665.33	37759.58	40173.03	42886.49	47251.36
◆ 收入对比度	8.7771	5.4054	4.2036	4.3078	4.3265	4.3945	4.1208	4.0983
▲ 支出对比度	5.2845	3.4981	2.3387	2.2984	2.2125	2.4221	2.0204	2.0583

图1 浙江经济财政增长与城乡人民生活发展关系态势

左轴面积：产值与城乡居民收入、消费、积蓄总量（亿元转换为%），各项数值间呈直观比例。右轴曲线：收入对比度（居民收入比与财政收入比之比）、支出对比度（居民消费率与财政用度比之比）（%）。囿于制图空间省略若干年度，文中描述历年变化包括省略年度，全文同。标注收入对比度、支出对比度省域排序位次。

1. 浙江产值、财政收支总量增长状况

2000～2016年，浙江产值总量年均增长13.60%，同期财政收入总量年均增长18.67%，财政支出总量年均增长19.00%。财政收入和支出增长大大超过产值增长，这意味着，在以历年产值来体现的当地总财富当中，各级财政收取并支用的部分占有越来越大的比例份额。

2. 居民收入、消费和积蓄总量增长状况

2000～2016年，浙江城乡居民收入总量年均增长13.15%，消费总量年均增长 12.19%，积蓄总量年均增长 15.56%。在这 16 年间，浙江城乡居民收入年均增长率低于产值增长 0.45 个百分点，低于财政收入增长 5.52 个百分点；居民消费年均增长率低于产值增长 1.41 个百分点，低于财政支出增长 6.81 个百分点。

检测浙江各类数据历年增长相关系数：产值与居民收入增长之间为 0.5582（很弱正相关性），与居民消费增长之间为 0.1199（极弱正相关性），可简化理解为居民收入、消费与产值历年增长分别在 55.82% 和 11.99% 程度上同步。财政收入与居民收入增长之间为 0.4084，即二者历年增长在 40.84% 程度上同步，呈很弱正相关性，居民收入增长极显著滞后；财政支出与居民消费增长之间为 0.0290，即二者历年增长在 2.90% 程度上同步，呈极弱正相关性，居民消费增长更极显著滞后。

3. 收入对比度、支出对比度历年变化状况

收入对比度即在居民收入与财政收入之间求取相关性比值（可双向对应演算，互为倒数）。由浙江居民收入变化看来，16 年间从财政收入的 877.71%降低（图中 8.7771 转换为百分制，全文同）为 409.83%，相对关系值减小了 53.31%。这表明，在当地社会总财富历年分配当中，财政收入所占份额扩增，而居民收入所占份额缩减，其间相互关系用收入对比度变动来表示。浙江居民收入比与财政收入比历年变化相关系数为 -0.4089，呈稍强负相关性，即两项比值之间在 40.89% 程度上逆向变动。

支出对比度即在居民消费与财政用度之间求取相关性比值（同样可双向对应演算，互为倒数）。由浙江居民消费变化看来，16 年间从财政用度的 528.45%降低为 205.83%，相对关系值减小了 61.05%。这表明，在当地社会总财富历年支配当中，财政用度所占份额扩增，而居民消费所占份额缩减，其间相互关系用支出对比度变动来表示。浙江居民消费率与财政用度比历年变化相关系数为 -0.5747，呈较强负相关性，即两项比值之间在 57.47% 程度上逆向变动。

二 浙江居民收入及其相关性分析

居民收入及其相关性分析为民生指数检测系统的二级子系统之一。浙江居民收入及其相关性变动态势见图2。

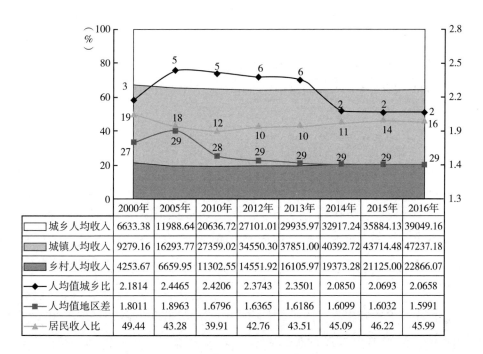

	2000年	2005年	2010年	2012年	2013年	2014年	2015年	2016年
□ 城乡人均收入	6633.38	11988.64	20636.72	27101.01	29935.97	32917.24	35884.13	39049.16
▨ 城镇人均收入	9279.16	16293.77	27359.02	34550.30	37851.00	40392.72	43714.48	47237.18
▩ 乡村人均收入	4253.67	6659.95	11302.55	14551.92	16105.97	19373.28	21125.00	22866.07
◆ 人均值城乡比	2.1814	2.4465	2.4206	2.3743	2.3501	2.0850	2.0693	2.0658
■ 人均值地区差	1.8011	1.8963	1.6796	1.6365	1.6186	1.6099	1.6032	1.5991
▲ 居民收入比	49.44	43.28	39.91	42.76	43.51	45.09	46.22	45.99

图2 浙江居民收入及其相关性变动态势

左轴面积：城乡综合、城镇、乡村居民收入人均值（元转换为%），各项数值间呈直观比例。右轴曲线：居民收入城乡比（乡村=1）、地区差（无差距=1）。左轴曲线：居民收入比（与产值即国民总收入近似值比）（%）。标注居民收入比及其城乡比、地区差省域排序位次。另需说明，近年年鉴始发布2014年以来城乡人均值数据，但与总量数据之间存在演算误差，对应同时发布的产值人均值和总量分别演算相关性比值有出入，本文恢复自行演算城乡人均值。

1. 城乡综合人均值及地区差变动状况

2000~2016年，浙江城乡居民人均收入年均增长11.72%（由于人口增长，人均值增长率略低于总量增长率）。人均值地区差最小（最佳，后同）值为2016年的1.5991，最大值为2003年的1.9125。在这16年间，浙江居民收入地区差缩小了11.22%。这意味着，浙江与其余各地居民收入增长的同步均衡性较明显增强，体现出"全面小康"建设进程在缩小居民收入地区差距方面的有效进展。

由于其他省域相应变化，浙江地区差位次从2000年第27位降至2016年第29位。按照本项检测的推演测算，2020年浙江居民收入地区差应为1.5503，相比当前将略微缩减；2035年浙江居民收入地区差应为1.3967，相比当前将继续明显缩减。

2. 城镇与乡村人均值及城乡比变动状况

2000~2016年，浙江城镇居民人均收入年均增长10.71%，乡村居民人均收入年均增长11.08%，乡村年均增长率高于城镇0.37个百分点。城乡之间增长相关系数为-0.1328，即历年增长逆向程度13.28%，呈很弱负相关性。

同期，浙江居民收入城乡比最小（最佳，后同）值为2016年的2.0658，最大值为2006年的2.4902。在这16年间，浙江居民收入城乡比缩小了5.30%。这意味着，浙江城乡之间居民收入增长的同步均衡性较明显增强，体现出"全面小康"建设进程在缩小居民收入城乡差距方面的有效进展。

由于其他省域相应变化，浙江城乡比位次从2000年第3位升至2016年第2位。按照本项检测的推演测算，2020年浙江居民收入城乡比应为2.0379，相比当前将略微缩减；2035年浙江居民收入城乡比应为1.9364，相比当前将继续较明显缩减。

3. 城乡综合居民收入比历年变化状况

2000~2016年，浙江居民收入比下降了3.45个百分点，其中"十二五"以来回升6.08个百分点。"十二五"以来国家及各地规划确定"努力实现居民收入增长与经济发展同步"的约束性指标已经产生显著作用。由于其他省域相应变化，浙江居民收入比位次从2000年第19位升至2016年第16位。

在这16年间，浙江居民收入比最高（最佳）值为2001年的50.90%，最低值为 2010 年的 39.91%，近年来仍未回复 2000 年初始值，更未达到 2001 年最佳值。这意味着，当地居民收入增长与经济发展的同步协调性尚待增强，甚而居民收入增长或应反超产值增长以补积年"拖欠"。

三　浙江居民消费增长及其相关性分析

居民消费及其相关性分析为民生指数检测系统的二级子系统之二。浙江居民总消费及其相关性变动态势见图3。

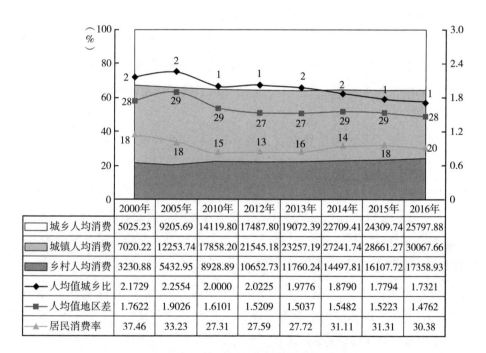

	2000年	2005年	2010年	2012年	2013年	2014年	2015年	2016年
城乡人均消费	5025.23	9205.69	14119.80	17487.80	19072.39	22709.41	24309.74	25797.88
城镇人均消费	7020.22	12253.74	17858.20	21545.18	23257.19	27241.74	28661.27	30067.66
乡村人均消费	3230.88	5432.95	8928.89	10652.73	11760.24	14497.81	16107.72	17358.93
人均值城乡比	2.1729	2.2554	2.0000	2.0225	1.9776	1.8790	1.7794	1.7321
人均值地区差	1.7622	1.9026	1.6101	1.5209	1.5037	1.5482	1.5223	1.4762
居民消费率	37.46	33.23	27.31	27.59	27.72	31.11	31.31	30.38

图3　浙江居民总消费及其相关性变动态势

左轴面积：城乡综合、城镇、乡村居民总消费人均值（元转换为%），各项数值间呈直观比例。右轴曲线：居民总消费城乡比（乡村＝1）、地区差（无差距＝1）。左轴曲线：居民消费率（与产值比）（%）。标注居民消费率及其城乡比、地区差省域排序位次。

1. 城乡综合人均值及地区差变动状况

2000～2016 年，浙江城乡居民人均总消费年均增长 10.76%。人均值地区差最小值为 2016 年的 1.4762，最大值为 2005 年的 1.9026。在这 16 年间，浙江居民总消费地区差缩小了 16.23%。这意味着，浙江与其余各地居民总消费增长的同步均衡性明显增强，体现出"全面小康"建设进程在缩小居民总消费地区差距方面的有效进展。

由于其他省域相应变化，浙江地区差位次保持第 28 位不变。按照本项检测的推演测算，2020 年浙江居民总消费地区差应为 1.4175，相比当前将较明显缩减；2035 年浙江居民总消费地区差应为 1.2455，相比当前将继续明显缩减。

2. 城镇与乡村人均值及城乡比变动状况

2000~2016 年，浙江城镇居民人均总消费年均增长 9.52%，乡村居民人均总消费年均增长 11.08%，乡村年均增长率高于城镇 1.56 个百分点。城乡之间增长相关系数为 0.4468，即历年增长同步程度 44.68%，呈很弱正相关性。

同期，浙江居民总消费城乡比最小值为 2016 年的 1.7321，最大值为 2002 年的 2.3594。在这 16 年间，浙江居民总消费城乡比缩小了 20.28%。这意味着，浙江城乡之间居民总消费增长的同步均衡性明显增强，体现出"全面小康"建设进程在缩小居民总消费城乡差距方面的有效进展。

由于其他省域相应变化，浙江城乡比位次从 2000 年第 2 位升至 2016 年第 1 位。按照本项检测的推演测算，2020 年浙江居民总消费城乡比应为 1.6367，相比当前将较明显缩减；2035 年浙江居民总消费城乡比应为 1.3233，相比当前将继续极显著缩减。

3. 城乡综合居民消费率历年变化状况

2000~2016 年，浙江居民消费率下降了 7.08 个百分点，其中"十二五"以来回升 3.07 个百分点。应对国际金融危机实施"拉动内需，扩大消费，改善民生"国策以来，直到进入"十二五"期间，浙江居民消费率开始略有回升。由于其他省域相应变化，浙江居民消费率位次从 2000 年第 18 位降至 2016 年第 20 位。

在这 16 年间，浙江居民消费率最高（最佳）值为 2001 年的 38.67%，最低值为 2010 年的 27.31%，近年来仍未回复 2000 年初始值，更未达到 2001 年最佳值。这意味着，当地居民消费拉动经济增长的同步协调性尚待增强。还应注意到，浙江居民消费率下降程度大于当地居民收入比下降程度，反过来即意味着居民积蓄率上升，同时亦即积蓄对消费的抑制作用加重。

在此简要归纳对比城乡居民物质生活、非物生活分类单项消费的增长变化差异。2000 年以来 16 年间，浙江各类消费人均值年均增长率、比重值升降变化（百分比演算更为精确）排序：居住消费年增 15.85%，比重上升 105.06% 为最高；交通消费年增 15.51%，比重上升 95.68% 为次高；文教消费年增 10.11%，比重下降 9.07% 为第三高；衣着消费年增 9.74%，比重下降 13.80% 为第四高；医疗消费年增 9.38%，比重下降 18.23% 为第五高；食品消费年增 8.44%，比重下降 28.73% 为第六高；用品消费年增 7.47%，比重下降 38.34% 为次低；其他消费年增 5.10%，比重下降 56.81% 为最低。

四 浙江居民物质消费综合增长态势

居民物质消费合计及其相关性分析为民生指数检测系统的二级子系统之三。浙江居民物质消费合计及其相关性变动态势见图 4。

1. 城乡综合人均值及地区差变动状况

2000~2016 年，浙江城乡居民人均物质消费年均增长 10.42%。人均值地区差最小值为 2012 年的 1.4092，最大值为 2001 年的 1.7943。在这 16 年间，浙江居民物质消费地区差缩小了 13.68%。这意味着，浙江与其余各地居民物质消费增长的同步均衡性较明显增强，体现出"全面小康"建设进程在缩小居民物质消费地区差距方面的有效进展。

由于其他省域相应变化，浙江地区差位次从 2000 年第 27 位降至 2016 年第 28 位。按照本项检测的推演测算，2020 年浙江居民物质消费地区差应为 1.4083，相比当前将略微缩减；2035 年浙江居民物质消费地区差应为 1.3063，相比当前将继续较明显缩减。

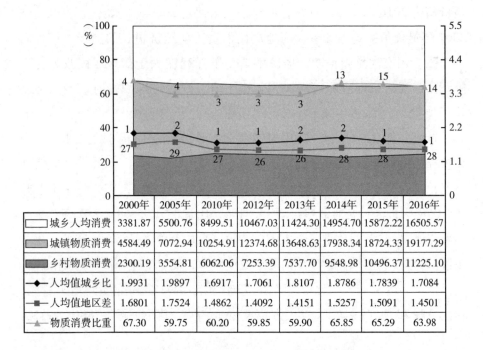

	2000年	2005年	2010年	2012年	2013年	2014年	2015年	2016年
城乡人均消费	3381.87	5500.76	8499.51	10467.03	11424.30	14954.70	15872.22	16505.57
城镇物质消费	4584.49	7072.94	10254.91	12374.68	13648.63	17938.34	18724.33	19177.29
乡村物质消费	2300.19	3554.81	6062.06	7253.39	7537.70	9548.98	10496.37	11225.10
人均值城乡比	1.9931	1.9897	1.6917	1.7061	1.8107	1.8786	1.7839	1.7084
人均值地区差	1.6801	1.7524	1.4862	1.4092	1.4151	1.5257	1.5091	1.4501
物质消费比重	67.30	59.75	60.20	59.85	59.90	65.85	65.29	63.98

图 4   浙江居民物质消费合计及其相关性变动态势

左轴面积：城乡综合、城镇、乡村居民物质消费合计人均值（元转换为%），各项数值间呈直观比例。右轴曲线：物质消费城乡比（乡村 =1）、地区差（无差距 =1）。左轴曲线：物质消费比重（占总消费比）（%）。标注物质消费比重及其城乡比、地区差省域排序位次。

2. 城镇与乡村人均值及城乡比变动状况

2000 ~ 2016 年，浙江城镇居民人均物质消费年均增长 9.36%，乡村居民人均物质消费年均增长 10.41%，乡村年均增长率高于城镇 1.05 个百分点。城乡之间增长相关系数为 0.5662，即历年增长同步程度 56.62%，呈很弱正相关性。

同期，浙江居民物质消费城乡比最小值为 2010 年的 1.6917，最大值为 2002 年的 2.2250。在这 16 年间，浙江居民物质消费城乡比缩小了 14.28%。这意味着，浙江城乡之间居民物质消费增长的同步均衡性较明显增强，体现出"全面小康"建设进程在缩小居民物质消费城乡差距方面的有效进展。

由于其他省域相应变化，浙江城乡比位次保持第 1 位不变。按照本项检测的推演测算，2020 年浙江居民物质消费城乡比应为 1.7419，相比当前将略微扩增；2035 年浙江居民物质消费城乡比应为 1.4227，相比当前将显著缩减。

3. 城乡综合物质消费比重历年变化状况

2000～2016 年，浙江居民物质消费比重下降了 3.32 个百分点。由于其他省域相应变化，浙江居民物质消费比重位次从 2000 年第 4 位降至 2016 年第 14 位。浙江居民物质消费比重明显降低，意味着人民生活在保证物质生活"必需消费"之外，已有越来越多的余钱用以满足非物消费需求。

在这 16 年间，浙江居民物质消费比重最低（最佳）值为 2009 年的59.54%，最高值为 2000 年的 67.30%。近年来尚未达到 2009 年最佳值，这表明当地人民生活尚待彻底超越满足温饱栖息"基本需求"的物质消费阶段。

五　浙江居民非物消费综合增长态势

居民非物消费合计及其相关性分析为民生指数检测系统的二级子系统之四。浙江居民非物消费合计及其相关性变动态势见图 5。

1. 城乡综合人均值及地区差变动状况

2000～2016 年，浙江城乡居民人均非物消费年均增长 11.44%。人均值地区差最小值为 2016 年的 1.5250，最大值为 2005 年的 2.1800。在这 16 年间，浙江居民非物消费地区差缩小了 22.18%。这意味着，浙江与其余各地居民非物消费增长的同步均衡性明显增强，体现出"全面小康"建设进程在缩小居民非物消费地区差距方面的有效进展。

由于其他省域相应变化，浙江地区差位次保持第 28 位不变。按照本项检测的推演测算，2020 年浙江居民非物消费地区差应为 1.4340，相比当前将较明显缩减；2035 年浙江居民非物消费地区差应为 1.1417，相比当前将继续极显著缩减。

2. 城镇与乡村人均值及城乡比变动状况

2000～2016 年，浙江城镇居民人均非物消费年均增长 9.81%，乡村居

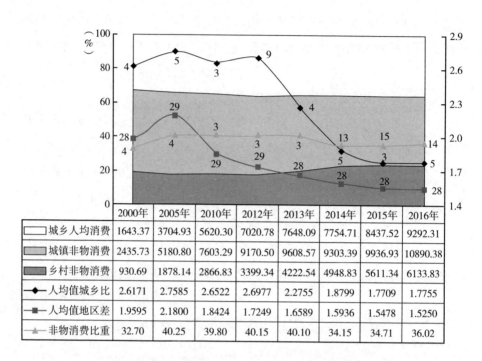

	2000年	2005年	2010年	2012年	2013年	2014年	2015年	2016年
□ 城乡人均消费	1643.37	3704.93	5620.30	7020.78	7648.09	7754.71	8437.52	9292.31
▨ 城镇非物消费	2435.73	5180.80	7603.29	9170.50	9608.57	9303.39	9936.93	10890.38
▓ 乡村非物消费	930.69	1878.14	2866.83	3399.34	4222.54	4948.83	5611.34	6133.83
◆ 人均值城乡比	2.6171	2.7585	2.6522	2.6977	2.2755	1.8799	1.7709	1.7755
■ 人均值地区差	1.9595	2.1800	1.8424	1.7249	1.6589	1.5936	1.5478	1.5250
▲ 非物消费比重	32.70	40.25	39.80	40.15	40.10	34.15	34.71	36.02

图5　浙江居民非物消费合计及其相关性变动态势

左轴面积：城乡综合、城镇、乡村居民非物消费合计人均值（元转换为%），各项数值间呈直观比例。右轴曲线：非物消费城乡比（乡村=1）、地区差（无差距=1）。左轴曲线：非物消费比重（占总消费比）（%）。标注非物消费比重及其城乡比、地区差省域排序位次。

民人均非物消费年均增长12.51%，乡村年均增长率高于城镇2.70个百分点。城乡之间增长相关系数为0.3569，即历年增长同步程度35.69%，呈极弱正相关性。

同期，浙江居民非物消费城乡比最小值为2015年的1.7709，最大值为2006年的2.8933。在这16年间，浙江居民非物消费城乡比缩小了32.16%。这意味着，浙江城乡之间居民非物消费增长的同步均衡性明显增强，体现出"全面小康"建设进程在缩小居民非物消费城乡差距方面的有效进展。

由于其他省域相应变化，浙江城乡比位次从2000年第4位降至2016年第5位。按照本项检测的推演测算，2020年浙江居民非物消费城乡比应为1.4517，相比当前将显著缩减；2035年浙江居民非物消费城乡比应为

1.1200，相比当前将继续极显著缩减。

3. 城乡综合非物消费比重历年变化状况

2000~2016 年，浙江居民非物消费比重上升了 3.32 个百分点。由于其他省域相应变化，浙江居民非物消费比重位次从 2000 年第 4 位降至 2016 年第 14 位。浙江居民非物消费比重明显提高，意味着人民生活在保证物质生活"必需消费"之外，越来越注重非物质生活"应有消费"需求。

在这 16 年间，浙江居民非物消费比重最高（最佳）值为 2009 年的 40.46%，最低值为 2000 年的 32.70%。近年来尚未达到 2009 年最佳值，这表明当地人民生活尚待完全进入注重非物质生活需求的消费结构优化阶段。

六　浙江居民积蓄增长及其相关性分析

居民积蓄及其相关性分析为民生指数检测系统的二级子系统之五。浙江居民积蓄及其相关性变动态势见图 6。

1. 城乡综合人均值及地区差变动状况

2000~2016 年，浙江城乡居民人均积蓄年均增长 14.09%。人均值地区差最小值为 2014 年的 1.7664，最大值为 2002 年的 2.0640。在这 16 年间，浙江居民积蓄地区差缩小了 1.35%。这意味着，浙江与其余各地居民积蓄增长的同步均衡性略微增强，体现出"全面小康"建设进程在缩小居民积蓄地区差距方面的有效进展。

由于其他省域相应变化，浙江地区差位次从 2000 年第 28 位降至 2016 年第 29 位。按照本项检测的推演测算，2020 年浙江居民积蓄地区差应为 1.8526，相比当前将较明显缩减；2035 年浙江居民积蓄地区差应为 1.6326，相比当前将继续显著缩减。

2. 城镇与乡村人均值及城乡比变动状况

2000~2016 年，浙江城镇居民人均积蓄年均增长 13.52%，乡村居民人均积蓄年均增长 11.10%，乡村年均增长率低于城镇 2.42 个百分点。城乡之间增长相关系数为 - 0.0595，即历年增长逆向程度 5.95%，呈极弱负相

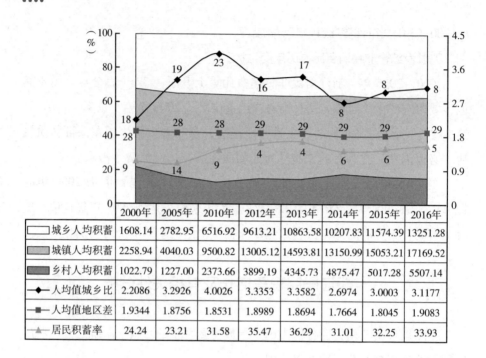

	2000年	2005年	2010年	2012年	2013年	2014年	2015年	2016年
☐ 城乡人均积蓄	1608.14	2782.95	6516.92	9613.21	10863.58	10207.83	11574.39	13251.28
▨ 城镇人均积蓄	2258.94	4040.03	9500.82	13005.12	14593.81	13150.99	15053.21	17169.52
▨ 乡村人均积蓄	1022.79	1227.00	2373.66	3899.19	4345.73	4875.47	5017.28	5507.14
◆ 人均值城乡比	2.2086	3.2926	4.0026	3.3353	3.3582	2.6974	3.0003	3.1177
■ 人均值地区差	1.9344	1.8756	1.8531	1.8989	1.8694	1.7664	1.8045	1.9083
▲ 居民积蓄率	24.24	23.21	31.58	35.47	36.29	31.01	32.25	33.93

图6　浙江居民积蓄及其相关性变动态势

左轴面积：城乡综合、城镇、乡村居民积蓄人均值（元转换为%），各项数值间呈直观比例。右轴曲线：居民积蓄城乡比（乡村=1）、地区差（无差距=1）。左轴曲线：居民积蓄率（占居民收入比）（%）。标注居民积蓄率及其城乡比、地区差省域排序位次。

关性。

同期，浙江居民积蓄城乡比最小值为2000年的2.2086，最大值为2007年的4.4294。在这16年间，浙江居民积蓄城乡比扩大了41.16%。这意味着，浙江城乡之间居民积蓄增长的同步均衡性显著减弱，体现出"全面小康"建设进程在缩小居民积蓄城乡差距方面的成效欠佳。

由于其他省域相应变化，浙江城乡比位次从2000年第18位升至2016年第8位。按照本项检测的推演测算，2020年浙江居民积蓄城乡比应为3.3018，相比当前将明显扩增；2035年浙江居民积蓄城乡比应为4.6948，相比当前将继续极显著扩增。

3. 城乡综合居民积蓄率历年变化状况

2000~2016年，浙江居民积蓄率上升了9.69个百分点。由于其他省域相应变化，浙江居民积蓄率位次从 2000 年第 9 位升至 2016 年第 5 位。浙江居民积蓄率持续提高，意味着人民劳动所得在保证各方面消费需求之后，拥有越来越多的宽余"闲钱"可供自由支配，但同时也在更大程度上抑制了进一步扩大消费。

在这 16 年间，浙江居民积蓄率最高（最佳）值为 2013 年的 36.29%，最低值为 2005 年的 23.21%。从"全面小康"建设进程起点 2000 年到 2013 年，浙江居民积蓄率上升至历年最高值，这表明当地人民生活已经进入更加充裕富足阶段，使进一步扩大消费拉动经济增长成为可能。

七　浙江民生发展指数多向度检测

浙江人民生活发展综合指数变动态势见图7。

1. 各年度理想值横向检测指数

以假定浙江各类民生数据城乡、地区无差距理想值为 100，2016 年浙江城乡民生发展检测指数为 94.86，低于无差距理想值 5.14%，但高于上年（2015 年）检测指数 0.64 个点。浙江此项检测指数在省域间排行变化，2000 年为第 3 位，2005 年与之持平，2010 年与之持平，2016 年与上年持平，皆为第 3 位。

各年度（包括图中省略年度）此项检测指数对比，全部各个年度均低于无差距理想值 100；2002 年、2004～2006 年、2009 年、2011～2012 年、2014 年、2016 年 9 个年度高于上年检测指数值。其中，历年民生指数最高值为 2000 年的 98.42，最低值为 2015 年的 94.22。

2. 2000 年以来基数值纵向检测指数

以"全面小康"建设进程起点年"九五"末年 2000 年数据指标演算基数值为 100，2016 年浙江城乡民生发展检测指数为 175.00，高于起点年基数值 75.00%，也高于上年（2015 年）检测指数 8.29 个点。浙江此项检测指数在省域间排行变化，2000 年起点不计，2005 年为第 5 位，2010 年为第 17 位，2016 年从上年第 26 位上升为第 25 位。

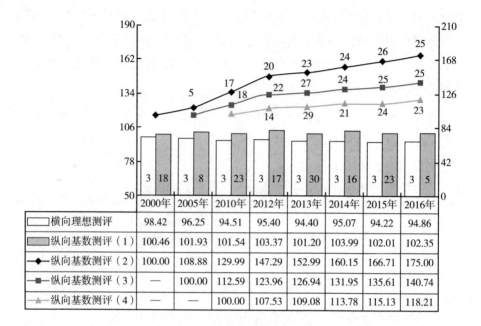

	2000年	2005年	2010年	2012年	2013年	2014年	2015年	2016年
横向理想测评	98.42	96.25	94.51	95.40	94.40	95.07	94.22	94.86
纵向基数测评（1）	100.46	101.93	101.54	103.37	101.20	103.99	102.01	102.35
纵向基数测评（2）	100.00	108.88	129.99	147.29	152.99	160.15	166.71	175.00
纵向基数测评（3）	—	100.00	112.59	123.96	126.94	131.95	135.61	140.74
纵向基数测评（4）	—	—	100.00	107.53	109.08	113.78	115.13	118.21

图7　2000年以来浙江城乡居民生活发展指数变动态势

左轴柱形：左历年横向测评（城乡、地区无差距理想值＝100）；右逐年纵向测评（1），上年基数值＝100。右轴曲线：时段纵向测评（起点基数值＝100），（2）以2000年为起点（"十五"以来，以"九五"末年为基点，后同），（3）以2005年为起点（"十一五"以来），（4）以2010年为起点（"十二五"以来）。标注各类测评结果省域排序位次。

各年度（包括图中省略年度）此项检测指数对比，全部各个年度均高于起点年基数值100；全部各个年度均高于上年检测指数值。其中，历年民生指数最高值为2016年的175.00，最低值为2001年的100.06。

3. 2005年以来基数值纵向检测指数

以"全面小康"建设进程第一个五年期"十五"末年2005年数据指标演算基数值为100，2016年浙江城乡民生发展检测指数为140.74，高于起点年基数值40.74%，也高于上年（2015年）检测指数5.13个点。浙江此项检测指数在省域间排行变化，2005年起点不计，2010年为第18位，2016年与上年持平，皆为第25位。

各年度（包括图中省略年度）此项检测指数对比，全部各个年度均高于起点年基数值100；全部各个年度均高于上年检测指数值。其中，历年民生指数最高值为2016年的140.74，最低值为2006年的102.03。

4.2010年以来基数值纵向检测指数

以"全面小康"建设进程第二个五年期"十一五"末年2010年数据指标演算基数值为100，2016年浙江城乡民生发展检测指数为118.21，高于起点年基数值18.21%，也高于上年（2015年）检测指数3.08个点。浙江此项检测指数在省域间排行变化，2010年起点不计，2012年为第14位，2016年从上年第24位上升为第23位。

各年度（包括图中省略年度）此项检测指数对比，全部各个年度均高于起点年基数值100；全部各个年度均高于上年检测指数值。其中，历年民生指数最高值为2016年的118.21，最低值为2011年的104.02。

5.逐年度基数值纵向检测指数

以上一年度（2015年）起点数据指标演算基数值为100，2016年浙江城乡民生发展检测指数为102.35，高于起点年基数值2.35%，也高于上年检测指数0.34个点。浙江此项检测指数在省域间排行变化，2000年为第18位，2005年为第8位，2010年为第23位，2016年从上年第23位上升为第5位。

各年度（包括图中省略年度）此项检测指数对比，全部各个年度均高于起点年基数值100；2002年、2004年、2006年、2008～2009年、2011年、2014年、2016年8个年度高于上年检测指数值。其中，历年民生指数最高值为2011年的104.02，最低值为2001年的100.06。

西藏：2000～2016年民生
发展指数提升第3位

念鹏帆[*]

摘　要： 2000～2016年，西藏城乡综合演算的各类民生数据人均值持
续稳步增长，2016年居民收入为2000年的5.87倍，总消费
为5.10倍，积蓄为8.72倍。物质消费比重较明显下降3.32
个百分点，非物消费比重较明显增高3.32个百分点，消费结
构出现较大升级变化。但居民收入比从53.87%极显著下降
至41.09%，居民消费率从42.45%极显著下降至28.14%，
"十二五"期间略有回升。尤其应注意居民收入年均增长极
显著低于财政收入年增10.02个百分点，居民消费支出年均
增长极显著低于财政支出年增10.31个百分点。居民积蓄率
从21.20%持续极显著升高至31.50%，反过来对消费需求的
抑制作用加重。居民积蓄地区差逐渐缩小，但居民收入、总
消费地区差继续扩大；居民收入、总消费、积蓄城乡比全都
逐渐缩小。

关键词： 西藏　人民生活　发展指数　检测评价

一　西藏经济财政增长与民生发展基本态势

西藏经济财政增长与城乡人民生活发展关系态势见图1，限于制图

---

* 念鹏帆，云南省社会科学院信息中心编辑，主要从事传播与社会研究。

容量，图中仅列出产值数据，财政收入、支出数据置于后台进行相关
演算。

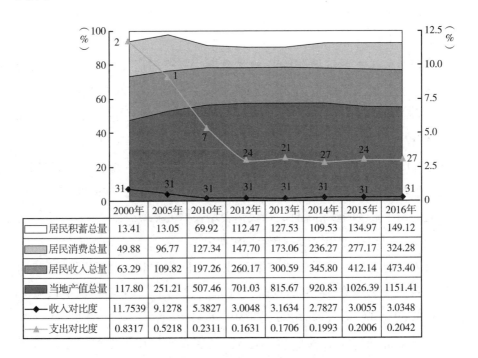

	2000年	2005年	2010年	2012年	2013年	2014年	2015年	2016年
居民积蓄总量	13.41	13.05	69.92	112.47	127.53	109.53	134.97	149.12
居民消费总量	49.88	96.77	127.34	147.70	173.06	236.27	277.17	324.28
居民收入总量	63.29	109.82	197.26	260.17	300.59	345.80	412.14	473.40
当地产值总量	117.80	251.21	507.46	701.03	815.67	920.83	1026.39	1151.41
收入对比度	11.7539	9.1278	5.3827	3.0048	3.1634	2.7827	3.0055	3.0348
支出对比度	0.8317	0.5218	0.2311	0.1631	0.1706	0.1993	0.2006	0.2042

图1　西藏经济财政增长与城乡人民生活发展关系态势

　　左轴面积：产值与城乡居民收入、消费、积蓄总量（亿元转换为%），各项数值间呈直观
比例。右轴曲线：收入对比度（居民收入比与财政收入比之比）、支出对比度（居民消费率与
财政用度比之比）（%）。囿于制图空间省略若干年度，文中描述历年变化包括省略年度，全
文同。标注收入对比度、支出对比度省域排序位次。

1. 西藏产值、财政收支总量增长状况

2000～2016年，西藏产值总量年均增长15.31%，同期财政收入总量年
均增长23.42%，财政支出总量年均增长22.72%。财政收入和支出增长大
大超过产值增长，这意味着，在以历年产值来体现的当地总财富当中，各级
财政收取并支用的部分占有越来越大的比例份额。

2. 居民收入、消费和积蓄总量增长状况

2000～2016年，西藏城乡居民收入总量年均增长13.40%，消费总量年

均增长 12.41%，积蓄总量年均增长 16.24%。在这 16 年间，西藏城乡居民收入年均增长率低于产值增长 1.91 个百分点，低于财政收入增长 10.02 个百分点；居民消费年均增长率低于产值增长 2.90 个百分点，低于财政支出增长 10.31 个百分点。

检测西藏各类数据历年增长相关系数：产值与居民收入增长之间为 0.0233（极弱正相关性），与居民消费增长之间为 -0.3027（较弱负相关性），可简化理解为居民收入、消费与产值历年增长分别在 2.33% 和 30.27% 程度上同步。财政收入与居民收入增长之间为 0.2052，即二者历年增长在 20.52% 程度上同步，呈极弱正相关性，居民收入增长极显著滞后；财政支出与居民消费增长之间为 -0.2589，即二者历年增长在 25.89% 程度上逆向同步，呈较弱负相关性，居民消费增长更极显著滞后。

3. 收入对比度、支出对比度历年变化状况

收入对比度即在居民收入与财政收入之间求取相关性比值（可双向对应演算，互为倒数）。由西藏居民收入变化看来，16 年间从财政收入的 1175.39% 降低（图中 11.7539 转换为百分制，全文同）为 303.48%，相对关系值减小了 74.18%。这表明，在当地社会总财富历年分配当中，财政收入所占份额扩增，而居民收入所占份额缩减，其间相互关系用收入对比度变动来表示。西藏居民收入比与财政收入比历年变化相关系数为 -0.6608，呈很强负相关性，即两项比值之间在 66.08% 程度上逆向变动。

支出对比度即在居民消费与财政用度之间求取相关性比值（可双向对应演算，互为倒数）。由西藏居民消费变化看来，16 年间从财政用度的 83.17% 降低为 20.42%，相对关系值减小了 75.45%。这表明，在当地社会总财富历年支配当中，财政用度所占份额扩增，而居民消费所占份额缩减，其间相互关系用支出对比度变动来表示。西藏居民消费率与财政用度比历年变化相关系数为 -0.8477，呈极强负相关性，即两项比值之间在 84.77% 程度上逆向变动。

二　西藏居民收入及其相关性分析

　　居民收入及其相关性分析为民生指数检测系统的二级子系统之一。西藏居民收入及其相关性变动态势见图 2。

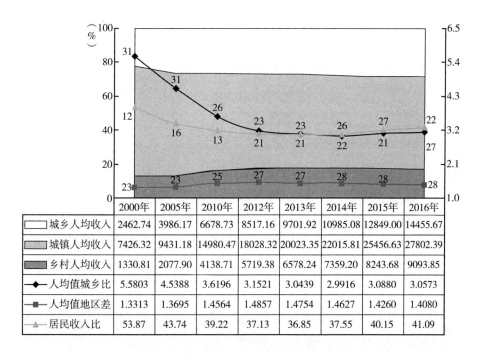

	2000年	2005年	2010年	2012年	2013年	2014年	2015年	2016年
□ 城乡人均收入	2462.74	3986.17	6678.73	8517.16	9701.92	10985.08	12849.00	14455.67
▨ 城镇人均收入	7426.32	9431.18	14980.47	18028.32	20023.35	22015.81	25456.63	27802.39
▨ 乡村人均收入	1330.81	2077.90	4138.71	5719.38	6578.24	7359.20	8243.68	9093.85
◆ 人均值城乡比	5.5803	4.5388	3.6196	3.1521	3.0439	2.9916	3.0880	3.0573
■ 人均值地区差	1.3313	1.3695	1.4564	1.4857	1.4754	1.4627	1.4260	1.4080
▲ 居民收入比	53.87	43.74	39.22	37.13	36.85	37.55	40.15	41.09

图 2　西藏居民收入及其相关性变动态势

　　左轴面积：城乡综合、城镇、乡村居民收入人均值（元转换为%），各项数值间呈直观比例。右轴曲线：居民收入城乡比（乡村＝1）、地区差（无差距＝1）。左轴曲线：居民收入比（与产值即国民总收入近似值比）（%）。标注居民收入比及其城乡比、地区差省域排序位次。另需说明，近年年鉴始发布 2014 年以来城乡人均值数据，但与总量数据之间存在演算误差，对应同时发布的产值人均值和总量分别演算相关性比值有出入，本文恢复自行演算城乡人均值。

1. 城乡综合人均值及地区差变动状况

　　2000～2016 年，西藏城乡居民人均收入年均增长 11.70%（由于人口增长，人均值增长率略低于总量增长率）。人均值地区差最小（最佳，后同）值为 2000 年的 1.3313，最大值为 2012 年的 1.4857。在这 16 年间，西藏居民收入地区差扩大了 5.76%。这意味着，西藏与其余各地居民收入增长的同步均衡性较明显减弱，体现出"全面小康"建设进程在缩小居民收入地区差距方面的成效欠佳。

由于其他省域相应变化，西藏地区差位次从 2000 年第 23 位降至 2016 年第 28 位。按照本项检测的推演测算，2020 年西藏居民收入地区差应为 1.4331，相比当前将略微扩增；2035 年西藏居民收入地区差应为 1.5097，相比当前将继续较明显扩增。

2. 城镇与乡村人均值及城乡比变动状况

2000~2016 年，西藏城镇居民人均收入年均增长 8.60%，乡村居民人均收入年均增长 12.76%，乡村年均增长率高于城镇 4.16 个百分点。城乡之间增长相关系数为 0.1820，即历年增长同步程度 18.20%，呈极弱正相关性。

同期，西藏居民收入城乡比最小（最佳，后同）值为 2014 年的 2.9916，最大值为 2001 年的 5.6048。在这 16 年间，西藏居民收入城乡比缩小了 45.21%。这意味着，西藏城乡之间居民收入增长的同步均衡性显著增强，体现出"全面小康"建设进程在缩小居民收入城乡差距方面的有效进展。

由于其他省域相应变化，西藏城乡比位次从 2000 年第 31 位升至 2016 年第 27 位。按照本项检测的推演测算，2020 年西藏居民收入城乡比应为 2.6303，相比当前将极显著缩减；2035 年西藏居民收入城乡比应为 1.4963，相比当前将继续极显著缩减。

3. 城乡综合居民收入比历年变化状况

2000~2016 年，西藏居民收入比下降了 12.78 个百分点，其中"十二五"以来回升 1.87 个百分点。"十二五"以来国家及各地规划确定"努力实现居民收入增长与经济发展同步"的约束性指标已经产生显著作用。由于其他省域相应变化，西藏居民收入比位次从 2000 年第 12 位降至 2016 年第 22 位。

在这 16 年间，西藏居民收入比最高（最佳）值为 2000 年的 53.87%，最低值为2013年的36.85%，近年来仍未回复2000年初始值，更未达到2000年最佳值。这意味着，当地居民收入增长与经济发展的同步协调性尚待增强，甚而居民收入增长或应反超产值增长以补积年"拖欠"。

三　西藏居民消费增长及其相关性分析

居民消费及其相关性分析为民生指数检测系统的二级子系统之二。西藏居民总消费及其相关性变动态势见图3。

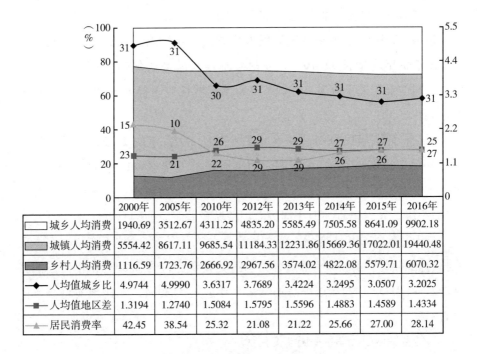

	2000年	2005年	2010年	2012年	2013年	2014年	2015年	2016年
城乡人均消费	1940.69	3512.67	4311.25	4835.20	5585.49	7505.58	8641.09	9902.18
城镇人均消费	5554.42	8617.11	9685.54	11184.33	12231.86	15669.36	17022.01	19440.48
乡村人均消费	1116.59	1723.76	2666.92	2967.56	3574.02	4822.08	5579.71	6070.32
人均值城乡比	4.9744	4.9990	3.6317	3.7689	3.4224	3.2495	3.0507	3.2025
人均值地区差	1.3194	1.2740	1.5084	1.5795	1.5596	1.4883	1.4589	1.4334
居民消费率	42.45	38.54	25.32	21.08	21.22	25.66	27.00	28.14

图3　西藏居民总消费及其相关性变动态势

左轴面积：城乡综合、城镇、乡村居民总消费人均值（元转换为%），各项数值间呈直观比例。右轴曲线：居民总消费城乡比（乡村=1）、地区差（无差距=1）。左轴曲线：居民消费率（与产值比）（%）。标注居民消费率及其城乡比、地区差省域排序位次。

1. 城乡综合人均值及地区差变动状况

2000～2016年，西藏城乡居民人均总消费年均增长10.72%。人均值地区差最小值为 2004 年的 1.2604，最大值为 2012 年的 1.5795。在这 16 年间，西藏居民总消费地区差扩大了 8.63%。这意味着，西藏与其余各地居民总消费增长的同步均衡性较明显减弱，体现出"全面小康"建设进程在缩小居民总消费地区差距方面的成效欠佳。

由于其他省域相应变化，西藏地区差位次从 2000 年第 23 位降至 2016 年第 27 位。按照本项检测的推演测算，2020 年西藏居民总消费地区差应为 1.4608，相比当前将略微扩增；2035 年西藏居民总消费地区差应为 1.5421，相比当前将继续较明显扩增。

2. 城镇与乡村人均值及城乡比变动状况

2000~2016 年，西藏城镇居民人均总消费年均增长 8.14%，乡村居民人均总消费年均增长 11.16%，乡村年均增长率高于城镇 3.02 个百分点。城乡之间增长相关系数为 -0.1005，即历年增长逆向程度 10.05%，呈很弱负相关性。

同期，西藏居民总消费城乡比最小值为 2015 年的 3.0507，最大值为 2003 年的 7.8100。在这 16 年间，西藏居民总消费城乡比缩小了 35.62%。这意味着，西藏城乡之间居民总消费增长的同步均衡性显著增强，体现出"全面小康"建设进程在缩小居民总消费城乡差距方面的有效进展。

由于其他省域相应变化，西藏城乡比位次保持第 31 位不变。按照本项检测的推演测算，2020 年西藏居民总消费城乡比应为 2.8687，相比当前将显著缩减；2035 年西藏居民总消费城乡比应为 1.8984，相比当前将继续极显著缩减。

3. 城乡综合居民消费率历年变化状况

2000~2016 年，西藏居民消费率下降了 14.31 个百分点，其中"十二五"以来回升 2.82 个百分点。应对国际金融危机实施"拉动内需，扩大消费，改善民生"国策以来，直到进入"十二五"期间，西藏居民消费率开始略有回升。由于其他省域相应变化，西藏居民消费率位次从 2000 年第 15 位降至 2016 年第 25 位。

在这 16 年间，西藏居民消费率最高（最佳）值为 2000 年的 42.45%，最低值为 2012 年的 21.08%，近年来仍未回复 2000 年初始值，更未达到 2000 年最佳值。这意味着，当地居民消费拉动经济增长的同步协调性尚待增强。还应注意到，西藏居民消费率下降程度大于当地居民收入比下降程度，反过来即意味着居民积蓄率上升，同时亦即积蓄对消费的抑制作用加重。

在此简要归纳对比城乡居民物质生活、非物生活分类单项消费的增长变化差异。2000 年以来 16 年间，西藏各类消费人均值年均增长率、比重值升降变化（百分比演算更为精确）排序：居住消费年增 19.00%，比重上升 216.91% 为最高；交通消费年增 16.29%，比重上升 119.15% 为次高；用品消费年增 12.23%，比重上升 24.19% 为第三高；文教消费年增 10.05%，比重下降 9.28% 为第四高；医疗消费年增 9.77%，比重下降 12.94% 为第五高；衣着消费年增 9.36%，比重下降 17.95% 为第六高；食品消费年增 9.02%，比重下降 21.95% 为次低；其他消费年增 7.17%，比重下降 40.62% 为最低。

四　西藏居民物质消费综合增长态势

居民物质消费合计及其相关性分析为民生指数检测系统的二级子系统之三。西藏居民物质消费合计及其相关性变动态势见图 4。

1. 城乡综合人均值及地区差变动状况

2000~2016 年，西藏城乡居民人均物质消费年均增长 10.44%。人均值地区差最小值为 2004 年的 1.1414，最大值为 2012 年的 1.5005。在这 16 年间，西藏居民物质消费地区差扩大了 8.96%。这意味着，西藏与其余各地居民物质消费增长的同步均衡性较明显减弱，体现出"全面小康"建设进程在缩小居民物质消费地区差距方面的成效欠佳。

由于其他省域相应变化，西藏地区差位次从 2000 年第 13 位降至 2016 年第 24 位。按照本项检测的推演测算，2020 年西藏居民物质消费地区差应为 1.3430，相比当前将略微扩增；2035 年西藏居民物质消费地区差应为 1.5179，相比当前将继续明显扩增。

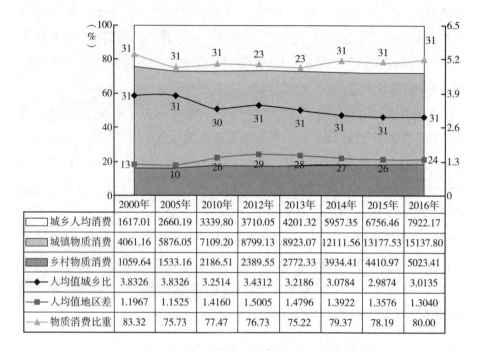

	2000年	2005年	2010年	2012年	2013年	2014年	2015年	2016年
□ 城乡人均消费	1617.01	2660.19	3339.80	3710.05	4201.32	5957.35	6756.46	7922.17
□ 城镇物质消费	4061.16	5876.05	7109.20	8799.13	8923.07	12111.56	13177.53	15137.80
■ 乡村物质消费	1059.64	1533.16	2186.51	2389.55	2772.33	3934.41	4410.97	5023.41
◆ 人均值城乡比	3.8326	3.8326	3.2514	3.4312	3.2186	3.0784	2.9874	3.0135
■ 人均值地区差	1.1967	1.1525	1.4160	1.5005	1.4796	1.3922	1.3576	1.3040
▲ 物质消费比重	83.32	75.73	77.47	76.73	75.22	79.37	78.19	80.00

图 4　西藏居民物质消费合计及其相关性变动态势

左轴面积：城乡综合、城镇、乡村居民物质消费合计人均值（元转换为%），各项数值间呈直观比例。右轴曲线：物质消费城乡比（乡村＝1）、地区差（无差距＝1）。左轴曲线：物质消费比重（占总消费比）（%）。标注物质消费比重及其城乡比、地区差省域排序位次。

2. 城镇与乡村人均值及城乡比变动状况

2000～2016 年，西藏城镇居民人均物质消费年均增长 8.57%，乡村居民人均物质消费年均增长 10.21%，乡村年均增长率高于城镇 1.64 个百分点。城乡之间增长相关系数为 0.0621，即历年增长同步程度 6.21%，呈极弱正相关性。

同期，西藏居民物质消费城乡比最小值为 2006 年的 2.6763，最大值为 2003 年的 6.0449。在这 16 年间，西藏居民物质消费城乡比缩小了 21.37%。这意味着，西藏城乡之间居民物质消费增长的同步均衡性明显增强，体现出"全面小康"建设进程在缩小居民物质消费城乡差距方面的有效进展。

由于其他省域相应变化，西藏城乡比位次保持第 31 位不变。按照本项检测的推演测算，2020 年西藏居民物质消费城乡比应为 2.8107，相比当前将明显缩减；2035 年西藏居民物质消费城乡比应为 2.2649，相比当前将继续极显著缩减。

3. 城乡综合物质消费比重历年变化状况

2000～2016 年，西藏居民物质消费比重下降了 3.32 个百分点。由于其他省域相应变化，西藏居民物质消费比重位次保持第 31 位不变。西藏居民物质消费比重明显降低，意味着人民生活在保证物质生活"必需消费"之外，已有越来越多的余钱用以满足非物消费需求。

在这 16 年间，西藏居民物质消费比重最低（最佳）值为 2013 年的 75.22%，最高值为 2000 年的 83.32%。近年来达到历年最佳值，这表明当地人民生活已经彻底超越满足温饱栖息"基本需求"的物质消费阶段。

五　西藏居民非物消费综合增长态势

居民非物消费合计及其相关性分析为民生指数检测系统的二级子系统之四。西藏居民非物消费合计及其相关性变动态势见图 5。

1. 城乡综合人均值及地区差变动状况

2000～2016 年，西藏城乡居民人均非物消费年均增长 11.98%。人均值地区差最小值为 2004 年的 1.4888，最大值为 2012 年的 1.7236。在这 16 年间，西藏居民非物消费地区差扩大了 3.78%。这意味着，西藏与其余各地居民非物消费增长的同步均衡性略微减弱，体现出"全面小康"建设进程在缩小居民非物消费地区差距方面的成效欠佳。

由于其他省域相应变化，西藏地区差位次从 2000 年第 26 位降至 2016 年第 29 位。按照本项检测的推演测算，2020 年西藏居民非物消费地区差应为 1.6715，相比当前将略微缩减；2035 年西藏居民非物消费地区差应为 1.5835，相比当前将继续较明显缩减。

2. 城镇与乡村人均值及城乡比变动状况

2000～2016 年，西藏城镇居民人均非物消费年均增长 6.84%，乡村居

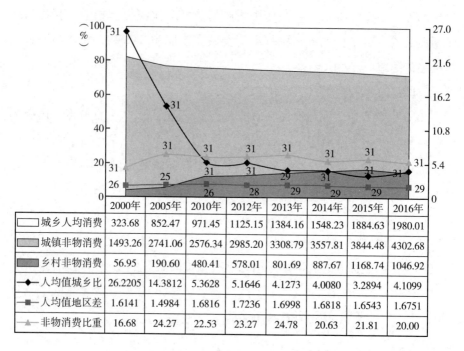

图5 西藏居民非物消费合计及其相关性变动态势

左轴面积：城乡综合、城镇、乡村居民非物消费合计人均值（元转换为%），各项数值间呈直观比例。右轴曲线：非物消费城乡比（乡村=1）、地区差（无差距=1）。左轴曲线：非物消费比重（占总消费比）（%）。标注非物消费比重及其城乡比、地区差省域排序位次。

民人均非物消费年均增长19.96%，乡村年均增长率高于城镇13.12个百分点。城乡之间增长相关系数为-0.2114，即历年增长逆向程度21.14%，呈很弱负相关性。

同期，西藏居民非物消费城乡比最小值为2015年的3.2894，最大值为2000年的26.2160。在这16年间，西藏居民非物消费城乡比缩小了84.33%。这意味着，西藏城乡之间居民非物消费增长的同步均衡性极显著增强，体现出"全面小康"建设进程在缩小居民非物消费城乡差距方面的有效进展。

由于其他省域相应变化，西藏城乡比位次保持第31位不变。按照本项检测的推演测算，2020年西藏居民非物消费城乡比应为3.1745，相比当前将极显著缩减；2035 年西藏居民非物消费城乡比应为 0.4552，相比当前将继续极显著缩减为"城乡倒挂"，即乡村人均值高于城镇人均值。诚然，这只是长期预测的理论演算值，揭示出一种积极向好的趋势。

3. 城乡综合非物消费比重历年变化状况

2000～2016 年，西藏居民非物消费比重上升了 3.32 个百分点。由于其他省域相应变化，西藏居民非物消费比重位次保持第 31 位不变。西藏居民非物消费比重明显提高，意味着人民生活在保证物质生活"必需消费"之外，越来越注重非物质生活"应有消费"需求。

在这 16 年间，西藏居民非物消费比重最高（最佳）值为 2013 年的 24.78%，最低值为 2000 年的 16.68%。近年来达到历年最佳值，这表明当地人民生活已经完全进入注重非物质生活需求的消费结构优化阶段。

六　西藏居民积蓄增长及其相关性分析

居民积蓄及其相关性分析为民生指数检测系统的二级子系统之五。西藏居民积蓄及其相关性变动态势见图 6。

1. 城乡综合人均值及地区差变动状况

2000～2016 年，西藏城乡居民人均积蓄年均增长 14.50%。人均值地区差最小值为 2012 年的 1.2727，最大值为 2005 年的 1.6809。在这 16 年间，西藏居民积蓄地区差缩小了 2.02%。这意味着，西藏与其余各地居民积蓄增长的同步均衡性略微增强，体现出"全面小康"建设进程在缩小居民积蓄地区差距方面的有效进展。

由于其他省域相应变化，西藏地区差位次从 2000 年第 16 位降至 2016 年第 21 位。按照本项检测的推演测算，2020 年西藏居民积蓄地区差应为 1.3702，相比当前将略微扩增；2035 年西藏居民积蓄地区差应为 1.4590，相比当前将继续较明显扩增。

2. 城镇与乡村人均值及城乡比变动状况

2000～2016 年，西藏城镇居民人均积蓄年均增长 9.81%，乡村居民人

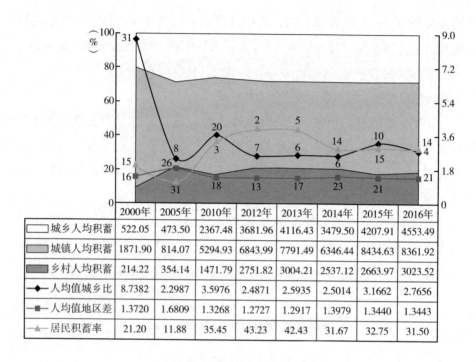

	2000年	2005年	2010年	2012年	2013年	2014年	2015年	2016年
□ 城乡人均积蓄	522.05	473.50	2367.48	3681.96	4116.43	3479.50	4207.91	4553.49
▨ 城镇人均积蓄	1871.90	814.07	5294.93	6843.99	7791.49	6346.44	8434.63	8361.92
▨ 乡村人均积蓄	214.22	354.14	1471.79	2751.82	3004.21	2537.12	2663.97	3023.52
◆ 人均值城乡比	8.7382	2.2987	3.5976	2.4871	2.5935	2.5014	3.1662	2.7656
■ 人均值地区差	1.3720	1.6809	1.3268	1.2727	1.2917	1.3979	1.3440	1.3443
▲ 居民积蓄率	21.20	11.88	35.45	43.23	42.43	31.67	32.75	31.50

图6 西藏居民积蓄及其相关性变动态势

左轴面积：城乡综合、城镇、乡村居民积蓄人均值（元转换为%），各项数值间呈直观比例。右轴曲线：居民积蓄城乡比（乡村＝1）、地区差（无差距＝1）。左轴曲线：居民积蓄率（占居民收入比）（%）。标注居民积蓄率及其城乡比、地区差省域排序位次。

均积蓄年均增长 17.99%，乡村年均增长率高于城镇 8.18 个百分点。城乡之间增长相关系数为 -0.0400，即历年增长逆向程度 4.00%，呈极弱负相关性。

同期，西藏居民积蓄城乡比最小值为 2003 年的 1.0900，最大值为 2000 年的 8.7382。在这 16 年间，西藏居民积蓄城乡比缩小了 68.35%。这意味着，西藏城乡之间居民积蓄增长的同步均衡性极显著增强，体现出"全面小康"建设进程在缩小居民积蓄城乡差距方面的有效进展。

由于其他省域相应变化，西藏城乡比位次从 2000 年第 31 位升至 2016 年第 4 位。按照本项检测的推演测算，2020 年西藏居民积蓄城乡比应为 2.2236，相比当前将极显著缩减；2035 年西藏居民积蓄城乡比应为 0.7055，相比当前将继续极显著缩减。

3. 城乡综合居民积蓄率历年变化状况

2000～2016年，西藏居民积蓄率上升了10.30个百分点。由于其他省域相应变化，西藏居民积蓄率位次从2000年第15位升至2016年第14位。西藏居民积蓄率持续提高，意味着人民劳动所得在保证各方面消费需求之后，拥有越来越多的宽余"闲钱"可供自由支配，但同时也在更大程度上抑制了进一步扩大消费。

在这16年间，西藏居民积蓄率最高（最佳）值为2012年的43.23%，最低值为2005年的11.88%。从"全面小康"建设进程起点2000年到2012年，西藏居民积蓄率上升至历年最高值，这表明当地人民生活已经进入更加充裕富足阶段，使进一步扩大消费拉动经济增长成为可能。

七　西藏民生发展指数多向度检测

西藏人民生活发展综合指数变动态势见图7。

1. 各年度理想值横向检测指数

以假定西藏各类民生数据城乡、地区无差距理想值为100，2016年西藏城乡民生发展检测指数为74.98，低于无差距理想值25.02%，也低于上年（2015年）检测指数1.65个点。西藏此项检测指数在省域间排行变化，2000年为第31位，2005年与之持平，2010年为第28位，2016年与上年持平，皆为第31位。

各年度（包括图中省略年度）此项检测指数对比，全部各个年度均低于无差距理想值100；2001年、2003年、2006年、2010年、2013年、2015年6个年度高于上年检测指数值。其中，历年民生指数最高值为2006年的81.28，最低值为2012年的72.30。

2. 2000年以来基数值纵向检测指数

以"全面小康"建设进程起点年"九五"末年2000年数据指标演算基数值为100，2016年西藏城乡民生发展检测指数为207.70，高于起点年基

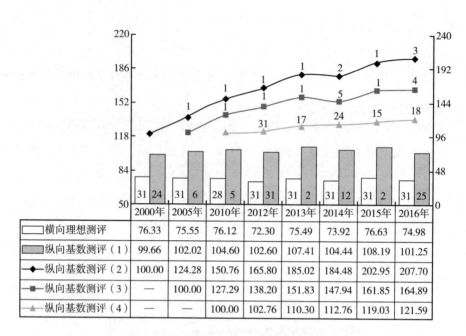

	2000年	2005年	2010年	2012年	2013年	2014年	2015年	2016年
□ 横向理想测评	76.33	75.55	76.12	72.30	75.49	73.92	76.63	74.98
▨ 纵向基数测评（1）	99.66	102.02	104.60	102.60	107.41	104.44	108.19	101.25
◆ 纵向基数测评（2）	100.00	124.28	150.76	165.80	185.02	184.48	202.95	207.70
■ 纵向基数测评（3）	—	100.00	127.29	138.20	151.83	147.94	161.85	164.89
▲ 纵向基数测评（4）	—	—	100.00	102.76	110.30	112.76	119.03	121.59

图7 2000年以来西藏城乡居民生活发展指数变动态势

左轴柱形：左历年横向测评（城乡、地区无差距理想值＝100）；右逐年纵向测评（1），上年基数值＝100。右轴曲线：时段纵向测评（起点年基数值＝100），（2）以2000年为起点（"十五"以来，以"九五"末年为基点，后同），（3）以2005年为起点（"十一五"以来），（4）以2010年为起点（"十二五"以来）。标注各类测评结果省域排序位次。

数值107.70%，也高于上年（2015年）检测指数4.75个点。西藏此项检测指数在省域间排行变化，2000年起点不计，2005年为第1位，2010年与之持平，2016年从上年第1位下降为第3位。

各年度（包括图中省略年度）此项检测指数对比，全部各个年度均高于起点年基数值100；2002～2003年、2005～2006年、2008～2013年、2015～2016年12个年度高于上年检测指数值。其中，历年民生指数最高值为2016年的207.70，最低值为2001年的105.48。

3.2005年以来基数值纵向检测指数

以"全面小康"建设进程第一个五年期"十五"末年2005年数据指标演算基数值为100，2016年西藏城乡民生发展检测指数为164.89，高于起点年基数值64.89%，也高于上年（2015年）检测指数3.04个点。西藏此项检测指数在省域间排行变化，2005年起点不计，2010年为第1位，2016年从上年第1位下降为第4位。

各年度（包括图中省略年度）此项检测指数对比，全部各个年度均高于起点年基数值100；2009～2013年、2015～2016年7个年度高于上年检测指数值。其中，历年民生指数最高值为2016年的164.89，最低值为2008年的117.82。

4. 2010年以来基数值纵向检测指数

以"全面小康"建设进程第二个五年期"十一五"末年2010年数据指标演算基数值为100，2016年西藏城乡民生发展检测指数为121.59，高于起点年基数值21.59%，也高于上年（2015年）检测指数2.56个点。西藏此项检测指数在省域间排行变化，2010年起点不计，2012年为第31位，2016年从上年第15位下降为第18位。

各年度（包括图中省略年度）此项检测指数对比，2012～2016年5个年度高于起点年基数值100；全部各个年度均高于上年检测指数值。其中，历年民生指数最高值为2016年的121.59，最低值为2011年的99.74。

5. 逐年度基数值纵向检测指数

以上一年度（2015年）起点数据指标演算基数值为100，2016年西藏城乡民生发展检测指数为101.25，高于起点年基数值1.25%，但低于上年检测指数6.94个点。西藏此项检测指数在省域间排行变化，2000年为第24位，2005年为第6位，2010年为第5位，2016年从上年第2位下降为第25位。

各年度（包括图中省略年度）此项检测指数对比，2001～2007年、2009～2010年、2012～2016年14个年度高于起点年基数值100；2001～2003年、2005～2006年、2009～2010年、2012～2013年、2015年10个年度高于上年检测指数值。其中，历年民生指数最高值为2006年的119.49，最低值为2008年的98.95。

R.15
辽宁：2016年度民生发展
指数排名第4位

刘娟娟*

摘　要：　2000～2016 年，辽宁城乡综合演算的各类民生数据人均值持续稳步增长，2016 年居民收入为 2000 年的 6.64 倍，总消费为 6.38 倍，积蓄为 7.67 倍。物质消费比重极显著下降 9.10 个百分点，非物消费比重极显著增高 9.10 个百分点，消费结构出现极大升级变化。居民收入比从 35.50% 极显著上升至 51.88%，居民消费率从 28.19% 极显著上升至 39.55%，"十二五"期间加快上升。尤其应注意居民收入年均增长略微低于财政收入年增 0.47 个百分点，居民消费支出年均增长较明显低于财政支出年增 1.98 个百分点。居民积蓄率从 20.58% 持续较明显升高至 23.77%，反过来对消费需求的抑制作用加重。居民收入、总消费、积蓄地区差全都继续扩大；居民收入、总消费、积蓄城乡比全都持续扩大。

关键词：　辽宁　人民生活　发展指数　检测评价

一　辽宁经济财政增长与民生发展基本态势

辽宁经济财政增长与城乡人民生活发展关系态势见图 1，限于制图

---

* 刘娟娟，云南农业职业技术学院工程学院讲师，主要从事民族文化研究。

容量，图中仅列出产值数据，财政收入、支出数据置于后台进行相关演算。

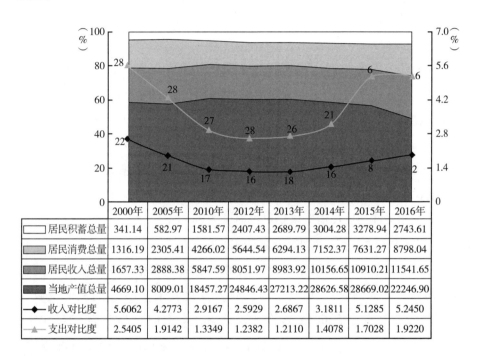

	2000年	2005年	2010年	2012年	2013年	2014年	2015年	2016年
居民积蓄总量	341.14	582.97	1581.57	2407.43	2689.79	3004.28	3278.94	2743.61
居民消费总量	1316.19	2305.41	4266.02	5644.54	6294.13	7152.37	7631.27	8798.04
居民收入总量	1657.33	2888.38	5847.59	8051.97	8983.92	10156.65	10910.21	11541.65
当地产值总量	4669.10	8009.01	18457.27	24846.43	27213.22	28626.58	28669.02	22246.90
收入对比度	5.6062	4.2773	2.9167	2.5929	2.6867	3.1811	5.1285	5.2450
支出对比度	2.5405	1.9142	1.3349	1.2382	1.2110	1.4078	1.7028	1.9220

图1 辽宁经济财政增长与城乡人民生活发展关系态势

左轴面积：产值与城乡居民收入、消费、积蓄总量（亿元转换为%），各项数值间呈直观比例。右轴曲线：收入对比度（居民收入比与财政收入比之比）、支出对比度（居民消费率与财政用度比之比）（%）。囿于制图空间省略若干年度，文中描述历年变化包括省略年度，全文同。标注收入对比度、支出对比度省域排序位次。

1. 辽宁产值、财政收支总量增长状况

2000～2016年，辽宁产值总量年均增长10.25%，同期财政收入总量年均增长13.37%，财政支出总量年均增长14.59%。财政收入和支出增长大大超过产值增长，这意味着，在以历年产值来体现的当地总财富当中，各级财政收取并支用的部分占有越来越大的比例份额。

2. 居民收入、消费和积蓄总量增长状况

2000～2016年，辽宁城乡居民收入总量年均增长12.90%，消费总量年均增长 12.61%，积蓄总量年均增长 13.92%。在这 16 年间，辽宁城乡居民收入年均增长率高于产值增长 2.65 个百分点，低于财政收入增长 0.47 个百分点；居民消费年均增长率高于产值增长 2.36 个百分点，低于财政支出增长 1.98 个百分点。

检测辽宁各类数据历年增长相关系数：产值与居民收入增长之间为 0.6998（较弱正相关性），与居民消费增长之间为 0.0952（极弱正相关性），可简化理解为居民收入、消费与产值历年增长分别在 69.98% 和 9.52% 程度上同步。财政收入与居民收入增长之间为 0.6181，即二者历年增长在 61.81% 程度上同步，呈较弱正相关性，居民收入增长极显著滞后；财政支出与居民消费增长之间为 0.2688，即二者历年增长在 26.88% 程度上同步，呈极弱正相关性，居民消费增长更极显著滞后。

3. 收入对比度、支出对比度历年变化状况

收入对比度即在居民收入与财政收入之间求取相关性比值（可双向对应演算，互为倒数）。由辽宁居民收入变化看来，16 年间从财政收入的 560.62%（图中 5.6062 转换为百分制，全文同）降低为 524.50%，相对关系值减小了 6.44%。这表明，在当地社会总财富历年分配当中，财政收入所占份额扩增，而居民收入所占份额缩减，其间相互关系用收入对比度变动来表示。辽宁居民收入比与财政收入比历年变化相关系数为 -0.3250，呈较弱负相关性，即两项比值之间在 32.50% 程度上逆向变动。

支出对比度即在居民消费与财政用度之间求取相关性比值（同样可双向对应演算，互为倒数）。由辽宁居民消费变化看来，16 年间从财政用度的 254.05% 降低为 192.20%，相对关系值减小了 24.34%。这表明，在当地社会总财富历年支配当中，财政用度所占份额扩增，而居民消费所占份额缩减，其间相互关系用支出对比度变动来表示。辽宁居民消费率与财政用度比历年变化相关系数为 -0.0746，呈极弱负相关性，即两项比值之间在 7.46% 程度上逆向变动。

二 辽宁居民收入及其相关性分析

居民收入及其相关性分析为民生指数检测系统的二级子系统之一。辽宁居民收入及其相关性变动态势见图2。

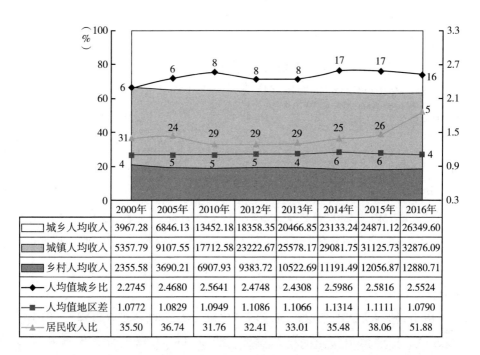

	2000年	2005年	2010年	2012年	2013年	2014年	2015年	2016年
城乡人均收入	3967.28	6846.13	13452.18	18358.35	20466.85	23133.24	24871.12	26349.60
城镇人均收入	5357.79	9107.55	17712.58	23222.67	25578.17	29081.75	31125.73	32876.09
乡村人均收入	2355.58	3690.21	6907.93	9383.72	10522.69	11191.49	12056.87	12880.71
人均值城乡比	2.2745	2.4680	2.5641	2.4748	2.4308	2.5986	2.5816	2.5524
人均值地区差	1.0772	1.0829	1.0949	1.1086	1.1066	1.1314	1.1111	1.0790
居民收入比	35.50	36.74	31.76	32.41	33.01	35.48	38.06	51.88

图2 辽宁居民收入及其相关性变动态势

左轴面积：城乡综合、城镇、乡村居民收入人均值（元转换为%），各项数值间呈直观比例。右轴曲线：居民收入城乡比（乡村＝1）、地区差（无差距＝1）。在左轴曲线：居民收入比（与产值即国民总收入近似值比）（％）。标注居民收入比及其城乡比、地区差省域排序位次。另需说明，近年年鉴始发布2014年以来城乡人均值数据，但与总量数据之间存在演算误差，对应同时发布的产值人均值和总量分别演算相关性比值有出入，本文恢复自行演算城乡人均值。

1. 城乡综合人均值及地区差变动状况

2000~2016年，辽宁城乡居民人均收入年均增长12.56%（由于人口增长，人均值增长率略低于总量增长率）。人均值地区差最小（最佳，后同）值为2004年的1.0712，最大值为2014年的1.1314。在这16年间，辽宁居民收入地区差扩大了 0.17%。这意味着，辽宁与其余各地居民收入增长的同步均衡性略微减弱，体现出"全面小康"建设进程在缩小居民收入地区差距方面的成效欠佳。

由于其他省域相应变化，辽宁地区差位次保持第 4 位不变。按照本项检测的推演测算，2020 年辽宁居民收入地区差应为 1.0846，相比当前将略微扩增；2035 年辽宁居民收入地区差应为 1.1517，相比当前将继续较明显扩增。

2. 城镇与乡村人均值及城乡比变动状况

2000～2016 年，辽宁城镇居民人均收入年均增长 12.01%，乡村居民人均收入年均增长 11.20%，乡村年均增长率低于城镇 0.81 个百分点。城乡之间增长相关系数为 0.6099，即历年增长同步程度 60.99%，呈较弱正相关性。

同期，辽宁居民收入城乡比最小（最佳，后同）值为 2001 年的 2.2663，最大值为 2009 年的 2.6454。在这 16 年间，辽宁居民收入城乡比扩大了 12.22%。这意味着，辽宁城乡之间居民收入增长的同步均衡性较明显减弱，体现出"全面小康"建设进程在缩小居民收入城乡差距方面的成效欠佳。

由于其他省域相应变化，辽宁城乡比位次从 2000 年第 6 位降至 2016 年第 16 位。按照本项检测的推演测算，2020 年辽宁居民收入城乡比应为 2.6270，相比当前将较明显扩增；2035 年辽宁居民收入城乡比应为 2.9267，相比当前将继续极显著扩增。

3. 城乡综合居民收入比历年变化状况

2000～2016 年，辽宁居民收入比上升了 16.38 个百分点，其中"十二五"以来陡升 20.12 个百分点。"十二五"以来国家及各地规划确定"努力实现居民收入增长与经济发展同步"的约束性指标已经产生显著作用。由于其他省域相应变化，辽宁居民收入比位次从 2000 年第 31 位升至 2016 年第 5 位。

在这 16 年间，辽宁居民收入比最高（最佳）值为 2016 年的 51.88%，最低值为 2011 年的 31.31%，近年来达到历年最佳值。这意味着，当地居民收入增长与经济发展的同步协调性有所增强，甚而居民收入增长业已反超产值增长以补积年"拖欠"。

三 辽宁居民消费增长及其相关性分析

居民消费及其相关性分析为民生指数检测系统的二级子系统之二。辽宁居民总消费及其相关性变动态势见图 3。

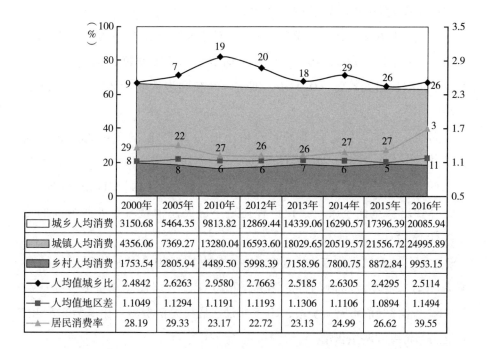

	2000年	2005年	2010年	2012年	2013年	2014年	2015年	2016年
城乡人均消费	3150.68	5464.35	9813.82	12869.44	14339.06	16290.57	17396.39	20085.94
城镇人均消费	4356.06	7369.27	13280.04	16593.60	18029.65	20519.57	21556.72	24995.89
乡村人均消费	1753.54	2805.94	4489.50	5998.39	7158.96	7800.75	8872.84	9953.15
人均值城乡比	2.4842	2.6263	2.9580	2.7663	2.5185	2.6305	2.4295	2.5114
人均值地区差	1.1049	1.1294	1.1191	1.1193	1.1306	1.1106	1.0894	1.1494
居民消费率	28.19	29.33	23.17	22.72	23.13	24.99	26.62	39.55

图 3 辽宁居民总消费及其相关性变动态势

左轴面积：城乡综合、城镇、乡村居民总消费人均值（元转换为%），各项数值间呈直观比例。右轴曲线：居民总消费城乡比（乡村=1）、地区差（无差距=1）。左轴曲线：居民消费率（与产值比）（%）。标注居民消费率及其城乡比、地区差省域排序位次。

1. 城乡综合人均值及地区差变动状况

2000~2016 年，辽宁城乡居民人均总消费年均增长 12.27%。人均值地区差最小值为 2015 年的 1.0894，最大值为 2009 年的 1.1669。在这 16 年间，辽宁居民总消费地区差扩大了 4.03%。这意味着，辽宁与其余各地居民总消费增长的同步均衡性略微减弱，体现出"全面小康"建设进程在缩小居民总消费地区差距方面的成效欠佳。

由于其他省域相应变化，辽宁地区差位次从 2000 年第 8 位降至 2016 年第 11 位。按照本项检测的推演测算，2020 年辽宁居民总消费地区差应为 1.1741，相比当前将略微扩增；2035 年辽宁居民总消费地区差应为 1.3430，相比当前将继续明显扩增。

2. 城镇与乡村人均值及城乡比变动状况

2000～2016 年，辽宁城镇居民人均总消费年均增长 11.54%，乡村居民人均总消费年均增长 11.46%，乡村年均增长率低于城镇 0.08 个百分点。城乡之间增长相关系数为 0.0439，即历年增长同步程度 4.39%，呈极弱正相关性。

同期，辽宁居民总消费城乡比最小值为 2015 年的 2.4295，最大值为 2003 年的 3.2259。在这 16 年间，辽宁居民总消费城乡比扩大了 1.10%。这意味着，辽宁城乡之间居民总消费增长的同步均衡性略微减弱，体现出"全面小康"建设进程在缩小居民总消费城乡差距方面的成效欠佳。

由于其他省域相应变化，辽宁城乡比位次从 2000 年第 9 位降至 2016 年第 26 位。按照本项检测的推演测算，2020 年辽宁居民总消费城乡比应为 2.5182，相比当前将略微扩增；2035 年辽宁居民总消费城乡比应为 2.5440，相比当前将继续略微扩增。

3. 城乡综合居民消费率历年变化状况

2000～2016 年，辽宁居民消费率上升了 11.36 个百分点，其中"十二五"以来陡升 16.38 个百分点。应对国际金融危机实施"拉动内需，扩大消费，改善民生"国策以来，直到进入"十二五"期间，辽宁居民消费率开始略有回升。由于其他省域相应变化，辽宁居民消费率位次从 2000 年第 29 位升至 2016 年第 3 位。

在这 16 年间，辽宁居民消费率最高（最佳）值为 2016 年的 39.55%，最低值为 2011 年的 22.19%，近年来达到历年最佳值。这意味着，当地居民消费拉动经济增长的同步协调性有所增强。还应注意到，辽宁居民消费率上升程度小于当地居民收入比上升程度，反过来即意味着居民积蓄率上升，同时亦即积蓄对消费的抑制作用加重。

在此简要归纳对比城乡居民物质生活、非物生活分类单项消费的增长变化差异。2000 年以来 16 年间，辽宁各类消费人均值年均增长率、比重值升降变化（百分比演算更为精确）排序：交通消费年增 17.50%，比重上升 106.95% 为最高；居住消费年增 16.89%，比重上升 90.54% 为次高；医疗消费年增 13.92%，比重上升 26.27% 为第三高；文教消费年增 12.85%，比重上升 8.53% 为第四高；用品消费年增 12.10%，比重下降 2.51% 为第五高；衣着消费年增 10.18%，比重下降 26.06% 为第六高；其他消费年增 9.89%，比重下降 29.07% 为次低；食品消费年增 9.31%，比重下降 34.82% 为最低。

四　辽宁居民物质消费综合增长态势

居民物质消费合计及其相关性分析为民生指数检测系统的二级子系统之三。辽宁居民物质消费合计及其相关性变动态势见图 4。

1. 城乡综合人均值及地区差变动状况

2000～2016 年，辽宁城乡居民人均物质消费年均增长 11.30%。人均值地区差最小值为 2015 年的 1.0511，最大值为 2009 年的 1.1507。在这 16 年间，辽宁居民物质消费地区差缩小了 1.90%。这意味着，辽宁与其余各地居民物质消费增长的同步均衡性略微增强，体现出"全面小康"建设进程在缩小居民物质消费地区差距方面的有效进展。

由于其他省域相应变化，辽宁地区差位次从 2000 年第 7 位升至 2016 年第 4 位。按照本项检测的推演测算，2020 年辽宁居民物质消费地区差应为 1.0822，相比当前将略微扩增；2035 年辽宁居民物质消费地区差应为 1.1841，相比当前将继续较明显扩增。

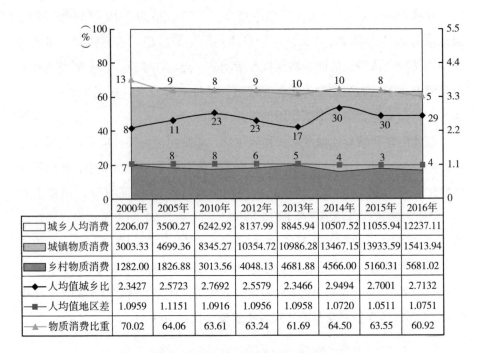

	2000年	2005年	2010年	2012年	2013年	2014年	2015年	2016年
城乡人均消费	2206.07	3500.27	6242.92	8137.99	8845.94	10507.52	11055.94	12237.11
城镇物质消费	3003.33	4699.36	8345.27	10354.72	10986.28	13467.15	13933.59	15413.94
乡村物质消费	1282.00	1826.88	3013.56	4048.13	4681.88	4566.00	5160.31	5681.02
◆ 人均值城乡比	2.3427	2.5723	2.7692	2.5579	2.3466	2.9494	2.7001	2.7132
■ 人均值地区差	1.0959	1.1151	1.0916	1.0956	1.0958	1.0720	1.0511	1.0751
▲ 物质消费比重	70.02	64.06	63.61	63.24	61.69	64.50	63.55	60.92

图4　辽宁居民物质消费合计及其相关性变动态势

　　左轴面积：城乡综合、城镇、乡村居民物质消费合计人均值（元转换为%），各项数值间呈直观比例。右轴曲线：物质消费城乡比（乡村=1）、地区差（无差距=1）。左轴曲线：物质消费比重（占总消费比）（%）。标注物质消费比重及其城乡比、地区差省域排序位次。

2. 城镇与乡村人均值及城乡比变动状况

　　2000～2016年，辽宁城镇居民人均物质消费年均增长10.76%，乡村居民人均物质消费年均增长9.75%，乡村年均增长率低于城镇1.01个百分点。城乡之间增长相关系数为 −0.0422，即历年增长逆向程度4.22%，呈极弱负相关性。

　　同期，辽宁居民物质消费城乡比最小值为2000年的2.3427，最大值为2003年的2.9710。在这16年间，辽宁居民物质消费城乡比扩大了15.82%。这意味着，辽宁城乡之间居民物质消费增长的同步均衡性明显减弱，体现出"全面小康"建设进程在缩小居民物质消费城乡差距方面的成效欠佳。

　　由于其他省域相应变化，辽宁城乡比位次从2000年第8位降至2016年第 29 位。按照本项检测的推演测算，2020 年辽宁居民物质消费城乡比应为 2.8555，相比当前将较明显扩增；2035 年辽宁居民物质消费城乡比应为 3.2301，相比当前将继续极显著扩增。

3. 城乡综合物质消费比重历年变化状况

2000～2016 年，辽宁居民物质消费比重下降了 9.10 个百分点。由于其他省域相应变化，辽宁居民物质消费比重位次从 2000 年第 13 位升至 2016 年第 5 位。辽宁居民物质消费比重明显降低，意味着人民生活在保证物质生活"必需消费"之外，已有越来越多的余钱用以满足非物消费需求。

在这 16 年间，辽宁居民物质消费比重最低（最佳）值为 2016 年的 60.92%，最高值为 2000 年的 70.02%。近年来达到历年最佳值，这表明当地人民生活已经彻底超越满足温饱栖息"基本需求"的物质消费阶段。

五　辽宁居民非物消费综合增长态势

居民非物消费合计及其相关性分析为民生指数检测系统的二级子系统之四。辽宁居民非物消费合计及其相关性变动态势见图 5。

1. 城乡综合人均值及地区差变动状况

2000～2016 年，辽宁城乡居民人均非物消费年均增长 14.15%。人均值地区差最小值为 2006 年的 1.0792，最大值为 2016 年的 1.2881。在这 16 年间，辽宁居民非物消费地区差扩大了 14.36%。这意味着，辽宁与其余各地居民非物消费增长的同步均衡性较明显减弱，体现出"全面小康"建设进程在缩小居民非物消费地区差距方面的成效欠佳。

由于其他省域相应变化，辽宁地区差位次从 2000 年第 8 位降至 2016 年第 23 位。按照本项检测的推演测算，2020 年辽宁居民非物消费地区差应为 1.3384，相比当前将较明显扩增；2035 年辽宁居民非物消费地区差应为 1.6146，相比当前将继续显著扩增。

2. 城镇与乡村人均值及城乡比变动状况

2000～2016 年，辽宁城镇居民人均非物消费年均增长 13.02%，乡村居

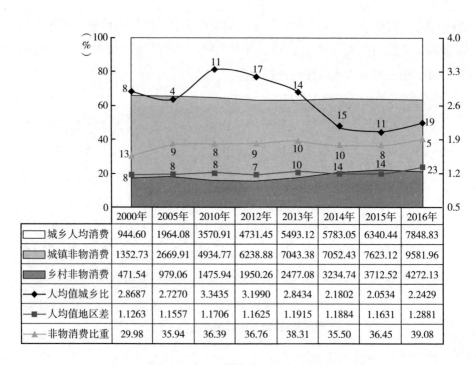

	2000年	2005年	2010年	2012年	2013年	2014年	2015年	2016年
城乡人均消费	944.60	1964.08	3570.91	4731.45	5493.12	5783.05	6340.44	7848.83
城镇非物消费	1352.73	2669.91	4934.77	6238.88	7043.38	7052.43	7623.12	9581.96
乡村非物消费	471.54	979.06	1475.94	1950.26	2477.08	3234.74	3712.52	4272.13
人均值城乡比	2.8687	2.7270	3.3435	3.1990	2.8434	2.1802	2.0534	2.2429
人均值地区差	1.1263	1.1557	1.1706	1.1625	1.1915	1.1884	1.1631	1.2881
非物消费比重	29.98	35.94	36.39	36.76	38.31	35.50	36.45	39.08

图5 辽宁居民非物消费合计及其相关性变动态势

左轴面积：城乡综合、城镇、乡村居民非物消费合计人均值（元转换为%），各项数值间呈直观比例。右轴曲线：非物消费城乡比（乡村＝1）、地区差（无差距＝1）。左轴曲线：非物消费比重（占总消费比）（%）。标注非物消费比重及其城乡比、地区差省域排序位次。

民人均非物消费年均增长14.77%，乡村年均增长率高于城镇1.75个百分点。城乡之间增长相关系数为 –0.0226，即历年增长逆向程度2.26%，呈极弱负相关性。

同期，辽宁居民非物消费城乡比最小值为2015年的2.0534，最大值为2004年的3.8916。在这16年间，辽宁居民非物消费城乡比缩小了21.82%。这意味着，辽宁城乡之间居民非物消费增长的同步均衡性明显增强，体现出"全面小康"建设进程在缩小居民非物消费城乡差距方面的有效进展。

由于其他省域相应变化，辽宁城乡比位次从2000年第8位降至2016年第19位。按照本项检测的推演测算，2020年辽宁居民非物消费城乡比应为2.1071，相比当前将较明显缩减；2035年辽宁居民非物消费城乡比应为

1.6745，相比当前将继续极显著缩减。

3. 城乡综合非物消费比重历年变化状况

2000～2016年，辽宁居民非物消费比重上升了9.10个百分点。由于其他省域相应变化，辽宁居民非物消费比重位次从2000年第13位升至2016年第5位。辽宁居民非物消费比重明显提高，意味着人民生活在保证物质生活"必需消费"之外，越来越注重非物质"应有消费"需求。

在这16年间，辽宁居民非物消费比重最高（最佳）值为2016年的39.08%，最低值为2000年的29.98%。近年来达到历年最佳值，这表明当地人民生活已经完全进入注重非物质生活需求的消费结构优化阶段。

六　辽宁居民积蓄增长及其相关性分析

居民积蓄及其相关性分析为民生指数检测系统的二级子系统之五。辽宁居民积蓄及其相关性变动态势见图6。

1. 城乡综合人均值及地区差变动状况

2000～2016年，辽宁城乡居民人均积蓄年均增长13.58%。人均值地区差最小值为2004年的1.0017，最大值为2014年的1.1841。在这16年间，辽宁居民积蓄地区差扩大了7.89%。这意味着，辽宁与其余各地居民积蓄增长的同步均衡性较明显减弱，体现出"全面小康"建设进程在缩小居民积蓄地区差距方面的成效欠佳。

由于其他省域相应变化，辽宁地区差位次从2000年第1位降至2016年第7位。按照本项检测的推演测算，2020年辽宁居民积蓄地区差应为1.1191，相比当前将略微扩增；2035年辽宁居民积蓄地区差应为1.1469，相比当前将继续略微扩增。

2. 城镇与乡村人均值及城乡比变动状况

2000～2016年，辽宁城镇居民人均积蓄年均增长13.76%，乡村居民人均积蓄年均增长10.39%，乡村年均增长率低于城镇3.37个百分点。城乡之间增长相关系数为0.3522，即历年增长同步程度35.22%，呈极弱正相关性。

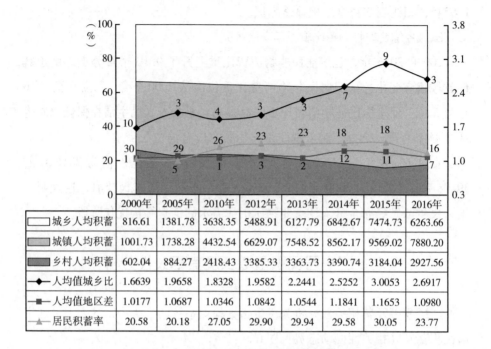

	2000年	2005年	2010年	2012年	2013年	2014年	2015年	2016年
□ 城乡人均积蓄	816.61	1381.78	3638.35	5488.91	6127.79	6842.67	7474.73	6263.66
▨ 城镇人均积蓄	1001.73	1738.28	4432.54	6629.07	7548.52	8562.17	9569.02	7880.20
▦ 乡村人均积蓄	602.04	884.27	2418.43	3385.33	3363.73	3390.74	3184.04	2927.56
◆ 人均值城乡比	1.6639	1.9658	1.8328	1.9582	2.2441	2.5252	3.0053	2.6917
■ 人均值地区差	1.0177	1.0687	1.0346	1.0842	1.0544	1.1841	1.1653	1.0980
▲ 居民积蓄率	20.58	20.18	27.05	29.90	29.94	29.58	30.05	23.77

图6　辽宁居民积蓄及其相关性变动态势

左轴面积：城乡综合、城镇、乡村居民积蓄人均值（元转换为%），各项数值间呈直观比例。右轴曲线：居民积蓄城乡比（乡村＝1）、地区差（无差距＝1）。左轴曲线：居民积蓄率（占居民收入比）（%）。标注居民积蓄率及其城乡比、地区差省域排序位次。

同期，辽宁居民积蓄城乡比最小值为2003年的1.1069，最大值为2015年的3.0053。在这16年间，辽宁居民积蓄城乡比扩大了61.77%。这意味着，辽宁城乡之间居民积蓄增长的同步均衡性极显著减弱，体现出"全面小康"建设进程在缩小居民积蓄城乡差距方面的成效欠佳。

由于其他省域相应变化，辽宁城乡比位次从2000年第10位升至2016年第3位。按照本项检测的推演测算，2020年辽宁居民积蓄城乡比应为3.0125，相比当前将显著扩增；2035年辽宁居民积蓄城乡比应为4.7655，相比当前将继续极显著扩增。

3. 城乡综合居民积蓄率历年变化状况

2000～2016年，辽宁居民积蓄率上升了3.19个百分点。由于其他省域相应变化，辽宁居民积蓄率位次从2000年第30位升至2016年第16位。辽宁居民积蓄率持续提高，意味着人民劳动所得在保证各方面消费需求之后，拥有越来越多的宽余"闲钱"可供自由支配，但同时也在更大程度上抑制了进一步扩大消费。

在这16年间，辽宁居民积蓄率最高（最佳）值为2015年的30.05%，最低值为2005年的20.18%。从"全面小康"建设进程起点2000年到2015年，辽宁居民积蓄率上升至历年最高值，这表明当地人民生活已经进入更加充裕富足阶段，使进一步扩大消费拉动经济增长成为可能。

七　辽宁民生发展指数多向度检测

辽宁人民生活发展综合指数变动态势见图7。

1. 各年度理想值横向检测指数

以假定辽宁各类民生数据城乡、地区无差距理想值为100，2016年辽宁城乡民生发展检测指数为92.75，低于无差距理想值7.25%，也低于上年（2015年）检测指数0.81个点。辽宁此项检测指数在省域间排行变化，2000年为第13位，2005年为第11位，2010年为第9位，2016年与上年持平，皆为第4位。

各年度（包括图中省略年度）此项检测指数对比，全部各个年度均低于无差距理想值100；2001~2002年、2004年、2006~2007年、2010~2015年11个年度高于上年检测指数值。其中，历年民生指数最高值为2015年的93.56，最低值为2009年的87.28。

2. 2000年以来基数值纵向检测指数

以"全面小康"建设进程起点年"九五"末年2000年数据指标演算基数值为100，2016年辽宁城乡民生发展检测指数为184.29，高于起点年基数值84.29%，也高于上年（2015年）检测指数3.09个点。辽宁此项检测指数在省域间排行变化，2000年起点不计，2005年为第11位，2010年为第9位，2016年从上年第11位下降为第18位。

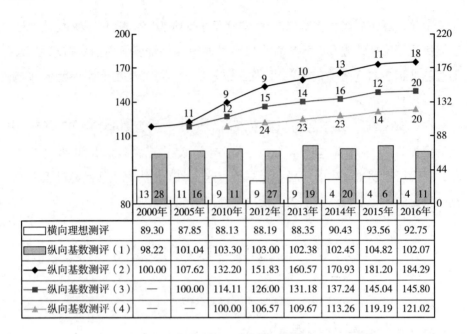

	2000年	2005年	2010年	2012年	2013年	2014年	2015年	2016年
☐横向理想测评	89.30	87.85	88.13	88.19	88.35	90.43	93.56	92.75
▨纵向基数测评（1）	98.22	101.04	103.30	103.00	102.38	102.45	104.82	102.07
◆纵向基数测评（2）	100.00	107.62	132.20	151.83	160.57	170.93	181.20	184.29
■纵向基数测评（3）	—	100.00	114.11	126.00	131.18	137.24	145.04	145.80
▲纵向基数测评（4）	—	—	100.00	106.57	109.67	113.26	119.19	121.02

图7　2000年以来辽宁城乡居民生活发展指数变动态势

左轴柱形：左历年横向测评（城乡、地区无差距理想值=100）；右逐年纵向测评（1），上年基数值=100。右轴曲线：时段纵向测评（起点年基数值=100），（2）以2000年为起点（"十五"以来，以"九五"末年为基点，后同），（3）以2005年为起点（"十一五"以来），（4）以2010年为起点（"十二五"以来）。标注各类测评结果省域排序位次。

各年度（包括图中省略年度）此项检测指数对比，全部各个年度均高于起点年基数值100；全部各个年度均高于上年检测指数值。其中，历年民生指数最高值为2016年的184.29，最低值为2001年的101.77。

3.2005年以来基数值纵向检测指数

以"全面小康"建设进程第一个五年期"十五"末年2005年数据指标演算基数值为100，2016年辽宁城乡民生发展检测指数为145.80，高于起点年基数值45.80%，也高于上年（2015年）检测指数0.76个点。辽宁此项检测指数在省域间排行变化，2005年起点不计，2010年为第12位，2016年从上年第12位下降为第20位。

各年度（包括图中省略年度）此项检测指数对比，全部各个年度均高于起点年基数值100；全部各个年度均高于上年检测指数值。其中，历年民生指数最高值为2016年的145.80，最低值为2006年的102.99。

4.2010年以来基数值纵向检测指数

以"全面小康"建设进程第二个五年期"十一五"末年2010年数据指标演算基数值为100，2016年辽宁城乡民生发展检测指数为121.02，高于起点年基数值21.02%，也高于上年（2015年）检测指数1.83个点。辽宁此项检测指数在省域间排行变化，2010年起点不计，2012年为第24位，2016年从上年第14位下降为第20位。

各年度（包括图中省略年度）此项检测指数对比，全部各个年度均高于起点年基数值100；全部各个年度均高于上年检测指数值。其中，历年民生指数最高值为2016年的121.02，最低值为2011年的103.14。

5.逐年度基数值纵向检测指数

以上一年度（2015年）起点数据指标演算基数值为100，2016年辽宁城乡民生发展检测指数为102.07，高于起点年基数值2.07%，但低于上年检测指数2.75个点。辽宁此项检测指数在省域间排行变化，2000年为第28位，2005年为第16位，2010年为第11位，2016年从上年第6位下降为第11位。

各年度（包括图中省略年度）此项检测指数对比，2001~2002年、2004~2016年15个年度高于起点年基数值100；2001~2002年、2004年、2006年、2010年、2014~2015年7个年度高于上年检测指数值。其中，历年民生指数最高值为2015年的104.82，最低值为2000年的98.22。

R . 16
广东：2015～2016年民生
发展指数提升第5位

朱 可*

摘　要：　2000～2016年，广东城乡综合演算的各类民生数据人均值持续稳步增长，2016年居民收入为2000年的4.40倍，总消费为4.27倍，积蓄为4.92倍。物质消费比重略微增高1.34个百分点，非物消费比重略微下降1.34个百分点，消费结构出现一定"递升级"变化。但居民收入比从54.42%极显著下降至41.19%，居民消费率从43.40%极显著下降至31.86%，"十二五"期间略有回升。尤其应注意居民收入年均增长明显低于财政收入年增4.11个百分点，居民消费支出年均增长明显低于财政支出年增4.96个百分点。居民积蓄率从20.25%持续略微升高至22.65%，反过来对消费需求的抑制作用加重。居民收入、总消费、积蓄地区差全都逐渐缩小；居民收入、总消费城乡比逐渐缩小，而居民积蓄城乡比持续扩大。

关键词：　广东　人民生活　发展指数　检测评价

---

* 朱可，云南白药集团健康品事业部市场分析人员，主要从事消费品市场分析与营销研究（互联网方向）。

一 广东经济财政增长与民生发展基本态势

广东经济财政增长与城乡人民生活发展关系态势见图1，限于制图容量，图中仅列出产值数据，财政收入、支出数据置于后台进行相关演算。

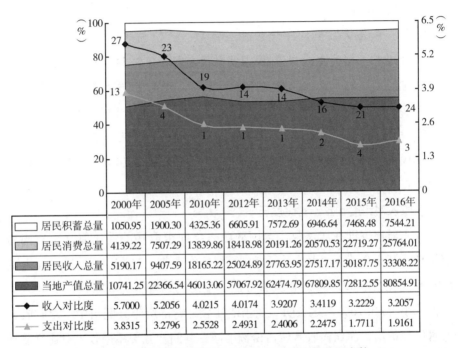

图1 广东经济财政增长与城乡人民生活发展关系态势

左轴面积：产值与城乡居民收入、消费、积蓄总量（亿元转换为%），各项数值间呈直观比例。右轴曲线：收入对比度（居民收入比与财政收入比之比）、支出对比度（居民消费率与财政用度比之比）（%）。囿于制图空间省略若干年度，文中描述历年变化包括省略年度，全文同。标注收入对比度、支出对比度省域排序位次。

1. 广东产值、财政收支总量增长状况

2000～2016年，广东产值总量年均增长13.45%，同期财政收入总量年均增长16.43%，财政支出总量年均增长17.07%。财政收入和支出增长大大超过产值增长，这意味着，在以历年产值来体现的当地总财富当中，各级财政收取并支用的部分占有越来越大的比例份额。

2. 居民收入、消费和积蓄总量增长状况

2000～2016 年，广东城乡居民收入总量年均增长 12.32%，消费总量年均增长 12.11%，积蓄总量年均增长 13.11%。在这 16 年间，广东城乡居民收入年均增长率低于产值增长 1.13 个百分点，低于财政收入增长 4.11 个百分点；居民消费年均增长率低于产值增长 1.34 个百分点，低于财政支出增长 4.96 个百分点。

检测广东各类数据历年增长相关系数：产值与居民收入增长之间为 0.2956（极弱正相关性），与居民消费增长之间为 0.3854（极弱正相关性），可简化理解为居民收入、消费与产值历年增长分别在 29.56% 和 38.54% 程度上同步。财政收入与居民收入增长之间为 0.1532，即二者历年增长在 15.32% 程度上同步，呈极弱正相关性，居民收入增长极显著滞后；财政支出与居民消费增长之间为 0.1457，即二者历年增长在 14.57% 程度上同步，呈极弱正相关性，居民消费增长更极显著滞后。

3. 收入对比度、支出对比度历年变化状况

收入对比度即在居民收入与财政收入之间求取相关性比值（可双向对应演算，互为倒数）。由广东居民收入变化看来，16 年间从财政收入的 570.00%（图中 5.7000 转换为百分制，全文同）降低为 320.57%，相对关系值减小了 43.76%。这表明，在当地社会总财富历年分配当中，财政收入所占份额扩增，而居民收入所占份额缩减，其间相互关系用收入对比度变动来表示。广东居民收入比与财政收入比历年变化相关系数为 -0.1208，呈很弱负相关性，即两项比值之间在 12.08% 程度上逆向变动。

支出对比度即在居民消费与财政用度之间求取相关性比值（可双向对应演算，互为倒数）。由广东居民消费变化看来，16 年间从财政用度的 383.15% 降低为 191.61%，相对关系值减小了 49.99%。这表明，在当地社会总财富历年支配当中，财政用度所占份额扩增，而居民消费所占份额缩减，其间相互关系用支出对比度变动来表示。广东居民消费率与财政用度比历年变化相关系数为 -0.1802，呈很弱负相关性，即两项比值之间在 18.02% 程度上逆向变动。

二 广东居民收入及其相关性分析

居民收入及其相关性分析为民生指数检测系统的二级子系统之一。广东居民收入及其相关性变动态势见图2。

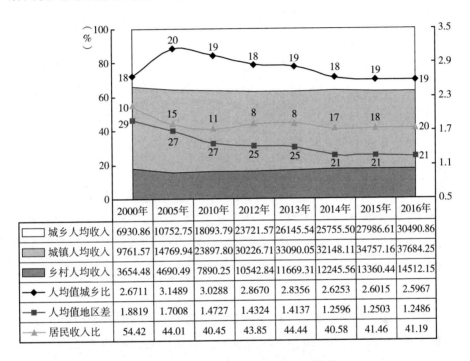

	2000年	2005年	2010年	2012年	2013年	2014年	2015年	2016年
□ 城乡人均收入	6930.86	10752.75	18093.79	23721.57	26145.54	25755.50	27986.61	30490.86
▨ 城镇人均收入	9761.57	14769.94	23897.80	30226.71	33090.05	32148.11	34757.16	37684.25
▩ 乡村人均收入	3654.48	4690.49	7890.25	10542.84	11669.31	12245.56	13360.44	14512.15
◆ 人均值城乡比	2.6711	3.1489	3.0288	2.8670	2.8356	2.6253	2.6015	2.5967
■ 人均值地区差	1.8819	1.7008	1.4727	1.4324	1.4137	1.2596	1.2503	1.2486
▲ 居民收入比	54.42	44.01	40.45	43.85	44.44	40.58	41.46	41.19

图2 广东居民收入及其相关性变动态势

左轴面积:城乡综合、城镇、乡村居民收入人均值(元转换为%),各项数值间呈直观比例。右轴曲线:居民收入城乡比(乡村=1)、地区差(无差距=1)。左轴曲线:居民收入比(与产值即国民总收入近似值比)(%)。标注居民收入比及其城乡比、地区差省域排序位次。另需说明,近年年鉴始发布2014年以来城乡人均值数据,但与总量数据之间存在演算误差,对应同时发布的产值人均值和总量分别演算相关性比值有出入,本文恢复自行演算城乡人均值。

1. 城乡综合人均值及地区差变动状况

2000～2016年,广东城乡居民人均收入年均增长9.70%(由于人口增长,人均值增长率略低于总量增长率)。人均值地区差最小(最佳,后同)值为2016年的1.2486,最大值为2000年的1.8819。在这16年间,广东居民收入地区差缩小了 33.65%。这意味着，广东与其余各地居民收入增长的同步均衡性显著增强，体现出"全面小康"建设进程在缩小居民收入地区差距方面的有效进展。

由于其他省域相应变化，广东地区差位次从 2000 年第 29 位升至 2016 年第 21 位。据既往历年动态推演测算，2020 年广东居民收入地区差将为 1.1249，相比当前较明显缩减；2035 年广东居民收入地区差将为 1.2209，相比当前略微缩减。

2. 城镇与乡村人均值及城乡比变动状况

2000～2016 年，广东城镇居民人均收入年均增长 8.81%，乡村居民人均收入年均增长 9.00%，乡村年均增长率高于城镇 0.19 个百分点。城乡之间增长相关系数为 0.5656，即历年增长同步程度 56.56%，呈很弱正相关性。

同期，广东居民收入城乡比最小（最佳，后同）值为 2016 年的 2.5967，最大值为 2006 年的 3.1528。在这 16 年间，广东居民收入城乡比缩小了 2.78%。这意味着，广东城乡之间居民收入增长的同步均衡性略微增强，体现出"全面小康"建设进程在缩小居民收入城乡差距方面的有效进展。

由于其他省域相应变化，广东城乡比位次从 2000 年第 18 位降至 2016 年第 19 位。据既往历年动态推演测算，2020 年广东居民收入城乡比将为 2.5785，相比当前略微缩减；2035 年广东居民收入城乡比将为 2.5111，相比当前继续较明显缩减。

3. 城乡综合居民收入比历年变化状况

2000～2016 年，广东居民收入比下降了 13.23 个百分点，其中"十二五"以来回升 0.74 个百分点。"十二五"以来国家及各地规划确定"努力实现居民收入增长与经济发展同步"的约束性指标已经产生显著作用。由于其他省域相应变化，广东居民收入比位次从 2000 年第 10 位降至 2016 年第 20 位。

在这 16 年间，广东居民收入比最高（最佳）值为 2000 年的 54.42%，最低值为 2009 年的 39.36%，近年来仍未回复 2000 年初始值（亦即最佳值）。这意味着，当地居民收入增长与经济发展的同步协调性尚待增强，甚而居民收入增长或应反超产值增长以补积年"拖欠"。

三 广东居民消费增长及其相关性分析

居民消费及其相关性分析为民生指数检测系统的二级子系统之二。广东居民总消费及其相关性变动态势见图 3。

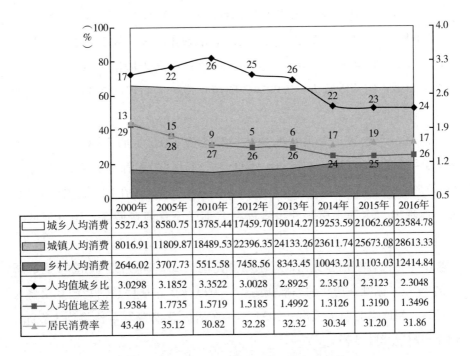

	2000年	2005年	2010年	2012年	2013年	2014年	2015年	2016年
□ 城乡人均消费	5527.43	8580.75	13785.44	17459.70	19014.27	19253.59	21062.69	23584.78
▨ 城镇人均消费	8016.91	11809.87	18489.53	22396.35	24133.26	23611.74	25673.08	28613.33
▨ 乡村人均消费	2646.02	3707.73	5515.58	7458.56	8343.45	10043.21	11103.03	12414.84
◆ 人均值城乡比	3.0298	3.1852	3.3522	3.0028	2.8925	2.3510	2.3123	2.3048
■ 人均值地区差	1.9384	1.7735	1.5719	1.5185	1.4992	1.3126	1.3190	1.3496
▲ 居民消费率	43.40	35.12	30.82	32.28	32.32	30.34	31.20	31.86

图 3　广东居民总消费及其相关性变动态势

左轴面积：城乡综合、城镇、乡村居民总消费人均值（元转换为%），各项数值间呈直观比例。右轴曲线：居民总消费城乡比（乡村 =1）、地区差（无差距 =1）。左轴曲线：居民消费率（与产值比）（%）。标注居民消费率及其城乡比、地区差省域排序位次。

1. 城乡综合人均值及地区差变动状况

2000～2016 年，广东城乡居民人均总消费年均增长 9.49%。人均值地区差最小值为 2014 年的 1.3126，最大值为 2000 年的 1.9384。在这 16 年间，广东居民总消费地区差缩小了 30.37%。这意味着，广东与其余各地居民总消费增长的同步均衡性显著增强，体现出"全面小康"建设进程在缩小居民总消费地区差距方面的有效进展。

由于其他省域相应变化，广东地区差位次从 2000 年第 29 位升至 2016 年第 26 位。据既往历年动态推演测算，2020 年广东居民总消费地区差将为 1.2369，相比当前较明显缩减；2035 年广东居民总消费地区差将为 1.0770，相比当前继续显著缩减。

2. 城镇与乡村人均值及城乡比变动状况

2000～2016 年，广东城镇居民人均总消费年均增长 8.28%，乡村居民人均总消费年均增长 10.14%，乡村年均增长率高于城镇 1.86 个百分点。城乡之间增长相关系数为 -0.0229，即历年增长逆向程度 2.29%，呈极弱负相关性。

同期，广东居民总消费城乡比最小值为 2016 年的 2.3048，最大值为 2007 年的 3.4117。在这 16 年间，广东居民总消费城乡比缩小了 23.93%。这意味着，广东城乡之间居民总消费增长的同步均衡性明显增强，体现出"全面小康"建设进程在缩小居民总消费城乡差距方面的有效进展。

由于其他省域相应变化，广东城乡比位次从 2000 年第 17 位降至 2016 年第 24 位。据既往历年动态推演测算，2020 年广东居民总消费城乡比将为 2.1524，相比当前明显缩减；2035 年广东居民总消费城乡比将为 1.6656，相比当前继续极显著缩减。

3. 城乡综合居民消费率历年变化状况

2000～2016 年，广东居民消费率下降了 11.54 个百分点，其中"十二五"以来回升 1.04 个百分点。应对国际金融危机实施"拉动内需，扩大消费，改善民生"国策以来，直到进入"十二五"期间，广东居民消费率开始略有回升。由于其他省域相应变化，广东居民消费率位次从 2000 年第 13 位降至 2016 年第 17 位。

在这 16 年间，广东居民消费率最高（最佳）值为 2000 年的 43.40%，最低值为 2014 年的 30.34%，近年来仍未回复 2000 年初始值（亦即最佳值）。这意味着，当地居民消费拉动经济增长的同步协调性尚待增强。还应注意到，广东居民消费率下降程度小于当地居民收入比下降程度，反过来意味着居民积蓄率上升，同时亦即积蓄对消费的抑制作用加重。

在此简要归纳对比城乡居民物质生活、非物生活分类单项消费的增长变化差异。2000 年以来 16 年间，广东各类消费人均值年均增长率、比重值升降变化（百分比演算更为精确）排序：居住消费年增 12.82%，比重上升 61.53% 为最高；医疗消费年增 10.50%，比重上升 15.87% 为次高；衣着消费年增 10.50%，比重上升 15.83% 为第三高；交通消费年增 10.49%，比重上升 15.63% 为第四高；文教消费年增 8.81%，比重下降 9.56% 为第五高；用品消费年增 8.51%，比重下降 13.43% 为第六高；食品消费年增 8.23%，比重下降 16.93% 为次低；其他消费年增 4.97%，比重下降 49.09% 为最低。

四　广东居民物质消费综合增长态势

居民物质消费合计及其相关性分析为民生指数检测系统的二级子系统之三。广东居民物质消费合计及其相关性变动态势见图 4。

1. 城乡综合人均值及地区差变动状况

2000～2016 年，广东城乡居民人均物质消费年均增长 9.63%。人均值地区差最小值为 2014 年的 1.3316，最大值为 2000 年的 1.8213。在这 16 年间，广东居民物质消费地区差缩小了 23.01%。这意味着，广东与其余各地居民物质消费增长的同步均衡性明显增强，体现出"全面小康"建设进程在缩小居民物质消费地区差距方面的有效进展。

由于其他省域相应变化，广东地区差位次从 2000 年第 29 位升至 2016 年第 27 位。据既往历年动态推演测算，2020 年广东居民物质消费地区差将为 1.3138，相比当前较明显缩减；2035 年广东居民物质消费地区差将为 1.0317，相比当前继续极显著缩减。

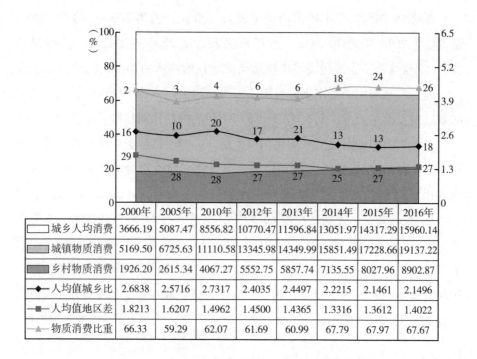

	2000年	2005年	2010年	2012年	2013年	2014年	2015年	2016年
□ 城乡人均消费	3666.19	5087.47	8556.82	10770.47	11596.84	13051.97	14317.29	15960.14
▨ 城镇物质消费	5169.50	6725.63	11110.58	13345.98	14349.99	15851.49	17228.66	19137.22
▩ 乡村物质消费	1926.20	2615.34	4067.27	5552.75	5857.74	7135.55	8027.96	8902.87
◆ 人均值城乡比	2.6838	2.5716	2.7317	2.4035	2.4497	2.2215	2.1461	2.1496
■ 人均值地区差	1.8213	1.6207	1.4962	1.4500	1.4365	1.3316	1.3612	1.4022
▲ 物质消费比重	66.33	59.29	62.07	61.69	60.99	67.79	67.97	67.67

图4 广东居民物质消费合计及其相关性变动态势

左轴面积：城乡综合、城镇、乡村居民物质消费合计人均值（元转换为%），各项数值间呈直观比例。右轴曲线：物质消费城乡比（乡村=1）、地区差（无差距=1）。左轴曲线：物质消费比重（占总消费比）（%）。标注物质消费比重及其城乡比、地区差省域排序位次。

2. 城镇与乡村人均值及城乡比变动状况

2000～2016年，广东城镇居民人均物质消费年均增长8.52%，乡村居民人均物质消费年均增长10.04%，乡村年均增长率高于城镇1.52个百分点。城乡之间增长相关系数为0.6504，即历年增长同步程度65.04%，呈较弱正相关性。

同期，广东居民物质消费城乡比最小值为2015年的2.1461，最大值为2003年的2.8413。在这16年间，广东居民物质消费城乡比缩小了19.91%。这意味着，广东城乡之间居民物质消费增长的同步均衡性明显增强，体现出"全面小康"建设进程在缩小居民物质消费城乡差距方面的有效进展。

由于其他省域相应变化，广东城乡比位次从2000年第16位降至2016

年第 18 位。据既往历年动态推演测算，2020 年广东居民物质消费城乡比将为 2.0351，相比当前较明显缩减；2035 年广东居民物质消费城乡比将为 1.6515，相比当前继续极显著缩减。

3. 城乡综合物质消费比重历年变化状况

2000~2016 年，广东居民物质消费比重上升了 1.34 个百分点。由于其他省域相应变化，广东居民物质消费比重位次从 2000 年第 2 位降至 2016 年第 26 位。广东居民物质消费比重不降反升，意味着人民生活在保证物质生活"必需消费"之外，反而减少了余钱用以满足非物消费需求。

在这 16 年间，广东居民物质消费比重最低（最佳）值为 2005 年的 59.29%，最高值为 2015 年的 67.97%。近年来仍未回复 2000 年初始值，更未达到 2005 年最佳值，这表明当地人民生活尚待彻底超越满足温饱栖息"基本需求"的物质消费阶段。

五 广东居民非物消费综合增长态势

居民非物消费合计及其相关性分析为民生指数检测系统的二级子系统之四。广东居民非物消费合计及其相关性变动态势见图 5。

1. 城乡综合人均值及地区差变动状况

2000~2016 年，广东城乡居民人均非物消费年均增长 9.21%。人均值地区差最小值为 2015 年的 1.2374，最大值为 2000 年的 2.2193。在这 16 年间，广东居民非物消费地区差缩小了 43.62%。这意味着，广东与其余各地居民非物消费增长的同步均衡性极显著增强，体现出"全面小康"建设进程在缩小居民非物消费地区差距方面的有效进展。

由于其他省域相应变化，广东地区差位次从 2000 年第 29 位升至 2016 年第 19 位。据既往历年动态推演测算，2020 年广东居民非物消费地区差将为 1.0994，相比当前明显缩减；2035 年广东居民非物消费地区差将为 1.2629，相比当前略微扩增。

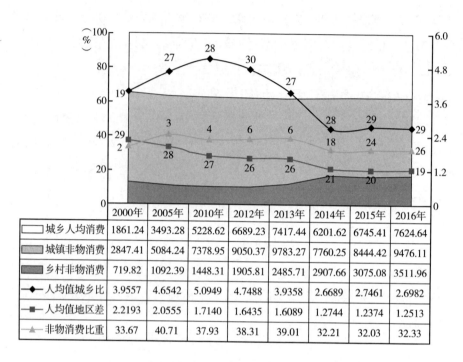

	2000年	2005年	2010年	2012年	2013年	2014年	2015年	2016年
城乡人均消费	1861.24	3493.28	5228.62	6689.23	7417.44	6201.62	6745.41	7624.64
城镇非物消费	2847.41	5084.24	7378.95	9050.37	9783.27	7760.25	8444.42	9476.11
乡村非物消费	719.82	1092.39	1448.31	1905.81	2485.71	2907.66	3075.08	3511.96
人均值城乡比	3.9557	4.6542	5.0949	4.7488	3.9358	2.6689	2.7461	2.6982
人均值地区差	2.2193	2.0555	1.7140	1.6435	1.6089	1.2744	1.2374	1.2513
非物消费比重	33.67	40.71	37.93	38.31	39.01	32.21	32.03	32.33

图5　广东居民非物消费合计及其相关性变动态势

左轴面积：城乡综合、城镇、乡村居民非物消费合计人均值（元转换为%），各项数值间呈直观比例。右轴曲线：非物消费城乡比（乡村＝1）、地区差（无差距＝1）。左轴曲线：非物消费比重（占总消费比）（%）。标注非物消费比重及其城乡比、地区差省域排序位次。

2. 城镇与乡村人均值及城乡比变动状况

2000～2016年，广东城镇居民人均非物消费年均增长7.80%，乡村居民人均非物消费年均增长10.41%，乡村年均增长率高于城镇2.61个百分点。城乡之间增长相关系数为－0.0750，即历年增长逆向程度7.50%，呈极弱负相关性。

同期，广东居民非物消费城乡比最小值为2014年的2.6689，最大值为2007年的6.0139。在这16年间，广东居民非物消费城乡比缩小了31.79%。这意味着，广东城乡之间居民非物消费增长的同步均衡性明显增强，体现出"全面小康"建设进程在缩小居民非物消费城乡差距方面的有效进展。

由于其他省域相应变化，广东城乡比位次从2000年第19位降至2016

年第 29 位。据既往历年动态推演测算，2020 年广东居民非物消费城乡比将为 2.4601，相比当前明显缩减；2035 年广东居民非物消费城乡比将为 1.7131，相比当前继续极显著缩减。

3. 城乡综合非物消费比重历年变化状况

2000~2016 年，广东居民非物消费比重下降了 1.34 个百分点。由于其他省域相应变化，广东居民非物消费比重位次从 2000 年第 2 位降至 2016 年第 26 位。广东居民非物消费比重不升反降，意味着人民生活在保证物质生活"必需消费"之外，反而降低了非物质生活"应有消费"需求。

在这 16 年间，广东居民非物消费比重最高（最佳）值为 2005 年的 40.71%，最低值为 2015 年的 32.03%。近年来仍未回复 2000 年初始值，更未达到 2005 年最佳值，这表明当地人民生活尚待完全进入注重非物质生活需求的消费结构优化阶段。

六　广东居民积蓄增长及其相关性分析

居民积蓄及其相关性分析为民生指数检测系统的二级子系统之五。广东居民积蓄及其相关性变动态势见图 6。

1. 城乡综合人均值及地区差变动状况

2000~2016 年，广东城乡居民人均积蓄年均增长 10.47%。人均值地区差最小值为 2016 年的 1.0055，最大值为 2001 年的 1.8205。在这 16 年间，广东居民积蓄地区差缩小了 40.44%。这意味着，广东与其余各地居民积蓄增长的同步均衡性极显著增强，体现出"全面小康"建设进程在缩小居民积蓄地区差距方面的有效进展。

由于其他省域相应变化，广东地区差位次从 2000 年第 27 位升至 2016 年第 1 位。据既往历年动态推演测算，2020 年广东居民积蓄地区差将为 1.1303，相比当前较明显扩增；2035 年广东居民积蓄地区差将为 1.4454，相比当前继续极显著扩增。

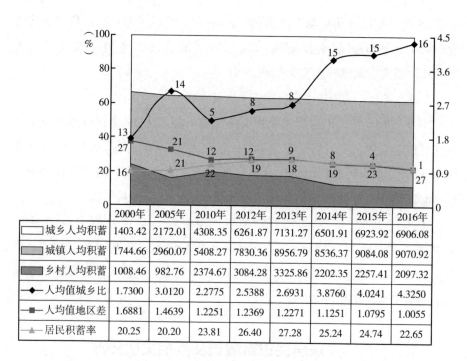

	2000年	2005年	2010年	2012年	2013年	2014年	2015年	2016年
城乡人均积蓄	1403.42	2172.01	4308.35	6261.87	7131.27	6501.91	6923.92	6906.08
城镇人均积蓄	1744.66	2960.07	5408.27	7830.36	8956.79	8536.37	9084.08	9070.92
乡村人均积蓄	1008.46	982.76	2374.67	3084.28	3325.86	2202.35	2257.41	2097.32
人均值城乡比	1.7300	3.0120	2.2775	2.5388	2.6931	3.8760	4.0241	4.3250
人均值地区差	1.6881	1.4639	1.2251	1.2369	1.2271	1.1251	1.0795	1.0055
居民积蓄率	20.25	20.20	23.81	26.40	27.28	25.24	24.74	22.65

图6　广东居民积蓄及其相关性变动态势

左轴面积：城乡综合、城镇、乡村居民积蓄人均值（元转换为%），各项数值间呈直观比例。右轴曲线：居民积蓄城乡比（乡村 = 1）、地区差（无差距 = 1）。左轴曲线：居民积蓄率（占居民收入比）（%）。标注居民积蓄率及其城乡比、地区差省域排序位次。

2.城镇与乡村人均值及城乡比变动状况

2000~2016 年，广东城镇居民人均积蓄年均增长 10.85%，乡村居民人均积蓄年均增长 4.68%，乡村年均增长率低于城镇 6.17 个百分点。城乡之间增长相关系数为 0.4268，即历年增长同步程度 42.68%，呈很弱正相关性。

同期，广东居民积蓄城乡比最小值为 2000 年的 1.7300，最大值为 2016 年的 4.3250。在这 16 年间，广东居民积蓄城乡比扩大了 150.00%。这意味着，广东城乡之间居民积蓄增长的同步均衡性极显著减弱，体现出"全面小康"建设进程在缩小居民积蓄城乡差距方面的成效欠佳。

由于其他省域相应变化，广东城乡比位次从 2000 年第 13 位降至 2016 年第 16 位。据既往历年动态推演测算，2020 年广东居民积蓄城乡比将为

6.0938，相比当前极显著扩增；2035 年广东居民积蓄城乡比将为 12.8391，相比当前继续极显著扩增。

3. 城乡综合居民积蓄率历年变化状况

2000～2016 年，广东居民积蓄率上升了 2.40 个百分点。由于其他省域相应变化，广东居民积蓄率位次从 2000 年第 16 位降至 2016 年第 27 位。广东居民积蓄率持续提高，意味着人民劳动所得在保证各方面消费需求之后，拥有越来越多的宽余"闲钱"可供自由支配，但同时也在更大程度上抑制了进一步扩大消费。

在这 16 年间，广东居民积蓄率最高（最佳）值为 2013 年的 27.28%，最低值为 2007 年的 19.98%。从"全面小康"建设进程起点 2000 年到 2013 年，广东居民积蓄率上升至历年最高值，这表明当地人民生活已经进入更加充裕富足阶段，使进一步扩大消费拉动经济增长成为可能。

七 广东民生发展指数多向度检测

广东人民生活发展综合指数变动态势见图7。

1. 各年度理想值横向检测指数

以假定各类民生数据城乡、地区无差距理想值为100，2016 年广东城乡民生发展检测指数为 88.53，低于无差距理想值 11.47%，但高于上年（2015 年）检测指数 0.69 个点。广东此项检测指数在省域间排行变化，2000 年为第 4 位，2005 年与之持平，2010 年为第 5 位，2016 年从上年第 11 位上升为第 9 位。

各年度（包括图中省略年度）此项检测指数对比，全部各个年度均低于无差距理想值 100；2003～2004 年、2006 年、2008～2009 年、2011～2012 年、2015～2016 年 9 个年度高于上年检测指数值。其中，历年指数最高值为 2000 年的 96.34，最低值为 2014 年的 86.36。

2. 2000年以来基数值纵向检测指数

以"全面小康"建设进程起点年"九五"末年 2000 年数据指标演算基

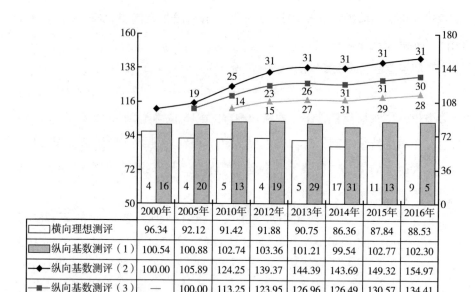

	2000年	2005年	2010年	2012年	2013年	2014年	2015年	2016年
□横向理想测评	96.34	92.12	91.42	91.88	90.75	86.36	87.84	88.53
▥纵向基数测评（1）	100.54	100.88	102.74	103.36	101.21	99.54	102.77	102.30
◆纵向基数测评（2）	100.00	105.89	124.25	139.37	144.39	143.69	149.32	154.97
■纵向基数测评（3）	—	100.00	113.25	123.95	126.96	126.49	130.57	134.41
▲纵向基数测评（4）	—	—	100.00	107.51	109.24	109.46	112.09	114.99

图7　2000年以来广东城乡居民生活发展指数变动态势

左轴柱形：左历年横向测评（城乡、地区无差距理想值＝100）；右逐年纵向测评（1），上年基数值＝100。右轴曲线：时段纵向测评（起点年基数值＝100），（2）以2000年为起点（"十五"以来，以"九五"末年为基点，后同），（3）以2005年为起点（"十一五"以来），（4）以2010年为起点（"十二五"以来）。标注各类测评结果省域排序位次。

数值为100，2016年广东城乡民生发展检测指数为154.97，高于起点年基数值54.97％，也高于上年（2015年）检测指数5.65个点。广东此项检测指数在省域间排行变化，2000年起点不计，2005年为第19位，2010年为第25位，2016年与上年持平，皆为第31位。

各年度（包括图中省略年度）此项检测指数对比，全部各个年度均高于起点年基数值100；2002～2013年、2015～2016年14个年度高于上年检测指数值。其中，历年指数最高值为2016年的154.97，最低值为2001年的100.54。

3.2005年以来基数值纵向检测指数

以"全面小康"建设进程第一个五年期"十五"末年2005年数据指标

演算基数值为100，2016年广东城乡民生发展检测指数为134.41，高于起点年基数值34.41%，也高于上年（2015年）检测指数3.84个点。广东此项检测指数在省域间排行变化，2005年起点不计，2010年为第14位，2016年从上年第31位上升为第30位。

各年度（包括图中省略年度）此项检测指数对比，全部各个年度均高于起点年基数值100；2007～2013年、2015～2016年9个年度高于上年检测指数值。其中，历年指数最高值为2016年的134.41，最低值为2006年的103.21。

4. 2010年以来基数值纵向检测指数

以"全面小康"建设进程第二个五年期"十一五"末年2010年数据指标演算基数值为100，2016年广东城乡民生发展检测指数为114.99，高于起点年基数值14.99%，也高于上年（2015年）检测指数2.90个点。广东此项检测指数在省域间排行变化，2010年起点不计，2012年为第15位，2016年从上年第29位上升为第28位。

各年度（包括图中省略年度）此项检测指数对比，全部各个年度均高于起点年基数值100；全部各个年度均高于上年检测指数值。其中，历年指数最高值为2016年的114.99，最低值为2011年的103.80。

5. 逐年度基数值纵向检测指数

以上一年（2015年）起点数据指标演算基数值为100，2016年广东城乡民生发展检测指数为102.30，高于起点年基数值2.30%，但低于上年检测指数0.47个点。广东此项检测指数在省域间排行变化，2000年为第16位，2005年为第20位，2010年为第13位，2016年从上年第13位上升为第5位。

各年度（包括图中省略年度）此项检测指数对比，2000～2013年、2015～2016年16个年度高于起点年基数值100；2002年、2004年、2006年、2008年、2010～2011年、2015年7个年度高于上年检测指数值。其中，历年指数最高值为2011年的103.80，最低值为2014年的99.54。

R.17

河南：2000~2016年民生
发展指数提升第6位

崔 宁[*]

摘 要： 2000~2016年，河南城乡综合演算的各类民生数据人均值持续明显增长，2016年居民收入为2000年的7.31倍，总消费为6.96倍，积蓄为8.20倍。物质消费比重显著下降8.77个百分点，非物消费比重显著增高8.77个百分点，消费结构出现很大升级变化。但居民收入比从47.98%明显下降至44.87%，居民消费率从34.58%明显下降至30.81%，"十二五"期间略有回升。尤其应注意居民收入年均增长明显低于财政收入年增3.98个百分点，居民消费支出年均增长显著低于财政支出年增6.31个百分点。居民积蓄率从27.92%持续较明显升高至31.34%，反过来对消费需求的抑制作用加重。居民收入、总消费地区差逐渐缩小，但居民积蓄地区差继续扩大；居民收入、总消费城乡比逐渐缩小，而居民积蓄城乡比持续扩大。

关键词： 河南 人民生活 发展指数 检测评价

---

* 崔宁，云南民族大学民俗学硕士研究生，参与导师主持相关研究工作，学术方向为网络游戏对神话的重述研究。

一 河南经济财政增长与民生发展基本态势

河南经济财政增长与城乡人民生活发展关系态势见图1，限于制图容量，图中仅列出产值数据，财政收入、支出数据置于后台进行相关演算。

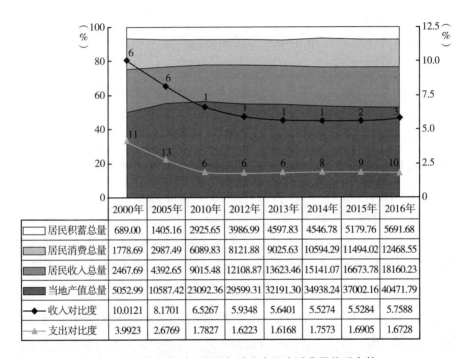

	2000年	2005年	2010年	2012年	2013年	2014年	2015年	2016年
居民积蓄总量	689.00	1405.16	2925.65	3986.99	4597.83	4546.78	5179.76	5691.68
居民消费总量	1778.69	2987.49	6089.83	8121.88	9025.63	10594.29	11494.02	12468.55
居民收入总量	2467.69	4392.65	9015.48	12108.87	13623.46	15141.07	16673.78	18160.23
当地产值总量	5052.99	10587.42	23092.36	29599.31	32191.30	34938.24	37002.16	40471.79
◆ 收入对比度	10.0121	8.1701	6.5267	5.9348	5.6401	5.5274	5.5284	5.7588
▲ 支出对比度	3.9923	2.6769	1.7827	1.6223	1.6168	1.7573	1.6905	1.6728

图1 河南经济财政增长与城乡人民生活发展关系态势

左轴面积：产值与城乡居民收入、消费、积蓄总量（亿元转换为%），各项数值间呈直观比例。右轴曲线：收入对比度（居民收入比与财政收入比之比）、支出对比度（居民消费率与财政用度比之比）（%）。囿于制图空间省略若干年度，文中描述历年变化包括省略年度，全文同。标注收入对比度、支出对比度省域排序位次。

1. 河南产值、财政收支总量增长状况

2000~2016年，河南产值总量年均增长13.89%，同期财政收入总量年均增长17.27%，财政支出总量年均增长19.25%。财政收入和支出增长大大超过产值增长，这意味着，在以历年产值来体现的当地总财富当中，各级财政收取并支用的部分占有越来越大的比例份额。

2. 居民收入、消费和积蓄总量增长状况

2000～2016 年，河南城乡居民收入总量年均增长 13.29%，消费总量年均增长 12.94%，积蓄总量年均增长 14.11%。在这 16 年间，河南城乡居民收入年均增长率低于产值增长 0.60 个百分点，低于财政收入增长 3.98 个百分点；居民消费年均增长率低于产值增长 0.95 个百分点，低于财政支出增长 6.31 个百分点。

检测河南各类数据历年增长相关系数：产值与居民收入增长之间为 0.6215（较弱正相关性），与居民消费增长之间为 0.5253（很弱正相关性），可简化理解为居民收入、消费与产值历年增长分别在 62.15% 和 52.53% 程度上同步。财政收入与居民收入增长之间为 0.7874，即二者历年增长在 78.74% 程度上同步，呈稍强正相关性，居民收入增长明显滞后；财政支出与居民消费增长之间为 0.5524，即二者历年增长在 55.24% 程度上同步，呈很弱正相关性，居民消费增长更极显著滞后。

3. 收入对比度、支出对比度历年变化状况

收入对比度即在居民收入与财政收入之间求取相关性比值（可双向对应演算，互为倒数）。由河南居民收入变化看来，16 年间从财政收入的 1001.21%（图中 10.0121 转换为百分制，全文同）降低为 575.88%，相对关系值减小了 42.48%。这表明，在当地社会总财富历年分配当中，财政收入所占份额扩增，而居民收入所占份额缩减，其间相互关系用收入对比度变动来表示。河南居民收入比与财政收入比历年变化相关系数为 - 0.2104，呈很弱负相关性，即两项比值之间在 21.04% 程度上逆向变动。

支出对比度即在居民消费与财政用度之间求取相关性比值（同样可双向对应演算，互为倒数）。由河南居民消费变化看来，16 年间从财政用度的 399.23% 降低为 167.28%，相对关系值减小了 58.10%。这表明，在当地社会总财富历年支配当中，财政用度所占份额扩增，而居民消费所占份额缩减，其间相互关系用支出对比度变动来表示。河南居民消费率与财政用度比历年变化相关系数为 - 0.3941，呈稍强负相关性，即两项比值之间在 39.41% 程度上逆向变动。

二 河南居民收入及其相关性分析

居民收入及其相关性分析为民生指数检测系统的二级子系统之一。河南
居民收入及其相关性变动态势见图2。

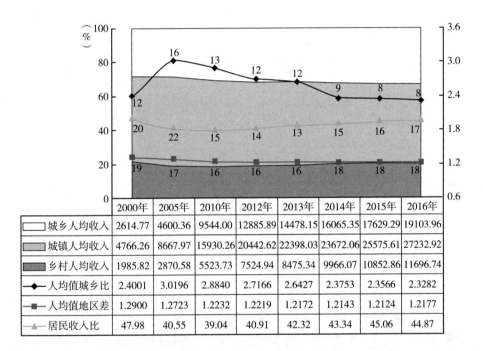

	2000年	2005年	2010年	2012年	2013年	2014年	2015年	2016年
城乡人均收入	2614.77	4600.36	9544.00	12885.89	14478.15	16065.35	17629.29	19103.96
城镇人均收入	4766.26	8667.97	15930.26	20442.62	22398.03	23672.06	25575.61	27232.92
乡村人均收入	1985.82	2870.58	5523.73	7524.94	8475.34	9966.07	10852.86	11696.74
人均值城乡比	2.4001	3.0196	2.8840	2.7166	2.6427	2.3753	2.3566	2.3282
人均值地区差	1.2900	1.2723	1.2232	1.2219	1.2172	1.2143	1.2124	1.2177
居民收入比	47.98	40.55	39.04	40.91	42.32	43.34	45.06	44.87

图2 河南居民收入及其相关性变动态势

左轴面积：城乡综合、城镇、乡村居民收入人均值（元转换为%），各项数值间呈直观比
例。右轴曲线：居民收入城乡比（乡村=1）、地区差（无差距=1）。左轴曲线：居民收入比
（与产值即国民总收入近似值比）（%）。标注居民收入比及其城乡比、地区差省域排序位次。
另需说明，近年年鉴始发布2014年以来城乡人均值数据，但与总量数据之间存在演算误差，对
应同时发布的产值人均值和总量分别演算相关性比值有出入，本文恢复自行演算城乡人均值。

1. 城乡综合人均值及地区差变动状况

2000~2016年，河南城乡居民人均收入年均增长13.23%（由于人口增
长，人均值增长率略低于总量增长率）。人均值地区差最小（最佳，后同）
值为2015年的1.2124，最大值为2003年的1.2949。在这16年间，河南居

民收入地区差缩小了5.61%。这意味着，河南与其余各地居民收入增长的同步均衡性较明显增强，体现出"全面小康"建设进程在缩小居民收入地区差距方面的有效进展。

由于其他省域相应变化，河南地区差位次从2000年第19位升至2016年第18位。按照本项检测的推演测算，2020年河南居民收入地区差应为1.1953，相比当前将略微缩减；2035年河南居民收入地区差应为1.1154，相比当前将继续较明显缩减。

2. 城镇与乡村人均值及城乡比变动状况

2000～2016年，河南城镇居民人均收入年均增长11.51%，乡村居民人均收入年均增长11.72%，乡村年均增长率高于城镇0.21个百分点。城乡之间增长相关系数为0.3185，即历年增长同步程度31.85%，呈极弱正相关性。

同期，河南居民收入城乡比最小（最佳，后同）值为2016年的2.3282，最大值为2003年的3.0980。在这16年间，河南居民收入城乡比缩小了3.00%。这意味着，河南城乡之间居民收入增长的同步均衡性略微增强，体现出"全面小康"建设进程在缩小居民收入城乡差距方面的有效进展。

由于其他省域相应变化，河南城乡比位次从2000年第12位升至2016年第8位。按照本项检测的推演测算，2020年河南居民收入城乡比应为2.3106，相比当前将略微缩减；2035年河南居民收入城乡比应为2.2457，相比当前将继续较明显缩减。

3. 城乡综合居民收入比历年变化状况

2000～2016年，河南居民收入比下降了3.11个百分点，其中"十二五"以来回升5.83个百分点。"十二五"以来国家及各地规划确定"努力实现居民收入增长与经济发展同步"的约束性指标已经产生显著作用。由于其他省域相应变化，河南居民收入比位次从2000年第20位升至2016年第17位。

在这16年间，河南居民收入比最高（最佳）值为2002年的49.88%，最低值为 2008 年的 38.50% ，近年来仍未回复 2000 年初始值，更未达到 2002 年最佳值。这意味着，当地居民收入增长与经济发展的同步协调性尚待增强，甚而居民收入增长或应反超产值增长以补积年"拖欠"。

三 河南居民消费增长及其相关性分析

居民消费及其相关性分析为民生指数检测系统的二级子系统之二。河南居民总消费及其相关性变动态势见图 3。

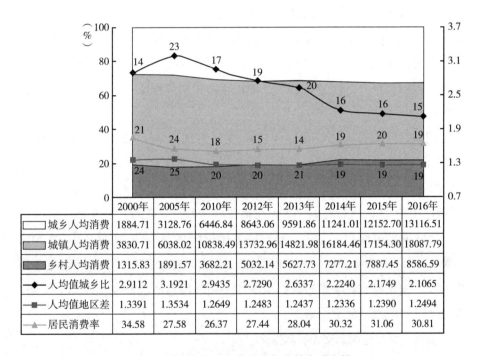

	2000年	2005年	2010年	2012年	2013年	2014年	2015年	2016年
城乡人均消费	1884.71	3128.76	6446.84	8643.06	9591.86	11241.01	12152.70	13116.51
城镇人均消费	3830.71	6038.02	10838.49	13732.96	14821.98	16184.46	17154.30	18087.79
乡村人均消费	1315.83	1891.57	3682.21	5032.14	5627.73	7277.21	7887.45	8586.59
人均值城乡比	2.9112	3.1921	2.9435	2.7290	2.6337	2.2240	2.1749	2.1065
人均值地区差	1.3391	1.3534	1.2649	1.2483	1.2437	1.2336	1.2390	1.2494
居民消费率	34.58	27.58	26.37	27.44	28.04	30.32	31.06	30.81

图 3 河南居民总消费及其相关性变动态势

左轴面积：城乡综合、城镇、乡村居民总消费人均值（元转换为%），各项数值间呈直观比例。右轴曲线：居民总消费城乡比（乡村 =1）、地区差（无差距 =1）。左轴曲线：居民消费率（与产值比）（%）。标注居民消费率及其城乡比、地区差省域排序位次。

1. 城乡综合人均值及地区差变动状况

2000～2016 年，河南城乡居民人均总消费年均增长 12.89%。人均值地区差最小值为 2014 年的 1.2336，最大值为 2004 年的 1.3655。在这 16 年间，河南居民总消费地区差缩小了 6.69%。这意味着，河南与其余各地居民总消费增长的同步均衡性较明显增强，体现出"全面小康"建设进程在缩小居民总消费地区差距方面的有效进展。

由于其他省域相应变化，河南地区差位次从 2000 年第 24 位升至 2016 年第 19 位。按照本项检测的推演测算，2020 年河南居民总消费地区差应为 1.2298，相比当前将略微缩减；2035 年河南居民总消费地区差应为 1.1804，相比当前将继续较明显缩减。

2. 城镇与乡村人均值及城乡比变动状况

2000~2016 年，河南城镇居民人均总消费年均增长 10.19%，乡村居民人均总消费年均增长 12.44%，乡村年均增长率高于城镇 2.25 个百分点。城乡之间增长相关系数为 0.4072，即历年增长同步程度 40.72%，呈很弱正相关性。

同期，河南居民总消费城乡比最小值为 2016 年的 2.1065，最大值为 2003 年的 3.2754。在这 16 年间，河南城乡之间居民总消费城乡比缩小了 27.64%。这意味着，河南城乡之间居民总消费增长的同步均衡性明显增强，体现出"全面小康"建设进程在缩小居民总消费城乡差距方面的有效进展。

由于其他省域相应变化，河南城乡比位次从 2000 年第 14 位降至 2016 年第 15 位。按照本项检测的推演测算，2020 年河南居民总消费城乡比应为 1.9428，相比当前将明显缩减；2035 年河南居民总消费城乡比应为 1.4345，相比当前将继续极显著缩减。

3. 城乡综合居民消费率历年变化状况

2000~2016 年，河南居民消费率下降了 3.77 个百分点，其中"十二五"以来回升 4.44 个百分点。应对国际金融危机实施"拉动内需，扩大消费，改善民生"国策以来，直到进入"十二五"期间，河南居民消费率开始略有回升。由于其他省域相应变化，河南居民消费率位次从 2000 年第 21 位升至 2016 年第 19 位。

在这 16 年间，河南居民消费率最高（最佳）值为 2000 年的 34.58%，最低值为 2008 年的 25.94%，近年来仍未回复 2000 年初始值，更未达到 2000 年最佳值。这意味着，当地居民消费拉动经济增长的同步协调性尚待增强。还应注意到，河南居民消费率下降程度大于当地居民收入比下降程度，反过来即意味着居民积蓄率上升，同时亦即积蓄对消费的抑制作用加重。

在此简要归纳对比城乡居民物质生活、非物生活分类单项消费的增长变化差异。2000 年以来 16 年间，河南各类消费人均值年均增长率、比重值升降变化（百分比演算更为精确）排序：交通消费年增 18.90%，比重上升 129.17% 为最高；医疗消费年增 15.59%，比重上升 45.91% 为次高；居住消费年增 15.17%，比重上升 37.69% 为第三高；用品消费年增 13.83%，比重上升 14.21% 为第四高；文教消费年增 13.54%，比重上升 9.55% 为第五高；衣着消费年增 12.85%，比重下降 0.54% 为第六高；食品消费年增 9.87%，比重下降 35.21% 为次低；其他消费年增 9.03%，比重下降 42.74% 为最低。

四　河南居民物质消费综合增长态势

居民物质消费合计及其相关性分析为民生指数检测系统的二级子系统之三。河南居民物质消费合计及其相关性变动态势见图 4。

1. 城乡综合人均值及地区差变动状况

2000～2016 年，河南城乡居民人均物质消费年均增长 12.01%。人均值地区差最小值为 2013 年的 1.2231，最大值为 2004 年的 1.3323。在这 16 年间，河南居民物质消费地区差缩小了 4.56%。这意味着，河南与其余各地居民物质消费增长的同步均衡性略微增强，体现出"全面小康"建设进程在缩小居民物质消费地区差距方面的有效进展。

由于其他省域相应变化，河南地区差位次从 2000 年第 24 位升至 2016 年第 18 位。按照本项检测的推演测算，2020 年河南居民物质消费地区差应为 1.2391，相比当前将略微缩减；2035 年河南居民物质消费地区差应为 1.2607，相比当前将略微扩增。

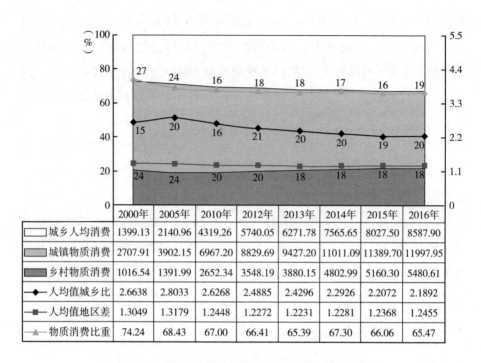

	2000年	2005年	2010年	2012年	2013年	2014年	2015年	2016年
城乡人均消费	1399.13	2140.96	4319.26	5740.05	6271.78	7565.65	8027.50	8587.90
城镇物质消费	2707.91	3902.15	6967.20	8829.69	9427.20	11011.09	11389.70	11997.95
乡村物质消费	1016.54	1391.99	2652.34	3548.19	3880.15	4802.99	5160.30	5480.61
人均值城乡比	2.6638	2.8033	2.6268	2.4885	2.4296	2.2926	2.2072	2.1892
人均值地区差	1.3049	1.3179	1.2448	1.2272	1.2231	1.2281	1.2368	1.2455
物质消费比重	74.24	68.43	67.00	66.41	65.39	67.30	66.06	65.47

图4　河南居民物质消费合计及其相关性变动态势

左轴面积：城乡综合、城镇、乡村居民物质消费合计人均值（元转换为%），各项数值间呈直观比例。右轴曲线：物质消费城乡比（乡村=1）、地区差（无差距=1）。左轴曲线：物质消费比重（占总消费比）（%）。标注物质消费比重及其城乡比、地区差省域排序位次。

2. 城镇与乡村人均值及城乡比变动状况

2000～2016年，河南城镇居民人均物质消费年均增长9.75%，乡村居民人均物质消费年均增长11.10%，乡村年均增长率高于城镇1.35个百分点。城乡之间增长相关系数为0.7167，即历年增长同步程度71.67%，呈较弱正相关性。

同期，河南居民物质消费城乡比最小值为2016年的2.1892，最大值为2003年的2.8247。在这16年间，河南居民物质消费城乡比缩小了17.82%。这意味着，河南城乡之间居民物质消费增长的同步均衡性明显增强，体现出"全面小康"建设进程在缩小居民物质消费城乡差距方面的有效进展。

由于其他省域相应变化，河南城乡比位次从2000年第15位降至2016

年第20位。按照本项检测的推演测算，2020年河南居民物质消费城乡比应为2.0561，相比当前将较明显缩减；2035年河南居民物质消费城乡比应为1.7340，相比当前将继续极显著缩减。

3. 城乡综合物质消费比重历年变化状况

2000～2016年，河南居民物质消费比重下降了8.77个百分点。由于其他省域相应变化，河南居民物质消费比重位次从2000年第27位升至2016年第19位。河南居民物质消费比重明显降低，意味着人民生活在保证物质生活"必需消费"之外，已有越来越多的余钱用以满足非物消费需求。

在这16年间，河南居民物质消费比重最低（最佳）值为2013年的65.39%，最高值为2000年的74.24%。近年来达到历年最佳值，这表明当地人民生活已经彻底超越满足温饱栖息"基本需求"的物质消费阶段。

五　河南居民非物消费综合增长态势

居民非物消费合计及其相关性分析为民生指数检测系统的二级子系统之四。河南居民非物消费合计及其相关性变动态势见图5。

1. 城乡综合人均值及地区差变动状况

2000～2016年，河南城乡居民人均非物消费年均增长14.98%。人均值地区差最小值为2015年的1.2432，最大值为2001年的1.4304。在这16年间，河南居民非物消费地区差缩小了11.56%。这意味着，河南与其余各地居民非物消费增长的同步均衡性较明显增强，体现出"全面小康"建设进程在缩小居民非物消费地区差距方面的有效进展。

由于其他省域相应变化，河南地区差位次从2000年第24位升至2016年第21位。按照本项检测的推演测算，2020年河南居民非物消费地区差应为1.2133，相比当前将略微缩减；2035年河南居民非物消费地区差应为1.0432，相比当前将继续明显缩减。

2. 城镇与乡村人均值及城乡比变动状况

2000～2016年，河南城镇居民人均非物消费年均增长11.15%，乡村居

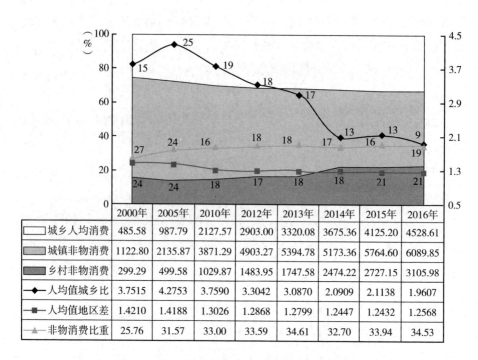

	2000年	2005年	2010年	2012年	2013年	2014年	2015年	2016年
城乡人均消费	485.58	987.79	2127.57	2903.00	3320.08	3675.36	4125.20	4528.61
城镇非物消费	1122.80	2135.87	3871.29	4903.27	5394.78	5173.36	5764.60	6089.85
乡村非物消费	299.29	499.58	1029.87	1483.95	1747.58	2474.22	2727.15	3105.98
人均值城乡比	3.7515	4.2753	3.7590	3.3042	3.0870	2.0909	2.1138	1.9607
人均值地区差	1.4210	1.4188	1.3026	1.2868	1.2799	1.2447	1.2432	1.2568
非物消费比重	25.76	31.57	33.00	33.59	34.61	32.70	33.94	34.53

图5　河南居民非物消费合计及其相关性变动态势

左轴面积：城乡综合、城镇、乡村居民非物消费合计人均值（元转换为%），各项数值间呈直观比例。右轴曲线：非物消费城乡比（乡村＝1）、地区差（无差距＝1）。左轴曲线：非物消费比重（占总消费比）（%）。标注非物消费比重及其城乡比、地区差省域排序位次。

民人均非物消费年均增长 15.75%，乡村年均增长率高于城镇 4.60 个百分点。城乡之间增长相关系数为 -0.3069，即历年增长逆向程度 30.69%，呈较弱负相关性。

同期，河南居民非物消费城乡比最小值为 2016 年的 1.9607，最大值为 2002 年的 4.7763。在这 16 年间，河南居民非物消费城乡比缩小了 47.74%。这意味着，河南城乡之间居民非物消费增长的同步均衡性显著增强，体现出"全面小康"建设进程在缩小居民非物消费城乡差距方面的有效进展。

由于其他省域相应变化，河南城乡比位次从 2000 年第 15 位升至 2016 年第 9 位。按照本项检测的推演测算，2020 年河南居民非物消费城乡比应为 1.7548，相比当前将明显缩减；2035 年河南居民非物消费城乡比应为

0.9074, 相比当前将继续极显著缩减为"城乡倒挂", 即乡村人均值高于城镇人均值。诚然, 这只是长期预测的理论演算值, 揭示出一种积极向好的趋势。

3. 城乡综合非物消费比重历年变化状况

2000~2016年, 河南居民非物消费比重上升了8.77个百分点。由于其他省域相应变化, 河南居民非物消费比重位次从2000年第27位升至2016年第19位。河南居民非物消费比重明显提高, 意味着人民生活在保证物质生活"必需消费"之外, 越来越注重非物质生活"应有消费"需求。

在这16年间, 河南居民非物消费比重最高（最佳）值为2013年的34.61%, 最低值为2000年的25.76%。近年来达到历年最佳值, 这表明当地人民生活已经完全进入注重非物质生活需求的消费结构优化阶段。

六 河南居民积蓄增长及其相关性分析

居民积蓄及其相关性分析为民生指数检测系统的二级子系统之五。河南居民积蓄及其相关性变动态势见图6。

1. 城乡综合人均值及地区差变动状况

2000~2016年, 河南城乡居民人均积蓄年均增长14.06%。人均值地区差最小值为2005年的1.0082, 最大值为2014年的1.1652。在这16年间, 河南居民积蓄地区差扩大了1.42%。这意味着, 河南与其余各地居民积蓄增长的同步均衡性略微减弱, 体现出"全面小康"建设进程在缩小居民积蓄地区差距方面的成效欠佳。

由于其他省域相应变化, 河南地区差位次从2000年第9位降至2016年第10位。按照本项检测的推演测算, 2020年河南居民积蓄地区差应为1.1167, 相比当前将略微缩减; 2035年河南居民积蓄地区差应为1.0139, 相比当前将继续较明显缩减。

2. 城镇与乡村人均值及城乡比变动状况

2000~2016年, 河南城镇居民人均积蓄年均增长15.31%, 乡村居民

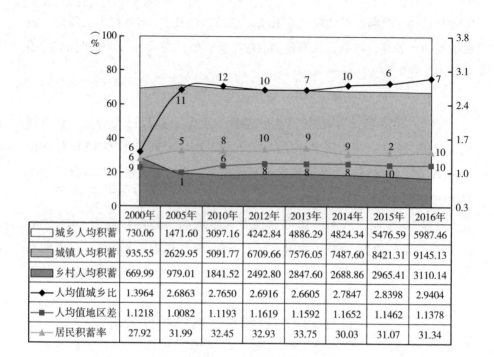

图6 河南居民积蓄及其相关性变动态势

	2000年	2005年	2010年	2012年	2013年	2014年	2015年	2016年
城乡人均积蓄	730.06	1471.60	3097.16	4242.84	4886.29	4824.34	5476.59	5987.46
城镇人均积蓄	935.55	2629.95	5091.77	6709.66	7576.05	7487.60	8421.31	9145.13
乡村人均积蓄	669.99	979.01	1841.52	2492.80	2847.60	2688.86	2965.41	3110.14
人均值城乡比	1.3964	2.6863	2.7650	2.6916	2.6605	2.7847	2.8398	2.9404
人均值地区差	1.1218	1.0082	1.1193	1.1619	1.1592	1.1652	1.1462	1.1378
居民积蓄率	27.92	31.99	32.45	32.93	33.75	30.03	31.07	31.34

左轴面积：城乡综合、城镇、乡村居民积蓄人均值（元转换为%），各项数值间呈直观比例。右轴曲线：居民积蓄城乡比（乡村=1）、地区差（无差距=1）。左轴曲线：居民积蓄率（占居民收入比）（%）。标注居民积蓄率及其城乡比、地区差省域排序位次。

人均积蓄年均增长10.07%，乡村年均增长率低于城镇5.24个百分点。城乡之间增长相关系数为0.3134，即历年增长同步程度31.34%，呈极弱正相关性。

同期，河南居民积蓄城乡比最小值为2000年的1.3964，最大值为2009年的3.3871。在这16年间，河南居民积蓄城乡比扩大了110.58%。这意味着，河南城乡之间居民积蓄增长的同步均衡性极显著减弱，体现出"全面小康"建设进程在缩小居民积蓄城乡差距方面的成效欠佳。

由于其他省域相应变化，河南城乡比位次从2000年第6位降至2016年第7位。按照本项检测的推演测算，2020年河南居民积蓄城乡比应为3.4327，相比当前将极显著扩增；2035年河南居民积蓄城乡比应为7.1197，相比当前将继续极显著扩增。

3. 城乡综合居民积蓄率历年变化状况

2000~2016 年，河南居民积蓄率上升了 3.42 个百分点。由于其他省域相应变化，河南居民积蓄率位次从 2000 年第 6 位降至 2016 年第 10 位。河南居民积蓄率持续提高，意味着人民劳动所得在保证各方面消费需求之后，拥有越来越多的宽余"闲钱"可供自由支配，但同时也在更大程度上抑制了进一步扩大消费。

在这 16 年间，河南居民积蓄率最高（最佳）值为 2013 年的 33.75%，最低值为 2000 年的 27.92%。从"全面小康"建设进程起点 2000 年到 2013 年，河南居民积蓄率上升至历年最高值，这表明当地人民生活已经进入更加充裕富足阶段，使进一步扩大消费拉动经济增长成为可能。

七 河南民生发展指数多向度检测

河南人民生活发展综合指数变动态势见图 7。

1. 各年度理想值横向检测指数

以假定河南各类民生数据城乡、地区无差距理想值为 100，2016 年河南城乡民生发展检测指数为 85.83，低于无差距理想值 14.17%，也低于上年（2015 年）检测指数 0.67 个点。河南此项检测指数在省域间排行变化，2000 年为第 22 位，2005 年为第 19 位，2010 年为第 15 位，2016 年从上年第 18 位下降为第 19 位。

各年度（包括图中省略年度）此项检测指数对比，全部各个年度均低于无差距理想值 100；2001~2002 年、2004 年、2006~2009 年、2011 年、2013~2015 年 11 个年度高于上年检测指数值。其中，历年民生指数最高值为 2002 年的 86.71，最低值为 2003 年的 83.36。

2. 2000 年以来基数值纵向检测指数

以"全面小康"建设进程起点年"九五"末年 2000 年数据指标演算基数值为 100，2016 年河南城乡民生发展检测指数为 196.30，高于起点年基

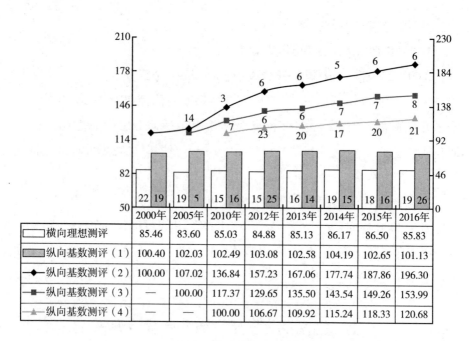

	2000年	2005年	2010年	2012年	2013年	2014年	2015年	2016年
☐横向理想测评	85.46	83.60	85.03	84.88	85.13	86.17	86.50	85.83
▨纵向基数测评（1）	100.40	102.03	102.49	103.08	102.58	104.19	102.65	101.13
◆纵向基数测评（2）	100.00	107.02	136.84	157.23	167.06	177.74	187.86	196.30
■纵向基数测评（3）	—	100.00	117.37	129.65	135.50	143.54	149.26	153.99
▲纵向基数测评（4）	—	—	100.00	106.67	109.92	115.24	118.33	120.68

图7　2000年以来河南城乡居民生活发展指数变动态势

左轴柱形：左历年横向测评（城乡、地区无差距理想值＝100）；右逐年纵向测评（1），上年基数值＝100。右轴曲线：时段纵向测评（起点年基数值＝100），（2）以2000年为起点（"十五"以来，以"九五"末年为基点，后同），（3）以2005年为起点（"十一五"以来），（4）以2010年为起点（"十二五"以来）。标注各类测评结果省域排序位次。

数值96.30%，也高于上年（2015年）检测指数8.44个点。河南此项检测指数在省域间排行变化，2000年起点不计，2005年为第14位，2010年为第3位，2016年与上年持平，皆为第6位。

各年度（包括图中省略年度）此项检测指数对比，全部各个年度均高于起点年基数值100；2002年、2004～2016年14个年度高于上年检测指数值。其中，历年民生指数最高值为2016年的196.30，最低值为2003年的101.22。

3.2005年以来基数值纵向检测指数

以"全面小康"建设进程第一个五年期"十五"末年2005年数据指标演算基数值为100，2016年河南城乡民生发展检测指数为153.99，高于起点年基数值53.99%，也高于上年（2015年）检测指数4.73个点。河南此项检测指数在省域间排行变化，2005年起点不计，2010年为第7位，2016年从上年第7位下降为第8位。

各年度（包括图中省略年度）此项检测指数对比，全部各个年度均高于起点年基数值100；全部各个年度均高于上年检测指数值。其中，历年民生指数最高值为2016年的153.99，最低值为2006年的102.86。

4.2010年以来基数值纵向检测指数

以"全面小康"建设进程第二个五年期"十一五"末年2010年数据指标演算基数值为100，2016年河南城乡民生发展检测指数为120.68，高于起点年基数值20.68%，也高于上年（2015年）检测指数2.35个点。河南此项检测指数在省域间排行变化，2010年起点不计，2012年为第23位，2016年从上年第20位下降为第21位。

各年度（包括图中省略年度）此项检测指数对比，全部各个年度均高于起点年基数值100；全部各个年度均高于上年检测指数值。其中，历年民生指数最高值为2016年的120.68，最低值为2011年的103.22。

5.逐年度基数值纵向检测指数

以上一年度（2015年）起点数据指标演算基数值为100，2016年河南城乡民生发展检测指数为101.13，高于起点年基数值1.13%，但低于上年检测指数1.52个点。河南此项检测指数在省域间排行变化，2000年为第19位，2005年为第5位，2010年为第16位，2016年从上年第16位下降为第26位。

各年度（包括图中省略年度）此项检测指数对比，2000～2002年、2004～2016年16个年度高于起点年基数值100；2001年、2004年、2006～2007年、2010～2011年、2014年7个年度高于上年检测指数值。其中，历年民生指数最高值为2014年的104.19，最低值为2003年的97.82。

R.18
安徽：2005~2016年民生
发展指数提升第6位

李毅亭*

摘　要： 2000~2016年，安徽城乡综合演算的各类民生数据人均值持
续明显增长，2016年居民收入为2000年的7.26倍，总消费
为7.13倍，积蓄为7.61倍。物质消费比重显著下降7.81个
百分点，非物消费比重显著增高7.81个百分点，消费结构出
现很大升级变化。但居民收入比从59.56%极显著下降至
52.21%，居民消费率从44.19%显著下降至38.08%，"十二
五"期间略有回升。尤其应注意居民收入年均增长显著低于
财政收入年增5.34个百分点，居民消费支出年均增长显著低
于财政支出年增6.44个百分点。居民积蓄率从25.81%持续
略微升高至27.08%，反过来对消费需求的抑制作用加重。
居民收入、总消费地区差逐渐缩小，但居民积蓄地区差继续
扩大；居民收入、总消费城乡比逐渐缩小，而居民积蓄城乡
比持续扩大。

关键词： 安徽　人民生活　发展指数　检测评价

---

* 李毅亭，云南民族大学民俗学硕士研究生，参与导师主持相关研究工作，学术方向为多样性
的民族节庆研究。

一 安徽经济财政增长与民生发展基本态势

安徽经济财政增长与城乡人民生活发展关系态势见图1，限于制图容量，图中仅列出产值数据，财政收入、支出数据置于后台进行相关演算。

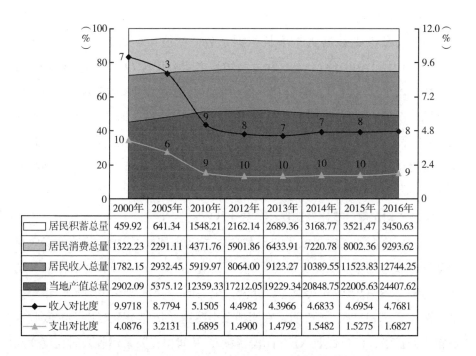

	2000年	2005年	2010年	2012年	2013年	2014年	2015年	2016年
居民积蓄总量	459.92	641.34	1548.21	2162.14	2689.36	3168.77	3521.47	3450.63
居民消费总量	1322.23	2291.11	4371.76	5901.86	6433.91	7220.78	8002.36	9293.62
居民收入总量	1782.15	2932.45	5919.97	8064.00	9123.27	10389.55	11523.83	12744.25
当地产值总量	2902.09	5375.12	12359.33	17212.05	19229.34	20848.75	22005.63	24407.62
收入对比度	9.9718	8.7794	5.1505	4.4982	4.3966	4.6833	4.6954	4.7681
支出对比度	4.0876	3.2131	1.6895	1.4900	1.4792	1.5482	1.5275	1.6827

图1 安徽经济财政增长与城乡人民生活发展关系态势

左轴面积：产值与城乡居民收入、消费、积蓄总量（亿元转换为%），各项数值间呈直观比例。右轴曲线：收入对比度（居民收入比与财政收入比之比）、支出对比度（居民消费率与财政用度比之比）（%）。囿于制图空间省略若干年度，文中描述历年变化包括省略年度，全文同。标注收入对比度、支出对比度省域排序位次。

1. 安徽产值、财政收支总量增长状况

2000～2016年，安徽产值总量年均增长14.24%，同期财政收入总量年均增长18.42%，财政支出总量年均增长19.40%。财政收入和支出增长大大超过产值增长，这意味着，在以历年产值来体现的当地总财富当中，各级财政收取并支用的部分占有越来越大的比例份额。

2. 居民收入、消费和积蓄总量增长状况

2000～2016 年，安徽城乡居民收入总量年均增长 13.08%，消费总量年均增长 12.96%，积蓄总量年均增长 13.42%。在这 16 年间，安徽城乡居民收入年均增长率低于产值增长 1.16 个百分点，低于财政收入增长 5.34 个百分点；居民消费年均增长率低于产值增长 1.28 个百分点，低于财政支出增长 6.44 个百分点。

检测安徽各类数据历年增长相关系数：产值与居民收入增长之间为 0.7789（稍强正相关性），与居民消费增长之间为 0.6779（较弱正相关性），可简化理解为居民收入、消费与产值历年增长分别在 77.89% 和 67.79% 程度上同步。财政收入与居民收入增长之间为 0.8534，即二者历年增长在 85.34% 程度上同步，呈较强正相关性，居民收入增长较明显滞后；财政支出与居民消费增长之间为 0.5504，即二者历年增长在 55.04% 程度上同步，呈很弱正相关性，居民消费增长更极显著滞后。

3. 收入对比度、支出对比度历年变化状况

收入对比度即在居民收入与财政收入之间求取相关性比值（可双向对应演算，互为倒数）。由安徽居民收入变化看来，16 年间从财政收入的 997.18%（图中 9.9718 转换为百分制，全文同）降低为 476.81%，相对关系值减小了 52.18%。这表明，在当地社会总财富历年分配当中，财政收入所占份额扩增，而居民收入所占份额缩减，其间相互关系用收入对比度变动来表示。安徽居民收入比与财政收入比历年变化相关系数为 -0.7736，呈极强负相关性，即两项比值之间在 77.36% 程度上逆向变动。

支出对比度即在居民消费与财政用度之间求取相关性比值（可双向对应演算，互为倒数）。由安徽居民消费变化看来，16 年间从财政用度的 408.76% 降低为 168.27%，相对关系值减小了 58.83%。这表明，在当地社会总财富历年支配当中，财政用度所占份额扩增，而居民消费所占份额缩减，其间相互关系用支出对比度变动来表示。安徽居民消费率与财政用度比历年变化相关系数为 -0.8899，呈极强负相关性，即两项比值之间在 88.99% 程度上逆向变动。

二　安徽居民收入及其相关性分析

居民收入及其相关性分析为民生指数检测系统的二级子系统之一。安徽居民收入及其相关性变动态势见图2。

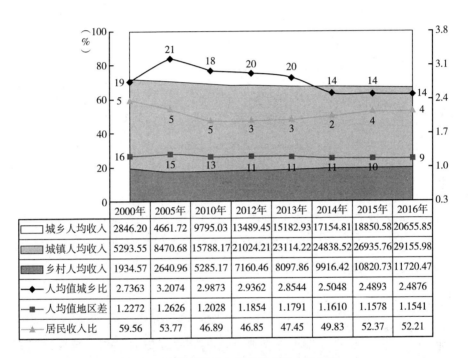

	2000年	2005年	2010年	2012年	2013年	2014年	2015年	2016年
城乡人均收入	2846.20	4661.72	9795.03	13489.45	15182.93	17154.81	18850.58	20655.85
城镇人均收入	5293.55	8470.68	15788.17	21024.21	23114.22	24838.52	26935.76	29155.98
乡村人均收入	1934.57	2640.96	5285.17	7160.46	8097.86	9916.42	10820.73	11720.47
人均值城乡比	2.7363	3.2074	2.9873	2.9362	2.8544	2.5048	2.4893	2.4876
人均值地区差	1.2272	1.2626	1.2028	1.1854	1.1791	1.1610	1.1578	1.1541
居民收入比	59.56	53.77	46.89	46.85	47.45	49.83	52.37	52.21

图2　安徽居民收入及其相关性变动态势

左轴面积：城乡综合、城镇、乡村居民收入人均值（元转换为%），各项数值间呈直观比例。右轴曲线：居民收入城乡比（乡村＝1）、地区差（无差距＝1）。左轴曲线：居民收入比（与产值即国民总收入近似值比）（%）。标注居民收入比及其城乡比、地区差省域排序位次。另需说明，近年年鉴始发布2014年以来城乡人均值数据，但与总量数据之间存在演算误差，对应同时发布的产值人均值和总量分别演算相关性比值有出入，本文恢复自行演算城乡人均值。

1. 城乡综合人均值及地区差变动状况

2000～2016年，安徽城乡居民人均收入年均增长13.19%（由于人口增长，人均值增长率略低于总量增长率）。人均值地区差最小（最佳，后同）值为2016年的1.1541，最大值为2003年的1.2741。在这16年间，安徽居民收入地区差缩小了 5.95%。这意味着，安徽与其余各地居民收入增长的同步均衡性较明显增强，体现出"全面小康"建设进程在缩小居民收入地区差距方面的有效进展。

由于其他省域相应变化，安徽地区差位次从 2000 年第 16 位升至 2016 年第 9 位。按照本项检测的推演测算，2020 年安徽居民收入地区差应为 1.1383，相比当前将略微缩减；2035 年安徽居民收入地区差应为 1.0915，相比当前将继续较明显缩减。

2. 城镇与乡村人均值及城乡比变动状况

2000～2016 年，安徽城镇居民人均收入年均增长 11.25%，乡村居民人均收入年均增长 11.92%，乡村年均增长率高于城镇 0.67 个百分点。城乡之间增长相关系数为 0.5028，即历年增长同步程度 50.28%，呈很弱正相关性。

同期，安徽居民收入城乡比最小（最佳，后同）值为 2016 年的 2.4876，最大值为 2006 年的 3.2909。在这 16 年间，安徽居民收入城乡比缩小了 9.09%。这意味着，安徽城乡之间居民收入增长的同步均衡性较明显增强，体现出"全面小康"建设进程在缩小居民收入城乡差距方面的有效进展。

由于其他省域相应变化，安徽城乡比位次从 2000 年第 19 位升至 2016 年第 14 位。按照本项检测的推演测算，2020 年安徽居民收入城乡比应为 2.4291，相比当前将较明显缩减；2035 年安徽居民收入城乡比应为 2.2215，相比当前将继续显著缩减。

3. 城乡综合居民收入比历年变化状况

2000～2016 年，安徽居民收入比下降了 7.35 个百分点，其中"十二五"以来回升 5.32 个百分点。"十二五"以来国家及各地规划确定"努力实现居民收入增长与经济发展同步"的约束性指标已经产生显著作用。由于其他省域相应变化，安徽居民收入比位次从 2000 年第 5 位升至 2016 年第 4 位。

在这 16 年间，安徽居民收入比最高（最佳）值为 2000 年的 59.56%，最低值为 2011 年的 45.65%，近年来仍未回复 2000 年初始值，更未达到 2000 年最佳值。这意味着，当地居民收入增长与经济发展的同步协调性尚待增强，甚而居民收入增长或应反超产值增长以补积年"拖欠"。

三　安徽居民消费增长及其相关性分析

居民消费及其相关性分析为民生指数检测系统的二级子系统之二。安徽居民总消费及其相关性变动态势见图 3。

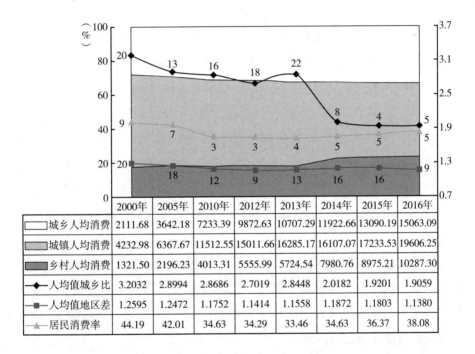

	2000年	2005年	2010年	2012年	2013年	2014年	2015年	2016年
城乡人均消费	2111.68	3642.18	7233.39	9872.63	10707.29	11922.66	13090.19	15063.09
城镇人均消费	4232.98	6367.67	11512.55	15011.66	16285.17	16107.07	17233.53	19606.25
乡村人均消费	1321.50	2196.23	4013.31	5555.99	5724.54	7980.76	8975.21	10287.30
人均值城乡比	3.2032	2.8994	2.8686	2.7019	2.8448	2.0182	1.9201	1.9059
人均值地区差	1.2595	1.2472	1.1752	1.1414	1.1558	1.1872	1.1803	1.1380
居民消费率	44.19	42.01	34.63	34.29	33.46	34.63	36.37	38.08

图 3　安徽居民总消费及其相关性变动态势

左轴面积：城乡综合、城镇、乡村居民总消费人均值（元转换为%），各项数值间呈直观比例。右轴曲线：居民总消费城乡比（乡村 =1）、地区差（无差距 =1）。左轴曲线：居民消费率（与产值比）（%）。标注居民消费率及其城乡比、地区差省域排序位次。

1. 城乡综合人均值及地区差变动状况

2000～2016 年，安徽城乡居民人均总消费年均增长 13.07%。人均值地区差最小值为 2016 年的 1.1380，最大值为 2002 年的 1.2874。在这 16 年间，安徽居民总消费地区差缩小了 9.64%。这意味着，安徽与其余各地居民总消费增长的同步均衡性较明显增强，体现出"全面小康"建设进程在缩小居民总消费地区差距方面的有效进展。

由于其他省域相应变化，安徽地区差位次从 2000 年第 20 位升至 2016 年第 9 位。按照本项检测的推演测算，2020 年安徽居民总消费地区差应为 1.1170，相比当前将略微缩减；2035 年安徽居民总消费地区差应为 1.0728，相比当前将继续较明显缩减。

2.城镇与乡村人均值及城乡比变动状况

2000~2016 年，安徽城镇居民人均总消费年均增长 10.05%，乡村居民人均总消费年均增长 13.68%，乡村年均增长率高于城镇 3.63 个百分点。城乡之间增长相关系数为 -0.1797，即历年增长逆向程度 17.97%，呈很弱负相关性。

同期，安徽居民总消费城乡比最小值为 2016 年的 1.9059，最大值为 2002 年的 3.2095。在这 16 年间，安徽居民总消费城乡比缩小了 40.50%。这意味着，安徽城乡之间居民总消费增长的同步均衡性显著增强，体现出"全面小康"建设进程在缩小居民总消费城乡差距方面的有效进展。

由于其他省域相应变化，安徽城乡比位次从 2000 年第 20 位升至 2016 年第 5 位。按照本项检测的推演测算，2020 年安徽居民总消费城乡比应为 1.6739，相比当前将明显缩减；2035 年安徽居民总消费城乡比应为 1.0288，相比当前将继续极显著缩减。

3.城乡综合居民消费率历年变化状况

2000~2016 年，安徽居民消费率下降了 6.11 个百分点，其中"十二五"以来回升 3.45 个百分点。应对国际金融危机实施"拉动内需，扩大消费，改善民生"国策以来，直到进入"十二五"期间，安徽居民消费率开始略有回升。由于其他省域相应变化，安徽居民消费率位次从 2000 年第 9 位升至 2016 年第 5 位。

在这16年间，安徽居民消费率最高（最佳）值为2000年的44.19%，最低值为2013年的33.46%，近年来仍未回复2000年初始值，更未达到2000年最佳值。这意味着，当地居民消费拉动经济增长的同步协调性尚待增强。还应注意到，安徽居民消费率下降程度小于当地居民收入比下降程度，反过来即意味着居民积蓄率上升，同时亦即积蓄对消费的抑制作用加重。

在此简要归纳对比城乡居民物质生活、非物生活分类单项消费的增长变化差异。2000年以来16年间，安徽各类消费人均值年均增长率、比重值升降变化（百分比演算更为精确）排序：交通消费年增18.97%，比重上升125.70%为最高；居住消费年增17.24%，比重上升78.66%为次高；医疗消费年增16.85%，比重上升69.30%为第三高；用品消费年增13.10%，比重上升0.44%为第四高；文教消费年增12.50%，比重下降7.67%为第五高；衣着消费年增11.87%，比重下降15.63%为第六高；食品消费年增10.36%，比重下降32.12%为次低；其他消费年增8.67%，比重下降46.98%为最低。

四 安徽居民物质消费综合增长态势

居民物质消费合计及其相关性分析为民生指数检测系统的二级子系统之三。安徽居民物质消费合计及其相关性变动态势见图4。

1. 城乡综合人均值及地区差变动状况

2000~2016年，安徽城乡居民人均物质消费年均增长12.28%。人均值地区差最小值为2013年的1.1088，最大值为2003年的1.2303。在这16年间，安徽居民物质消费地区差缩小了8.23%。这意味着，安徽与其余各地居民物质消费增长的同步均衡性较明显增强，体现出"全面小康"建设进程在缩小居民物质消费地区差距方面的有效进展。

由于其他省域相应变化，安徽地区差位次从2000年第18位升至2016年第8位。按照本项检测的推演测算，2020年安徽居民物质消费地区差应为1.1127，相比当前将略微缩减；2035年安徽居民物质消费地区差应为1.1341，相比当前将略微扩增。

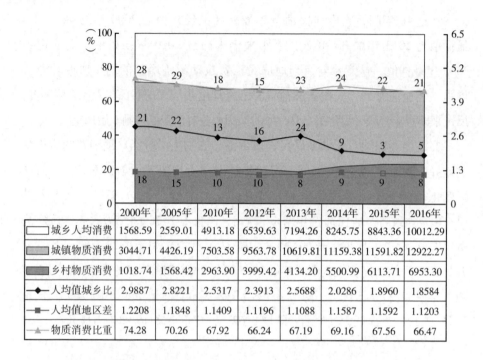

	2000年	2005年	2010年	2012年	2013年	2014年	2015年	2016年
□ 城乡人均消费	1568.59	2559.01	4913.18	6539.63	7194.26	8245.75	8843.36	10012.29
▨ 城镇物质消费	3044.71	4426.19	7503.58	9563.78	10619.81	11159.38	11591.82	12922.27
▨ 乡村物质消费	1018.74	1568.42	2963.90	3999.42	4134.20	5500.99	6113.71	6953.30
◆ 人均值城乡比	2.9887	2.8221	2.5317	2.3913	2.5688	2.0286	1.8960	1.8584
■ 人均值地区差	1.2208	1.1848	1.1409	1.1196	1.1088	1.1587	1.1592	1.1203
▲ 物质消费比重	74.28	70.26	67.92	66.24	67.19	69.16	67.56	66.47

图4 安徽居民物质消费合计及其相关性变动态势

左轴面积：城乡综合、城镇、乡村居民物质消费合计人均值（元转换为％），各项数值间呈直观比例。右轴曲线：物质消费城乡比（乡村＝1）、地区差（无差距＝1）。左轴曲线：物质消费比重（占总消费比）（％）。标注物质消费比重及其城乡比、地区差省域排序位次。

2. 城镇与乡村人均值及城乡比变动状况

2000～2016年，安徽城镇居民人均物质消费年均增长9.46％，乡村居民人均物质消费年均增长12.75％，乡村年均增长率高于城镇3.29个百分点。城乡之间增长相关系数为0.3514，即历年增长同步程度35.14％，呈极弱正相关性。

同期，安徽居民物质消费城乡比最小值为2016年的1.8584，最大值为2003年的3.0255。在这16年间，安徽居民物质消费城乡比缩小了37.82％。这意味着，安徽城乡之间居民物质消费增长的同步均衡性显著增强，体现出"全面小康"建设进程在缩小居民物质消费城乡差距方面的有效进展。

由于其他省域相应变化，安徽城乡比位次从2000年第21位升至2016

年第5位。按照本项检测的推演测算, 2020年安徽居民物质消费城乡比应为1.6769, 相比当前将进一步明显缩减。

3. 城乡综合物质消费比重历年变化状况

2000~2016年, 安徽居民物质消费比重下降了7.81个百分点。由于其他省域相应变化, 安徽居民物质消费比重位次从2000年第28位升至2016年第21位。安徽居民物质消费比重明显降低, 意味着人民生活在保证物质生活"必需消费"之外, 已有越来越多的余钱用以满足非物消费需求。

在这16年间, 安徽居民物质消费比重最低（最佳）值为2012年的66.24%, 最高值为2000年的74.28%。近年来尚未达到2012年最佳值, 这表明当地人民生活尚待彻底超越满足温饱栖息"基本需求"的物质消费阶段。

五 安徽居民非物消费综合增长态势

居民非物消费合计及其相关性分析为民生指数检测系统的二级子系统之四。安徽居民非物消费合计及其相关性变动态势见图5。

1. 城乡综合人均值及地区差变动状况

2000~2016年, 安徽城乡居民人均非物消费年均增长14.96%。人均值地区差最小值为2016年的1.1711, 最大值为2002年的1.4059。在这16年间, 安徽居民非物消费地区差缩小了13.41%。这意味着, 安徽与其余各地居民非物消费增长的同步均衡性较明显增强, 体现出"全面小康"建设进程在缩小居民非物消费地区差距方面的有效进展。

由于其他省域相应变化, 安徽地区差位次从2000年第22位升至2016年第15位。按照本项检测的推演测算, 2020年安徽居民非物消费地区差应为1.1247, 相比当前将略微缩减; 2035年安徽居民非物消费地区差应为1.0319, 相比当前将继续较明显缩减。

2. 城镇与乡村人均值及城乡比变动状况

2000~2016年, 安徽城镇居民人均非物消费年均增长11.40%, 乡村居

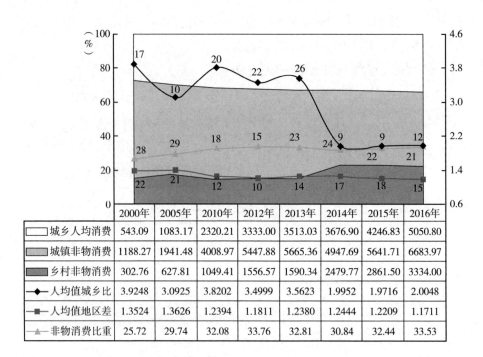

	2000年	2005年	2010年	2012年	2013年	2014年	2015年	2016年
城乡人均消费	543.09	1083.17	2320.21	3333.00	3513.03	3676.90	4246.83	5050.80
城镇非物消费	1188.27	1941.48	4008.97	5447.88	5665.36	4947.69	5641.71	6683.97
乡村非物消费	302.76	627.81	1049.41	1556.57	1590.34	2479.77	2861.50	3334.00
人均值城乡比	3.9248	3.0925	3.8202	3.4999	3.5623	1.9952	1.9716	2.0048
人均值地区差	1.3524	1.3626	1.2394	1.1811	1.2380	1.2444	1.2209	1.1711
非物消费比重	25.72	29.74	32.08	33.76	32.81	30.84	32.44	33.53

图5　安徽居民非物消费合计及其相关性变动态势

左轴面积：城乡综合、城镇、乡村居民非物消费合计人均值（元转换为%），各项数值间呈直观比例。右轴曲线：非物消费城乡比（乡村=1）、地区差（无差距=1）。左轴曲线：非物消费比重（占总消费比）（%）。标注非物消费比重及其城乡比、地区差省域排序位次。

民人均非物消费年均增长16.18%，乡村年均增长率高于城镇4.78个百分点。城乡之间增长相关系数为－0.5509，即历年增长逆向程度55.09%，呈较强负相关性。

同期，安徽居民非物消费城乡比最小值为2015年的1.9716，最大值为2000年的3.9248。在这16年间，安徽居民非物消费城乡比缩小了48.92%。这意味着，安徽城乡之间居民非物消费增长的同步均衡性显著增强，体现出"全面小康"建设进程在缩小居民非物消费城乡差距方面的有效进展。

由于其他省域相应变化，安徽城乡比位次从2000年第17位升至2016年第12位。按照本项检测的推演测算，2020年安徽居民非物消费城乡比应为1.6678，相比当前将进一步显著缩减。

同期,安徽居民非物消费城乡比最小值为2015年的1.9716,最大值为2000年的3.9248。在这16年间,安徽居民非物消费城乡比缩小了48.92%。这意味着,安徽城乡之间居民非物消费增长的同步均衡性显著增强,体现出"全面小康"建设进程在缩小居民非物消费城乡差距方面的有效进展。

由于其他省域相应变化,安徽城乡比位次从2000年第17位升至2016年第12位。按照本项检测的推演测算,2020年安徽居民非物消费城乡比应为1.6678,相比当前将显著缩减;2035年安徽居民非物消费城乡比应为0.9029,相比当前将继续极显著缩减为"城乡倒挂",即乡村人均值高于城镇人均值。诚然,这只是长期预测的理论演算值,揭示出一种积极向好的趋势。

3. 城乡综合非物消费比重历年变化状况

2000~2016年,安徽居民非物消费比重上升了7.81个百分点。由于其他省域相应变化,安徽居民非物消费比重位次从2000年第28位升至2016年第21位。安徽居民非物消费比重明显提高,意味着人民生活在保证物质生活"必需消费"之外,越来越注重非物质生活"应有消费"需求。

在这16年间,安徽居民非物消费比重最高(最佳)值为2012年的33.76%,最低值为2000年的25.72%。近年来尚未达到2012年最佳值,这表明当地人民生活尚待完全进入注重非物质生活需求的消费结构优化阶段。

六 安徽居民积蓄增长及其相关性分析

居民积蓄及其相关性分析为民生指数检测系统的二级子系统之五。安徽居民积蓄及其相关性变动态势见图6。

1. 城乡综合人均值及地区差变动状况

2000~2016年,安徽城乡居民人均积蓄年均增长13.53%。人均值地区差最小值为2014年的1.0946,最大值为2005年的1.3129。在这16年间,

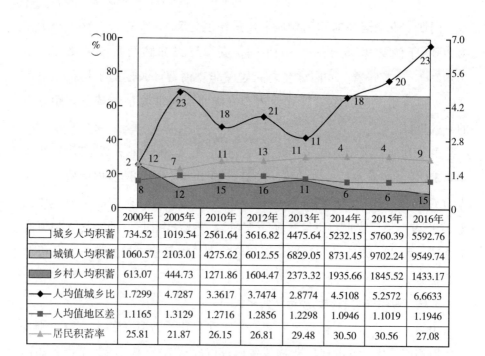

	2000年	2005年	2010年	2012年	2013年	2014年	2015年	2016年
□ 城乡人均积蓄	734.52	1019.54	2561.64	3616.82	4475.64	5232.15	5760.39	5592.76
▨ 城镇人均积蓄	1060.57	2103.01	4275.62	6012.55	6829.05	8731.45	9702.24	9549.74
▩ 乡村人均积蓄	613.07	444.73	1271.86	1604.47	2373.32	1935.66	1845.52	1433.17
◆ 人均值城乡比	1.7299	4.7287	3.3617	3.7474	2.8774	4.5108	5.2572	6.6633
■ 人均值地区差	1.1165	1.3129	1.2716	1.2856	1.2298	1.0946	1.1019	1.1946
▲ 居民积蓄率	25.81	21.87	26.15	26.81	29.48	30.50	30.56	27.08

图6 安徽居民积蓄及其相关性变动态势

左轴面积：城乡综合、城镇、乡村居民积蓄人均值（元转换为%），各项数值间呈直观比例。右轴曲线：居民积蓄城乡比（乡村=1）、地区差（无差距=1）。左轴曲线：居民积蓄率（占居民收入比）（%）。标注居民积蓄率及其城乡比、地区差省域排序位次。

安徽居民积蓄地区差扩大了7.00%。这意味着，安徽与其余各地居民积蓄增长的同步均衡性较明显减弱，体现出"全面小康"建设进程在缩小居民积蓄地区差距方面的成效欠佳。

由于其他省域相应变化，安徽地区差位次从2000年第8位降至2016年第15位。按照本项检测的推演测算，2020年安徽居民积蓄地区差应为1.1870，相比当前将略微缩减；2035年安徽居民积蓄地区差应为1.1207，相比当前将继续较明显缩减。

2.城镇与乡村人均值及城乡比变动状况

2000~2016年，安徽城镇居民人均积蓄年均增长14.72%，乡村居民人均积蓄年均增长5.45%，乡村年均增长率低于城镇9.27个百分点。城乡之间增长相关系数为 - 0.1050，即历年增长逆向程度 10.50%，呈很弱负相关性。

同期，安徽居民积蓄城乡比最小值为 2000 年的 1.7299，最大值为 2016 年的 6.6633。在这 16 年间，安徽居民积蓄城乡比扩大了 285.18%。这意味着，安徽城乡之间居民积蓄增长的同步均衡性极显著减弱，体现出"全面小康"建设进程在缩小居民积蓄城乡差距方面的成效欠佳。

由于其他省域相应变化，安徽城乡比位次从 2000 年第 12 位降至 2016 年第 23 位。按照本项检测的推演测算，2020 年安徽居民积蓄城乡比应为 13.2016，相比当前将极显著扩增；2035 年安徽居民积蓄城乡比应为 33.0497，相比当前将继续极显著扩增。

3. 城乡综合居民积蓄率历年变化状况

2000~2016 年，安徽居民积蓄率上升了 1.27 个百分点。由于其他省域相应变化，安徽居民积蓄率位次从 2000 年第 2 位降至 2016 年第 9 位。安徽居民积蓄率持续提高，意味着人民劳动所得在保证各方面消费需求之后，拥有越来越多的宽余"闲钱"可供自由支配，但同时也在更大程度上抑制了进一步扩大消费。

在这 16 年间，安徽居民积蓄率最高（最佳）值为 2015 年的 30.56%，最低值为 2005 年的 21.87%。从"全面小康"建设进程起点 2000 年到 2015 年，安徽居民积蓄率上升至历年最高值，这表明当地人民生活已经进入更加充裕富足阶段，使进一步扩大消费拉动经济增长成为可能。

七 安徽民生发展指数多向度检测

安徽人民生活发展综合指数变动态势见图 7。

1. 各年度理想值横向检测指数

以假定安徽各类民生数据城乡、地区无差距理想值为 100，2016 年安徽城乡民生发展检测指数为 86.48，低于无差距理想值 13.52%，也低于上年（2015 年）检测指数 0.74 个点。安徽此项检测指数在省域间排行变化，

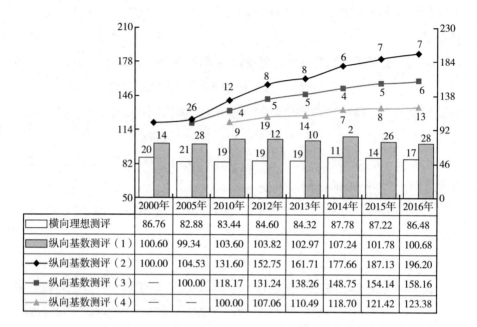

	2000年	2005年	2010年	2012年	2013年	2014年	2015年	2016年
横向理想测评	86.76	82.88	83.44	84.60	84.32	87.78	87.22	86.48
纵向基数测评（1）	100.60	99.34	103.60	103.82	102.97	107.24	101.78	100.68
纵向基数测评（2）	100.00	104.53	131.60	152.75	161.71	177.66	187.13	196.20
纵向基数测评（3）	—	100.00	118.17	131.24	138.26	148.75	154.14	158.16
纵向基数测评（4）	—	—	100.00	107.06	110.49	118.70	121.42	123.38

图 7　2000 年以来安徽城乡居民生活发展指数变动态势

　　左轴柱形：左历年横向测评（城乡、地区无差距理想值 = 100）；右逐年纵向测评（1），上年基数值 = 100。右轴曲线：时段纵向测评（起点年基数值 = 100），（2）以 2000 年为起点（"十五"以来，以"九五"末年为基点，后同），（3）以 2005 年为起点（"十一五"以来），（4）以 2010 年为起点（"十二五"以来）。标注各类测评结果省域排序位次。

2000 年为第 20 位，2005 年为第 21 位，2010 年为第 19 位，2016 年从上年第 14 位下降为第 17 位。

　　各年度（包括图中省略年度）此项检测指数对比，全部各个年度均低于无差距理想值 100；2004 年、2006 ~ 2007 年、2010 ~ 2014 年 8 个年度高于上年检测指数值。其中，历年民生指数最高值为 2014 年的 87.78，最低值为 2005 年的 82.88。

　　2. 2000 年以来基数值纵向检测指数

　　以"全面小康"建设进程起点年"九五"末年 2000 年数据指标演算基数值为 100，2016 年安徽城乡民生发展检测指数为 196.20，高于起点年基数值 96.20%，也高于上年（2015 年）检测指数 9.07 个点。安徽此项检测指数在省域间排行变化，2000 年起点不计，2005 年为第 26 位，2010 年为第 12 位，2016 年与上年持平，皆为第 7 位。

各年度（包括图中省略年度）此项检测指数对比，2002～2016 年 15 个年度高于起点年基数值 100；2002 年、2004～2016 年 14 个年度高于上年检测指数值。其中，历年民生指数最高值为 2016 年的 196.20，最低值为 2001 年的 99.53。

3. 2005 年以来基数值纵向检测指数

以"全面小康"建设进程第一个五年期"十五"末年 2005 年数据指标演算基数值为 100，2016 年安徽城乡民生发展检测指数为 158.16，高于起点年基数值 58.16%，也高于上年（2015 年）检测指数 4.02 个点。安徽此项检测指数在省域间排行变化，2005 年起点不计，2010 年为第 4 位，2016 年从上年第 5 位下降为第 6 位。

各年度（包括图中省略年度）此项检测指数对比，全部各个年度均高于起点年基数值 100；全部各个年度均高于上年检测指数值。其中，历年民生指数最高值为 2016 年的 158.16，最低值为 2006 年的 102.93。

4. 2010 年以来基数值纵向检测指数

以"全面小康"建设进程第二个五年期"十一五"末年 2010 年数据指标演算基数值为 100，2016 年安徽城乡民生发展检测指数为 123.38，高于起点年基数值 23.38%，也高于上年（2015 年）检测指数 1.96 个点。安徽此项检测指数在省域间排行变化，2010 年起点不计，2012 年为第 19 位，2016 年从上年第 8 位下降为第 13 位。

各年度（包括图中省略年度）此项检测指数对比，全部各个年度均高于起点年基数值 100；全部各个年度均高于上年检测指数值。其中，历年民生指数最高值为 2016 年的 123.38，最低值为 2011 年的 103.06。

5. 逐年度基数值纵向检测指数

以上一年度（2015 年）起点数据指标演算基数值为 100，2016 年安徽城乡民生发展检测指数为 100.68，高于起点年基数值 0.68%，但低于上年检测指数 1.10 个点。安徽此项检测指数在省域间排行变化，2000 年为第 14

位，2005 年为第 28 位，2010 年为第 9 位，2016 年从上年第 26 位下降为第 28 位。

各年度（包括图中省略年度）此项检测指数对比，2000 年、2002 年、2004 年、2006～2016 年 14 个年度高于起点年基数值 100；2002 年、2004 年、2006～2007 年、2010 年、2012 年、2014 年 7 个年度高于上年检测指数值。其中，历年民生指数最高值为 2014 年的 107.24，最低值为 2003 年的 99.11。

R.19
山东：2016年度民生发展
指数排名第7位

摘　要：　2000～2016年，山东城乡综合演算的各类民生数据人均值持
续稳步增长，2016年居民收入为2000年的6.29倍，总消费
为5.55倍，积蓄为8.28倍。物质消费比重明显下降5.83个
百分点，非物消费比重明显增高5.83个百分点，消费结构出
现较大升级变化。但居民收入比从43.63%显著下降至
37.23%，居民消费率从31.81%极显著下降至23.96%，"十
二五"期间略有回升。尤其应注意居民收入年均增长明显低
于财政收入年增4.28个百分点，居民消费支出年均增长显著
低于财政支出年增6.06个百分点。居民积蓄率从27.08%持
续显著升高至35.65%，反过来对消费需求的抑制作用加重。
居民收入、积蓄地区差逐渐缩小，但居民总消费地区差继续
扩大；居民收入、总消费城乡比逐渐缩小，而居民积蓄城乡
比持续扩大。

关键词：　山东　人民生活　发展指数　检测评价

---

* 马文慧，云南民族大学民俗学硕士研究生，参与导师主持相关研究工作，学术方向为中国传
统民居建筑研究。

一　山东经济财政增长与民生发展基本态势

山东经济财政增长与城乡人民生活发展关系态势见图1，限于制图容量，图中仅列出产值数据，财政收入、支出数据置于后台进行相关演算。

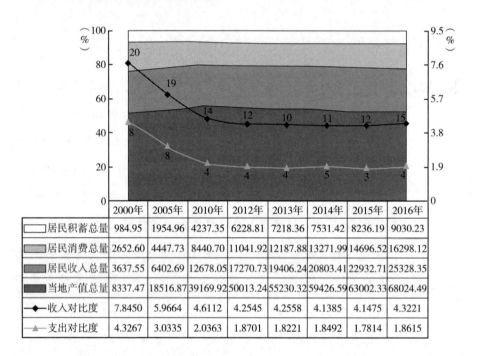

	2000年	2005年	2010年	2012年	2013年	2014年	2015年	2016年
居民积蓄总量	984.95	1954.96	4237.35	6228.81	7218.36	7531.42	8236.19	9030.23
居民消费总量	2652.60	4447.73	8440.70	11041.92	12187.88	13271.99	14696.52	16298.12
居民收入总量	3637.55	6402.69	12678.05	17270.73	19406.24	20803.41	22932.71	25328.35
当地产值总量	8337.47	18516.87	39169.92	50013.24	55230.32	59426.59	63002.33	68024.49
◆ 收入对比度	7.8450	5.9664	4.6112	4.2545	4.2558	4.1385	4.1475	4.3221
▲ 支出对比度	4.3267	3.0335	2.0363	1.8701	1.8221	1.8492	1.7814	1.8615

图1　山东经济财政增长与城乡人民生活发展关系态势

左轴面积：产值与城乡居民收入、消费、积蓄总量（亿元转换为%），各项数值间呈直观比例。右轴曲线：收入对比度（居民收入比与财政收入比之比）、支出对比度（居民消费率与财政用度比之比）（%）。囿于制图空间省略若干年度，文中描述历年变化包括省略年度，全文同。标注收入对比度、支出对比度省域排序位次。

1. 山东产值、财政收支总量增长状况

2000～2016年，山东产值总量年均增长14.02%，同期财政收入总量年均增长17.18%，财政支出总量年均增长18.08%。财政收入和支出增长大大超过产值增长，这意味着，在以历年产值来体现的当地总财富当中，各级财政收取并支用的部分占有越来越大的比例份额。

2. 居民收入、消费和积蓄总量增长状况

2000～2016年，山东城乡居民收入总量年均增长12.90%，消费总量年均增长12.02%，积蓄总量年均增长14.85%。在这16年间，山东城乡居民收入年均增长率低于产值增长1.12个百分点，低于财政收入增长4.28个百分点；居民消费年均增长率低于产值增长2.00个百分点，低于财政支出增长6.06个百分点。

检测山东各类数据历年增长相关系数：产值与居民收入增长之间为0.6540（较弱正相关性），与居民消费增长之间为0.6380（较弱正相关性），可简化理解为居民收入、消费与产值历年增长分别在65.40%和63.80%程度上同步。财政收入与居民收入增长之间为0.7370，即二者历年增长在73.70%程度上同步，呈较弱正相关性，居民收入增长显著滞后；财政支出与居民消费增长之间为0.4538，即二者历年增长在45.38%程度上同步，呈很弱正相关性，居民消费增长更极显著滞后。

3. 收入对比度、支出对比度历年变化状况

收入对比度即在居民收入与财政收入之间求取相关性比值（可双向对应演算，互为倒数）。由山东居民收入变化看来，16年间从财政收入的784.50%（图中7.8450转换为百分制，全文同）降低为432.21%，相对关系值减小了44.91%。这表明，在当地社会总财富历年分配当中，财政收入所占份额扩增，而居民收入所占份额缩减，其间相互关系用收入对比度变动来表示。山东居民收入比与财政收入比历年变化相关系数为－0.3140，呈较弱负相关性，即两项比值之间在31.40%程度上逆向变动。

支出对比度即在居民消费与财政用度之间求取相关性比值（可双向对应演算，互为倒数）。由山东居民消费变化看来，16年间从财政用度的432.67%降低为186.15%，相对关系值减小了56.98%。这表明，在当地社会总财富历年支配当中，财政用度所占份额扩增，而居民消费所占份额缩减，其间相互关系用支出对比度变动来表示。山东居民消费率与财政用度比历年变化相关系数为－0.5894，呈较强负相关性，即两项比值之间在58.94%程度上逆向变动。

二 山东居民收入及其相关性分析

居民收入及其相关性分析为民生指数检测系统的二级子系统之一。山东居民收入及其相关性变动态势见图2。

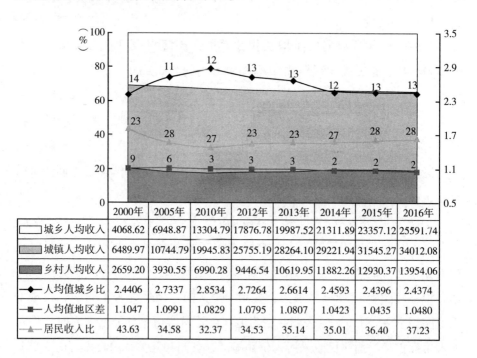

	2000年	2005年	2010年	2012年	2013年	2014年	2015年	2016年
☐ 城乡人均收入	4068.62	6948.87	13304.79	17876.78	19987.52	21311.89	23357.12	25591.74
▦ 城镇人均收入	6489.97	10744.79	19945.83	25755.19	28264.10	29221.94	31545.27	34012.08
▨ 乡村人均收入	2659.20	3930.55	6990.28	9446.54	10619.95	11882.26	12930.37	13954.06
◆ 人均值城乡比	2.4406	2.7337	2.8534	2.7264	2.6614	2.4593	2.4396	2.4374
■ 人均值地区差	1.1047	1.0991	1.0829	1.0795	1.0807	1.0423	1.0435	1.0480
▲ 居民收入比	43.63	34.58	32.37	34.53	35.14	35.01	36.40	37.23

图2 山东居民收入及其相关性变动态势

左轴面积：城乡综合、城镇、乡村居民收入人均值（元转换为%），各项数值间呈直观比例。右轴曲线：居民收入城乡比（乡村＝1）、地区差（无差距＝1）。左轴曲线：居民收入比（与产值即国民总收入近似值比）（%）。标注居民收入比及其城乡比、地区差省域排序位次。另需说明，近年年鉴始发布2014年以来城乡人均值数据，但与总量数据之间存在演算误差，对应同时发布的产值人均值和总量分别演算相关性比值有出入，本文恢复自行演算城乡人均值。

1. 城乡综合人均值及地区差变动状况

2000~2016年，山东城乡居民人均收入年均增长12.18%（由于人口增长，人均值增长率略低于总量增长率）。人均值地区差最小（最佳，后同）值为2014年的1.0423，最大值为2006年的1.1113。在这16年间，山东居民收入地区差缩小了 5.13%。这意味着，山东与其余各地居民收入增长的同步均衡性较明显增强，体现出"全面小康"建设进程在缩小居民收入地区差距方面的有效进展。

由于其他省域相应变化，山东地区差位次从 2000 年第 9 位升至 2016 年第 2 位。按照本项检测的推演测算，2020 年山东居民收入地区差应为 1.0387，相比当前将略微缩减；2035 年山东居民收入地区差应为 1.0000，相比当前将继续略微缩减。

2. 城镇与乡村人均值及城乡比变动状况

2000～2016 年，山东城镇居民人均收入年均增长 10.91%，乡村居民人均收入年均增长 10.92%，乡村年均增长率高于城镇 0.01 个百分点。城乡之间增长相关系数为 0.5035，即历年增长同步程度 50.35%，呈很弱正相关性。

同期，山东居民收入城乡比最小（最佳，后同）值为 2016 年的 2.4374，最大值为 2009 年的 2.9109。在这 16 年间，山东居民收入城乡比缩小了 0.13%。这意味着，山东城乡之间居民收入增长的同步均衡性略微增强，体现出"全面小康"建设进程在缩小居民收入城乡差距方面的有效进展。

由于其他省域相应变化，山东城乡比位次从 2000 年第 14 位升至 2016 年第 13 位。按照本项检测的推演测算，2020 年山东居民收入城乡比应为 2.4366，相比当前将略微缩减；2035 年山东居民收入城乡比应为 2.4337，相比当前将继续略微缩减。

3. 城乡综合居民收入比历年变化状况

2000～2016 年，山东居民收入比下降了 6.40 个百分点，其中"十二五"以来回升 4.86 个百分点。"十二五"以来国家及各地规划确定"努力实现居民收入增长与经济发展同步"的约束性指标已经产生显著作用。由于其他省域相应变化，山东居民收入比位次从 2000 年第 23 位降至 2016 年第 28 位。

在这 16 年间，山东居民收入比最高（最佳）值为 2001 年的 43.81%，最低值为2008年的32.26%，近年来仍未回复2000年初始值，更未达到2001年最佳值。这意味着，当地居民收入增长与经济发展的同步协调性尚待增强，甚而居民收入增长或应反超产值增长以补积年"拖欠"。

三 山东居民消费增长及其相关性分析

居民消费及其相关性分析为民生指数检测系统的二级子系统之二。山东居民总消费及其相关性变动态势见图3。

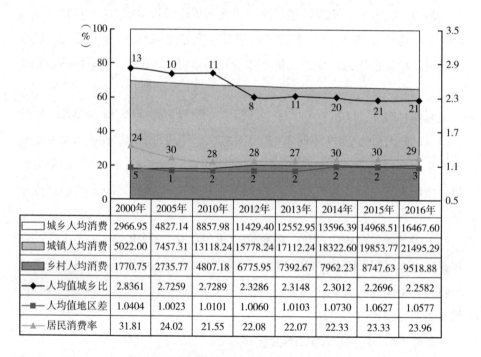

	2000年	2005年	2010年	2012年	2013年	2014年	2015年	2016年
城乡人均消费	2966.95	4827.14	8857.98	11429.40	12552.95	13596.39	14968.51	16467.60
城镇人均消费	5022.00	7457.31	13118.24	15778.24	17112.24	18322.60	19853.77	21495.29
乡村人均消费	1770.75	2735.77	4807.18	6775.95	7392.67	7962.23	8747.63	9518.88
人均值城乡比	2.8361	2.7259	2.7289	2.3286	2.3148	2.3012	2.2696	2.2582
人均值地区差	1.0404	1.0023	1.0101	1.0060	1.0103	1.0730	1.0627	1.0577
居民消费率	31.81	24.02	21.55	22.08	22.07	22.33	23.33	23.96

图3 山东居民总消费及其相关性变动态势

左轴面积：城乡综合、城镇、乡村居民总消费人均值（元转换为%），各项数值间呈直观比例。右轴曲线：居民总消费城乡比（乡村=1）、地区差（无差距=1）。左轴曲线：居民消费率（与产值比）（%）。标注居民消费率及其城乡比、地区差省域排序位次。

1. 城乡综合人均值及地区差变动状况

2000~2016年，山东城乡居民人均总消费年均增长11.31%。人均值地区差最小值为 2003 年的 1.0009，最大值为 2014 年的 1.0730。在这 16 年间，山东居民总消费地区差扩大了 1.66%。这意味着，山东与其余各地居民总消费增长的同步均衡性略微减弱，体现出"全面小康"建设进程在缩小居民总消费地区差距方面的成效欠佳。

由于其他省域相应变化，山东地区差位次从 2000 年第 5 位升至 2016 年第 3 位。按照本项检测的推演测算，2020 年山东居民总消费地区差应为 1.0774，相比当前将略微扩增；2035 年山东居民总消费地区差应为 1.1512，相比当前将继续较明显扩增。

2. 城镇与乡村人均值及城乡比变动状况

2000～2016 年，山东城镇居民人均总消费年均增长 9.51%，乡村居民人均总消费年均增长 11.08%，乡村年均增长率高于城镇 1.57 个百分点。城乡之间增长相关系数为 0.5669，即历年增长同步程度 56.69%，呈很弱正相关性。

同期，山东居民总消费城乡比最小值为 2016 年的 2.2582，最大值为 2003 年的 2.8452。在这 16 年间，山东居民总消费城乡比缩小了 20.38%。这意味着，山东城乡之间居民总消费增长的同步均衡性明显增强，体现出"全面小康"建设进程在缩小居民总消费城乡差距方面的有效进展。

由于其他省域相应变化，山东城乡比位次从 2000 年第 13 位降至 2016 年第 21 位。按照本项检测的推演测算，2020 年山东居民总消费城乡比应为 2.1331，相比当前将较明显缩减；2035 年山东居民总消费城乡比应为 1.7228，相比当前将继续极显著缩减。

3. 城乡综合居民消费率历年变化状况

2000～2016 年，山东居民消费率下降了 7.85 个百分点，其中"十二五"以来回升 2.41 个百分点。应对国际金融危机实施"拉动内需，扩大消费，改善民生"国策以来，直到进入"十二五"期间，山东居民消费率开始略有回升。由于其他省域相应变化，山东居民消费率位次从 2000 年第 24 位降至 2016 年第 29 位。

在这 16 年间，山东居民消费率最高（最佳）值为 2000 年的 31.81%，最低值为 2010 年的 21.55%，近年来仍未回复 2000 年初始值，更未达到 2000 年最佳值。这意味着，当地居民消费拉动经济增长的同步协调性尚待增强。还应注意到，山东居民消费率下降程度大于当地居民收入比下降程度，反过来即意味着居民积蓄率上升，同时亦即积蓄对消费的抑制作用加重。

在此简要归纳对比城乡居民物质生活、非物生活分类单项消费的增长变化差异。2000 年以来 16 年间，山东各类消费人均值年均增长率、比重值升降变化（百分比演算更为精确）排序：交通消费年增 16.98%，比重上升 121.63% 为最高；居住消费年增 15.45%，比重上升 79.52% 为次高；医疗消费年增 12.98%，比重上升 26.99% 为第三高；文教消费年增 10.03%，比重下降 16.80% 为第四高；衣着消费年增 9.63%，比重下降 21.57% 为第五高；用品消费年增 9.36%，比重下降 24.58% 为第六高；食品消费年增 9.18%，比重下降 26.57% 为次低；其他消费年增 7.50%，比重下降 42.68% 为最低。

四　山东居民物质消费综合增长态势

居民物质消费合计及其相关性分析为民生指数检测系统的二级子系统之三。山东居民物质消费合计及其相关性变动态势见图 4。

1. 城乡综合人均值及地区差变动状况

2000～2016 年，山东城乡居民人均物质消费年均增长 10.70%。人均值地区差最小值为 2012 年的 1.0006，最大值为 2015 年的 1.0823。在这 16 年间，山东居民物质消费地区差扩大了 4.62%。这意味着，山东与其余各地居民物质消费增长的同步均衡性略微减弱，体现出"全面小康"建设进程在缩小居民物质消费地区差距方面的成效欠佳。

由于其他省域相应变化，山东地区差位次从 2000 年第 3 位降至 2016 年第 5 位。按照本项检测的推演测算，2020 年山东居民物质消费地区差应为 1.0955，相比当前将略微扩增；2035 年山东居民物质消费地区差应为 1.1624，相比当前将继续较明显扩增。

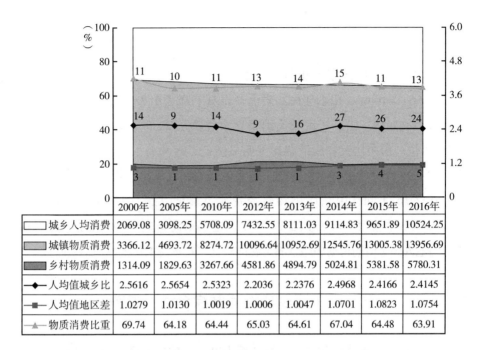

	2000年	2005年	2010年	2012年	2013年	2014年	2015年	2016年
城乡人均消费	2069.08	3098.25	5708.09	7432.55	8111.03	9114.83	9651.89	10524.25
城镇物质消费	3366.12	4693.72	8274.72	10096.64	10952.69	12545.76	13005.38	13956.69
乡村物质消费	1314.09	1829.63	3267.66	4581.86	4894.79	5024.81	5381.58	5780.31
人均值城乡比	2.5616	2.5654	2.5323	2.2036	2.2376	2.4968	2.4166	2.4145
人均值地区差	1.0279	1.0130	1.0019	1.0006	1.0047	1.0701	1.0823	1.0754
物质消费比重	69.74	64.18	64.44	65.03	64.61	67.04	64.48	63.91

图4 山东居民物质消费合计及其相关性变动态势

左轴面积: 城乡综合、城镇、乡村居民物质消费合计人均值 (元转换为%), 各项数值间呈直观比例。右轴曲线: 物质消费城乡比 (乡村=1)、地区差 (无差距=1)。左轴曲线: 物质消费比重 (占总消费比) (%)。标注物质消费比重及其城乡比、地区差省域排序位次。

2. 城镇与乡村人均值及城乡比变动状况

2000 ~ 2016 年, 山东城镇居民人均物质消费年均增长 9.30%, 乡村居民人均物质消费年均增长 9.70%, 乡村年均增长率高于城镇 0.40 个百分点。城乡之间增长相关系数为 0.6391, 即历年增长同步程度 63.91%, 呈较弱正相关性。

同期, 山东居民物质消费城乡比最小值为 2012 年的 2.2036, 最大值为 2003 年的 2.6403。在这 16 年间, 山东居民物质消费城乡比缩小了 5.74%。这意味着, 山东城乡之间居民物质消费增长的同步均衡性较明显增强, 体现出 "全面小康" 建设进程在缩小居民物质消费城乡差距方面的有效进展。

由于其他省域相应变化, 山东城乡比位次从 2000 年第 14 位降至 2016 年第 24 位。按照本项检测的推演测算, 2020 年山东居民物质消费城乡比应为 2.4772，相比当前将较明显扩增；2035 年山东居民物质消费城乡比应为 2.2508，相比当前将明显缩减。

3. 城乡综合物质消费比重历年变化状况

2000～2016 年，山东居民物质消费比重下降了 5.83 个百分点。由于其他省域相应变化，山东居民物质消费比重位次从 2000 年第 11 位降至 2016 年第 13 位。山东居民物质消费比重明显降低，意味着人民生活在保证物质生活"必需消费"之外，已有越来越多的余钱用以满足非物消费需求。

在这 16 年间，山东居民物质消费比重最低（最佳）值为 2006 年的 62.76%，最高值为 2000 年的 69.74%。近年来尚未达到 2006 年最佳值，这表明当地人民生活尚待彻底超越满足温饱栖息"基本需求"的物质消费阶段。

五　山东居民非物消费综合增长态势

居民非物消费合计及其相关性分析为民生指数检测系统的二级子系统之四。山东居民非物消费合计及其相关性变动态势见图 5。

1. 城乡综合人均值及地区差变动状况

2000～2016 年，山东城乡居民人均非物消费年均增长 12.54%。人均值地区差最小值为 2011 年的 1.0063，最大值为 2006 年的 1.0888。在这 16 年间，山东居民非物消费地区差缩小了 4.30%。这意味着，山东与其余各地居民非物消费增长的同步均衡性略微增强，体现出"全面小康"建设进程在缩小居民非物消费地区差距方面的有效进展。

由于其他省域相应变化，山东地区差位次从 2000 年第 6 位升至 2016 年第 4 位。按照本项检测的推演测算，2020 年山东居民非物消费地区差应为 1.0450，相比当前将略微扩增；2035 年山东居民非物消费地区差应为 1.1320，相比当前将继续较明显扩增。

2. 城镇与乡村人均值及城乡比变动状况

2000～2016 年，山东城镇居民人均非物消费年均增长 9.94%，乡村居民人均非物消费年均增长 14.04%，乡村年均增长率高于城镇 4.10 个百分

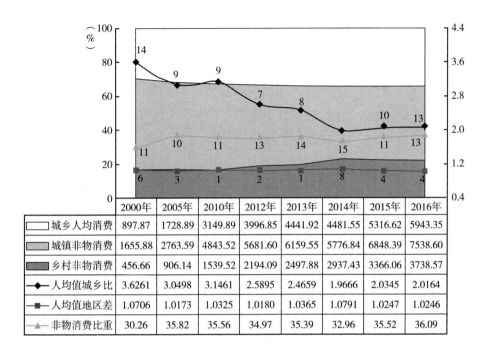

图5　山东居民非物消费合计及其相关性变动态势

左轴面积：城乡综合、城镇、乡村居民非物消费合计人均值（元转换为%），各项数值间呈直观比例。右轴曲线：非物消费城乡比（乡村＝1）、地区差（无差距＝1）。左轴曲线：非物消费比重（占总消费比）（%）。标注非物消费比重及其城乡比、地区差省域排序位次。

点。城乡之间增长相关系数为 0.0389，即历年增长同步程度 3.89%，呈极弱正相关性。

同期，山东居民非物消费城乡比最小值为 2014 年的 1.9666，最大值为 2000 年的 3.6261。在这 16 年间，山东居民非物消费城乡比缩小了 44.39%。这意味着，山东城乡之间居民非物消费增长的同步均衡性显著增强，体现出"全面小康"建设进程在缩小居民非物消费城乡差距方面的有效进展。

由于其他省域相应变化，山东城乡比位次从 2000 年第 14 位升至 2016 年第 13 位。按照本项检测的推演测算，2020 年山东居民非物消费城乡比应为 1.6542，相比当前将极显著缩减；2035 年山东居民非物消费城乡比应为 1.0045，相比当前将继续极显著缩减。

3. 城乡综合非物消费比重历年变化状况

2000～2016 年，山东居民非物消费比重上升了 5.83 个百分点。由于其他省域相应变化，山东居民非物消费比重位次从 2000 年第 11 位降至 2016 年第 13 位。山东居民非物消费比重明显提高，意味着人民生活在保证物质生活"必需消费"之外，越来越注重非物质生活"应有消费"需求。

在这 16 年间，山东居民非物消费比重最高（最佳）值为 2006 年的 37.24%，最低值为 2000 年的 30.26%。近年来尚未达到 2006 年最佳值，这表明当地人民生活尚待完全进入注重非物质生活需求的消费结构优化阶段。

六 山东居民积蓄增长及其相关性分析

居民积蓄及其相关性分析为民生指数检测系统的二级子系统之五。山东居民积蓄及其相关性变动态势见图 6。

1. 城乡综合人均值及地区差变动状况

2000～2016 年，山东城乡居民人均积蓄年均增长 14.13%。人均值地区差最小值为 2008 年的 1.2515，最大值为 2005 年的 1.4300。在这 16 年间，山东居民积蓄地区差缩小了 0.85%。这意味着，山东与其余各地居民积蓄增长的同步均衡性略微增强，体现出"全面小康"建设进程在缩小居民积蓄地区差距方面的有效进展。

由于其他省域相应变化，山东地区差位次从 2000 年第 14 位降至 2016 年第 20 位。按照本项检测的推演测算，2020 年山东居民积蓄地区差应为 1.3031，相比当前将略微缩减；2035 年山东居民积蓄地区差应为 1.2359，相比当前将继续较明显缩减。

2. 城镇与乡村人均值及城乡比变动状况

2000～2016 年，山东城镇居民人均积蓄年均增长 14.33%，乡村居民人均积蓄年均增长 10.57%，乡村年均增长率低于城镇 3.76 个百分点。城乡之间增长相关系数为 -0.1876，即历年增长逆向程度 18.76%，呈很弱负相关性。

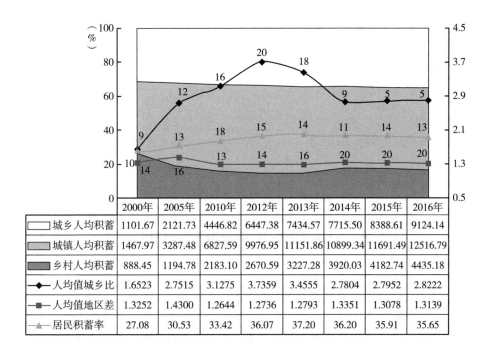

	2000年	2005年	2010年	2012年	2013年	2014年	2015年	2016年
□ 城乡人均积蓄	1101.67	2121.73	4446.82	6447.38	7434.57	7715.50	8388.61	9124.14
▨ 城镇人均积蓄	1467.97	3287.48	6827.59	9976.95	11151.86	10899.34	11691.49	12516.79
▩ 乡村人均积蓄	888.45	1194.78	2183.10	2670.59	3227.28	3920.03	4182.74	4435.18
◆ 人均值城乡比	1.6523	2.7515	3.1275	3.7359	3.4555	2.7804	2.7952	2.8222
■ 人均值地区差	1.3252	1.4300	1.2644	1.2736	1.2793	1.3351	1.3078	1.3139
▲ 居民积蓄率	27.08	30.53	33.42	36.07	37.20	36.20	35.91	35.65

图6　山东居民积蓄及其相关性变动态势

左轴面积：城乡综合、城镇、乡村居民积蓄人均值（元转换为%），各项数值间呈直观比例。右轴曲线：居民积蓄城乡比（乡村＝1）、地区差（无差距＝1）。左轴曲线：居民积蓄率（占居民收入比）（%）。标注居民积蓄率及其城乡比、地区差省域排序位次。

同期，山东居民积蓄城乡比最小值为2000年的1.6523，最大值为2012年的3.7359。在这16年间，山东居民积蓄城乡比扩大了70.80%。这意味着，山东城乡之间居民积蓄增长的同步均衡性极显著减弱，体现出"全面小康"建设进程在缩小居民积蓄城乡差距方面的成效欠佳。

由于其他省域相应变化，山东城乡比位次从2000年第9位升至2016年第5位。按照本项检测的推演测算，2020年山东居民积蓄城乡比应为3.1006，相比当前将显著扩增；2035年山东居民积蓄城乡比应为5.3293，相比当前将继续极显著扩增。

3. 城乡综合居民积蓄率历年变化状况

2000~2016年，山东居民积蓄率上升了8.57个百分点。由于其他省域相应变化，山东居民积蓄率位次从 2000 年第 10 位降至 2016 年第 13 位。山东居民积蓄率持续提高，意味着人民劳动所得在保证各方面消费需求之后，拥有越来越多的宽余"闲钱"可供自由支配，但同时也在更大程度上抑制了进一步扩大消费。

在这 16 年间，山东居民积蓄率最高（最佳）值为 2013 年的 37.20%，最低值为 2000 年的 27.08%。从"全面小康"建设进程起点 2000 年到 2013 年，山东居民积蓄率上升至历年最高值，这表明当地人民生活已经进入更加充裕富足阶段，使进一步扩大消费拉动经济增长成为可能。

七　山东民生发展指数多向度检测

山东人民生活发展综合指数变动态势见图 7。

1. 各年度理想值横向检测指数

以假定山东各类民生数据城乡、地区无差距理想值为 100，2016 年山东城乡民生发展检测指数为 90.17，低于无差距理想值 9.83%，也低于上年（2015 年）检测指数 0.08 个点。山东此项检测指数在省域间排行变化，2000 年为第 7 位，2005 年为第 8 位，2010 年为第 7 位，2016 年从上年第 6 位下降为第 7 位。

各年度（包括图中省略年度）此项检测指数对比，全部各个年度均低于无差距理想值 100；2004 年、2007 年、2009 年、2011 年、2015 年 5 个年度高于上年检测指数值。其中，历年民生指数最高值为 2000 年的 93.61，最低值为 2014 年的 89.12。

2. 2000 年以来基数值纵向检测指数

以"全面小康"建设进程起点年"九五"末年 2000 年数据指标演算基数值为 100，2016 年山东城乡民生发展检测指数为 176.36，高于起点年基数值 76.36%，也高于上年（2015 年）检测指数 8.24 个点。山东此项检测指数在省域间排行变化，2000 年起点不计，2005 年为第 16 位，2010 年为第 21 位，2016 年从上年第 24 位上升为第 23 位。

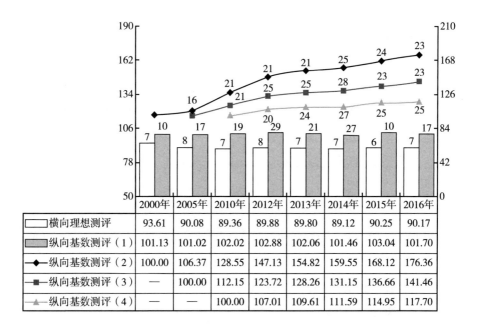

图7 2000 年以来山东城乡居民生活发展指数变动态势

左轴柱形：左历年横向测评（城乡、地区无差距理想值＝100）；右逐年纵向测评（1），上年基数值＝100。右轴曲线：时段纵向测评（起点年基数值＝100），（2）以 2000 年为起点（"十五"以来，以"九五"末年为基点，后同），（3）以 2005 年为起点（"十一五"以来），（4）以 2010 年为起点（"十二五"以来）。标注各类测评结果省域排序位次。

各年度（包括图中省略年度）此项检测指数对比，2002～2016 年 15 个年度高于起点年基数值 100；全部各个年度均高于上年检测指数值。其中，历年民生指数最高值为 2016 年的 176.36，最低值为 2001 年的 99.96。

3. 2005 年以来基数值纵向检测指数

以"全面小康"建设进程第一个五年期"十五"末年 2005 年数据指标演算基数值为 100，2016 年山东城乡民生发展检测指数为 141.46，高于起点年基数值 41.46%，也高于上年（2015 年）检测指数 4.80 个点。山东此项检测指数在省域间排行变化，2005 年起点不计，2010 年为第 21 位，2016 年与上年持平，皆为第 23 位。

各年度（包括图中省略年度）此项检测指数对比，全部各个年度均高于起点年基数值100；全部各个年度均高于上年检测指数值。其中，历年民生指数最高值为2016年的141.46，最低值为2006年的101.87。

4.2010年以来基数值纵向检测指数

以"全面小康"建设进程第二个五年期"十一五"末年2010年数据指标演算基数值为100，2016年山东城乡民生发展检测指数为117.70，高于起点年基数值17.70%，也高于上年（2015年）检测指数2.75个点。山东此项检测指数在省域间排行变化，2010年起点不计，2012年为第20位，2016年与上年持平，皆为第25位。

各年度（包括图中省略年度）此项检测指数对比，全部各个年度均高于起点年基数值100；全部各个年度均高于上年检测指数值。其中，历年民生指数最高值为2016年的117.70，最低值为2011年的103.70。

5.逐年度基数值纵向检测指数

以上一年度（2015年）起点数据指标演算基数值为100，2016年山东城乡民生发展检测指数为101.70，高于起点年基数值1.70%，但低于上年检测指数1.34个点。山东此项检测指数在省域间排行变化，2000年为第10位，2005年为第17位，2010年为第19位，2016年从上年第10位下降为第17位。

各年度（包括图中省略年度）此项检测指数对比，2000年、2002～2016年16个年度高于起点年基数值100；2002年、2004年、2006～2007年、2009～2011年、2015年8个年度高于上年检测指数值。其中，历年民生指数最高值为2011年的103.70，最低值为2001年的99.96。

Abstract

To reveal the great progress occurred in China's process of "Building a Moderately Prosperous Society in All Aspects", it is undoubtedly should be measured by people's livelihood standard. From macroscopic view, China's total GDP ranks second in the world, but the changes of the micro aspects of people's lives may be more profound, in which includes the developments of the people's needs for a better life.

From 2000 to 2016, the per capita value of all types of people's livelihood data in national urban and rural comprehensive calculation steadily continued to increase. The residents' income in 2016 was 6. 63 times of that in 2000, the total consumption was 6. 13 times and the amassment was 8. 35 times. The proportion of the residents' material consumption evidently fell over 5. 46 percentage points and the proportion of the residents' immaterial consumption evidently rose over 5. 46 percentage points, showing a certain upgrading change of the consumption structure. The regional disparity of the residents' income, total consumption and amassment roundly continued to be reduced; the urban and rural ratio of the residents' income and total consumption continued to be reduced, but that of the residents' amassment continued to be extended. The unbalanced development has improved in the field of the people's livelihood.

But the residents' income rate certainly fell from 46. 37% to 45. 24% and the residents' consumption rate evidently fell from 35. 91% to 32. 37% , it rose slightly while the Twelfth Five-Year Plan period. In particular, the average annual growth of the residents' income was evidently 3. 58 percentage points lower than the annual growth of fiscal revenues and the average annual growth of the residents' consumption expenditure was evidently 4. 08 percentage points lower than the annual growth of fiscal expenditure. The residents' amassment rate evidently continued to rise from 22. 57% to 28. 44% , which in return aggravate the inhibition of consumption demand.

Based on the fiducial value since 2000, the longitudinal measurement shows a largest rise in the people's livelihood index of The West, followed by The Central Regions, The Northeast and The East, which means some preliminary effects of the national strategy of regional balanced development; Shaanxi, Yunnan, Tibet, Guizhou and Ningxia rank top five. The lateral measurement based on no-gap ideal value in 2016 shows a largest rise in the people's livelihood index of The Northeast, followed by The East, The Central Regions and The West, which means the gap still exists because of the poor coordination and balance; Shanghai, Beijing, Zhejiang, Liaoning and Tianjin rank top five. Besides, the longitudinal measurement based on the fiducial value shows that since 2005 Shaanxi, Guangxi, Yunnan, Tibet and Guizhou rank top five; since 2010 Qinghai, Guizhou, Shaanxi, Yunnan and Xinjiang rank top five; since 2015 Chongqing, Shaanxi, Yunnan, Zhejiang and Guangdong rank top five.

Based on the dynamic prediction test of calendar year, the countrywide urban and rural ratio of the residents' income will slightly be reduced, and its regional disparity will slightly be reduced to 2020; the urban and rural ratio of the residents' total consumption will evidently be reduced, and its regional disparity will slightly be reduced to 2020. The countrywide urban and rural ratio of the residents' income will continue to certainly be reduced, and its regional disparity will continue to slightly be reduced to 2035; the urban and rural ratio of the residents' total consumption will continue to significantly be reduced, and its regional disparity will continue to slightly be reduced to 2035. If the residents' income rate and the consumption rate all over China should not fall, and various types of livelihood data should achieve a minimum ratio of the urban and rural until the bridging of the urban and rural ratio, the people's living standards development index would be significantly enhanced.

Contents

I General Report

Abstract: To reveal the great progress occurred in China's process of
"Building a Moderately Prosperous Society in All Aspects", it is undoubtedly should
be measured by people's livelihood standard. From macroscopic view, China's total

GDP ranks second in the world, but the changes of the micro aspects of people's lives may be more profound, in which includes the developments of the people's needs for a better life. From macroscopic view, China's total GDP ranks second in the world, but the changes of the micro aspects of people's lives may be more profound. From 2000 to 2016, the per capita value of all types of people's livelihood data in national urban and rural comprehensive calculation steadily continued to increase. The residents' income in 2016 was 6.63 times of that in 2000, the total consumption was 6.13 times and the amassment was 8.35 times. The proportion of the residents' material consumption evidently fell over 5.46 percentage points and the proportion of the residents' immaterial consumption evidently rose over 5.46 percentage points, showing a certain upgrading change of the consumption structure. The regional disparity of the residents' income, total consumption and amassment roundly continued to be reduced; the urban and rural ratio of the residents' income and total consumption continued to be reduced, but that of the residents' amassment continued to be extended. The unbalanced development has improved in the field of the people's livelihood. But the residents' income rate certainly fell from 46.37% to 45.24% and the residents' consumption rate evidently fell from 35.91% to 32.37%, it rose slightly while the Twelfth Five-Year Plan period. In particular, the average annual growth of the residents' income was evidently 3.58 percentage points lower than the annual growth of fiscal revenues and the average annual growth of the residents' consumption expenditure was evidently 4.08 percentage points lower than the annual growth of fiscal expenditure. The residents' amassment rate evidently continued to rise from 22.57% to 28.44%, which in return aggravate the inhibition of consumption demand. Based on the dynamic prediction test of calendar year, the countrywide urban and rural ratio of the residents' income will slightly be reduced, and its regional disparity will slightly be reduced to 2020; the urban and rural ratio of the residents' total consumption will evidently be reduced, and its regional disparity will slightly be reduced to 2020. The countrywide urban and rural ratio of the residents' income will continue to certainly be reduced, and its regional disparity will continue to slightly be reduced to 2035; the urban and rural ratio of the residents' total consumption will continue to significantly be reduced, and its regional disparity will continue to slightly be reduced to 2035.

Keywords: Countrywide Area; People's Living Conditions; Development Index; Measurement and Evaluation

Ⅱ Technical Report and Comprehensive Analysis

R. 2 Expatiating on the Measuring System of the People's Living Development Index of China
—*Technical Report and Provincial Comprehensive Ranking*
Wang Ya'nan, Fang Yu and Li Wenjuan / 027

Abstract: Based on the fiducial value since 2000, the longitudinal measurement shows a largest rise in the people's livelihood index of The West, followed by The Central Regions, The Northeast and The East, which means some preliminary effects of the national strategy of regional balanced development; Shaanxi, Yunnan, Tibet, Guizhou and Ningxia rank top five. The lateral measurement based on no-gap ideal value in 2016 shows a largest rise in the people's livelihood index of The Northeast, followed by The East, The Central Regions and The West, which means the gap still exists because of the poor coordination and balance; Shanghai, Beijing, Zhejiang, Liaoning and Tianjin rank top five. Besides, the longitudinal measurement based on the fiducial value shows that since 2005 Shaanxi, Guangxi, Yunnan, Tibet and Guizhou rank top five; since 2010 Qinghai, Guizhou, Shaanxi, Yunnan and Xinjiang rank top five; since 2015 Chongqing, Shaanxi, Yunnan, Zhejiang and Guangdong rank top five. If the residents' income rate and the consumption rate all over China should not fall, and various types of livelihood data should achieve a minimum ratio of the urban and rural until the bridging of the urban and rural ratio, the people's living standards development index would be significantly enhanced.

Keywords: Overall Well-off; Measurement Criteria; Index of People's Livelihood; Measuring and Ranking

R. 3　Ranking on the Residents' Income Increase Index in the

Countrywide Various Provinces

—*The Test of 2016 and the Measurement to 2020*

Wang Ya'nan , Wei Haiyan and Kong Zhijian / 060

Abstract："The Residents' Income Increase Index" is the first of five second-class subsystems in "The Measuring System of People's Living Development Index of China", and it is important component of oppositely unattached "The Evaluation System of People's Living Consumption Demand Status of China". Based on the fiducial value since 2000, the longitudinal measurement shows a largest rise in the people's livelihood index of The West, followed by The Central Regions, The Northeast and The East, which means some preliminary effects of the national strategy of regional balanced development; Shaanxi, Ningxia, Yunnan, Henan and Inner Mongolia ranked top five. The lateral measurement based on no-gap ideal value in 2016 shows the gap still exists because of the poor coordination and balance; Beijing, Shanghai, Zhejiang, Shandong and Liaoning ranked top five. If the countrywide residents' income data should synchronously achieve a minimum ratio of the urban and rural until the bridging of the urban and rural ratio, the people's living standards development index would be significantly enhanced.

Keywords：Overall Well-off; Residents' Income; Special Index; Measuring and Ranking

R. 4　Ranking on the Residents' Consumption Status Index in the

Countrywide Various Provinces

—*The Test of 2016 and the Measurement to 2020*

Wang Ya'nan , Fang Yu and Zhang Lin / 088

Abstract："The Residents' Consumption Status Index" is the second of five second-class subsystems in "The Measuring System of People's Living Development Index of China", and it is important component of oppositely unattached "The Evaluation System of People's Living Consumption Demand Status of China". Based on the fiducial value since 2000, the longitudinal measurement shows a largest rise in the people's livelihood index of The West, followed by The Central Regions, The Northeast and The East, which means some preliminary effects of the national strategy of regional balanced development; Anhui, Guizhou, Qinghai, Gansu and Hebei ranked top five. The lateral measurement based on no-gap ideal value in 2016 shows the gap still exists because of the poor coordination and balance; Liaoning, Shanghai, Zhejiang, Beijing and Guangdong ranked top five. If the countrywide residents' consumption data should synchronously achieve a minimum ratio of the urban and rural until the bridging of the urban and rural ratio, the people's living standards development index would be significantly enhanced.

Keywords: Overall Well-off; Residents' Consumption; Special Index; Measuring and Ranking

R. 5   Ranking on the Residents' Material Consumption Index in the
        Countrywide Various Provinces
        —*The Test of 2016 and the Measurement to 2020*
                            Liu Ting, *Wang Ya'nan and Jiang Kunyang* / 116

Abstract: "The Material Consumption Index" is the third of five second-class subsystems in "The Measuring System of People's Living Development Index of China", and it is important component of oppositely unattached "The Evaluation System of People's Living Consumption Demand Status of China". Based on the fiducial value since 2000, the longitudinal measurement shows a largest rise in the people's livelihood index of The West, followed by The Central Regions, The East and The Northeast, which means some preliminary effects of the national strategy of regional balanced development; Anhui, Hebei, Gansu, Inner Mongolia and Shaanxi ranked top five. The lateral measurement based on no-gap ideal value in 2016 shows the gap still exists because of the poor coordination and balance; Shanghai, Beijing, Zhejiang, Liaoning and Guangdong ranked top five. If the countrywide material consumption data should synchronously achieve a minimum ratio of the urban and rural until the bridging of the urban and rural ratio, the people's living standards development index would be significantly enhanced.

Keywords: Overall Well-off; Material Consumption; Special Index; Measuring and Ranking

R. 6   Ranking on the Residents' Immaterial Consumption Index

in the Countrywide Various Provinces

——*The Test of 2016 and the Measurement to 2020*

Zhao Juan, Wang Ya'nan and Yang Yuanyuan / 144

Abstract: "The Immaterial Consumption Index" is the fourth of five second-class subsystems in "The Measuring System of People's Living Development Index of China", and it is important component of oppositely unattached " The Evaluation System of People's Living Consumption Demand Status of China". Based on the fiducial value since 2000, the longitudinal measurement shows a largest rise in the people's livelihood index of The West, followed by The Central Regions, The Northeast and The East, which means some preliminary effects of the national strategy of regional balanced development; Tibet, Guizhou, Qinghai, Ningxia and Anhui ranked top five. The lateral measurement based on no-gap ideal value in 2016 shows the gap still exists because of the poor coordination and balance; Liaoning, Zhejiang, Heilongjiang, Tianjin and Ningxia ranked top five. If the countrywide immaterial consumption data should synchronously achieve a minimum ratio of the urban and rural until the bridging of the urban and rural ratio, the people's living standards development index would be significantly enhanced.

Keywords: Overall Well-off; Immaterial Consumption; Special Index; Measuring and Ranking

R. 7   Ranking on the Residents' Amassment Affluence Index in the Countrywide Various Provinces

—*The Test of 2016 and the Measurement to 2020*

Wei Haiyan, Wang Ya'nan and Qin Ruijing / 172

Abstract: "The Residents' Amassment Affluence Index" is the fifth of five second-class subsystems in "The Measuring System of People's Living Development Index of China", and it is important component of oppositely unattached "The Evaluation System of People's Living Consumption Demand Status of China". Based on the fiducial value since 2000, the longitudinal measurement shows a largest rise in the people's livelihood index of The West, followed by The Central Regions, The Northeast and The East, which means some preliminary effects of the national strategy of regional balanced development; Yunnan, Shaanxi, Tibet, Hunan and Guangxi ranked top five. The lateral measurement based on no-gap ideal value in 2016 shows the gap still exists because of the poor coordination and balance; Shanghai, Beijing, Zhejiang, Jiangxi and Shandong ranked top five. If the countrywide residents' amassment data should synchronously achieve a minimum ratio of the urban and rural until the bridging of the urban and rural ratio, the people's living standards development index would be significantly enhanced.

Keywords: Overall Well-off; Residents' Amassment; Special Index; Measuring and Ranking

Ⅲ　Provincial Reports

R. 8　Shanghai：Ranked the 1st in the 2016 Annual People's

Livelihood Development Index Leaders　　　*Cao Weidao* / 200

Abstract：From 2000 to 2016, the per capita value of all types of people's livelihood data in Shanghai's urban and rural comprehensive calculation steadily continued to increase. The residents' income in 2016 was 4. 90 times that of 2000, the total consumption was 4. 47 times and the amassment was 6. 22 times. The proportion of the residents' material consumption slightly rose over 0. 10 percentage points and the proportion of the residents' immaterial consumption slightly fell over 0. 10 percentage points, showing a partial "inverted upgrading" change of the consumption structure. The residents' income rate significantly rose from 36. 99% to 46. 11% and the residents' consumption rate evidently rose from 27. 95% to 31. 80%, it rose slightly while the Twelfth Five-Year Plan period. In particular, the average annual growth of the residents' income was evidently 3. 98 percentage points lower than the annual growth of fiscal revenues and the average annual growth of the residents' consumption expenditure was evidently 3. 54 percentage points lower than the annual growth of fiscal expenditure. The residents' amassment rate slightly continued to rise from 24. 43% to 31. 04%, which in return aggravate the inhibition of consumption demand. the inhibition of consumption demand. The regional disparity of the residents' income, total consumption and amassment roundly continued to be reduced; the urban and rural ratio of the residents' income, total consumption and amassment roundly continued to be extended.

Keywords：Shanghai; People's Living Conditions; Development Index; Measurement and Evaluation

Abstract: From 2000 to 2016, the per capita value of all types of people's livelihood data in Shaanxi's urban and rural comprehensive calculation evidently continued to increase. The residents' income in 2016 was 7. 60 times that of 2000, the total consumption was 6. 56 times and the amassment was 13. 35 times. The proportion of the residents' material consumption evidently fell over 6. 34 percentage points and the proportion of the residents' immaterial consumption evidently rose over 6. 34 percentage points, showing a remarkable upgrading change of the consumption structure. But the residents' income rate significantly fell from 52. 46% to 38. 81% and the residents' consumption rate significantly fell from 44. 42% to 28. 36%, it rose slightly while the Twelfth Five-Year Plan period. In particular, the average annual growth of the residents' income was remarkably 5. 06 percentage points lower than the annual growth of fiscal revenues and the average annual growth of the residents' consumption expenditure was remarkably 6. 19 percentage points lower than the annual growth of fiscal expenditure. The residents' amassment rate evidently continued to rise from 15. 33% to 26. 93%, which in return aggravate the inhibition of consumption demand. the inhibition of consumption demand. The regional disparity of the residents' income, total consumption and amassment roundly continued to be reduced; the urban and rural ratio of the residents' income and total consumption continued to be reduced, but that of the residents' amassment continued to be extended.

Keywords: Shaanxi; People's Living Conditions; Development Index; Measurement and Evaluation

R. 10　Chongqing：Ranked the 1st in the 2015 −2016 People's
Livelihood Development Index Runners-up　　*Wang Guoai* / 232

Abstract：From 2000 to 2016, the per capita value of all types of people's livelihood data in Chongqing's urban and rural comprehensive calculation evidently continued to increase. The residents' income in 2016 was 6. 86 times that of 2000, the total consumption was 6. 11 times and the amassment was 10. 47 times. The proportion of the residents' material consumption certainly fell over 4. 31 percentage points and the proportion of the residents' immaterial consumption certainly rose over 4. 31 percentage points, showing a certain upgrading change of the consumption structure. But the residents' income rate significantly fell from 58. 97% to 38. 81% and the residents' consumption rate significantly fell from 48. 91% to 28. 71% , it continued to fall while the Twelfth Five-Year Plan period. In particular, the average annual growth of the residents' income was significantly 9. 78 percentage points lower than the annual growth of fiscal revenues and the average annual growth of the residents' consumption expenditure was significantly 9. 22 percentage points lower than the annual growth of fiscal expenditure. The residents' amassment rate certainly continued to rise from 17. 05% to 26. 02% , which in return aggravate the inhibition of consumption demand. the inhibition of consumption demand. The regional disparity of the residents' income and amassment continued to be reduced, but that of the residents' total consumption continued to be extended; the urban and rural ratio of the residents' income and total consumption continued to be reduced, but that of the residents' amassment continued to be extended.

Keywords：Chongqing；People's Living Conditions；Development Index；Measurement and Evaluation

R. 11   Guizhou: Ranked the 2nd in the 2010 −2016 People's

Livelihood Development Index Runners-up   *Ning Fajin* / 248

Abstract: From 2000 to 2016, the per capita value of all types of people's livelihood data in Guizhou's urban and rural comprehensive calculation evidently continued to increase. The residents' income in 2016 was 7.17 times that of 2000, the total consumption was 6.83 times and the amassment was 8.70 times. The proportion of the residents' material consumption significantly fell over 11.39 percentage points and the proportion of the residents' immaterial consumption significantly rose over 11.39 percentage points, showing a significant upgrading change of the consumption structure. But the residents' income rate significantly fell from 81.50% to 48.51% and the residents' consumption rate significantly fell from 66.65% to 37.78%, it continued to fall while the Twelfth Five-Year Plan period. In particular, the average annual growth of the residents' income was significantly 7.20 percentage points lower than the annual growth of fiscal revenues and the average annual growth of the residents' consumption expenditure was significantly 8.62 percentage points lower than the annual growth of fiscal expenditure. The residents' amassment rate significantly continued to rise from 18.22% to 22.11%, which in return aggravate the inhibition of consumption demand. the inhibition of consumption demand. The regional disparity of the residents' income, total consumption and amassment roundly continued to be reduced; the urban and rural ratio of the residents' income and total consumption continued to be reduced, but that of the residents' amassment continued to be extended.

Keywords: Guizhou; People's Living Conditions; Development Index; Measurement and Evaluation

R. 12　Guangxi：Ranked the 2nd in the 2005 −2016 People's
Livelihood Development Index Runners-up　　*Ma Yun* / 264

Abstract：From 2000 to 2016, the per capita value of all types of people's livelihood data in Guangxi's urban and rural comprehensive calculation steadily continued to increase. The residents' income in 2016 was 6. 41 times that of 2000, the total consumption was 5. 23 times and the amassment was 11. 64 times. The proportion of the residents' material consumption evidently fell over 6. 63 percentage points and the proportion of the residents' immaterial consumption evidently rose over 6. 63 percentage points, showing a remarkable upgrading change of the consumption structure. But the residents' income rate significantly fell from 63. 44% to 49. 72% and the residents' consumption rate significantly fell from 51. 79% to 33. 12% , it rose slightly while the Twelfth Five-Year Plan period. In particular, the average annual growth of the residents' income was evidently 3. 46 percentage points lower than the annual growth of fiscal revenues and the average annual growth of the residents' consumption expenditure was significantly 8. 44 percentage points lower than the annual growth of fiscal expenditure. The residents' amassment rate evidently continued to rise from 18. 38% to 33. 39% , which in return aggravate the inhibition of consumption demand. the inhibition of consumption demand. The regional disparity of the residents' amassment continued to be reduced, but that of the residents' income and total consumption continued to be extended; the urban and rural ratio of the residents' income and total consumption continued to be reduced, but that of the residents' amassment continued to be extended.

Keywords：Guangxi; People's Living Conditions; Development Index; Measurement and Evaluation

R. 13　Zhejiang: Ranked the 3rd in the 2016 Annual People's

　　　　Livelihood Development Index Leaders　　*Zheng Kejun* / 280

Abstract: From 2000 to 2016, the per capita value of all types of people's livelihood data in Zhejiang's urban and rural comprehensive calculation steadily continued to increase. The residents' income in 2016 was 5. 89 times that of 2000, the total consumption was 5. 13 times and the amassment was 8. 24 times. The proportion of the residents' material consumption certainly fell over 3. 32 percentage points and the proportion of the residents' immaterial consumption certainly rose over 3. 32 percentage points, showing a certain upgrading change of the consumption structure. But the residents' income rate evidently fell from 49. 44% to 45. 99% and the residents' consumption rate significantly fell from 37. 46% to 30. 38%, it rose slightly while the Twelfth Five-Year Plan period. In particular, the average annual growth of the residents' income was remarkably 5. 52 percentage points lower than the annual growth of fiscal revenues and the average annual growth of the residents' consumption expenditure was remarkably 6. 81 percentage points lower than the annual growth of fiscal expenditure. The residents' amassment rate certainly continued to rise from 24. 24% to 33. 93%, which in return aggravate the inhibition of consumption demand. the inhibition of consumption demand. The regional disparity of the residents' income, total consumption and amassment roundly continued to be reduced; the urban and rural ratio of the residents' income and total consumption continued to be reduced, but that of the residents' amassment continued to be extended.

Keywords: Zhejiang; People's Living Conditions; Development Index; Measurement and Evaluation

R. 14　Tibet: Ranked the 3rd in the 2000 −2016 People's

Livelihood Development Index Runners-up　*Nian Pengfan* / 296

Abstract: From 2000 to 2016, the per capita value of all types of people's livelihood data in Tibet's urban and rural comprehensive calculation steadily continued to increase. The residents' income in 2016 was 5. 87 times that of 2000, the total consumption was 5. 10 times and the amassment was 8. 72 times. The proportion of the residents' material consumption certainly fell over 3. 32 percentage points and the proportion of the residents' immaterial consumption certainly rose over 3. 32 percentage points, showing a certain upgrading change of the consumption structure. But the residents' income rate significantly fell from 53. 87% to 41. 09% and the residents' consumption rate significantly fell from 42. 45% to 28. 14%, it rose slightly while the Twelfth Five-Year Plan period. In particular, the average annual growth of the residents' income was significantly 10. 02 percentage points lower than the annual growth of fiscal revenues and the average annual growth of the residents' consumption expenditure was significantly 10. 31 percentage points lower than the annual growth of fiscal expenditure. The residents' amassment rate certainly continued to rise from 21. 20% to 31. 50%, which in return aggravate the inhibition of consumption demand. the inhibition of consumption demand. The regional disparity of the residents' amassment continued to be reduced, but that of the residents' income and total consumption continued to be extended; the urban and rural ratio of the residents' income, total consumption and amassment roundly continued to be reduced.

Keywords: Tibet; People's Living Conditions; Development Index; Measurement and Evaluation

R. 15　Liaoning: Ranked the 4th in the 2016 Annual People's
　　　　Livelihood Development Index Leaders　　*Liu Juanjuan* / 312

Abstract: From 2000 to 2016, the per capita value of all types of people's
livelihood data in Liaoning's urban and rural comprehensive calculation steadily
continued to increase. The residents' income in 2016 was 6.64 times that of 2000,
the total consumption was 6.38 times and the amassment was 7.67 times. The
proportion of the residents' material consumption significantly fell over 9.10
percentage points and the proportion of the residents' immaterial consumption
significantly rose over 9.10 percentage points, showing a significant upgrading
change of the consumption structure. The residents' income rate significantly rose
from 35.50% to 51.88% and the residents' consumption rate significantly rose
from 28.19% to 39.55%, it rose faster while the Twelfth Five-Year Plan period.
In particular, the average annual growth of the residents' income was slightly 0.47
percentage points lower than the annual growth of fiscal revenues and the average
annual growth of the residents' consumption expenditure was certainly 1.98
percentage points lower than the annual growth of fiscal expenditure. The
residents' amassment rate significantly continued to rise from 20.58% to 23.77%,
which in return aggravate the inhibition of consumption demand. the inhibition of
consumption demand. The regional disparity of the residents' income, total
consumption and amassment roundly continued to be extended; the urban and
rural ratio of the residents' income, total consumption and amassment roundly
continued to be extended.

Keywords: Liaoning; People's Living Conditions; Development Index;
Measurement and Evaluation

R. 16   Guangdong: Ranked the 5th in the 2015 −2016 People's
Livelihood Development Index Runners-up   *Zhu Ke* / 328

Abstract: From 2000 to 2016, the per capita value of all types of people's livelihood data in Guangdong's urban and rural comprehensive calculation steadily continued to increase. The residents' income in 2016 was 4. 40 times that of 2000, the total consumption was 4. 27 times and the amassment was 4. 92 times. The proportion of the residents' material consumption slightly rose over 1. 34 percentage points and the proportion of the residents' immaterial consumption slightly fell over 1. 34 percentage points, showing a partial "inverted upgrading" change of the consumption structure. But the residents' income rate significantly fell from 54. 42% to 41. 19% and the residents' consumption rate significantly fell from 43. 40% to 31. 86%, it rose slightly while the Twelfth Five-Year Plan period. In particular, the average annual growth of the residents' income was evidently 4. 11 percentage points lower than the annual growth of fiscal revenues and the average annual growth of the residents' consumption expenditure was evidently 4. 96 percentage points lower than the annual growth of fiscal expenditure. The residents' amassment rate slightly continued to rise from 20. 25% to 22. 65%, which in return aggravate the inhibition of consumption demand. the inhibition of consumption demand. The regional disparity of the residents' income, total consumption and amassment roundly continued to be reduced; the urban and rural ratio of the residents' income and total consumption continued to be reduced, but that of the residents' amassment continued to be extended.

Keywords: Guangdong; People's Living Conditions; Development Index; Measuration and Evaluation

R. 17   Henan: Ranked the 6th in the 2000 −2016 People's

Livelihood Development Index Runners-up   *Cui Ning* / 344

Abstract: From 2000 to 2016, the per capita value of all types of people's livelihood data in Henan's urban and rural comprehensive calculation evidently continued to increase. The residents' income in 2016 was 7. 31 times that of 2000, the total consumption was 6. 96 times and the amassment was 8. 20 times. The proportion of the residents' material consumption remarkably fell over 8. 77 percentage points and the proportion of the residents' immaterial consumption remarkably rose over 8. 77 percentage points, showing a remarkable upgrading change of the consumption structure. But the residents' income rate evidently fell from 47. 98% to 44. 87% and the residents' consumption rate evidently fell from 34. 58% to 30. 81%, it rose slightly while the Twelfth Five-Year Plan period. In particular, the average annual growth of the residents' income was evidently 3. 98 percentage points lower than the annual growth of fiscal revenues and the average annual growth of the residents' consumption expenditure was remarkably 6. 31 percentage points lower than the annual growth of fiscal expenditure. The residents' amassment rate remarkably continued to rise from 27. 92% to 31. 34%, which in return aggravate the inhibition of consumption demand. the inhibition of consumption demand. The regional disparity of the residents' income and total consumption continued to be reduced, but that of the residents' amassment continued to be extended; the urban and rural ratio of the residents' income and total consumption continued to be reduced, but that of the residents' amassment continued to be extended.

Keywords: Henan; People's Living Conditions; Development Index; Measurement and Evaluation

R. 18　Anhui: Ranked the 6th in the 2005 −2016 People's
Livelihood Development Index Runners-up　　*Li Yiting* / 360

Abstract: From 2000 to 2016, the per capita value of all types of people's livelihood data in Anhui's urban and rural comprehensive calculation evidently continued to increase. The residents' income in 2016 was 7. 26 times that of 2000, the total consumption was 7. 13 times and the amassment was 7. 61 times. The proportion of the residents' material consumption remarkably fell over 7. 81 percentage points and the proportion of the residents' immaterial consumption remarkably rose over 7. 81 percentage points, showing a remarkable upgrading change of the consumption structure. But the residents' income rate significantly fell from 59. 56% to 52. 21% and the residents' consumption rate remarkably fell from 44. 19% to 38. 08%, it rose slightly while the Twelfth Five-Year Plan period. In particular, the average annual growth of the residents' income was remarkably 5. 34 percentage points lower than the annual growth of fiscal revenues and the average annual growth of the residents' consumption expenditure was remarkably 6. 44 percentage points lower than the annual growth of fiscal expenditure. The residents' amassment rate remarkably continued to rise from 25. 81% to 27. 08%, which in return aggravate the inhibition of consumption demand. the inhibition of consumption demand. The regional disparity of the residents' income and total consumption continued to be reduced, but that of the residents' amassment continued to be extended; the urban and rural ratio of the residents' income and total consumption continued to be reduced, but that of the residents' amassment continued to be extended.

Keywords: Anhui; People's Living Conditions; Development Index; Measurement and Evaluation

R. 19　Shandong: Ranked the 7th in the 2016 Annual People's

　　　　Livelihood Development Index Leaders　　　*Ma Wenhui* / 377

Abstract: From 2000 to 2016, the per capita value of all types of people's livelihood data in Shandong's urban and rural comprehensive calculation steadily continued to increase. The residents' income in 2016 was 6. 29 times that of 2000, the total consumption was 5. 55 times and the amassment was 8. 28 times. The proportion of the residents' material consumption evidently fell over 5. 83 percentage points and the proportion of the residents' immaterial consumption evidently rose over 5. 83 percentage points, showing a certain upgrading change of the consumption structure. But the residents' income rate remarkably fell from 43. 63% to 37. 23% and the residents' consumption rate significantly fell from 31. 81% to 23. 96% , it rose slightly while the Twelfth Five-Year Plan period. In particular, the average annual growth of the residents' income was evidently 4. 28 percentage points lower than the annual growth of fiscal revenues and the average annual growth of the residents' consumption expenditure was remarkably 6. 06 percentage points lower than the annual growth of fiscal expenditure. The residents' amassment rate evidently continued to rise from 27. 08% to 35. 65% , which in return aggravate the inhibition of consumption demand. the inhibition of consumption demand. The regional disparity of the residents' income and amassment continued to be reduced, but that of the residents' total consumption continued to be extended; the urban and rural ratio of the residents' income and total consumption continued to be reduced, but that of the residents' amassment continued to be extended.

Keywords: Shandong; People's Living Conditions; Development Index; Measurement and Evaluation

图书在版编目（CIP）数据

中国人民生活发展指数检测报告.2018／王亚南主
编.--北京：社会科学文献出版社，2018.6
（民生指数报告）
ISBN 978-7-5201-3024-0

Ⅰ.①中… Ⅱ.①王… Ⅲ.①人民生活-生活水平-
研究报告-中国-2018 Ⅳ.①F126

中国版本图书馆 CIP 数据核字（2018）第 146915 号

民生指数报告
中国人民生活发展指数检测报告（2018）

主　　编／王亚南
联合主编／祁述裕　张继焦
副 主 编／朱　岚　刘　婷　赵　娟

出 版 人／谢寿光
项目统筹／邓泳红　吴　敏
责任编辑／张　超

出　　版／社会科学文献出版社·皮书出版分社（010）59367127
　　　　　　地址：北京市北三环中路甲 29 号院华龙大厦　邮编：100029
　　　　　　网址：www.ssap.com.cn
发　　行／市场营销中心（010）59367081　59367018
印　　装／三河市龙林印务有限公司

规　　格／开　本：787mm×1092mm　1/16
　　　　　　印　张：26.5　字　数：405 千字
版　　次／2018 年 6 月第 1 版　2018 年 6 月第 1 次印刷
书　　号／ISBN 978-7-5201-3024-0
定　　价／99.00 元